开放式国家创新体系研究

周红芳 著

西南交通大学出版社
·成都·

图书在版编目（CIP）数据

开放式国家创新体系研究 / 周红芳著. —成都：西南交通大学出版社，2022.10
ISBN 978-7-5643-8961-1

Ⅰ. ①开… Ⅱ. ①周… Ⅲ. ①国家创新系统 – 研究 – 中国 Ⅳ. ①F204

中国版本图书馆 CIP 数据核字（2022）第 195158 号

Kaifangshi Guojia Chuangxin Tixi Yanjiu
开放式国家创新体系研究

周红芳　著

责任编辑	孟秀芝
封面设计	原谋书装
出版发行	西南交通大学出版社
	（四川省成都市金牛区二环路北一段 111 号
	西南交通大学创新大厦 21 楼）
邮政编码	610031
发行部电话	028-87600564　　028-87600533
网址	http://www.xnjdcbs.com
印刷	成都蜀通印务有限责任公司
成品尺寸	170 mm × 230 mm
印张	21.25
字数	336 千
版次	2022 年 10 月第 1 版
印次	2022 年 10 月第 1 次
书号	ISBN 978-7-5643-8961-1
定价	88.00 元

图书如有印装质量问题　本社负责退换
版权所有　盗版必究　举报电话：028-87600562

序

　　封闭导致落后，开放带来发展。创新是经济高质量发展的第一动力，创新的开放性和国际科技合作已经成为各国创新战略的重要特征。当今世界正面临百年未有之大变局和新冠肺炎疫情的叠加冲击，大国竞合博弈愈演愈烈，国际形势充满不稳定性和不确定性，逆全球化从经贸领域蔓延至科技领域。以美国为首的发达国家从科研人才、高新技术企业、科技体制和产业政策等方面打压中国科技发展，微观层面的开放式创新越来越受到国家层面的开放式创新制约，全球科技在合作与竞争的较量中艰难前行。但是从长远来看，全球化仍将是世界经济的发展大势。跨国公司的逐利行为和数字产业的技术革新都会推动全球化向前发展。科学从本质上讲是无国界的，新冠肺炎疫情防控、全球气候变化、能源安全等重大问题的解决需要全人类的共同智慧。随着全球化研发和生产的发展以及跨国学术研究网络的出现，科学的发展愈发是一个全球合作的过程。从我国国内创新情况看，开放水平不高已经严重制约了中国创新能力的提升。开放式国家创新体系彰显了高层次创新和高水平开放的深度融合，是新时代我国建设创新型国家和推动形成全面对外开放新格局的重要抓手。但是开放式国家创新体系的理论研究刚刚起步，构建开放式国家创新体系的理论框架显得尤为迫切。本书以开放式国家创新体系为研究对象，坚持以马克思主义政治经济学为指导思想，广泛吸收耗散结构理论、熊彼特创新理论、制度经济学和科学技术哲学等理论知识，遵循"为什么—是什么—怎么做"的纵贯式结构，对开放式国家创新体系进行研究，并对我国构建开放式国家创新体系提出对策建议。

本书试图回答三个问题：①为什么要构建开放式国家创新体系？②开放式国家创新体系是什么，有哪些创新活动？它的基本特征、体系目标、运行环境是什么？作为最鲜明的特征，开放度该如何衡量？③如何构建开放式国家创新体系？针对以上问题，结合前人的研究成果，本书在梳理国家创新体系理论和开放式创新理论的基础上，首先从理论的角度、历史的角度和现实的角度分析了构建开放式国家创新体系的重要性和必要性。其次对开放式国家创新体系的基本概念进行界定，并对其构成要素、主要特点、建立原则、运行机制和运行环境等进行研究，初步建立了开放式国家创新体系的理论分析框架。其次本书根据马克思对创新形式的划分，以及生产力和生产关系相互作用的原理，建立了构建开放式国家创新体系的实践分析框架：生产力层面的科学创新和技术创新，生产关系层面的制度创新。在开放式国家创新体系中，三大创新活动表现为：以高校、科研院所科学研究国际化为核心的科学创新，以企业研发国际化为核心的技术创新，以健全科技创新制度体系为核心的制度创新。在开放式国家创新体系中，科学创新是基石，技术创新是关键，制度创新是保障，三者相互作用，共同构成辩证统一的整体。根据以上分析框架，本书进行了实证分析和比较研究，对中国建设开放式国家创新体系的发展历程和创新活动进行了定性分析，对创新开放度进行了定量研究，分析了逆全球化现象对中国构建开放式国家创新体系的影响。最后根据美国、日本、德国和以色列等主要国家建设开放式国家创新体系的经验和启示，提出对策建议。

本书研究结论主要体现在四个方面：

第一，创新是经济增长的内在动力，开放是经济增长的外在环境。开放式创新成为研究热点，但是相对于企业层面的开放式创新，国家层面的开放式创新研究并不充分，开放式国家创新体系是一个全新的课题。对于发展中国家来说，建设开放式国家创新体系既有理论上的重要性，也有历史和现实的必要性。

第二，开放式国家创新体系是指在全球化背景下一个国家或地区通过创新资源全球化配置建立起来的全面而开放的创新体系，该体系由政府主导，社会共同参与，科技和经济各部门、公共与私有机构之间相互作用，对内要提升国家创新能力，对外要积极融入全球创新网络，是一个复杂的体系。该体系具有开放性、流动性、系统性和安全性等特征，有内向型开放和外向型开放两种模式。不同的经济体制和社会环境对开放式国家创新体系的运行产生重大影响。

第三，构建开放式国家创新体系可以从科学创新、技术创新和制度创新三个维度进行。科学创新的主体是高校和科研院所，科学研究国际化主要通过人才培养国际化、科研活动国际化、科研成果国际化实现，国家应注重对巴斯德象限的科学研究，加大对国际大科学工程的建设。技术创新的主体是企业，企业的技术创新主要通过跨国公司建立海外研发中心、跨国并购和建立国际产业技术创新联盟实现研发国际化，根据马克思全球化理论，要注意区分研发国际化的双重影响，趋利避害。制度创新的主体是政府，政府的制度创新主要通过推动国家科技计划对外开放、深化科技体制改革和完善相关政策法规体系实现。建设开放式国家创新体系要在全球实现创新资源的配置，还会受到国际规则的影响。中国应该增强国内外规则的协调性，主动参与国际规则的制定和修订，提升国际治理的能力。

第四，从知识开放、技术开放、资本开放、人才开放和制度开放五个要素分析，中国的开放式国家创新体系的开放水平有限，创新要素跨国流动水平不高，不利于建设创新型国家和推动形成全面开放新格局。借鉴美国、日本等创新强国经验，与中国国情相结合，中国应从科学创新开放、技术创新开放、制度创新开放以及三大创新融合发展等方面提升创新开放度，利用全球资源提升我国的创新能力。

新形势下中国构建开放式国家创新体系应在中国特色大国外交理念下，牢固树立总体国家安全观，深化不同国别不同领域科技合作，探索更加柔性、更加灵活的合作模式，积极参与国际规则的制定和修改，主动引领全球治理良性变革，推动构建人类命运共同体。

目 录

1 导论

1.1 研究背景和研究意义 ……………………………………………… 001

1.2 研究现状 …………………………………………………………… 004

1.3 研究思路和分析框架 ……………………………………………… 022

2 开放式国家创新体系的思想渊源和理论基础

2.1 思想渊源 …………………………………………………………… 027

2.2 理论基础 …………………………………………………………… 051

3 构建开放式国家创新体系的客观依据

3.1 理论依据 …………………………………………………………… 066

3.2 历史依据 …………………………………………………………… 073

3.3 现实依据 …………………………………………………………… 074

4 开放式国家创新体系的理论分析

4.1 基本概念 …………………………………………………………… 078

4.2 构成要素 …………………………………………………………… 084

4.3 主要特点 …………………………………………………………… 087

4.4 建立原则 ·· 095
4.5 目标体系 ·· 096
4.6 创新活动 ·· 098
4.7 体系运行 ·· 105
4.8 开放水平的测度 ·· 117

5 开放式国家创新体系维度一：科学创新

5.1 创新主体：高校和科研院所 ·· 127
5.2 创新形式：科学研究国际化 ·· 129
5.3 基于巴斯德象限的科学研究国际化 ···································· 143

6 开放式国家创新体系维度二：技术创新

6.1 创新主体：企业 ·· 153
6.2 创新形式：研发国际化 ··· 156
6.3 研发国际化对开放式国家创新体系的双重影响 ······················ 162

7 开放式国家创新体系维度三：制度创新

7.1 创新主体：政府 ·· 170
7.2 创新形式：健全科技创新制度体系 ···································· 174
7.3 国际规则对开放式国家创新体系的影响 ······························ 188

8 中国开放式国家创新体系研究

8.1 发展历程 ·· 195
8.2 创新活动 ·· 207

8.3 开放水平测度 ………………………………………………… 236

8.4 逆全球化与中国开放式国家创新体系 ………………………… 266

9 国际经验和重要启示

9.1 国际经验 ……………………………………………………… 279

9.2 重要启示 ……………………………………………………… 288

10 主要结论与政策建议

10.1 主要结论 ……………………………………………………… 293

10.2 政策建议 ……………………………………………………… 294

参考文献 …………………………………………………………… 301

1 导论

1.1 研究背景和研究意义

1.1.1 研究背景

创新全球化是经济全球化的产物。经济全球化表现为贸易、投资以及研发等活动溢出国界，不仅推动世界经济发展，符合人类发展方向，同时促进了世界和平与繁荣。经济全球化并非一帆风顺，在曲折中向前发展。华尔街金融危机后，世界经济疲弱，逆全球化浪潮暗流涌动。以美国为首的发达国家出于自身利益考虑，提出"制造业回流""美国利益优先""全球产业链去中国化"等口号，并大搞贸易保护主义。2020年新冠肺炎疫情暴发后，全球化逆流趋势加剧。近年来，英国脱欧，美墨边境"修墙"，美国退"群"并疯狂打压中国高科技企业等一系列重大事件，给全球化蒙上阴影。逆全球化浪潮极大地破坏全球经济政治秩序有序运转，给全球治理带来巨大挑战，也不利于中国科技对外开放。2016年美国针对知识产权纠纷的"337调查"案件中有1/3的案件针对中国，甚至包括知识产权含量不高的钢铁产品。2018年美国以国家安全为由加大中国对美并购审查力度、发起针对所谓"中国知识产权侵权和强制技术转移"的301调查。2020年后美国从科研人才、高新技术企业、科技体制和产业政策等多领域打压中国科技开放，积极推行技术保护主义，其目的在于保护本国产业发展和垄断核心技术。中国遭遇改革开放以来最大规模的贸易战和科技战。以美国等发达国家为主导的全球创新网络的开放状态受到重大影响。但是从长远看，全球化仍是历史潮流，不可阻挡。随着经济全球化的快速发展，创新的边界逐渐越过国界，创新全球化成为趋势。没有一个国家能在绝对封闭的环境下进行高效创新。国际科技合作既是历史潮流，也是大势所趋。高校、科研院所开展国际学术交流，企业在海外建立研发中心，国家科技计划对外开放等创新行为，在微观层面有效提高了企业创新能力和竞争能力，同时在宏观层面有力推动了国家创新体系向开放式国家创新体系发展。

党的十九大报告指出，中国特色社会主义进入新时代。中国经济由高速增长转为高质量发展。拉动经济增长的动能发生重大转变。过去传统的依靠投资拉动、出口带动等方式实现的经济增长出现疲软，高投入、高耗能、高污染的要素投入驱动难以为继。新时代需要依靠深化改革、扩大开放和不断创新推动经济高质量发展。中国高质量发展，光靠经济发展单兵作战是不够的，需要多个方面都高质量发展，科技发展尤为重要[①]。在新发展理念的引领下，推动经济增长的第一动力是创新。创新引领、协同发展的产业体系是现代化经济体系的重要组成部分，是新时代中国经济建设的重大课题。中国要实现经济高质量发展，必须构建开放式国家创新体系，实现高水平开放和高层次创新深度融合。《中华人民共和国国民经济和社会发展第十四个五年规划和2035年远景目标纲要》把创新放在现代化建设全局的核心位置，明确指出越是面临封锁打压，越不能搞自我封闭、自我隔绝，要实施更加开放包容、互惠共享的国际科技合作战略，更加主动融入全球创新网络。中国坚持开放的大门不会关上，要在逆全球化中保持继续对外开放和创新的大国定力。

1.1.2 研究意义

1）现实意义

党的二十大报告明确指出，必须坚持科技是第一生产力、人才是第一资源、创新是第一动力，深入实施科教兴国战略、人才强国战略、创新驱动发展战略，开辟发展新领域新赛道，不断塑造发展新动能新优势。开放式国家创新体系是新时代推动我国创新驱动战略和形成全面开放新格局的重要举措，是推动经济高质量发展，实现"两个一百年"目标宏伟蓝图的重要保障。创新是民族进步的灵魂，是国家兴旺发达的不竭动力。科技是国之利器，中国强，必须科技强。党的十九届五中全会通过《中共中央关于制定国民经济和社会发展第十四个五年规划和二〇三五年远景目标的建

---

① Richard Freeman. 自然科学、社会科学与经济高质量发展——基于含有"中国因素"的科技与社会科学文献的研究[J]. 上海经济研究, 2018(10): 26-33.

议》，部署"十四五"时期中国经济社会发展和改革开放12项重点任务，首次将科技创新放在首位，提出科技要自立自强。新时期中国的科技自立自强不是关起门搞创新，应坚持与开放式创新辩证统一。党中央提出要构建新发展格局，这个新格局不是封闭的内循环，而是开放的国内国际双循环。在全面深化改革的关键时期，中国创新体系的最佳策略选择是构建开放式国家创体系，促进协同创新。中国经济发展的历史也是对外开放的历史。开放是创新的必要环境。在国家层面完善开放创新机制是党的十八大以来我国主动适应经济新常态、寻找经济新动能的重要途径，也成为国家创新体系和经济发展规划的重点内容。党的十八大报告明确指出，要用全球视野谋划和推动创新。中共中央、国务院《关于深化体制机制改革加快实施创新驱动发展战略的若干意见》部署了8项重点任务，提出30条政策思路。其中第八项任务明确指出，要通过鼓励创新要素跨境流动、优化境外创新投资管理制度、扩大科技计划对外开放三项措施，推动形成深度融合的开放创新局面。2018年5月28日，全国两院院士大会上，习近平总书记指出自主创新是开放环境下的创新，绝不能关起门来搞，而是要聚四海之气，借八方之力。2020年3月，国务院印发《关于构建更加完善的要素市场化配置体制机制的意见》，明确提出要"探索国际科技创新合作新模式，扩大科技领域对外开放"。《国家创新驱动发展战略纲要》提出实现科技创新强国三步走战略目标：2020年中国进入创新型国家行列，2030年跻身创新型国家前列，2050年建成世界科技创新强国，成为世界主要科学中心和创新高地。要实现这些目标，必须将扩大开放作为实现科技创新强国梦的四个基本原则之一，要求充分利用全球创新资源，全面提升中国在全球创新格局中的地位。

建设现代化经济体系、实现经济高质量发展是党的十九大报告提出的新时代中国经济建设任务。现代化经济体系包括创新引领、协同发展的产业体系，统一开放、竞争有序的市场体系，体现效率、促进公平的收入分配体系，彰显优势、协调联动的城乡区域发展体系，资源节约、环境友好的绿色发展体系，多元平衡、安全高效的全面开放体系以及充分发挥市场作用、更好发挥政府作用的经济体制。创新引领和全面开放是现代化经济体系的本质特征，是实现经济高质量发展的必然途径。构建深度融合的开放式国家创新体系，积极融入全球创新网络，充分利用国内国际两个市场的创新资源，实现创新型强国之梦，为"两个一百年"目标如期实现提供坚实的物质基础。

2）理论意义

自 2003 年美国加州大学伯克利分校亨利·切萨布鲁夫（Henry Chesbrough）教授提出开放式创新（Open Innovation）以来，关于企业层面的开放式创新研究兴起。相对而言，关于国家层面的开放式创新研究不多。本书提出开放式国家创新体系的理论研究框架不仅是对创新理论的有益补充和完善，同时也是中国在逆全球化浪潮中继续保持开放创新定力的理论支撑。

开放式国家创新体系是一个复杂的系统，是一个动态演进的过程。本研究综合运用国家创新体系理论、开放式创新理论、耗散结构理论、科学技术哲学理论和制度经济学等多种理论，提出了开放式国家创新体系的理论研究框架，为多学科融合发展做出积极探索。

1.2 研究现状

1.2.1 国外研究现状

关于国家创新体系（NIS）的研究兴起于 20 世纪 80 年代中期，英国经济学家弗里曼（Chris Freeman）教授在 1987 年出版的《技术政策与管理绩效：日本的经验》中，研究国家创新绩效和竞争力与技术创新之间的关系，并指出国家在促进一国技术创新中起着十分重要的作用[1]。美国学者纳尔逊（Richard Nelson）提出，企业的创新行为受到一系列机构的影响，这些机构相互作用，共同组成国家创新体系。丹麦经济学家本特-奥克·伦德瓦尔（B. Lundvall）早期研究国家创新系统是从微观角度入手，研究国家边界是如何作用于企业的技术创新绩效的。英国学者佩特尔和帕维特（P. Patel 和 K. Pavitt）认为国家创新系统由国家制度、竞争力和激励机制等相

---

[1] Freeman C. Technology policy and economic performance: lessons from Japan [M]. London: Pinter Publishers, 1987.

互作用而成，决定一个国家科技创新的速度和发展方向[①]。美国哈佛商学院战略管理学家迈克尔·波特在1990年《国家竞争优势》一书中，提出钻石理论，认为影响一国竞争力的四个因素：生产要素条件、需求条件、企业战略与竞争情况、相关支持产业。政府需要为国内的企业营造适合创新的环境。经济合作与发展组织（OECD）将国家创新体系定义为"由不同机构组成的集合，这些机构共同或单独致力于新技术的开发和扩散，并向政府提供一个制定、执行政策以影响创新过程的框架"[②]，企业是国家创新体系的核心主体，并强调全球创新网络在国家创新体系中的作用。

21世纪以来，全球化快速发展带动科技创新活动不断溢出国界，国家创新体系的边界逐渐弱化。2003年卡尔森（Carlsson）率先提出创新体系国际化的概念，研究人员开始对美、日、欧洲等国创新体系国际化趋势进行研究。开放式国家创新体系的理论研究经历了三个时期：

一是初始阶段（2003年以前）。Porter（1990）最先将国家创新体系放在经济全球化背景下考察，认为国家创新体系的运行不仅会受到国内各个创新主体的相互作用，还会受到国际上不同国家之间相互影响，促进国家创新体系的开放需要加强国内外两机制的联动。Niosi和Bellon（1994）提出创新体系的开放度定义和衡量创新开放度的相关指标，指出国家创新体系国际化通常要经历三个阶段的演化：区域创新网络、国家创新体系、开放国家创新体系，认为国际化的普及完善了国家创新系统的网络发展。开放性使后进国家可以向先进国家学习，以追赶技术上的劣势。而开放式国家创新体系的建设路径既包括科研机构的人才国际流动、参与国外科研项目，也包括企业从事技术的国际转让、在海外设立研发中心、加入国际技术联盟等[③]。Dunning（1994）认为跨国研发中心对东道国NIS存在重要

[①] Pate P, Pavitt K. Large firms in the production of the world's technology: an important case of non-globalization[J]. Journal of International Bussiness Studies, 1991, 22(1): 1-21.

[②] 凌学忠，杨若鑫，李纪珍. 国家开放创新体系：文献综述[J]. 创新与创业管理，2016（10）.

[③] Niosi J, Bellon B. The global interdependence of national innovation systems: Evidence, limits, and implications[J]. Technology in Society, 1994, 16(2): 173-197.

影响①。Bartholomew（1997）提出，英国、美国和德国等创新体系密切联系，在生物技术研究领域凸显，合作创新活动较多，指出企业提高创新能力的重要方式之一就是建立跨国界的技术联盟②。Archibugi 和 Michie（1997）认为全球创新的互动会为企业创新提供更多机遇，并使国家在全球创新系统中越来越重要，建立开放式国家创新的重要目的之一是引进国外先进技术，因此，应加快建立相关国际组织以促进技术国际转移，让更多欠发达国家和地区受益③。Eduardo 认为发展中国家创新过程与发达国家不同，建议采取国家学习系统替代国家创新体系（NIS）。Guerrieri（1999）提出面对全球激烈竞争，企业应该加大海外投资，设立研发中心，促进创新和知识在全球范围扩散。OECD（1999）指出，各个国家创新体系在全球化的进程中不可能是孤立的，它们之间相互依赖、相互作用④。Archibugi，Howells 和 Michie（1999）认为创新系统发展和全球化过程有着密切共生关系⑤。Fransman（2002）通过对日本进行分析，提出衡量指标⑥。帕维特（2002）认为开放式国家创新体系的主要活动表现为研发国际化，除企业层面会产生影响之外，高校和金融机构、法律、文化和制度等都会对创新国际化产生影响。芬兰科技政策委员会（2002）研究了国家创新体系国际化是必然趋势，提出各国应该提高国家创新体系的开放度，增强互动，并将开放式创新应用于政策制定，成功实现经济发展模式从以资源为基础到以知识为核心的转变。

二是泉涌阶段（2003—2006年）。Carlsson（2003）率先提出创新体系国际化的概念，认为创新体系国际化的重要特征是创新要素跨国流动，各国政策在国际化过程中扮演重要角色。Chesbrough（2003）从企业层面

---

① Dunning J H.Multinational enterprises and the globalization of innovatory capacity[J]. Research Policy, 1994, 23(1): 67-88.
② Bartholomew S.Nationalsystems of biotechnology innovation: complex interdependence in the global system[J]. Journal of International Business Studies,1997, 28(2): 241-266.
③ Archi bugi Daniele, Jonathan Michie.Technology, globalisation and economic performance[M]. Cambridge: Cambridge University Press, 1997: 221-234.
④ OECD. Managing national innovation systems[R]. Paris: OECD, 1999.
⑤ Archibugi D, Howells Jeremy, Michie J. Innovation system in a global economy [J]. Technology Analysis&Strategic Management, 1999, 11(4): 527-539.
⑥ Fransman M. Mapping the evolving telecoms industry: the uses and shortcomings of the layer model[J]. Telecommunications Policy, 2002, 26(9-10): 473-483.

研究创新体系国际化问题,明确提出开放式创新(Open Innovation)的定义,认为企业可以通过内外两种渠道,实现知识和技术的双向流动,助推创新,实现提升企业技术水平的目的[①]。Spencer(2003)正式提出全球创新系统,系统由来自不同国家的创新组织相互作用所建立的资源和制度构成的,全球创新系统可以供世界各地的企业获取创新资源和相关制度[②]。Furman,Porter和Stern(2002)提出国家创新体系的概念模型(FP&S模型)[③],将国家的创新效率影响因子分为公共创新基础设施、集群创新环境、基础设施和集群之间联系质量。之后,Hu和Mathews(2005)对FP&S模型的指标进一步量化,有助于比较不同国家的创新效率[④]。Carlsson(2003,2006)指出影响创新体系开放度的因素包括政策、制度和地理空间因素[⑤⑥]。因此,国家创新体系国际化进程中会相应存在不同的政策因素、不同的制度因素以及技术和知识在溢出中的地理空间等障碍。Pavitt等先研究企业创新国际化,然后逐渐研究国家创新体系的开放问题。国际贸易会推动技术向落后国家扩散,国家创新体系的边界逐渐被打破,创新要素的跨国界流动成为常态。对于落后国家和地区而言,有时候知识的跨国流动和创新的国际化比国内流动更重要,落后国家和地区可以借此实现追赶。但是各个国家对国际技术转让和海外投资的政策不同,这会导致国家之间的技术差距日益扩大。

三是沉淀时期(2007年以后)。Santonen(2007)明确研究国家创新体系的开放性相关问题[⑦]。Fabio Dercolea等(2007)在技术变革的模型中

---

① Henry W Chesbrough. Open innovation: the new imperative for creating and profiting from technology[M]. Boston: Harvard Business School Press, 2003.
② Spencer J W. Firms' knowledge-sharing strategies in the global innovation system: empirical evidence from the flat panel display industry[J]. Strategic Management Journal, 2003(24): 17-233.
③ Furman J L, Porter M E, Stern S. The determinants of national innovative capacity[J]. Research Policy, 2002, 31(6): 899-933.
④ Hu M C, Mathews J A. National innovative capacity in East Asia[J]. Research Policy, 2005, 34(9): 1322-1349.
⑤ Carlsson B. Internationalization of innovation systems: a survey of the literature [C]. Paper Presented at the Conference in Honour of Keith Pavitt "What do we know about innovation?". SPRU. Brigthon: University of Sussex, 2003.
⑥ Carlsson B. Internationalization of innovation systems: a survey of the literature [J]. Research Policy, 2006, 35(1): 56-67.
⑦ Santonen T, J Kaivo-Oja, M Antikainen. National Open Innovation Systems (NOIS): defining a solid reward model for NOIS[J]. International Journal of Innovation and Regional Development, 2007, 3(1): 12-25.

引入了适应性动态概念[1]。Cozzens 和 Catalan（2008）认为全球创新系统是一个由不同创新单元组成的学习空间，通过跨国界积累知识，解决世界级难题[2]。OECD（2008）研究开放式创新，从以企业为研究对象，逐渐延伸至以产业为研究对象和以国家为研究对象[3]。OECD 分析了不同层面的开放式创新的作用机理和实施路径，特别指出企业层面的开放式创新和产业层面的开放式创新相互作用形成的研发国际化，加快全球创新网络的形成，并指出国际技术平衡表、科研人员国际流动、科研项目的国际合作以及创新成果的跨国拥有量都是衡量创新国际化水平的重要指标。Dahlander 和 Gann（2010）总结了四种开放式创新类型：内向获取型（acquiring）、内向分配型（sourcing）、外向扩散型（revealing）和外向授权型（liscensing）[4]。Lichtenthaler（2011）则从企业组织、项目和个人三个层面研究知识如何开发、如何保持以及如何利用。Henry Chesbrough（2007）把开放式创新按照知识流方向分为内向型和外向型两种模式。De Jong 等（2010）对开放式国家创新体系的学术贡献，主要体现在从开放式创新的范围和维度展开研究[5]。Jeremy Howells（2014）分析了国家创新体系日益开放的趋势，因外包协作水平不断提高，科学网络和创新活动更加开放。在开放式国家创新体系中，要有效利用创新中介，创造和维持国家创新体系的竞争优势[6]。

---

[1] Fabio Dercolea, Uif Dieckmann, Michael Obersteiner, et al. Adaptivedynamics and technological change[J]. Technovation, 2007(11): 1-14.

[2] Cozzens S E, Catalan P. Global systems of innovation: water supply and sanitation in developing countries[C]. The VI Globelics Conference, Mexico City, 2008 (9): 22-24.

[3] OECD. OECD reviews of innovation policy: China[Z]. Paris: Organisation for Economic Cooperation and Development, 2008.

[4] Dahlander L, Gann D M. How open is innovation?[J]. Research Policy, 2010, 39 (6): 699-709.

[5] De Jong, J P J, T Kalvetand, WVanhaverbeke. Exploring a theoretical framework to structure the public policy implications of open innovation[J]. Technology Analysis & Strategic Management, 2010, 22(8): 877-896.

[6] Jeremy Howells. Open innovation systems, The changing paradigm of research and development(R&D) and national economic development[A]. Information Re search Center of International Talent, SAFEA、中国国际贸易促进委员会青岛分会 (China Council for the Promotion of International Trade, Qingdao Sub-Council). 2014 首届全球知识经济大会——主题：转型、创新、跨越会刊[C]. 国家外国专家局国外人才信息研究中心 (Information Research Center of International Talent, SAFEA)、中国国际贸易促进委员会青岛分会 (China Council for the Promotion of International Trade, Qingdao Sub-Council): 百奥泰国际会议(大连)有限公司，2014.

Furuya Shuichi（2015）研究了开放式国家创新网络对日本新药研发的影响[①]。Selina（2019）建议在水产养殖产业政府要运用系统思维和开放式创新，为学术界、民间、企业搭建平台，促进生产，以实现联合国零饥饿的可持续发展目标[②]。2020年OECD在《科学、技术与创新数字化——关键进展和政策》中提出要开展国际政策协调，整合全球网络和基础设施，共建数据共享文化。Despoina Filiou（2021）将开放式创新分为流入、流出和耦合的上下游活动，以此来识别跨组织边界的知识获取和外部化过程[③]。

1.2.2 我国研究现状

1995年我国学者齐建国出版《技术创新——国家系统的改革与重组》，是国内首部对国家创新体系研究的专著。1995年国家科委委托加拿大国际发展研究中心评估当时中国科技体制改革，加拿大国际发展研究中心提出建立国家创新体系是未来科技改革发展的方向。吴贵生、谢伟（1997）明确提出国家创新系统的概念，研究了其组成要素和国家创新体系的作用。1998年中科院报告提出国家创新体系是通过知识、技术两方面创新单位合力搭建的网络机制，基本由大型企业、高技术企业构成参与主体，涉及高校、科研院所（涵盖国立、地方科研单位）。若是根据广义层面分析，该系统还涉及行政性单位、社会教育中心、科技中介服务机构等[④]。通过检索Social Change、Scientometrics、Research Policy和Technologicai Forecasting等国际重要刊物发现，从1997年开始理论界关于研究中国国家创新体系的文献大量出现。顾淑林（1997）从产业技术视角对比了中国和东南亚国家之间国家创新能力的差异，提出中国想实现知识和技术的国际流动，必须充分利用好国内外创新资源。冯之俊（1999）在《国家创新系统理论与实践》一书中对国家创新系统的理论基础、基本概念以及政策工具等进行理

---

① Furuya Shuichi. New drugs from Japan will be created from the nation-wide open style innovation network[J]. Nihon yakurigaku zasshi. Folia pharmacologica Japonica, 2015, 145(5).
② Selina Marguerite Stead. Using systems thinking and open innovation to strengthen aquaculture policy for the United Nations Sustainable Development Goals [J]. Journal of Fish Biology, 2019, 94(6).
③ Despoina Filiou. A new perspective on open innovation: established and new technology firms in UK bioâpharmaceuticals[J]. R&D Management, 2021, 51(1).
④ 李文国. 基于经济发展方式转变的中国国家创新体系构建研究[D]. 沈阳：辽宁大学，2010.

论研究，同时对比了中国、美国、日本和韩国的国家创新系统，指出中国存在的问题并提出解决对策[1]。薛澜等（2001）认为，中国科技体制受到全球化的巨大冲击，中国科技体制改革必须遵照市场机制，构建以企业为创新主体的国家创新体系，要不断促进企业和高校以及科研院所的创新合作，激励智力创造与知识创新，政府要提供知识产权保护[2]。S. White和柳卸林（2001）提出创新体系的比较研究框架，并实证分析了中国国家创新体系。李正风、曾国屏（2004）分析了OECD国家创新体系的理论和政策。

目前，我国从开放的角度研究中国国家创新体系的相关文献主要集中在五个方面：

一是当前逆全球化趋势对开放式国家创新体系的影响。2008年华尔街金融危机后，全球经济进入深度调整期。2020年新冠肺炎疫情加剧了逆全球化趋势。王跃生、林雪芬（2020）认为中美贸易之争是经济发展道路和体制之争，更是21世纪大国地位之争[3]。盛斌、黎峰（2020）指出全球化不是导致国内不平等的罪魁祸首，其主要原因在于飞速发展的技术进步、劳动力市场因素以及社会政策。但全球化加快了资源整合的速度，导致失业、收入悬殊、环境恶化等社会问题爆发[4]。赵梅（2020）认为美国之所以从全球化的主导者成为逆全球化推动者，其主要原因在于资本逐利导致产业逃离美国，国内"铁锈地带"经济衰退；美国国内收入差距等社会民生矛盾突出；相较于中国快速崛起，美国国家实力逐渐衰落，不愿意让中国继续享受全球化红利[5]。郭周明等（2020）认为当前逆全球化导致世界经济增长乏力、经济全球化进程受阻、国际经贸格局改变，国际经贸治理体系陷入制度安排滞后、国际公共产品供给不足、治理机制碎片化等困境[6]。马佳妮（2020）提出受新冠肺炎疫情影响，全球留学目的地国签证、安全风险、受歧视程度、就业机会、公共卫生体系等因素在留学决策的作用日益

---

[1] 冯之俊. 国家创新系统的理论与政策[M]. 北京：经济科学出版社，1999.
[2] 薛澜，沈群红. 科技全球化及其对中国科技发展的政策涵义[J]. 世界经济，2001（10）.
[3] 王跃生，林雪芬. 中美经贸摩擦的五个层次[J]. 中国流通经济，2020（1）.
[4] 盛斌，黎峰. 逆全球化：思潮、原因与反思[J]. 中国经济问题，2020（2）.
[5] 赵梅. 逆全球化背景下美国的战略选择[J]. 东北亚学刊，2020（6）.
[6] 郭周明，李姣，邹浩. 逆全球化背景下国际经贸治理困境及中国路径选择[J]. 国际经贸探索，2020（2）.

凸显①。陶涛（2017）指出后危机时代发达国家对待全球化的态度由积极推进变为审慎，全球价值链可能因此收缩，但新技术革命和生产组织方式的变革将是促进全球化的长期动力②。王跃生、马相东（2020）认为长期看，逆全球化是不可持久的。中国推动共建开放型世界经济具有完整的产业链、超大规模的市场、日益开放的制度等三大优势。③刘元春（2020）指出后疫情时代的全球化重塑要通过形成人类卫生健康共同体，积极运用G20国际协调机制，寻找各国结构性解决方案等举措实现④。刘海军、王峰明（2020）认为构建人类命运共同体是引领全球化的指导思想，"一带一路"是引领全球化新路径，推动全球治理体系变革是全球化的制度保障⑤。赵刚（2019）提出当前中国要通过积极参与全球规则制定、提高开放主导权、精准选择开放合作领域，践行"科学无国界"的思想，加大我国科技对外开放⑥。陈淑梅（2020）面对目前美国等发达经济体对我国科技发展的限制和封锁，提出中国应将技术经济安全纳入国家安全战略，完善我国安全审查制度，理性地应对国家技术经济安全问题⑦。戴长征（2020）指出中国将成为全球化有力的捍卫者⑧。

二是在创新全球化背景下，中国如何用好两个市场的科技资源，用好在华外资研发中心的技术溢出效应，在科技全球化背景下企业技术创新模式该如何选择等。贾根良、白玲（2003）对创新全球化背景和类型进行分析，并对发展中国家科技政策提出建议⑨。江小涓（2004）提出要抓住全球化机遇，不断提升我国产业创新能力，提高核心竞争力，并对存在的问题

---

① 马佳妮.逆全球化浪潮下全球留学生教育的特征、挑战与趋势[J].教育研究，2020（10）.
② 陶涛.后危机时代全球化的新特征与新趋势[J].新视野，2017（6）.
③ 王跃生，马相东.经济全球化新趋势与开放型世界经济建设[J].中国特色社会主义研究，2020（3）.
④ 刘元春.后疫情时代的全球化重塑[J].中国服饰，2020（12）.
⑤ 刘海军，王峰明.经济全球化进程中的中国角色及其历史依据[J].思想理论教育导刊，2020(10).
⑥ 赵刚.加大科技对外开放，在全球范围内整合创新资源[N].科技日报，2019-02-18.
⑦ 陈淑梅.如何实现前沿科技领域开放与安全相统一[J].人民论坛，2020（9）.
⑧ 戴长征.全球治理中全球化与逆全球化的较量[J].国家治理，2002（6）.
⑨ 贾根良，白玲.创新全球化及其对发展中国家科技政策的挑战[J].经济理论与经济管理，2003（5）.

进行研究①。柳御林（2006）指出外商直接投资是推动中国技术创新最重要的动力之一②。王黎萤、陈劲、杨幽红（2004）等研究了国际规则、技术创新与制度创新之间关系③。刘云等（2002，2005）对国外具有代表性的科学基金组织的国际合作战略进行研究，并对我国国家自然科学基金的国际合作发展提出对策建议。陈劲、吴波（2012）指出合作模式和开放度成为有效管理企业技术合作获取外部资源的关键④。李平、陈红花（2015）从技术创新能力的角度研究了技术创新软硬能力对创新开放度的影响，指出在企业技术知识积累达到较高水平时，要避免开放度下降而减少与外界的协同创新⑤。韩民春和徐姗（2009）⑥，张建清和魏伟（2011）⑦，蒋仁爱、蔡虹和李璐（2012）等认为进口贸易是国际技术知识溢出和流通的重要渠道之一，有利于技术扩散。陈宝明（2013）提出转变产学研合作的方式，由委托研发转变为更多的机构合作，在合作中加强人才的培养和交流，加快数据开发和平台建设。樊春良（2018）提出对外开放和国际合作不仅帮助中国科学取得很大的进步，而且促进中国科技体制改革、制度建设和政策进展⑧。周艳、赵黎明（2020）对比研究了瑞士市场主导化国家创新模式、美国网络化国家创新模式、丹麦公私伙伴式国家创新模式和日本技术赶超式创新模式的特征及路径，对中国创新国家体系建设提出对策建议⑨。

三是跨国公司研发国际化对中国创新能力的影响。研究内容包括在我

---

① 江小涓.理解科技全球化——资源重组、优势集成和自主创新能力的提升[J].管理世界，2004（6）.
② 柳御林.二元的中国创新系统[J].科学学与科学技术管理，2006（2）.
③ 王黎萤，陈劲，杨幽红.技术标准战略、知识产权战略与技术创新协同发展关系研究[J].中国软科学，2004（12）.
④ 陈劲，吴波.开放式创新下企业开放度与外部关键资源获取[J].科研管理，2012（9）.
⑤ 李平，陈红花.基于技术创新能力的创新开放度研究[J].商业研究，2015（1）.
⑥ 韩民春，徐姗.中国获得国际技术外溢的渠道——国际贸易、FDI还是信息技术[J].国际贸易问题，2009（4）.
⑦ 张建清，魏伟.国际金融危机对我国各地区出口贸易的影响分析——基于贸易结构的视角[J].国际贸易问题，2011（2）.
⑧ 樊春良.对外开放和国际合作是如何帮助中国科学进步的[J].科学学与科学技术管理，2018（9）.
⑨ 周艳，赵黎明.典型国家的创新体系比较研究[J].天津大学学报（社会科学版），2020（6）.

国境内的跨国公司设立研发中心的历程、方式、动机以及双重影响等。胡珑瑛、唐志新（2000）分析国际技术转移的合作机制问题[①]。叶昕、邹珊刚（2002）分析了跨国公司通过与外部环境的知识交换来实现研发国际化[②]。元利兴、宣国良（2003）重点研究在全球研发中跨国公司的知识流动的方向、影响因素和流动机制等问题[③]。高茜、徐蕾（2004）研究了在全球创新网络中跨国公司知识流动的特征。毛蕴诗、袁静（2005）分析了跨国公司对华直接投资的时机选择、区位选择、行业选择、技术选择和进入方式[④]。崔新健等（2011）动态分析了外资研发中心对我国国家创新体系的正面效应及其形成机理，重点研究开放效应、关联效应、集聚效应和示范效应，综合运用国家创新体系理论和研发国际化理论，尝试构建海外研发中心开放性的分析架构[⑤]。贺团涛、曾德明（2010）认为知识产权保护对跨国公司研发国际化具有正面作用[⑥]。刘青海（2011）提出 FDI 对我国经济增长具有两面性，只有吸收能力达到门槛以上，才会是正面作用[⑦]。祝影等（2015，2016）研究外资研发机构本地绩效的评价指标体系，中国省域外资研发与自主创新的耦合协调发展，指出外资研发对自主创新既有抑制作用又有促进作用，东部省域的耦合协调发展水平普遍优于中西部地区[⑧][⑨]。黄鲁成将研发资金国际化、研发活动国际化、研发机构国际化和研发产出国际化作为衡量一个国家研发国际化的指标体系。陈玉萍等（2020）认为研发国

[①] 胡珑瑛，唐志新.国际技术转移行为的合作博弈模型研究[J].哈尔滨工业大学学报，2000（4）.

[②] 叶昕，邹珊刚.跨国企业的知识流及其管理[J].外国经济与管理，2002（12）.

[③] 元利兴，宣国良.跨国公司全球 R&D 活动中的知识流动机制研究[J].科技进步与对策，2003（9）.

[④] 毛蕴诗，袁静.跨国公司对华直接投资策略：趋势与特点[J].管理世界，2005（9）.

[⑤] 崔新健.外资研发中心的现状及政策建议[M].北京：人民出版社，2011.

[⑥] 贺团涛，曾德明.跨国公司研发国际化知识产权保护动因及发展趋势[J].求索，2010（7）.

[⑦] 刘青海.FDI、吸收能力与经济增长——基于国际技术扩散的视角[J].经济经纬，2011（11）.

[⑧] 祝影，曹盛.中国省域外资研发与自主创新的耦合协调发展研究[J].经济地理，2015（10）.

[⑨] 祝影，孙锐，翟峰.外资研发如何影响自主创新？——基于外资研发溢出路径的模型与实证[J].科研管理，2016（12）.

际化的广度和强度与企业创新绩效均存在倒 U 形关系，吸收能力显著调节了企业研发国际化广度、强度与企业创新绩效间的关系[①]。张利飞等（2020）比较了技术引进和合作研发两种研发国际化模式，认为合作研发型研发国际化长期来看对技术创新绩效促进作用更显著，而技术引进型研发国际化短期内对产品创新绩效提升作用明显，但是存在阻碍技术创新的可能性[②]。

四是企业和产业层面的开放式创新。研究内容包括开放的路径、开放对创新的作用机制、开放式创新对创新绩效的影响等。司春林、陈衍泰（2005）向中国学者引入了哈佛大学 Henry Chesbrough 教授的 *Open Innovation* 一书，指出开放式创新模式为创新管理提供十分有益的思维模式，Chesbrough 主要研究了开放式创新在信息技术行业的运用[③]。彭正龙、王海花和王晓灵（2011）界定了资源共享度的概念，并将其作为开放式创新与封闭式创新的比较基础[④]。陈钰芬、陈劲（2008）研究创新绩效如何受到创新开放的广度和深度影响，分析开放式创新作用创新绩效的内在机制，将产业从创新的角度分成科技驱动型和经验驱动型，研究了各自的管理模式[⑤]。陈劲（2013）基于我国实际情况，重点研究了企业内向型开放式创新模式和创新机理。闫春、蔡宁（2014）研究了创新开放度对开放式创新绩效的作用机理[⑥]。储节旺、李善圆（2015）提出开放式创新的路径，包括以企业自身为主导的开放式创新路径和以动态联盟为主导的开放式创新路径[⑦]。阳银娟、陈劲（2015）认为开放程度对绩效具有正面作用，且创新的开放程度越高，企业的创新绩效会越好，这种正面效益在越不确定的环境更加凸

[①] 陈玉萍, 高强, 谢家平.研发国际化与企业创新绩效：吸收能力的调节作用[J].上海对外经贸大学学报, 2020（11）.

[②] 张利飞, 符优, 虞红春.技术引进还是合作研发？——两种研发国际化模式的比较研究[J].科学学研究, 2020（4）.

[③] 司春林, 陈衍泰.开放你的思维, 开放你的公司——《Open Innovation》述评[J].研究与发展管理, 2005（2）.

[④] 彭正龙, 王海花, 王晓灵.开放式创新与封闭式创新的比较研究——基于资源共享度[J].研究与发展管理, 2011（4）.

[⑤] 陈钰芬, 陈劲.开放度对企业技术创新绩效的影响[J].科学学研究, 2008（4）.

[⑥] 闫春, 蔡宁.创新开放度对开放式创新绩效的作用机理[J].科研管理, 2014（3）.

[⑦] 储节旺, 李善圆.开放式创新的影响因素及路径选择研究[J].理论与探索, 2015（4）.

显[1]。易锐、夏清华（2015）提出应加强从价值共创理论和实物期权理论等视角研究开放式创新[2]。武学超（2016）认为政府—大学—产业—公众或公民社会的创新生态系统是开放式创新 2.0 范式的典型实现模式[3]。李涛（2016）研究了开放度对信息技术产业创新能力的作用机理[4]。王锋正、孙玥、赵宇霞（2020）认为全球价值链嵌入对资源型产业升级呈"倒 U 形"影响作用，开放式创新是驱动资源型产业升级的有效途径[5]。

五是开放式国家创新体系有关研究。研究内容包括国家创新体系开放的重要性、开放的分类、开放式国家创新体系的活动表征以及对策等。齐建国认为国家创新系统的 6 个子系统受外部影响进行信息交换，国家创新系统具有开放的特征。丁厚德（1998）提出要重视产学研合作机制的研究[6]。谢泗薪、薛求知（2004）将国家创新体系的全球化视为"引进来"为主的内向全球化和"走出去"为主的外向全球化双向过程[7]。程如烟（2008）对 30 年来我国在国际科技合作政策演变历程进行梳理[8]。黄烨菁（2008）指出要重点培育国家创新体系中企业的开放因素[9]。张俊芳、雷家骕（2009）认为跨国公司将研发活动扩展到其他国家，创新体系呈现跨国性特征，对创新体系以"国家"为单位的理论研究发起挑战。曾德明、彭盾（2009）认为开放性是国家创新体系在全球化浪潮中的重要特征，国家创新体系对国际开放是必然趋势。其国际化路径主要通过跨国企业研发国际化过程中

---

[1] 阳银娟，陈劲.开放式创新中市场导向对创新绩效的影响研究[J].科研管理，2015（3）.
[2] 易锐，夏清华.开放式创新的理论基点、研究维度与未来研究展望[J].湘潭大学学报 2015（2）.
[3] 武学超.开放式创新 2.0 范式的理论阐释——内涵特质、实现模式及大学向度[J].自然辨证法研究，2016（9）.
[4] 李涛.开放度对产业创新能力的作用机理分析——基于信息技术产业的视角[J].人力资源开发，2016（9）.
[5] 王锋正，孙玥，赵宇霞.全球价值链嵌入、开放式创新与资源型产业升级[J].科学学研究，2020(9).
[6] 丁厚德.产学研合作是建设国家创新体系的基本国策[J].清华大学学报，1998（3）.
[7] 谢泗薪，薛求知.中国企业全球学习战略的脉络与机理——基于国际化双向路径的视角[J].复旦学报（社会科学版），2004（3）.
[8] 程如烟.30 年来中国国际科技合作战略和政策演变[J].中国科技论坛,2018（7）.
[9] 黄烨菁.培育国家创新体系企业主体过程中的开放因素[J].社会科学，2008（8）.

与其他国家进行的能量、信息和物质的交换实现①。陈琦（2011）指出大国国家创新体系主要包括两种类型的要素：主体要素与环境要素②。孙玉涛、苏敬勤（2012）提出研究国家创新体系的多维分析方法，并对 G7 国家进行了实证研究③。张炜等（2013）研究了欧洲国家开放式创新政策体系，并对中国提出若干建议④。杨若鑫（2015）提出国家创新体系的国际化会给企业和国家带来好处，凸显原有区域创新的价值，中国应积极"走出去"，拓展海外市场，搭建全球化创新平台⑤。崔新健等（2016）将国家创新系统开放状态分为开放式国家创新系统和国家开放式创新系统两种形态，从技术开放和政策开放两个因素分析国家创新体系的开放度问题。技术开放主要通过国际技术转移、技术国际收入和支出、三方专利等指标进行表征。政策开放主要通过人才跨国流动、国际融资以及国际贸易和投资等指标进行表征。刘云等（2015）认为研究国家创新体系国际化应重点从制度程序与组织结构、参与主体与创新活动以及创新资源三个维度的国际化来分析，并从系统和动态演进的视角提出国家创新体系国际化"要素—制度—功能—阶段"四维分析模型等⑥。凌学忠（2016）等比较了不同构成要素的开放性对国家创新绩效和经济绩效的影响及其异同，认为在国家开放创新体系中知识开放性的影响最重要，并把专利作为知识要素的核心指标⑦。夏先良（2017）明确提出我国科技创新体制改革的目标就是开放型体制⑧。熊鸿儒（2017）指出中国加快构建深度融合的开放创新体系应该全面改善本土创新生态环境，增强本土创新体系与全球创新网络之间在市场、知识、资源以

---

① 曾德明，彭盾.基于耗散结构理论的国家创新体系国际化研究[J].科学管理研究，2009（3）.
② 陈琦.大国国家创新体系的基本要素及框架[J].大国经济研究，2011（9）.
③ 孙玉涛，苏敬勤.G7 国家创新体系国际化模式演化及对中国启示[J].科学学研究，2012（4）.
④ 张炜，巩键，陈璧辉.欧洲国家的开放式创新政策实践及其经验启示[J].自然辩证法研究，2013（3）.
⑤ 杨若鑫.国家创新系统的全球化与全球创新系统[J].中国会议，2015（4）.
⑥ 刘云，谭龙，李正风.国家创新体系国际化的理论模型及测度实证研究[J].科学学研究，2015（9）.
⑦ 凌学忠，吴贵生，李纪珍.国家开放创新体系构成要素与国家绩效间关系的实证研究[J].技术经济，2016（4）.
⑧ 夏先良.如何构建开放型科技创新体制体系[J].人民论坛，2017（3）.

及政策方面的联系和协调[①]。程旖婕、刘云（2018）提出中国创新体系国际化的知识流动模式表现为引进学习、追赶学习、自主引领三阶段的模式演变[②]。李纪珍、张雪梅（2019）提出国家开放创新体系，认为它融合了国家创新体系和开放式创新两大理论，是国家创新体系理论在全球化时代的演化。黄宁（2020）通过国家科技计划开放、科技优惠政策开放以及知识产权体系开放三个方面的比较研究，认为中国科技开放并不落后于经济开放[③]。陈劲（2020）提出国际化理念是推进科技合作与科技创新的重要基础，中国、美国、英国以及德国等应在环保领域、信息科技领域和工业制造领域加大合作力度[④]。唐杰（2021）以北京、上海和深圳为例，三大城市与美国的创新合作占比分别为19%、21%和17%，说明创新有很强开放性[⑤]。

1.2.3 简要评价

国内外在关于开放式国家创新体系研究方面取得了大量的科研成果，我国学者对于中国建设开放式国家创新体系的研究也逐渐兴起，为我国构建开放式国家创新体系提供了可参考和可借鉴的理论观点与建议。其主要研究观点如表1-1所示。

表1-1 开放式国家创新体系相关研究观点

研究重点	学者或组织	主要观点
开放性对于国家创新体系的重要性	波特（1990）	国家创新体系不是封闭系统，受到国家之间相互作用的影响

---

① 熊鸿儒.中国创新体系的开放进程与转型挑战[J].学习与探索，2017（1）.
② 程旖婕，刘云.中国创新体系国际化的知识流动模式研究[J].研究与发展管理，2018（5）.
③ 黄宁.中国的科技开放落后于经济开放吗？[J].科技中国，2020（11）.
④ 陈劲.全球科技创新的前沿分析及对策[J].人民论坛，2019（24）.
⑤ 唐杰.创新集聚性、开放性与国家创新体系着力点[J].今日科技，2021（7）：34-36.

续表

研究重点	学者或组织	主要观点
	OECD（1999，2020）	国家创新体系之间依赖性在加强；限制数据跨境流动会丧失投资和贸易机会，会使劳动生产率和GDP增速下降
	顾淑林（1991）	中国国家创新体系应增加创新资源的国际流动，充分利用两个市场
	曾德明、彭盾（2009）	基于耗散结构理论，说明开放性是国家创新体系的基本特征
	陶涛（2017）	新技术革命和生产组织方式的变革是促进全球化的长期动力
影响因素	Carlsson（2003，2006）	影响创新体系国际化的因素有制度、政策和地理空间等
	柳御林（2006）	外商直接投资、政府的科技投资和教育开支是推动中国技术创新最重要的动力
	刘云等（2015）	从制度程序与组织结构、参与主体与创新活动以及创新资源三个维度分析国际化
	陈琦（2011）	主体要素和环境要素
衡量开放度指标研究	OECD（2009）	专利合作、国际技术平衡表、研究的国际合作等
	Niosi和Bellon（1994，1996）	跨国企业研发、国际技术联盟、跨国技术转移、国际人才流动和国际贸易等
	刘建华、苏敬勤、姜照华等（2015）	指出高新技术产品进出口额比例、外资企业科技经费比例等是衡量中国国家创新体系开放程度的重要指标

续表

研究重点	学者或组织	主要观点
	崔新健、郭子枫、常燕(2014)	开放性包括以专利合作、来自外国的研发经费比例、技术国际支出和收入等为代表的技术开放性，以贸易、金融、投资等开放度为核心的政策开放性两个维度
	凌学忠（2016）	知识开放性影响最重要，专利是知识要素的核心指标
	黄宁（2020）	国家科技计划的开放、科技优惠政策的开放和知识体系的开放
分析框架	刘建华、苏敬勤、姜照华等（2015）	基于SCP框架，从网络结构—要素行为—创新绩效的角度，提出评价国家创新体系国际化的指标体系
	刘云等（2010，2015）	提出"要素—制度—功能—阶段"四维分析模型

从现有研究来看，开放式国家创新体系的理论研究仍存在以下问题：

1）开放式国家创新体系的理论研究非常薄弱，尚处于早期

关于国家创新体系的研究始于20世纪80年代，而关于开放式创新的理论研究始于2003年，但主要侧重于研究企业的开放式创新。2008年OECD将开放式创新延伸至国家层面，开放式国家创新体系开始成为理论研究的热点，但研究并不充分。创新主体主要指企业，也包括国家、地区、产业、非企业组织和个人等。据Crossan（2010）统计分析，在全球有关创新的文献中，研究个人占5%，研究团队占6%，研究产业和市场占6%，研究跨层次经济主体占8%，研究经济社会占9%，研究企业占52%。显然，目前理论研究主要集中在以公司组织为对象的创新研究，研究国家创新体系的文献不多。在研究创新体系的相关文献中，研究国际化经验的就更少。截至2002年，有750篇重要论文和著作研究创新体系，但是在这750篇中，

研究创新体系国际化的仅有 5 篇（Carlsson，2003）[①]。据 EBSCOhost 的 Academic Search Complete（ASP）文献收集，2002 年以来关于创新体系的重要文献有 22 064 篇，其中仅有 9 篇是关于开放式国家创新体系研究的。在中国知网，以"创新"为主题，能检索到 2 377 078 篇文章；以"创新体系"为主题，能检索到 59 350 篇文章；以"开放式创新"为主题，能检索到 8551 篇文章；以开放式国家创新体系、国家开放创新体系和国家创新体系国际化为主题或者篇名，仅能检索到 14 篇文章；以开放式国家创新体系或国家开放创新体系为主题，检索到博士或硕士论文 0 篇（限于 2022 年 1 月）。从国内外研究现状看，相对于企业的开放式创新、区域层面和国家层面的创新体系等研究而言，开放式国家创新体系的研究非常薄弱，仍处于早期阶段。

2）相关的基本概念尚未形成统一界定

开放式国家创新体系是一个新兴的研究课题。由于缺乏可借鉴的研究成果和研究方法，开放式创新和国家创新体系理论研究主要根据局部实践创新活动总结而成，完整的研究框架和规范的研究范式有待构建。随着系统论、创新经济学、制度经济学等新思想的广泛传播和应用，国内学者也逐渐用较为规范的理论对开放式国家创新体系进行分析，研究成果日渐丰富。但是，由于前期相关研究主要集中在开放式国家创新体系的重要性、活动表象以及测量指标等方面，反而疏于对相关重要概念的明晰。因此，在研究中，经常出现"国家创新体系国际化""国家开放创新体系"以及"开放式国家创新体系"等概念混淆使用，研究对象不清晰，导致无法形成规范性的分析框架，更不利于我国开放式国家创新体系的建立。

3）研究呈现碎片化，尚未形成完整的理论分析

目前国内外学者对于开放式国家创新体系的分析较为分散。从既有研究成果看，研究视角和观点较多，呈现碎片化，且研究方法尚不规范。现有理论研究主要以论证开放式国家创新体系的重要意义、相关活动为主，

[①] Carlsson B.Internationalization of innovation systems: a survey of the literature [C]. Paper Presented at the Conference in Honour of Keith Pavitt"What do we know about innovation?". SPRU. Brigthon: University of Sussex, 2003.

主要集中在全球化如何影响国家创新体系、各国国际科技合作战略、跨国企业研发国际化、区域创新体系与国家创新体系、全球创新网络之间的关系，以及如何利用国际资源推动国家创新体系建设等。这些研究都或多或少涉及不同国家的创新体系，但系统研究国家创新体系的"开放性"问题不多。近年来，OECD考察全球创新网络，也主要是从产业层面和企业层面研究全球创新合作，并没有形成完整的系统的开放式国家创新体系理论，更缺乏对发展中国家如何构建开放式国家创新体系的研究。

4）基于西方理论的研究框架不适于中国

开放式国家创新体系是将开放式创新从企业角度延伸至国家层面，是从开放角度研究国家创新体系，不是对国家创新体系研究重起炉灶。而现行主流的开放式国家创新体系分析框架在分析发达国家经验的基础上，基于西方理论进行构建。一种是基于系统论视角，以结构—功能为主，将熊彼特的创新理论和制度经济学等理论相结合，重点考察国家创新体系中的行为主体、组织结构及其互动关系。Edquist（1997）提出创造新知识、形成新产品、人力资源的能力培养等10种功能[1]。Bergek等（2003）提出了技术创新体系的7种功能[2]。国内学者连燕华（2000）从国家创新系统的功能及要素入手，提出构建以企业创新系统为中心，各类社会组织系统及环境因素相互作用的国家创新系统框架。刘云等（2015）提出"要素—制度—功能—阶段"分析框架，从系统和动态演进角度研究国家创新体系国际化分析模型。另一种是基于产业经济学视角，重点分析企业的创新行为。刘建华等（2015）基于SCP（市场结构Structure—企业行为Conduct—经营绩效Performance）的产业分析框架，从网络结构—要素行为—创新绩效的视角，将开放式国家创新体系分成科学研究、技术开发和技术扩散三个网络，重点研究了产学研机构的评价指标体系，但是忽略了政府在开放式

---

[1] Edquist C. Systems of innovation: technology, institutions, and organization[M]. Psychology Press, 1997.
[2] Bergek A, Jacobsson S. The emergence of a growth industry: a comparative analysis of the German, Dutch and Swedish wind turbine industries[J].//Metcalfe J Stan, Cantner Uwe. Change, Transformation and Development. Physica-Verlag HD, 2003: 197-227.

国家创新体系中所发挥的重要作用。

现行开放式国家创新体系的分析框架应用于中国创新型国家建设的政策制定中会出现不适应。其原因在于：一方面，中国开放式国家创新体系的理论研究和发展历程相对滞后于西方，在政府的顶层设计中重视程度不够。因此，阐释清楚为什么中国要构建开放式国家创新体系仍具有重大意义。另一方面，中国是发展中国家，完善社会主义市场经济体制，既要坚持市场在资源配置中起决定性作用，同时也要更好发挥政府作用。用好市场和政府"两只手"是中国社会主义市场经济最大的特色之一。政府是制度创新的重要主体，要为高校、企业等主体的创新活动提供重要保障。而基于西方发达市场经济国家经验的 SCP 模型对政府的创新主体地位分析不够。中国需要结合本国国情，对分析框架适当修改，提出建设创新型强国的实施路径。

当前，我国正在大力推进自主创新战略，加快建设创新型国家。如何顺应全球化趋势，在全球范围高效配置创新资源，推进开放式国家创新体系的建设，对于持续提高我国创新能力和创新绩效、增强国家综合竞争力十分重要。相关研究尚处于早期阶段，加快开放式国家创新体系的理论研究尤为迫切。

1.3 研究思路和分析框架

1.3.1 研究思路

本书研究目的是明确什么是开放式国家创新体系，并在此基础上提出如何构建开放式国家创新体系，以期在理论上丰富创新理论，在实践中为中国提升国家创新体系开放水平的对策建议提供理论参考和政策指导。为实现以上目标，本书将重点研究以下三个问题：①为什么要提出构建开放式国家创新体系。开放式国家创新体系是一个全新的理论研究课题，同时也是目前中国创新制度安排中被忽视的重要部分，阐释为什么要构建开放式国家创新体系是本研究的立论依据。②什么是开放式国家创新体系。作为一个新的研究领域,现行的碎片化研究不利于开展系统性理论研究,提出一个完整的理论框架是本研究的重要目标和理论基础。③如何构建开放式国家创新体系。这是本研究的核心问题和重要内容。为中国建设开放式国家创新体系提供实施路径。

1.3.2 分析框架

本书遵循:"为什么—是什么—怎么做"的纵贯式结构展开研究。首先,解释为什么要构建开放式国家创新体系,从理论依据、历史依据以及现实依据阐明其重要性和必要性是本研究的选题意义所在。其次,从理论上阐明什么是开放式国家创新体系,包括其内涵、构成要素、特点、建立原则、运行机制、运行模式、目标体系、水平测度和运行环境等,并进行较为系统的分析,建立了开放式国家创新体系的理论分析框架。再次,从实践上阐明如何构建开放式国家创新体系。这部分是在借鉴国内外关于国家创新体系研究框架的基础上,运用马克思主义政治经济学中生产力与生产关系的理论,以及马克思对创新形式的划分,构建以三大创新活动为一体的分析框架。在开放式国家创新体系中,科学创新是基础,为技术创新提供理论源泉。技术创新是关键,推动经济增长。科学创新和技术创新共同推动生产力发展。制度创新是对生产关系的变革,为科技创新创造良好环境,能反作用于生产力。科学创新、技术创新和制度创新是一个辩证统一的创新系统,三者相辅相成,缺一不可,共同促进开放式国家创新体系的有序运转。因此,构建开放式国家创新体系可以从三个维度展开:以高校、科研院所科学研究国际化为核心的科学创新,以企业研发国际化为核心的技术创新,以健全科技创新制度体系为核心的制度创新。在开放式国家创新体系中,科学创新是基石,技术创新是关键,制度创新是保障,三者共同构成一个有机整体。在此研究框架下,本书还进行了实证分析。具体研究路线如图 1-1 所示。

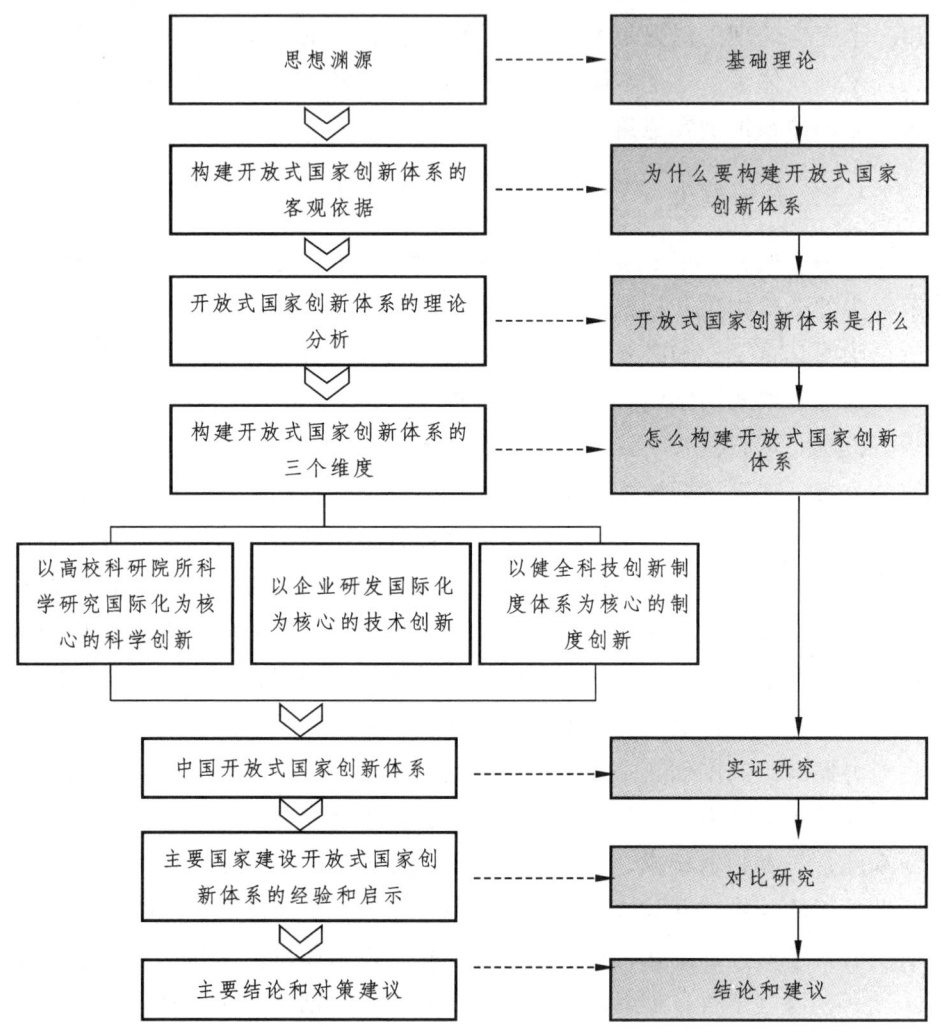

图 1-1 研究路线

根据研究路线，本书内容共 10 章。

第 1 章为导论，重点分析研究背景、研究意义和研究现状，明确研究路线。

第 2 章对开放式国家创新体系的思想渊源和基础理论进行梳理。梳理了马克思主义政治经济学和西方经济学中关于开放式国家创新体系的重要思想，明确提出本书将以马克思主义政治经济学理论为指导，探索建设开放式国家创新体系的可行路径，分析了国家创新体系理论和开放式创新理论发展现状，为分析开放式国家创新体系奠定理论基础。

第3章从理论、历史和现实三个角度分析为什么要提出构建开放式国家创新体系，其中理论依据重点分析构建开放式国家创新体系的重要性，历史依据和现实依据重点分析构建开放式国家创新体系的必要性。

第4章阐释什么是开放式国家创新体系，对其内涵、构成要素、特征、建立原则、目标体系、体系运行以及开放水平的测度等进行研究，提出研究开放式国家创新体系的理论框架。并且根据马克思主义政治经济学关于生产力和生产关系相互作用的理论，提出构建开放式国家创新体系的分析框架：生产力层面的科学创新和技术创新，生产关系层面的制度创新，并以此作为构建开放式国家创新体系的三个维度，引出第5章至第7章。

第5章至第7章分别论述了三大创新活动：科学创新、技术创新和制度创新。各章主要从谁来创新（创新主体）、如何创新（创新形式）以及如何影响开放式国家创新体系三个方面分析实践路径。

第5章根据马克思关于科学创新的论述和科学技术哲学相关理论，分析了以高校和科研院所等学研界科学研究国际化为核心的科学创新相关问题，指出高校和科研院所是科学创新的核心主体，主要通过人才培养国际化、科研活动国际化和科研成果国际化来实现科学创新国际化。重点指出巴斯德象限的科学研究国际化是科学创新和技术创新深度融合的表现形式。在开放式国家创新体系中，巴斯德象限的科学研究国际化就是加强国际大科学研究和"项目—基地—人才"一体化的推动。

第6章以马克思主义关于技术创新的论述为理论基础，借鉴西方经济学中跨国公司海外投资相关理论，研究以跨国公司研发国际化为核心的技术创新相关问题。指出企业是技术创新的核心主体，主要通过建立海外研发中心、实施跨国并购和建立国际产业技术创新联盟等形式实现研发国际化。根据马克思的全球化理论，分析了研发国际化对发展中国家建设开放式国家创新体系的双重影响，指出中国应趋利避害，积极主动开展研发国际化活动，提升中国企业技术创新能力。

第7章以马克思主义关于制度创新的论述为理论基础，借鉴西方经济学中制度创新理论，研究了以健全科技创新制度体系为核心的制度创新相关问题。指出政府是制度创新的主体,主要通过推动国家科技计划对外开放,深化科技体制改革和完善相关政策法规体系,促进科技创新对外开放。开放式国家创新体系中的主体要在全球实现创新资源的优化配置,其活动不仅会受到本国科技制度的影响,同时还会受到国际规则的制约。政府应积极增强国内规则和国际规则的协调性,对接国际规则体系。并且抓住国际规则修订的机会,主动参与国际规则的制定和修订,抢占科技制高点,提升中国参与全球治理的话语权。

第 8 章根据以上分析框架和研究结果,对中国开放式国家创新体系进行实证研究。从体系发展的四个阶段、体系构建的三个维度进行质的说明,分析了当前中国开放式国家创新体系在科学创新、技术创新和制度创新中存在的问题,并对开放式国家创新体系最重要的特征——开放性进行量的测度,与世界主要国家进行比较,得出总体评价。同时分析了逆全球化现象对中国建设开放式国家创新体系的影响以及中国的应对策略。

第 9 章对美国、日本、德国和以色列等创新强国的开放式国家创新体系建设经验进行分析,并总结出对中国的借鉴意义,指出中国应在特色大国外交理念下构建开放式国家创新体系,正确处理好全球化和逆全球化、自主创新和封闭式创新等几组关系,推动形成相互尊重、公平正义、合作共赢的新型国际关系。

第 10 章对世界各国建设开放式国家创新体系的规律和共性进行总结,得出研究结论。同时针对当前中国开放式国家创新体系存在的问题,提出应从提升三大创新活动开放度和促进三大创新融合发展等方面加强建设,总结对策建议。

2 开放式国家创新体系的思想渊源和理论基础

开放式国家创新体系虽是一个全新的课题,但是其思想有着悠久的历史渊源,马克思主义政治经济学和西方经济学对其都有诠释。20世纪80年代以来,弗里曼、纳尔逊、波特以及亨利·切萨布鲁夫等学者汲取马克思、熊彼特等人的创新思想,对国家创新体系和开放式创新进行了深入研究,形成了开放式国家创新体系的理论基础。

2.1 思想渊源

严格地说,开放式国家创新体系的理论研究始于21世纪。在经济学说史上,关于开放式国家创新体系的文献非常丰富,但大多未能形成专门的开放式国家创新体系理论。本章根据文献资料,将对马克思主义政治经济学和西方经济学关于开放式国家创新体系的思想进行梳理总结。

2.1.1 马克思主义政治经济学中的开放式国家创新体系思想

马克思主义政治经济学中虽然没有出现开放式国家创新体系,但是相关思想在《1844年经济学哲学手稿》《共产党宣言》《资本论》《德意志意识形态》等著作中都有集中体现。马克思通过对劳动、工艺等生产过程分析揭示技术的本质,论述了技术和科学在生产中的应用,对创新的内涵、创新主体、创新的表现形式以及对外开放的必要性都进行过有关论述。马克思通过分析资本主义技术变革推动社会生产力的发展,以此形成新的生产关系,明确指出社会主义是社会发展规律所致的必经之路,诠释了唯物史观的科学性。同时通过剖析资本家是人格化的资本,不追求价值增殖就要被淘汰,指出资本主义创新的本质是资本家榨取剩余价值的重要手段,唤醒了无产阶级斗争意识，奠定了科学社会主义理论的基础。创新思想在马克思主义理论中占据十分重要的地位。

1）关于开放式国家创新体系的重要性

马克思认为，人类与自然界其他生物的区别在于人类有意识，要通过实践改造世界。创新是人类以外部客观世界为基础，创造出新方法、新技术、新产品、新发明以及新的社会生产关系等实践活动，创新具有目的性、创造性和高价值等特征。目的性表现为人类按照自己的意愿，有目的地改造无机界，创新方式、创新方法、创新活动和创新结果都在人类主观意识控制之中。创造性表现为这种实践活动不同于人类一般实践活动，是更高级的实践活动，需要人类天然禀赋和自觉能动性有效结合。高价值表现为，它是"比社会平均劳动较高级较复杂的劳动"[①]。创新成果能满足人类社会发展需要，具有一定的经济价值和社会价值，是实现人类全面自由发展的根本力量。

创新和其他经济活动一样，会溢出国界，实现全球化。马克思虽然没有使用过"全球化"概念，但马克思的世界历史理论和资本主义生产方式剖析蕴含丰富的全球化思想，是研究国家创新体系开放性的哲学基础。马克思在《1844年经济学哲学手稿》《德意志意识形态》《共产党宣言》《人类学笔记》和《资本论》等许多著作中都有揭示对外开放的重要性、对外贸易对国家经济发展的重要作用等。其主要思想蕴含在"世界历史"理论、"世界市场"理论和"国际贸易与国际价值"理论等理论之中。

马克思世界历史理论是在对黑格尔"世界历史"思想批判性继承下发展起来的。马克思高度赞誉黑格尔的思想"深刻但又怪诞"。他沿用了黑格尔"世界历史"的概念。但是黑格尔的世界历史是建立在唯心主义基础上，认为"世界历史是精神的发展和实现的过程"[②]，并且是"欧洲中心论"，只站在欧洲发达国家角度考虑问题。马克思进行历史唯物主义改造，通过"资本"这个关键词，用生产力和生产关系的理论解释世界历史理论的形成和发展过程，并在晚年研究了东方社会发展道路，形成了完整的人类社会发展理论。马克思在对资本主义生产分析时曾指出"创造世界市场的趋

---

① 马克思，恩格斯.马克思恩格斯文集（第5卷）[M].北京：人民出版社，2009.
② [德]黑格尔.历史哲学[M].上海：上海书店出版社，2011.

势已经直接包含在资本的概念本身中"①。因为资本的天性是追求剩余价值，逐利性会导致社会生产不断扩张，当国内市场不能满足他们需要时，生产会溢出国界。而溢出国界的逐利行为会产生双重影响：一方面，资本的扩张性使资本主义国家不断实行对外开放；另一方面，它使落后封闭国家和地区被迫对外开放。资本穿透了各国家、地区和民族之间封闭的"围墙"，建立以资本逻辑为核心的交往关系，为人类世界历史的汇聚和交融创造前提②。所以，从本质上看资本关系就是一种国际经济关系。在《共产党宣言》中马克思、恩格斯表示，资本范围扩展呈现出的国际趋势，不但促进了国际经济增长，而且打破了许多国家自给自足和封闭锁国的状态。正是因为受到资本推动力的影响，世界市场得以出现，所有国家经济活动都演变为跨国范围的经济现象。这些产品不单销往国内各区域，也销往国际各区域，之前从国内产品中获得的价值，同样能够在国外产品中求得，产品更新步伐也在加快。从前内部运营、互不牵涉的民族经济现象，已经在国家之间互动中瓦解。不仅物质层面呈现这种生产特征，精神层面同样也呈现这种生产特征。马克思在《不列颠在印度统治的未来结果》指出，印度落后的主要原因是它长期处于孤立状态。恩格斯则预言未来社会主义社会将是一个更加对外开放的社会。

马克思在《共产党宣言》和《德意志意识形态》均提到地理大发现对世界市场的形成和人类工业化发展的重要性。同时，交通工具的发展拉近了世界市场的距离。同时，马克思、恩格斯批判国际贸易中关税制度等保护门槛。在马克思眼里，资本主义生产力的发展，从物质层面和精神层面推动了各地历史向世界历史演进，成为"使农村从属于城市，使未开化和半开化的国家从属于文明的国家，使农民的民族从属于资产阶级民族，使东方从属于西方的过程"③。

马克思晚年运用世界历史理论对东方社会进行了研究，认为东方社会的落后发展，在一定程度上是由闭关自守所造成的，俄国公社"可以不通过资本主义制度的卡夫丁峡谷，而占有资本主义制度所创造的一切积极的

---

① 马克思，恩格斯.马克思恩格斯全集（第 46 卷）[M].北京：人民出版社，1980.
② 赵英红.马克思世界历史视阈下的中国现代化道路研究[J].理论建设，2020(4)：43-49.
③ 马克思，恩格斯.马克思恩格斯选集（第 1 集）[M].北京：人民出版社，2012.

成果"①。俄国农村公社有可能跨越资本主义的"卡夫丁峡谷"。在马克思看来,开放是俄国跨越资本主义"卡夫丁峡谷"的前提条件,也是落后国家实现跨越发展的必要前提。恩格斯结合垄断资本主义发展的新特点,对俄国革命和"跨越"问题继续进行探索,并指出这种跨越不纯粹符合俄国本土应用,也可以延伸到资本主义之前建设状态的所有国家②。落后国家和地区在实现直接从原始公社过渡到社会主义阶段的跨越式发展时,必须通过对外开放吸取西方先进的文明成果。

马克思还从人类历史发展的高度来看待全球化问题,把整个人类社会当作有机联系的动态开放的大系统,从整个人类历史发展的规律上来揭示全球化的历史必然性。他从现实的个人交往活动开始研究,当交往越来越普遍时,跨民族、跨区域成为普遍交往的基本特征。"历史成为世界历史",这是马克思和恩格斯在《德意志意识形态》中提出的一个著名论断。因此,随着国际分工与国际交换的深化,一国经济不可能脱离国际经济而独立存在和发展,必然要对外开放。开放是一个国家繁荣发展的必然要求。创新活动作为经济活动的重要组成部分,也会跨越国界,实现全球资源的重新配置。中国作为发展中国家,在实现中华民族伟大复兴的道路上,必须要重视创新,更要保持对外开放,通过创新和开放的深度融合,构建开放式国家创新体系。

2)关于开放式国家创新体系的双重作用

马克思的价值规律在世界市场中的运用体现为国际价值规律。马克思依托生产率国际差别基础上的价值规律变化,指出在国际贸易中,越是拥有较高生产率的国家,越容易在参与国际经济活动过程中赢取利益,而生产率不足的国家会遭遇前所未有的挑战。围绕国际价值规律,发达国家与不发达国家之间的贸易是少量劳动同多量劳动相交换,体现国际剥削关系,国际范围内两极分化严重。"一国可以不断攫取另一国的一部分剩余劳动而在交换中不付任何代价,不过这里的尺度不同于资本家和工人之间的交换的尺度"③,也就意味着国际交换中发达国家对发展中国家的国际剥削不

---

① 马克思,恩格斯.马克思恩格斯文集(第3卷)[M].北京:人民出版社,2009.
② 马克思,恩格斯.马克思恩格斯全集(第22卷)[M].北京:人民出版社,1972.
③ 马克思,恩格斯.马克思恩格斯全集(第31卷)[M].北京:人民出版社,1998.

同于资本对劳动力的剥削。前者指由于国际不平等交换，发达国家占有落后国家的剩余劳动；后者指资本家通过对生产资料的私人占有，剥削工人的剩余劳动。通过国际分工和国际贸易，使东方从属于西方，农民民族从属于资产阶级民族，落后国家从属于发达国家。这种不平等的国际经济关系至今依然存在。

马克思控诉资本主义暴力扩张对殖民地造成沉重灾难，但也指出资本扩张促使殖民地被动开放，推动了当地生产力的发展和人民生活水平的改善，从而肯定了资本主义生产方式的先进性。在《不列颠在印度统治的未来结果》中，马克思指出，发达国家承担殖民统治的双重使命。在印度，英国既要承担消灭过去旧的亚洲社会的任务，还要建设西方式社会的物质资料。他认为，资产阶级是新世界的开创者，不仅要构筑各国人民互动关系框架内的国际往来格局，也要制造便于各国往来的渠道、工具，更需要推动生产力走向新高峰。物质层面的革新活动，离不开资产阶级工商业活动。

由资本主义主导的经济全球化具有双重作用，它既是通过市场机制促进社会生产力发展的重要途径，也是资产阶级把剥削制度向全球进行扩展的过程。因此，在构建开放式国家创新体系过程中，需要正确看待国际贸易中各贸易参与国及其阶级之间的性质和关系，正确处理发展中国家和发达国家的创新合作关系，正确对待合作创新中相关创新成果的归属问题，坚持开放，为我所用。

3）关于开放式国家创新体系的创新主体

马克思承认英雄豪杰的重要作用，但在他看来，人民群众才是历史的主人，是创新的主体。依托群众力量开展的创新事业，能够拓展社会创新的规模，并推动社会不断前进。人民群众不仅实现了物质资料不断丰富，而且推进社会历史变革。在马克思看来，创新同样如此，其主体不仅包括农业劳动者、雇佣工人等直接从事物质生产活动的群体，也包括科学家、技术人员、职业经理人等其他从事物质生产活动的间接参与者。因此，人民群众是创新的主体，人民群众应该共享创新成果。以获得剩余价值为目的的资本主义生产是以资本增殖为导向的。这种生产发展定位，虽然产出大量的物质产品供给，一定程度上满足了人类生产发展需要，但是人类社会生产活动不再是满足人类生产发展需要，而异化为满足资本增殖需要，人类全面自由发展受到限制。在资本主义生产方式中，人民群众在财富分配上处绝对劣势地位。科学技术被资本家用作发财致富并使工人从属于资本的手段，技术和科学的进步意味着榨取血汗的进步，只会加强资本家对工人的剥削，使劳资矛盾更加激化。作为创新的主体，人民群众既没有享受到相应的剩余分配，同时也不是创新活动服务的对象。只有在社会主义制度下，"使科学技术知识不是用来为一小撮人发财致富、腰缠万贯"①，科学技术才会为劳动人民自己所掌握。在社会主义生产方式中，构建开放式国家创新体系应该坚持人民创新主体论，创新的最终目的是满足人民群众全面而自由发展的需要。

4）关于开放式国家创新体系的创新活动

在马克思看来，创新主要包括科学创新、技术创新和制度创新三种形式，它们之间存在着某种必然的联系。

（1）科学创新。

①科学是自然科学和人的科学的辩证统一。历史是自然史和人类史的结合。科学也是自然科学和人的科学的辩证统一。"自然科学往后将包括关于人的科学，正像关于人的科学将包括自然科学一样，这将是一门科学"②。其中，自然科学以自然界为研究对象，包括力学、化学、物理学、天文学和数学等。但人是自然界的重要组成部分，自然科学的研究材料和对象与人类的实践活动密不可分，人类在认识自然、改造自然中形成的思想和理论就形成了人的科学。人的科学是"人在实践上的自我实现的产物"③，包括文学、历史、艺术、哲学、经济学等在内的人文社会科学。

②科学创新包括自然科学创新和人文社会科学创新。马克思认为，创新是人们对自然界、人类社会以及人自身发展规律的新收获，并引入革新工作中，对自然、社会及人形成新影响④。从自然科学角度看，科学创新的实质在于丰富自然界信息网络，追寻规律并客观分析规律。而透过人文社

---

① 列宁.列宁全集（第26卷）[M].北京：人民出版社，1959.
② 马克思,恩格斯.马克思恩格斯文集（第1卷）[M].北京：人民出版社，2009.
③ 马克思,恩格斯.马克思恩格斯全集（第42卷）[M].北京：人民出版社，1979.
④ 刘红玉,彭福扬.马克思的科学创新思想及其启示[J].长沙理工大学学报，2013（9）.

会科学角度观察，这类创新阐述的是社会事业和制度建立，而这些以生产科学信息为标志的活动，是生产力升级和社会前进的动力来源①。当代以生物工程、生命科学、数字化技术等为代表的自然科学成为推动人类社会进步的主要力量，而人文社会科学又为自然科学研究提供世界观、价值观和方法论的指导。马克思主义唯物辩证法是指导我国各分支学科发展的重要思想。我国著名物理学家钱三强曾经指出"要把自然科学搞上去，先要把社会科学搞上去"。自然科学和人文社会科学相互依存，共同推动人类社会发展。因此，科学创新不但涉及科学领域内容，也涉及经济体制、社会意识形态等方面。

③科学创新是人类社会发展的基石。科学创新是技术创新的理论来源，也是人类社会发展的基石。马克思指出，要不断地利用"科学的力量和生产过程中社会力量的结合以及从直接劳动转移到机器即死的生产力上的技巧来提高劳动生产率"②。科学技术是直接生产力，但是科学要作用到具体生产环节，转化为现实生产力，才能推动经济社会进步。因此，技术创新是科学创新在现实生产力中的体现。

（2）技术创新。

①技术创新源于资本家对超额利润的追求。资本主义生产不再像传统手工业时代仅仅依赖工人的直接技巧，机器的出现、生产工艺的提高大大提高了劳动生产率。通过运用机器，将直接劳动力转移到机器上，这种机器发明、机器改良以及技术发明等活动就是技术创新，有力地促进了生产力进步。技术创新是资本家对超额剩余利润的渴求和产品对市场需求的回应共同作用的结果。资本家会主动进行技术创新，达到缩短个别社会必要劳动时间的目的。

②技术创新分为不变资本节约型创新和可变资本节约型创新。为揭示资本家对工人阶级剥削的本质，马克思将资本分为不变资本和可变资本，"这个区别提供了一把解决经济学上最复杂的问题的钥匙"③。根据新的制造工艺、制造手段、技术革新、器械升级等要素在成本管理方面的作用，

---

① 程志波，王彦雨，李正风.科学创新能力的演进路径与评价维度[J].山东科技大学学报，2011（1）.
② 马克思，恩格斯.马克思恩格斯全集（第31卷）[M].北京：人民出版社，1998.
③ 马克思.资本论（第2卷）[M].北京：人民出版社，1975.

技术创新分为不变资本节约型创新和可变资本节约型创新。其中，可变资本节约型创新强调各项新方法、新工具、新认知等能够在改进生产技术的同时，削减成本耗费中人工劳务费用，从而获取超额剩余价值。马克思认为，节约作为实质经济现象，强调的是时间维度上劳动投入的节约，而这种节约就等于发展生产力。因此，资本主义生产普遍趋势是技术创新导致资本有机构成不断提高，机器取代人后无产阶级失业大军将大规模存在。不变资本节约型创新是资本家采用新发明、新机器、新方法等减少生产成本中不变资本的投入，提高企业劳动生产率。马克思将不变资本使用上的节约，分为靠牺牲工人而实现的劳动条件的节约、动力生产和传送以及建筑物的节约、生产排泄物的利用和发明产生的节约。马克思重点列举了不变资本节约型创新的几种形式，包括交通工具缩短流通时间、机器改良节约原料投入和减少废料产生以及新发明产生的不变资本节约等。"机器零件加工得越精确，抛光越好，机油、肥皂等物就越节省"①，从而起到节约生产资料的作用。

③技术创新是推动人类社会发展的原动力，是保护环境的重要手段，是促进人类实现全面自由发展的根本力量。技术创新能够推动经济社会快速发展。马克思通过《共产党宣言》指出，正是因为技术创新，资产阶级创造了强大生产力。马克思在《资本论》中专门论述了英格兰等地运用先进工艺提高亚麻加工中的废丝利用、法国磨粉技术增加面包产出等实例，赞扬了资本家通过器械革新、运用新的生产方式等，实现挖掘废料潜在价值、助力环保工作。"所谓的废料，几乎在每一个产业中都起着重要的作用"②。同时，技术创新能有效简化劳动，将人类从繁重的体力劳动中解放出来，减少了劳动时间，人们能支配更多的自由时间，从事自己爱好的文艺活动等。因此，在人类实现自由而全面发展的道路上，技术创新不仅节省了重要的物质资料，同时节省了生产时间，为人类全面发展提供了充裕的自由时间。

---

①② 马克思，恩格斯.马克思恩格斯全集（第 25 卷）[M].北京：人民出版社，1974.

（3）制度创新。

①制度与制度创新。对于什么是制度，马克思从生产关系的角度进行阐述，他指出任何生产都是社会性的生产活动。在生产过程中，人与人之间的交往会产生制度。马克思不仅对制度的本质进行高度概括，同时对制度的表现形式进行了划分，认为制度形式不仅包括企业的生产管理等微观层面的制度形式，信用、关税、法律等中观层面的制度形式，还包括所有制、社会制度等宏观层面的制度形式。对于制度创新，马克思没有给出明确定义，但是他指出，制度不会一成不变，会随着生产力的变化而变化。

②制度创新包括微观、中观以及宏观三个层次的制度创新。马克思从微观的协作、工厂制度等，中观的自由贸易立法和信用制度等，以及宏观的社会制度等三个维度，分别阐明他对制度革新的重要看法。

微观层面的制度创新包括分工、协作和工厂制度等。分工既包括社会分工，也包括工厂内部分工。前者与一般商品关系一致，而后者主要以提高劳动生产效率和创造更多剩余价值为目的。分工协作能有效简化复杂劳动，提高生产效率。"在协作和分工的条件下，活劳动的生产率提高了，它以更短的时间生产出同样的商品"①。他还表示，工厂制度对资本主义生产也起到一定推动作用。资本集中极大地推动了资本主义生产的发展。但是这种制度创新本身是资本家对剩余价值追求的结果。马克思深刻地揭露了工厂制度的剥削本质，不仅没有减轻反而加深对工人的剥削。工厂制度变革和机器的大规模使用使得机器操作相对简单，产出效率不断提高。但是由于机器大规模的使用，对工人技能的要求降低，工人成为机器的附属，资本家开始经常更换工人，并提高女工和童工的使用比例，以达到减少工资支出的目的，获取更多剩余价值。马克思认为，"工厂制度的特点是，它本身显示出剩余价值的真正本质"②。

中观层面的制度创新是指工厂立法、自由贸易立法、信用制度等。资产阶级为获取足够剩余价值，会利用自己的统治地位创立和革新相关的经济、法律制度。英国19世纪最重要的事件之一是1846年《谷物法》被宣布失效，不再针对进口的农作物、棉花征收税赋，设置自由贸易条例，让资

---

①② 马克思,恩格斯.马克思恩格斯全集（第47卷）[M].北京：人民出版社，1979.

本主义发展迎来黄金阶段。资本主义生产规模扩大，生产的社会化程度不断提高。信用促使资本集中，是股份制诞生的前提条件。但是信用还会使投机操作更加频繁，间接渗透出资本主义的瓦解信号。信用制度具有双重性：一方面，资本主义生产方式通过剥削使得资产阶级人数越来越少；另一方面，资本主义生产方式成为另一种新的生产方式的过渡形式[①]。

宏观层面的制度创新指社会制度的变迁对社会生产力产生重要作用。马克思社会制度思想是马克思主义唯物史观的重要内容[②]。马克思深入分析生产力和生产关系之间的相互作用原理。生产关系之所以会出现新调整，是由于生产力条件有所改变。生产力作为核心要素，是生产关系的参照标尺。在属性方面，生产关系同生产力拥有完全一致的属性。但是当生产力发展到一定阶段，原有的生产关系会不适应，对生产力的发展起到阻碍作用，新的生产关系势必会产生。马克思还运用生产力和生产关系之间的矛盾来阐述资本主义以前和资本主义所有制的变迁历史。当小生产为主的封建制社会不适应生产力要求时，血腥的原始资本积累催生了资本主义所有制。资本主义社会通过制度创新不断深化分工和协作，并将技术创新积极应用于实际生产，推动资本主义生产力空前发展。为适应生产力的发展，资本家不断调整生产关系，通过局部改善，扬弃原有制度中不合理部分，使得社会矛盾能得到暂时性缓解。但是生产力取得进步时，生产关系将愈发显示出社会主义倾向性。而社会制度创新的最终实现路径是暴力方式与和平方式的统一。马克思多次指出，暴力革命是实现社会主义的重要途径。《共产党宣言》指出"共产党人不屑于隐瞒自己的观点和意图。他们公开宣布：他们的目的只有用暴力推翻全部现存的社会制度才能达到"[③]。同时，马克思也不否认和平方式能过渡到社会主义。各个国家实现社会制度创新的途径应根据实际情况而定，可能会有所差异。

③制度创新是推动人类社会发展的重要力量。从生产力和生产关系的角度看，技术创新属于生产力的变革，而制度创新是对生产关系的变革。生产力决定生产关系，生产关系反过来又作用于生产力，推动生产力进一

---

① 马克思,恩格斯.马克思恩格斯全集（第25卷）[M].北京：人民出版社，1974.
② 崔泽田.马克思创新思想及其当代发展研究[D].沈阳：东北大学，2012.
③ 马克思,恩格斯.马克思恩格斯选集（第1卷）[M].北京：人民出版社，1995.

步发展。科学创新和技术创新是推动经济增长的直接动力，但技术创新的有效实施需要制度创新予以保障。

在马克思看来，从科学创新到技术创新再到制度创新是一个较为系统的创新领域，三者缺一不可，相辅相成。科学技术对生产力发展具有第一位的变革作用，科学创新是基础。技术创新是关键，是人类社会财富的源泉，是经济增长的巨大动力，是社会关系变革的物质技术力量。在马克思看来，新的生产力必然带来新的生产关系。"火药把骑士阶层炸得粉碎，指南针打开了世界市场并建立了殖民地，而印刷术则变成新教的工具。总的来说，变成科学复兴的手段，变成对精神发展创造必要前提的最强大的杠杆"①。技术创新成为资本家剥削无产阶级的工具，阶级矛盾将激化。制度创新是保障。如果说技术创新是生产力范畴，那么制度创新就是生产关系范畴。生产力决定生产关系。生产力的发展必然会引起生产关系的变革（制度创新）。技术创新的实质是"变革劳动过程中的技术条件和社会条件，从而变革生产方式本身"②。而生产关系绝不只是消极地适应生产力的发展状况，反作用于生产力。正因为如此，当时英国具有较成熟的生产关系，资本家通过不断改进生产技术，将新机器、新工艺等技术创新成果用于生产，获取更多的剩余价值。在马克思看来，这就是工业革命发生在英国而不是德国、法国的主要原因。

在开放式国家创新体系中，创新也表现为科学创新、技术创新和制度创新。其中高校和科研院所是科学创新的主体，企业是技术创新的主体，政府是制度创新的主体，三者相互作用，共同构成一个严密的整体。

2.1.2 西方经济学中的开放式国家创新体系思想

1）关于开放式国家创新体系的重要性

经济学家对创新的认识，主要是基于技术的应用对经济增长及生产力发展的影响进行分析的。对创新进行深入研究，并至今产生深远影响的是约瑟夫·阿洛斯·熊彼特（1883—1950）。1912年他在《经济发展理论》中率先提出"创新理论"，1942年撰写并发行《资本主义、社会主义和民

---

① 马克思，恩格斯.马克思恩格斯全集（第47卷）[M].北京：人民出版社，1979.
② 马克思，恩格斯. 马克思恩格斯选集（第2卷）[M].北京：人民出版社，1995.

主》，关于创新的论点更加具体细致，轰动了当时的西方经济学界，被誉为"创新理论"的鼻祖。熊彼特认为创新是生产要素的组合。创新不等于发明或实验，企业家不同于发明家。"创新"不是一个技术概念，而是一个经济概念，把现成的技术革新引入经济组织，会形成新的经济能力。创新理论也不是单纯的技术创新，而是作用于人类生产生活中的经济学理论。古典经济学将创新视为对经济产生重要影响，但是不属于经济系统的外部因素。而熊彼特认为创新是经济发展的主要动力。利润作为"成功创新的额外奖励"，鉴于创新者和模仿者之间的相互作用影响着经济增长。在熊彼特看来，经济发展的动力不是均衡理论所宣称的消费者需求变动，而是生产者以新的方式重新组合现在的生产要素，即创新。经济发展是创新打破旧均衡、推进新方式的"创造性毁灭"过程。企业需要组合不同类型的知识和技能等要素才能将发明转为创新。这种新组合包括5种情况：①采用一种新产品或一种产品的新特征（产品创新）；②采用一种新的生产方法（技术创新）；③开辟一个新市场（市场创新）；④获得新的供应来源（资源创新）；⑤实行新的组织形式（管理创新）。熊彼特认为，经济增长不能单纯地理解为生产资料的投入和劳动力增加带来的产出，而应该看到"新组合"在生产过程中，在企业内部产生的巨大经济效益。

随着经济活动的全球化发展，创新活动也跨越国界，实现全球化。在古典学派中具有代表性的理论研究是亚当·斯密的绝对优势论、大卫·李嘉图的比较优势论和约翰·穆勒的相互需求理论。斯密认为，劳动生产率的提高是国民财富增加的根本原因，而分工则有助于劳动生产率的提高。斯密将一个国家内部的分工理论延伸到各国的分工。"贫国的耕作，尽管不及富国，但贫国生产的小麦，在品质优良及售价低廉方面，却能在相当程度上与富国竞争。"[①]斯密认为，各国根据各自绝对优势，能获得绝对低的生产成本和绝对高的劳动生产率，生产各自具有绝对优势的产品，通过国际贸易交换本国处于绝对劣势的产品，因此国际分工和国际贸易能促使各国劳动生产率提高、产品数量增加，实现社会福利最大化。英国古典经济学家大卫·李嘉图将不同国家的成本比率进行比较，认为只要存在差异，不同国家就能够通过国际贸易，获得经济利益，主张自由贸易，"以利害

---

① [英]亚当·斯密. 国富论（上）[M]. 南京：译林出版社，2011.

关系和互相交往的共同纽带把文明世界各民族结合成一个统一的社会"①。英国资产阶级经济学家约翰·斯图亚特·穆勒在 1848 年出版的《政治经济学原理》中提出相互需求理论，弥补了李嘉图的比较优势理论中没有分析国际交换比例和利益分配问题的缺陷。穆勒用产出法衡量国际交换的比例，认为进口商品的价值不是用出口国生产成本衡量，而应由进口国被交换的出口商品的生产费用决定，生产费用决定了两国交换比例的上下限，进而指出国际商品交换的具体比例是在比较成本确定的范围内，由相互的需求强度决定的。一国对另一国商品需求强度越大，贸易条件对该国越不利；商品需求强度越小，贸易条件对该国越有利。但是该理论将需求作为决定商品价值的唯一因素，忽略了社会必要劳动时间对商品价值的决定性影响。新古典学派发展了古典学派的经济全球化理论。马歇尔研究了穆勒的国际贸易理论，在 1878 年出版的《对外贸易纯理论》中运用几何曲线阐释了穆勒的相互需求理论。米德通过对贸易无差异曲线的分析发展了比较优势理论的交易条件，赫克歇尔和俄林提出了要素禀赋论，认为各国应该生产并出口拥有丰富要素的产品，进口需要耗费稀缺要素的产品。但是和古典学派的斯密、李嘉图一样，俄林没有分析贸易的利益分配问题。

2）关于开放式国家创新体系的重要作用

熊彼特认为，创新推动资本主义经济增长并作用于经济周期。而且资本主义社会里思想意识解放、科学技术进步、生产力高度发展，都是社会发展形态领域的创新。创新引起模仿，模仿打破垄断，刺激了大规模的投资，带来经济繁荣。当创新扩展到相当多的企业之后，盈利机会趋于消失，经济开始衰退，期待新的创新行为出现——整个经济体系将在繁荣、衰退、萧条和复苏四个阶段构成的周期性运动过程中前进。正是企业家的创新活动，经济体系才从一种均衡走向另一种均衡，而经济周期正是来自创新在时间上的蜂聚和不规律，资本主义最终将因为缺乏创新或产业变革而向社会主义和平演变。

3）关于开放式国家创新体系的创新主体

熊彼特认为，创新的主体是企业家，企业家应具有冒险精神。创新是

---

① [英]彼罗·斯拉法.李嘉图著作和通信集（第 1 卷）[M]. 郭大力，王亚南，译.北京：商务印书馆，1997.

企业家精神的灵魂。企业家是决定资源配置以便发明利用的领导者。在《经济发展理论》一书中，熊彼特指出，信用制度有助于引导生产要素向企业家集中，企业家实现创新必须借助金融手段。因此，创新的广度模式表现为银行家通过信用对小企业的商业活动进行投资，从而有效降低了创新门槛，创新活动得以广泛开展。在这种模式中，小规模企业的创新活动起着重要作用。在《资本主义、社会主义与民主》一书中，熊彼特认为，大公司的研发实验室在行业的技术创新中扮演领头羊作用。因此，创新的深度模式表现为大公司借助资金规模和技术壁垒，阻止新创新者进入，从而获得更高收益，这类创新的集聚程度比前者更高。

4）关于开放式国家创新体系的创新活动

熊彼特的创新学说奠定了创新经济学研究的基石，但他生前没有涉及创新过程、机制和方法论的深入研究。20世纪50年代以来，西方经济学的创新理论全面发展，科学创新学派、技术创新学派和制度创新学派分别从各自角度拓展了现代西方经济学创新理论体系。

（1）科学创新。

1952年美国社会学家巴伯指出，"科学发现或发明"就是科技创新[1]，影响科学创新的因素包括内部因素和外部因素。其中，内部因素主要指科学和理性思想内部的变化，外部因素主要指社会因素。科学创新不仅会产生积极作用，同时也可能产生消极作用，比如原子弹爆炸。科学创新的不良后果需要通过社会的力量予以控制。所以，科学创新不纯粹关乎自然科学内容，更受到社会因素的重要影响。"只有社会科学与它的姐妹自然科学都走向成年，科学才能真正达到完全成熟的水平"[2]。到了20世纪90年代，知识经济在全球兴起，知识和科学创新成为理论研究的热点。因此，知识的积累是增进技术创新和制度创新必须经历的过程，它是技术创新和制度创新的基础。1993年美国学者艾米顿提出知识创新概念，认为知识创新的目的是追求新发现，探索新规律，创立新学说，发现新方法。知识创新既包括知识创造，也包括知识应用。21世纪以来，西方经济学家开始注重从知识创新平台创建和知识创新影响因素两个方面研究知识创新过程。

---

[1][2] 巴伯.科学与社会秩序[M].顾昕，译.北京：三联书店，1991.

可见，西方经济学的知识创新理论主要观点与马克思的科学创新思想非常相似，应该说，马克思的科学创新思想为西方经济学的科学创新理论奠定了基础。

（2）技术创新。

技术创新学派主要研究技术创新的重要性、运行规律和机制等。20世纪80年代中期以来，保罗·罗默、R.卢卡斯、G.格罗斯曼、E.赫尔普曼、R.巴罗、P.阿格亨、P.克鲁格鲁、阿尔文·扬、G.贝克尔等分别从知识的外部性、人力资本、质量升级、技术模仿等角度，论证了技术进步能有效推动经济增长[①]。作为技术创新学派的早期代表，美国经济学家索洛在《对经济增长的贡献》和《技术进步与总生产函数》中，通过分析技术创新与总生产函数变化之间的关系，认为技术进步可以克服资本积累报酬递减，提高劳动生产率，提出了著名的技术进步索洛模型，并用实证分析证明了熊彼特技术创新理论的科学性。弗里曼研究技术创新的动力和来源，着力探讨技术创新的推广，建立了较为系统的创新经济学理论体系。美国经济学家曼斯菲尔德提出技术模仿论，研究新技术首次采用后，多长时间能扩散到为大多数企业采用。美国经济学家卡米恩、施瓦茨提出，最能促成技术创新的市场结构是介于垄断和完全竞争中间的市场结构。罗森伯格认为技术创新和科学创新相互影响，技术创新要以知识创新为基础，技术创新能力又会制约科学创新的提升。

（3）制度创新。

20世纪70年代，戴维斯、诺斯、舒尔茨等学者对制度创新进行了研究。具体内容包括制度创新的基本内涵、创新的目的和作用以及创新的主体等，形成了比较完整的制度创新理论，被称为制度创新学派。诺斯将制度定义为"一系列被制定出来的规则、守法程序和行为的道德伦理规范，它旨在约束追求主体福利或效用最大化利益的个人行为"[②]。在诺斯看来，制度创新是更高效益的制度对旧制度的替代过程，在替代过程中，制度变迁能够带来生产发展、报酬递增，是经济增长的内生变量[③]。根据产生方式，制度

---

① 秦汉锋.技术创新与制度创新互动关系理论的比较[J].经济科学，1999(10).
② 道格拉斯·C.诺斯.经济史中的结构与变迁[M].陈郁，罗华平，等，译.上海：上海三联书店，1994.
③ 道格拉斯·C.诺斯.制度、制度变迁与经济绩效[M].上海：上海三联书店，1994.

创新分为诱致性制度创新和强制性制度创新（林毅夫，1991）。诱致性指由于原有制度安排下主体无法获利或者获利不多，引诱主体自动参与到创新过程。强制性指以政府命令或法律等方式强制引入创新。戴维斯认为，制度创新的主体既可以是个人或团队，也可以是政府，他（们）采取完全自主、完全政府控制或者半自主半政府的形式开展创新[①]。凡勃论为代表的旧制度学派认为技术变迁决定制度变迁。而诺斯认为制度变迁起决定性作用。技术演进的过程可以被选择，高效的制度安排才是经济增长的关键。有什么样的制度安排就会有什么样的制度绩效。一个社会的创新能否出现、创新能否持续，都是由当时的制度体系决定的。20世纪80年代后，尼尔森、纳尔逊等学者从国家特有因素如文化环境、社会制度等角度，研究了制度创新如何推动技术创新。其中，纳尔逊着重解读了历史进程中三次由制度变革促发技术变革的现象。一是18至19世纪，市场经济、产权制度形成后，技术创新空前活跃。二是19世纪中叶到20世纪中叶，一方面企业的股份制加快了资本集中；另一方面企业建立研发内部化制度，资金和技术两个角度的制度创新直接助推技术创新蓬勃发展。三是第二次世界大战以来，政府为促进技术创新，大力实施风险投资、政府财政补贴、政府采购等支持性政策，成为制度创新的重要组成部分[②]，并以美国为案例，分析国家支持技术进步的制度结构。

20世纪80年代之后，基于创新活动涉及经济、科技、政治、社会、文化等多个领域的动态发展，技术创新学派和制度创新学派不断交叉。20世纪80年代，理论界从系统论视角分析创新过程，国家创新体系的理论研究逐渐成为热点。1987年英国学者弗里曼研究日本经济增长时提出，创新不是企业家独自的功劳，而是国家创新系统推动形成的结果。西方创新理论进入综合发展阶段。

5）关于跨国公司研发国际化的理论研究

随着跨国公司的产生，企业研发国际化成为跨国公司获取全球竞争优势的主要渠道。相关理论研究逐渐兴起，主要包括企业研发国际化的动因、阶段以及区位选择等内容。

---

① 刘红玉.马克思的创新思想研究[D].长沙：湖南大学，2011.
② 多西.技术进步与经济理论[M].北京：经济科学出版社，1992.

（1）企业研发国际化的动因。

①发达国家企业研发国际化的动因。

跨国公司为获取收益，积极参与国际分工，投资边界遍及各国，研发活动逐渐从母国遍及东道国。20世纪末随着跨国公司的全球经营，其理论研究开始关注企业研发国际化。国外研究多以西方学者为主。研究发现，跨国公司海外生产投资和海外研发投资的规模与选择区位具有极高相关性。对外直接投资多的跨国企业，其海外研发投资也比较多（Mansfield，1979；Lall，1980；Hirschey，Caves，1981；Pearce，1989）。学者基本从发达国家区域考量，主要站在跨国企业或母国立场，解读其境外投资目的、选址缘由、研发全球化所带来的国际影响。

内生增长理论认为，经济的内在要素决定技术进步，通过要素积累产生的"学习效应"导致技术扩散或者外溢，从而推动经济增长。因此，一个国家的技术进步不仅可以通过本国内的技术创新实现，而且可以通过学习、模仿国外的技术实现。理论界把国际技术扩散的渠道分为付费的国际技术转移和由技术的外部性带来的不需要付费的国际技术溢出。而国际技术溢出主要通过外商直接投资、国际贸易以及信息交流实现。影响国际技术转让和对外投资因素的相关理论基本包括垄断优势理论、产品生命周期理论和国际生产折衷理论。

——垄断优势理论。

1960年美国学者斯蒂芬·海默（Stephen Hymer）和金德尔伯格（C. P. Kindleberger）提出，决定跨国公司对外直接投资的必要条件是企业具备东道国企业没有的垄断优势，这种垄断优势来源于市场的不完全性，包括资本优势、技术优势和管理优势等。不完全性的产生是垄断优势理论分析的前提。市场不完全性包括产品市场不完全（与商品特性、商标和价格等因素有关），生产要素市场不完全（特殊的管理技能、资本市场的便利和专利保护程度等），规模经济引起的市场不完全，以及政府税收、关税、利率和汇率等政策导致的市场不完全。垄断优势理论静态分析了企业对外投资的垄断优势，但对FDI过程、范围、目的都没有涉及。

——技术差距理论。

技术差距理论的代表人物为波斯纳（Michael V. Posner）和胡佛鲍尔

(G. C. Hufbauer)。该理论认为,技术差距产生的主要原因是发达国家的技术创新处于领先优势,正是因为不同国家存在技术差距,国际贸易才产生。为获得特殊利润,技术创新国通过多种方式进行技术转让。当其他国家通过技术引进、模仿和研究开发,从而掌握该项技术时,技术差距消失,两国之间关于该产品的国际贸易也将终止。

——产品生命周期理论。

1966年美国哈佛大学教授雷蒙德·弗农（Raymond Vernon）在海默提出的跨国公司的垄断优势与东道国区位因素的静态分析的基础上,将垄断因素和区位因素结合起来,提出产品生命周期理论。他将市场上的产品生命周期理论用于不同阶段国际贸易投资的流向,解释了以美国为代表的发达国家出口贸易、技术转让以及对外直接投资的条件、目的和流程。产品生命周期包括投入期、成长期、成熟期和衰退期。在投入期,美国等产品创新国具备绝对优势,基本上构成垄断,不仅可供应本土市场,也会出口至其他发达程度类似的国家。在成长期,其他国家凭借新品要素进行仿制,垄断优势减弱,削弱了其在出口市场的吸引力。在成熟期,外国公司同样以有关产品作为出口物资,挤占创新国家的份额,并通过第三国进行销售。在衰退期,产品创新国不再制造有关产品,改为进口相应产品,发展中国家则独立生产该产品。产品生命周期理论在一定程度上揭示不同发展水平国家之间梯度分工格局,是一种动态经济理论[1]。

根据产品生命周期理论,在产品不同的生命周期,跨国公司的海外投资动机和区位选择会有所不同。在新产品引入阶段,跨国公司不会进行海外投资,研发和生产主要集中在母国,进入产品衰退期,为延长产品的生命周期,跨国公司开始通过海外投资,将产品和技术转移到发展中国家[2]。

——内部化理论。

20世纪70年代,美国学者巴克利（P. J. Buckley）、卡森（M. Casson）以及加拿大学者拉格曼（A. M. Rugman）以科斯的交易成本经济学和市场不完全性为假设,提出国外直接投资的本质是企业将国际市场内部化,即

---

[1] 罗劲松,王义高.重大技术突破与市场规模发展的规律[J].湖南行政学院学报,2008（1）.

[2] 周晓迪.中国企业海外研发区位选择及组织模式研究[D].武汉：武汉大学,2012.

以企业内部交易方式代替市场交易方式。新古典经济学关于经济人的行为提出两个假定：经济人追求自身利益最大化和经济人行为完全理性[①]。新制度经济学对经济人的行为提出两个新假定：经济人行为有限理性、机会主义倾向假定。在管理学大师赫伯特·西蒙看来，外部环境的不确定性和复杂性导致人不可能知道全部备选方案，人的理性是有限的。因此在决策中人们无法实现最优原则，只能遵从满足原则。所以，消费者只能追求适度效用而不是效用最大化，厂商追求适度利润而不是利润最大化。在信息不对称的情况下人们不完全披露损人利己行为，如虚假广告、偷税漏税、违约行为等。正是由于市场的不确定性，企业会通过建立内部市场，优化配置资源，实现利益最大化，这就是内部化理论的主要思想。因此，跨国公司充分利用母公司的技术资源，在海外建立研发机构，是内部化经营的一种具体表现形式[②]。企业是否跨国经营取决于内部化收益是否能超过外部市场交易成本和内部化成本。相对于垄断优势理论和产品生命周期理论，内部化理论充分解释了企业利用技术优势进行海外研发投资的动机。

——国际生产折衷理论。

国际生产折衷理论是以国际市场的不完全性为分析前提，英国著名跨国公司专家约翰·邓宁（John H. Dunning）先后提出国际生产的综合性理论。他强调企业参与境外直接投资活动，是因为其具备优势地位，并由所有权（Ownership）、内部化（Internalization）和区位优势（Location）三大基本因素共同决定。因此，国际生产折衷理论也称为 OIL 范式。不同优势决定了企业不同的经济行为。如果企业仅拥有所有权优势，则选择技术授权。如果企业同时具备所有权优势和内部化优势，则应该选择出口。企业若同时具备三种优势，才会选择国际直接投资。国际生产折衷理论可以有效帮助企业根据自身优势选择国际营销的途径，具体选择方案如表 2-1 所示。

---

① 王晓明.社会资本理论发展演化的探析[J].生产力研究，2005（6）.
② 周晓迪.中国企业海外研发区位选择及组织模式研究[D].武汉：武汉大学，2012.

表 2-1　国际生产折衷理论

方式	所有权优势（Ownership）	内部化优势（Internalization）	区位优势（Location）
对外直接投资（投资式）	√	√	√
出口（贸易式）	√	√	×
无形资产转让（契约式）	√	×	×

注："√"代表拥有某种优势；"×"代表不具备某种优势。

相对于产品生命周期理论、垄断优势理论和内部化理论，国际生产折衷理论深刻地阐释了企业境外投资和研发的缘由[①]，并且对跨国公司的实际生产和投资活动具有重要指导意义。

②发展中国家企业研发国际化的动因。

——小规模技术理论。

1993年美国哈佛大学刘易斯·威尔斯在《第三世界跨国企业》中提出小规模技术理论，发展中国家企业跨国投资具有三个比较优势：一是能为小规模市场提供生产服务。发达国家的大规模生产技术无法实现，这是小规模生产的优势。二是借助文化特色，发展中国家对外投资能得到海外同一种族团体的积极回应，这是地缘优势。三是产品具有物美价廉的特征，这是发展中国家对外投资的产品优势。

——创造性资产理论。

1992年邓宁提出创造性资产的概念，他认为创造性资产是与自然资产不同的资产类型，它凭借自然资产条件，并加之人为付出，创造出基于知识的资产[②]，包括人力资本、知识和技术存量、管理和组织能力、品牌等，是企业竞争优势的来源。发达国家和发展中国家进行海外投资不仅为了赢取其他国家市场及资源，也将目标放在创造性资产方面（Dunning，1996；Marthews，2002，2006）。企业必须在全球范围内重构资源，谋求创新技术、商业信息和企业管理等创造性资产，才能在激烈的国际竞争中立于不

[①] 周晓迪.中国企业海外研发区位选择及组织模式研究[D].武汉：武汉大学，2012.
[②] 王谦，孙远.中国企业国际化的进入模式研究——基于获取创造性资产的角度[J].经济论坛，2010（12）.

败之地。发展中国家在发达国家建厂、设立技术监测站或并购国外企业都是获取创造性资产的有效途径。

（2）企业研发国际化的阶段分析。

20世纪70年代中期以来，以Johanson和Vahine为代表的北欧学派根据企业行为理论研究方法，建立UPPSALA动态模型。他们认为，企业国际化是一个逐渐积累知识、增加投资、缓慢发展的过程，提出了企业国际化阶段论，开创了企业国际化理论研究的先河。企业地理市场范围扩大基本遵循"本地—相邻地区—全国—境外周边市场—世界市场"的流程。企业运作过程则呈现"境内运作—借中间商实现出口—直销海外—落成境外营销机构—搭建境外分公司（拉开跨境制造的序幕）"的演变规律[①]。日本义塾大学小林规威教授等科研团队经由实证讨论方式，提出境外运作五步骤理论：第一步，公司境外商业运作主要以出口为主，国际化以总公司经营为中心；第二步，企业开始进行进口替代产品的当地生产，重视出口市场的国际经营；第三步，企业开始与出口国外的其他国家共同完成制造任务，并对出口国运作情形密切关注；第四步是凭借企业国际方案建设境外运作事务；第五步则是升级其全球化经营战略[②]。企业设立海外研发中心的目标定位逐渐从当地的技术支持部门发展成为全球研发体系中的重要组成部分。在市场层面，根据当地消费需求改进产品，实现本土化发展。在技术层面，有效利用当地创造性资产，实现创新资源全球化配置，提升企业在全球创新网络的核心竞争力。

（3）跨国公司研发国际化的区位选择。

不同海外投资理论对跨国企业设立研发中心区位选择持有不同主张。Dunning的折衷投资理论认为，跨国企业区位选择受到企业所有权优势和投资动机的影响。研发中心通常设立在具有技术和人才区位优势的地点。而Uppsala学派的国际投资理论认为跨国公司在拓展国际业务时，缺乏对本地的了解。选择投资国时，会优先选择地域或者民族文化接近的国家和地区，具备一定国外管理经验后，再向距离遥远的国家进行投资。国外学者也对研发中心的区位因素进行实证分析。Kuemmerle（1997）根据不同区位的

---

① 鲁桐，李朝明.温州民营企业国际化[J].世界经济，2003（6）.
② 邱景，张永安.企业国际化测度方法的比较及其适应性分析[J].企业经济，2009（6）.

技术优势,将跨国公司海外研发投资分为技术开发型和技术增长型①。前者认为母国有技术领先优势,东道国有市场优势,因此研发主要在母国展开,利用技术优势开拓国际市场;后者认为东道国更具有技术领先优势,因此研发直接在海外进行,这些研究单位往往希望所在地能拥有足够的研发资源条件,并且属于创新项目云集的发达区域。Doh(2002)认为,东道国吸引跨国公司设立研发中心应具备四个方面的优势,分别是体制环境、经济环境、科技和IT发展领先以及跨国公司集中度高。Zedwttiz和Gassmna(2002)则从特定因素和外部因素两个角度来分析跨国公司研发中心的区位选择。前者主要指东道国的创新资源和研发机构本身的运作效率;后者指政府的财税优惠制度。

2.1.3 简要评述

1)马克思主义政治经济学和西方经济学关于开放式国家创新体系的有关认识不同

首先,基本观点不同。其一,马克思主义政治经济学揭示了国际剥削的存在,而西方经济学认为世界福利最大化可以通过自由市场实现。其二,马克思主义政治经济学将创新放在人类历史发展进程中进行研究,创新的最终目标是迈向人类自由而全面发展的高级社会。熊彼特从个人主义出发,关注企业家个人本身,他认为创新是企业家满足个人需要的行为结果。其三,对于创新主体,马克思、恩格斯将人民群众看作创新的重要参与主体,而熊彼特强调企业家在创新中的重要作用。不同的主体论导致其对创新价值的衡量标准不同。因此,马克思认为人民群众是创新的主体,确立了以人为本的创新价值取向。马克思根据人的内在需要,提出要以是否有利于广大人民群众的根本利益,是否符合人的全面发展作为衡量创新价值的重要尺度,是经济价值、社会价值、生态价值等的统一表现。而熊彼特的价值标准单一,只关注创新的经济价值。从长远来看,仅热衷于经济利益的创新活动,会忽视创新结果的生态价值、社会价值、人文价值,造成贫富两极分化、社会生态失序等生态危机、社会危机和人文危机等问题。马克思的人民主体论不仅是中国特色社会主义理论的基本立场,同时为新时代

---

① Kuemmerle W.Building effective R&D capabilities abroad[J]. Harvard Business Review, 1997, Mar-Apr: 61-70.

中国"大众创业、万众创新"提供重要的理论支撑。

其次，价值理论基础不同，导致对经济关系本质的分析截然不同。马克思主义政治经济学改造古典经济学的劳动价值论，创立了剩余价值理论，对资本主义生产关系进行科学抽象和理论概况，揭示了无产阶级和资产阶级的对抗性根源。同时说明了发达国家以资本扩张的方式，在全球获取超额利润的国际剥削实质。而西方经济学对于开放式国家创新体系的相关思想，回避对经济关系的本质分析，用一般性的社会生产代替资本主义生产，特别是19世纪末西方经济学抛弃了"价值"，研究资源配置问题，在效用价值论的基础上说明世界范围的效用最大化的问题，认为国际分工和世界贸易是促进世界范围经济利益最大化的有效途径，为发达国家掠夺欠发达国家资源辩护，否认国际剥削。

最后，方法论不同。马克思运用唯物史观，从国际价值规律出发，阐释了国际剥削的真实性。西方经济学忽视阶级、忽视历史，用唯心史观研究全球化，认为经济运行是一个静止的、机械的系统。没有认识到，只要存在国际剥削，全球经济就无法实现社会福利最大化，更不会实现帕累托最优。

2）马克思主义政治经济学中开放式国家创新体系思想是西方经济学中开放式国家创新体系思想的源泉，更具系统性

纵观整个人类历史，马克思是创新理论的源头，而且是较为完整的体系。马克思的创新思想不仅是熊彼特创新理论的源泉，同时也为现代西方经济学的科学创新以及知识创新理论、技术创新理论、制度创新理论奠定了坚实的理论基础。熊彼特曾指出马克思的创新思想是他思想的源泉，而且他研究的只是马克思研究领域中的一小部分。熊彼特在自己的论述中，对马克思的创新理论给予很高的评价，并坦言自己的研究结构"只包括他研究领域的一小部分"。制度经济学代表人物康芒斯和诺斯指出，马克思的创新思想是制度经济学思想的源泉。康芒斯还指出，"直到19世纪中叶的非正统派的经济学家——例如马克思、普鲁东、凯雷、巴斯夏、麦克劳德——模糊地觉察到所有和物质不是同样的东西，制度经济学才有了一些萌芽"[①]。诺斯也承认他的研究是受到马克思理论的启发，根据马克思对产

---

① 康芒斯.制度经济学（上册）[M].北京：商务印书馆，1981.

权、制度、国家等相关论述研究制度创新，马克思的创新思想是其理论来源。

在马克思看来，创新包括科学创新、技术创新和制度创新，三者密切联系，创新首先是科学创新、技术创新的"积累"过程，然后是相互伴随的制度创新的"积累"[①]。熊彼特把新产品、新方法、新市场、新的原料来源、新的组织形式视作生产函数，人为割裂了技术创新和制度创新之间的内在联系。熊彼特认为，只有商业化的发明才是创新，他仅把创新视为生产要素的组合，对自然科学和人文社会科学领域的创新并没有研究。马克思认为，技术创新不仅包括新产品和新生产方法的应用，还包括新技术和新工艺、新机器和新发明的应用。而熊彼特只关注新产品、新方法的应用，忽视生产工艺的创新。马克思认为，制度创新既包括微观层面的企业开辟新销售市场和新原料供应地、企业组织形式和生产管理方式等创新，也包括中观层面的工厂制度和产权制度等创新，还包括宏观层面的所有制和生产关系等社会根本制度的变革。熊彼特只关注新市场、新原料来源以及新生产组织方式等微观层面上的制度创新，对于极其重要的信贷制度、产权制度等中观、宏观层面的制度创新没有涉及。后来，诺斯虽然研究了制度创新对技术创新和经济增长的影响，但没有对社会环境和人类发展进行分析。而且制度经济学派对制度的定义主要是通过制度的表现形式进行界定。而马克思对制度的研究，是从制度的本质出发，将制度视为人类在交往中的产物，从微观、中观和宏观三个层面对制度创新进行研究。与马克思的研究视角相比，制度经济学派的主要观点有一定偏颇性。凡勃伦和康芒斯等旧制度学派偏好历史、习俗、文化等社会制度研究，科斯和威廉姆森等新制度学派偏好企业制度研究。因此，马克思主义关于开放式国家创新体系的思想更全面，更深邃，更具系统性。

3）现代西方经济学中开放式国家创新体系思想在一定程度上丰富和发展了创新理论，具有一定参考价值

现代西方经济学中关于企业研发国际化的研究丰富了创新思想，而且制度经济学中的制度创新思想在继承的基础上，补充和发展了熊彼特创新理论。科斯、诺斯等人从产权、社会意识形态等方面研究了制度创新与经

---

① 汪澄清.马克思与熊彼特创新思想之比较[J].马克思主义与现实，2001（6）.

济增长和科技创新的关联，弥补了熊彼特创新理论中关于制度创新研究的不足，同时弥补了熊彼特创新理论中单一的企业家主体论缺陷，提出创新主体不仅可以是个人，也可以是企业组织和国家，实现了创新主体从单一到多元化的飞跃。但是，制度经济学中提出制度创新决定技术创新的观点是片面的。马克思提出，生产力决定生产关系，对经济增长起决定性作用的是科技创新，当科技创新受到现有制度的制约时，新制度取代旧制度将成为必然，新制度才会对经济社会发展起到积极作用。因此，科学创新和技术创新才是社会发展的第一生产力，决定生产关系的变革，制度创新反过来可以促进科技创新的实现，为其提供制度保障。

通过对马克思主义政治经济学和西方经济学中关于开放式国家创新体系思想的比较分析发现，熊彼特为深化马克思相关创新思想做出了突出贡献，但马克思是创新理论的"始祖"，其创新思想是熊彼特创新理论和现代西方经济学创新理论的理论来源。从理论研究的系统性和哲学高度看，马克思主义创新理论更系统，思想更丰富。研究开放式国家创新体系既要借鉴西方经济学创新理论，更要坚持以马克思主义思想作为理论指导。

2.2 理论基础

开放式国家创新体系是从开放的角度研究国家创新体系，作为一个全新的课题，其理论基础主要由国家创新体系理论和开放式创新理论组成。国家创新体系既包括微观层面（企业）的创新体系、中观层面（产业）的创新体系，也包括宏观层面的国家创新体系，一般意义上讲主要指宏观层面的国家创新体系。20世纪80年代以来，弗里曼、纳尔逊、波特以及亨利·切萨布鲁夫等学者汲取马克思、熊彼特等人创新思想，对国家创新体系和开放式创新进行深入研究，成果丰富，逐渐成为各国制定创新政策的理论依据。

2.2.1 国家创新体系理论

1841年德国经济学家李斯特提出"国家体系"概念。20世纪80年代中期，从国家角度分析创新体系的理论研究兴起。1987年英国苏塞克斯大学科学政策研究所（SPRU）的弗里曼教授在出版的《技术、政策与经济绩效：来自日本的经验》一书中指出，国家创新体系是一种公共和私营部门组成的网状结构，这些公共和私营部门的行为及其相互作用，创造、引入、改进和扩散新技术①。弗里曼认为，日本通过技术创新和制度创新的有效互动，利用几十年时间，就从技术落后国家成为强劲发展的工业化大国。其中，国家在促进一国技术创新中起着十分重要的作用。国家创新体系要重点研究政府政策、企业研发、教育培训和产业结构等因素。弗里曼从宏观视角研究技术创新与国家创新绩效和竞争力的关系，其实质是国家技术创新体系。如图2-1所示。

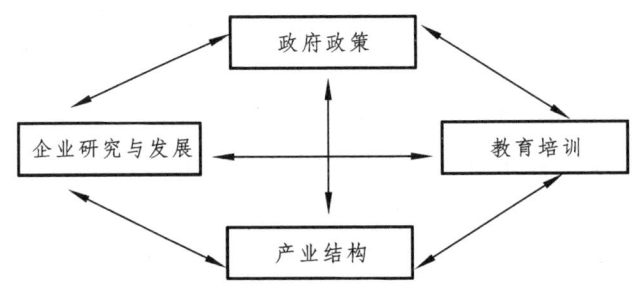

图2-1　弗里曼的国家创新体系结构

美国学者理查德·纳尔逊（Richard Nelson）认为，国家创新体系是一组机构，企业创新将受到这些机构相互作用的影响。他把研究重点放在知识和创新的生产对国家创新体系的影响上，并在其著作《国家创新体系：比较分析》中采用案例研究，分析了众多国家和地区的创新体系，提出创新体系由政府、企业和高校等组成，认为各地区创新能力的提升取决于政策要适于本地实情。在创新体系中，纳尔逊侧重对制度的研究，包括研发制度、政府扶持制度和企业制度等，被认为是国家创新体系中制度学派的代表人物。

丹麦经济学家本特-奥克·伦德瓦尔（B. Lundvall）先从微观角度研究国家创新系统。1985年伦德瓦尔在其出版的《产品创新与用户生产者的互

---

① Freeman C. Technology Policy and economic performance: lessons from Japan[M]. London: Pinter Publishers, 1987.

动》一书中，指出厂商和用户之间的关系是一国经济发展最重要的问题，会对厂商和用户产生影响的因素有文化、地理和政府职能的发挥。1992年伦德瓦尔在《国家创新系统：面向创新理论和交互学习》一书中，从宏观层面研究国家边界如何对技术创新绩效发挥作用，指出衡量一个国家创新系统的效率指标是生产、扩散和使用有经济价值的知识的效率。在伦德瓦尔看来，知识是现代经济最重要的资源，获取知识的有效途径就是学习，而学习本身是人与人之间交互式的社会互动过程。因此在国家创新体系中，交互式学习是核心，具体包括正式的R&D系统、教育培训以及嵌入经济活动中的学习[①]。如图2-2所示。

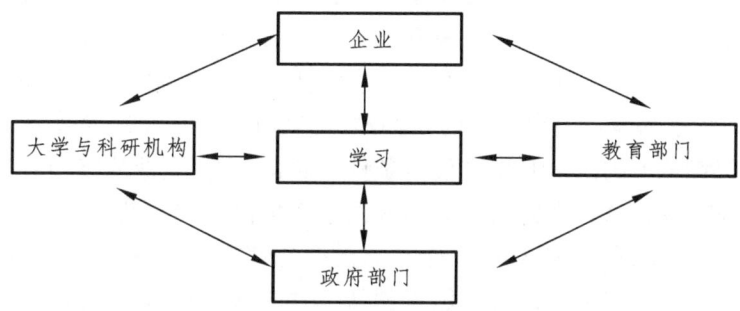

图2-2 伦德瓦尔的国家创新体系结构

1994年英国学者佩特尔和帕维特（P. Patel和K. Pavitt）认为，国家创新体系是由国家制度、激励机制以及竞争力相互作用而有机结合形成的整体，"决定一个国家新知识和新技术的学习方向和速度"[②]。因此，技术投资是国与国之间形成技术差距的重要原因。国家创新体系理论能有效解决各国如何进行技术投资的难题。如图2-3所示。

---

① Lundvall B A. National systems of innovation: towards a theory of innovation and interactive learning [M]. London: London Printer, 1992.
② Patel P, Pavitt K. National innovation systems: why they are important, and how they might be measured and compared[J]. Economics of Innovation & New Technology, 1994, 3(3): 77-95.

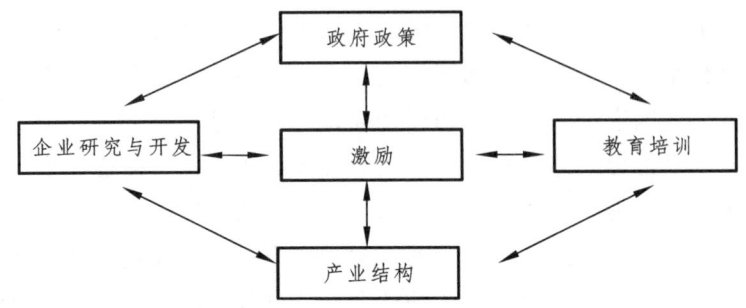

图 2-3　佩特尔和帕维特的国家创新体系结构

1990年美国哈佛商学院战略管理学家迈克尔·波特在《国家竞争优势》一书中指出，创新是企业核心竞争力，企业只有获得创新能力的提升才会带来国家创新体系经济绩效的提升。政府成为影响企业创新能力发展的重要因素之一。为提升国家竞争力，政府需要为创新主体营造良好的创新环境。每个国家都应该根据自己的独特状况形成自己的创新体系。波特认为，影响一国竞争力的因素有生产要素条件、需求条件、企业战略与竞争情况、相关支撑产业，这四个因素共同形成国家竞争优势的"钻石模型"。该模型是一个双向强化系统，任何一个要素的变化都将会影响其他要素的改变。在经济全球化视野下，波特将国家创新体系的微观机制和宏观运行绩效相结合，发展了国家创新体系理论。如图2-4所示。

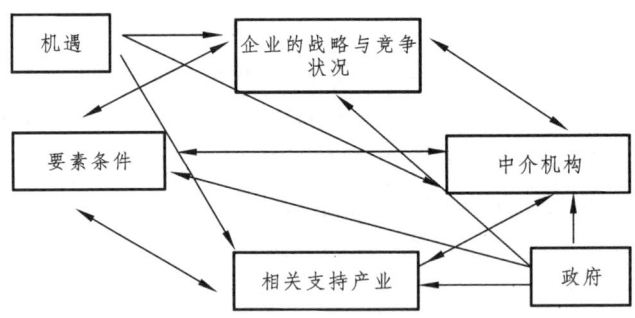

图 2-4　波特的钻石结构

从1994年开始，经济合作与发展组织（OECD）在其成员国内部展开一系列调查，并相继推出《国家创新体系报告》。OECD认为，国家创新体系是"由不同机构组成的集合，这些机构共同或单独致力于新技术的开发和扩散,并向政府提供一个制定、执行政策以影响创新过程的框架",其核心是企业,而企业创新获取的外部知识主要来源于其他企业、公共或私人的研究部门、大学和中介服务机构。同时,经济增长受益于知识的创造、运用和扩散,不同国家之间创新体系的交流主要是知识的流动。经过一系列实证研究后,OECD强调国家创新体系中要素之间的互动是与国家创新系统运行效率密切相关的重要因素。如图2-5所示。

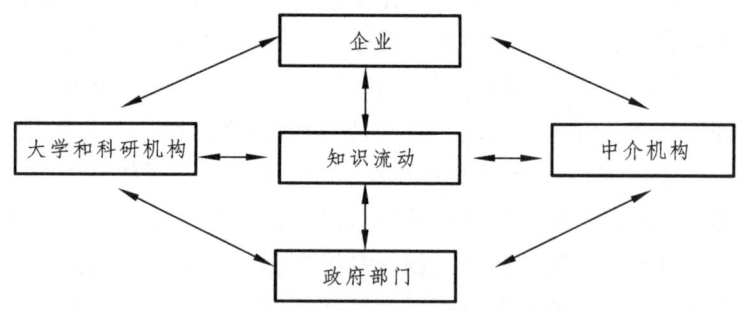

图 2-5　OECD 国家创新体系结构

2002年弗尔曼、波特和斯特恩(Furman,Porter 和 Stern)提出国家创新体系的概念模型(简称 FP&S 模型)[①],认为公共创新基础设施、集群创新环境、基础设施和集群之间联系质量都会影响创新效率。其中,创新投入的人力和物力、政府扶持政策以及早期的创新积累等都会影响公共创新基础设施。企业自身发展战略、与相关配套企业的合作等构成集群创新环境。高校和科技中介服务性组织等有效作用于基础设施和集群之间联系质量。2005年胡玫驰和马修斯(Hu 和 Mathews)通过对衡量指标的分析,进一步扩展和细化了 FP&S 模型[②]。地区总人口、人均 GDP、科研人员、研发资金和专利存量等构成衡量公共创新基础设施的指标。技术强度和企业研发资金是衡量集群创新环境的指标。而基础设施与集群之间的联系质量通过大学研发支出、风险投资等指标测量。指标的量化有助于实现对不同国家创新效率的比较。

[①] Furman J L, Porter M E, Stern S. The determinants of national innovative capacity[J]. Research Policy, 2002, 31(6): 899-933.
[②] Hu M C, Mathews J A. National innovative capacity in East Asia[J]. Research Policy, 2005, 34(9): 1322-1349.

中国对国家创新体系的研究始于20世纪90年代。其主要研究内容是引进国外国家创新体系理论，并结合我国国情对国家创新体系理论分析框架进行新的探索。1998年中科院编写《迎接知识经济时代，建设国家创新体系》报告，提出国家创新体系是由来自高校、科研院所、企业以及政府等部门从事知识创新和技术创新的相关组织组成的系统。中科院（2009）把国家创新体系构成分为技术创新体系、知识创新体系、国防科技创新体系、区域创新体系和科技中介服务体系。吴琼对创新内容进行分析，认为国家创新体系的创新主要集中在理念创新、制度创新、科技创新、产业创新和管理创新，这五个方面的创新相互依存，密切关联。1999年8月，全国技术创新大会提出，将完善和发展国家创新体系当作一项长期战略任务。2003年党的十六届三中全会明确提出，要加快国家创新体系建设，促进全社会科技资源高效配置，提高科技创新能力，实现科技和经济社会发展密切结合。党的十九大报告提出，创新是第一动力，要建设创新型国家，强化战略科技力量。《国家创新驱动发展战略纲要》提出三步走目标，2050年中国要建成世界科技强国，成为世界主要科学中心和创新高地。

2.2.2 开放式创新理论

创新是企业的核心竞争力。在很长时间内，封闭式创新是传统的创新模式。许多拥有雄厚资金实力和科研实力的大型企业主要依靠内部研发获取技术垄断的竞争优势，比如施乐、朗讯、杜邦和索尼等。人工材料尼龙的研发和商业化运作就是完全在杜邦公司内部完成的。封闭式创新模式有效运用的前提是技术外溢困难、知识传播缓慢、风险投资不发达、员工流动性较低等[①]。但是随着全球化快速发展，产品生命周期缩短，企业研发成本剧增，传统的依靠自身科研资源进行的封闭式创新日益艰难，越来越多的企业倾向于通过合作创新、联盟开发、技术外包等方式获取创新资源。Chesbrough（2003）最早提出开放式创新，认为企业既可以从内部也可以从外部获得有价值的创意。开放式创新很快成为理论研究的热点。正如Chesbrough所言，他开始从事研究时，用谷歌搜索词组"open innovation"，

---

① Chesbrough H W. Open innovation: the new imperative for creating and profiting from technology[M]. Cambridge: Harvard Business School Press, 2003.

大约得到200个链接，但是到2014年底，可以得到1亿个以上的链接[①]。不同学科领域都有涉足开放式创新的理论研究。在Web of Science搜索以"open innovation"为主题的文章，按照学术领域划分，研究成果主要集中在管理和商业学科，占总数量的46%，工业工程、地理、化学和经济类也有所涉猎[②]。目前，学术界关于开放式创新的理论研究主要集中在三个方面：为什么要实施开放式创新，即开放式创新的绩效研究，什么是开放式创新以及如何实施开放式创新。

1）为什么要实施开放式创新

一种创新模式是否有效的关键在于它是否能提高创新绩效。Chesbrough（2003，2007）认为，在封闭式创新模式下，技术创新活动主要在组织内部展开，研发成本由组织独自承担，创新风险较大，收益具有不确定性，创新绩效也会因技术寿命的缩短、产品价格的降低和技术的可模仿性而降低。反之，开放式创新能够通过技术许可、外部技术的内部商业化等方式增加盈利渠道和可能性，会使创新绩效显著提高[③]。开放式创新与创新绩效的关系是一个核心问题[④]。Rass、Dumbach和Danzinger（2013）研究发现开放式创新对创新绩效具有正向作用[⑤]。从企业规模来看，不仅中小企业注重从外部获取创新资源，由于研发的跨学科复杂性，大型企业也积极与外部组织开展合作创新[⑥]。因此，无论大企业还是中小企业都可以从

[①] Chesbrough H W. Bringing open innovation to services[J]. MIT Sloan Management Review, 2011, 52(2): 84-90.
[②] Chesbrough H W, Wim Vanhaverbeke, Joel West. 开放式创新——创新方法论之新语境[M].上海：复旦大学出版社，2016.
[③] Chesbrough H W. The market for innovatio: implications for corporate strategy [J]. California Management Review, 2007, 49(3): 45-66.
[④] Parida V, Westerberg M, Frishammar J. Inbound open innovation activities in high-tech SMEs: the impact on innovation performance[J]. Journal of Small Business Management, 2012, 50(2): 283-309.
[⑤] Rass M, Dumbach M, Danzinger F, et al. Open innovation and firm performance: the mediating role of social capital[J]. Open Innovation and Firm Performance, 2013, 22(2): 177-191.
[⑥] Kranenburg H L, Hagedoorn J. Strategic focus of incumbents in the European telecommunications industry[J]. Telecommunications Policy, 2008, 32(2): 116-130.

开放式创新中获益[①②]。从企业性质看，工业企业和商业企业都是开放式创新的受益者[③]。传统企业和高新企业都应该重视开放式创新[④⑤]。但是开放式创新不是灵丹妙药，其有效性具有一定适用条件，会受到内外部环境影响。创新绩效也会因为行业差异、创新开放度、组织架构、知识产权保护以及合作伙伴之间的文化差异、信息不对称、信任危机等问题参差不齐[⑥⑦⑧⑨]。郑玮（2020）认为，国际化程度显著地提高了企业合作创新能力，企业自身创新能力的提高、海归高管比例的增加、良好的制度环境一定程度上削弱了国际化对合作创新的影响。[⑩]当今世界，科技革命日新月异，消费者通过互联网技术获取信息的速度和广度得到前所未有的提高，产品生命周期缩短，研发活动日趋复杂，投入资金不断增加，企业独自创新等不断加大，很少有企业会拥有创新所需全部资源，开放合作成为趋势，创新活动越来越开放，越来越国际化。

---

① Vrande V, Jeroen P J, Vanhaverbeke J W, et al. Open innovation in SMEs: trends, motives and management challenges[J]. Technovation, 2009, 29(6/7): 423-437.
② Dodgson M, Gann D, Salter A. The role of technology in the shift towards open innovation: the case of procter & gamble[J]. R&D Management, 2006, 36(3): 333-346.
③ Mina A, Moreau E B, Hughes A. Open service innovation and the firm's search for external knowledge[J]. Research Policy, 2014(43): 853-866.
④ Nakagaki P, Aber J, Fetterhoff T. The challenges in implementing open innovation in a global innovation-driven corporation[J]. Research Technology Management, 2012(7/8): 32-37.
⑤ Spithoven A, Clarysse B, Knockaert M. Building absorptive capacity to organize inbound open innovation in traditional industries[J]. Technovation, 2011, 31(1): 10-21.
⑥ Wincent J, Anokhim S, Boter H. Network board continuity and effectiveness of open innovation in Swedish strategic small-firm networks[J]. R&D Management, 2009, 39(1)55-67.
⑦ Christensen J F, Olesen M H, Kjaer J S. The industrial dynamics of open innovation evidence from the transformation of consumer electronics[J]. Research Policy, 2005, 34(10):1533-1549.
⑧ 王雎.开放式创新下的知识治理：基于认知视角的跨案例研究[J].南开管理评论，2009，12(3)： 45-53.
⑨ 陈衍泰，何流，司春林.开放式创新文化与企业创新绩效关系的研究：来自江浙沪闽四地的数据实证[J]. 科学学研究，2007，25(3)： 567-572.
⑩ 郑玮.国际化对开放式创新的影响——来自中国制造业上市公司的经验证据[J].国际贸易问题，2020(10).

2）什么是开放式创新

Chesbrough（2003）在其著作《开放式创新：进行技术创新并从中盈利的新规则》中指出"企业能够并且应该同时利用内部和外部的想法，以及内部的路径和外部的路径来进入市场，随着企业寻求不断提高自身的技术水平"[①]，Chesbrough（2006）从企业边界开放的角度，将开放式创新界定为"有目的地使用知识的流入与流出以促进内部创新，并利用该项创新拓展外部市场"[②]。Christensen，Olesen 和 Kjaer（2005）从资源角度将开放式创新界定为创新资源在企业之间、企业与研究组织之间的流动与重组[③]。West 和 Gallagher（2006）认为开放式创新是企业主动整合企业内外部资源，促成市场开放[④]。Lichtenthaler（2011）认为开放式创新是"在组织边界内部和外部遍布整个创新流程的系统地实施知识探索、记忆和开发的过程"[⑤]。杨武（2006）认为开放式创新是一种战略行为[⑥]。陈钰芬和陈劲（2008）认为开放式创新是一种在创新过程中注重利用外部创新资源，通过内部技术商业化，以创新利益相关者为基准的多主体多角度的动态合作的创新模式。

Chesbrough 和 Crowther（2006）按照知识流动方向，将开放式创新分为内向型开放（outside-in process）和外向型开放（inside-out process）[⑦]。Gassmann 和 Enkel（2004）在此基础上提出耦合性开放式创新。这种耦合性开放式创新需要有意识地将知识流入和流出结合在一起，协作完成创新的开发和商业化过程。Dahlander 和 Gann（2010）则从知识获取的方式不同，将开放式创新分为四类：内向获取型（acquiring）、内向分配型

---

① Chesbrough H W. Open Innovation, the new imperative for creating and profiting from technology[M]. Boston: Harvard Business School Press, 2003.
② Chesbrough H W. Open innovation: researching a new paradigm[M]. New York: Oxford university press, 2006.
③ Christensen J F, Olesen M H, Kjaer J S. The industrial dynamics of open innovation evidence from the transformation of consumer electronics[J]. Research Policy, 2005, 34(10): 1533-1549.
④ West J, Gallagher S. Challenges of open innovation: the paradox of firm investment in open-source software[J]. R&D Management 2006, 36(3): 319-331.
⑤ Lichtenthaler U. Open innovation: past research, current debates, and future directions[J]. Academy of Management Perspectives, 2011, 25(1): 75-93.
⑥ 杨武.基于开放式创新的知识产权管理理论研究[J].科学学研究，2006，24(2): 311-314.
⑦ Chesbrough H W, Crowther A K. Beyond high tech: early adopters of open innovation in other industries[J]. R&D Management, 2006, 36(3): 229-236.

（sourcing）、外向扩散型（revealing）和外向授权型（liscensing）[①]。Lichtenthaler（2010）认为开放式创新意味着技术的跨边界转移，并将开放式创新分为技术的外部获取和技术的外部商业化应用两种类型[②]。Ye 和 Kankanhalli（2013）认为开放式创新有内向许可、商业联盟、开放式网络、用户社群四种实现机制[③]。凌学忠、吴贵生、李纪珍（2016）从构成要素划分，认为国家创新体系的开放主要包括知识开放、资源开放和市场开放，并通过实证分析证明了开放性对创新绩效的积极作用，同时指出知识开放对国家创新体系的影响最为明显[④]。

3）如何实施开放式创新

开放式创新是一个复杂的过程，涉及企业开放边界的界定、企业组织内部架构的调整、创新资源的整合以及国家对知识产权的保护等。

（1）创新开放度。

创新开放度具有深度和广度。过度开放会增加企业信息搜寻成本和交易成本，创新的复杂性会导致合作充满不确定性，技术泄密成为双方合作最担忧的问题。因此，创新开放度具有适度规模，不是开放度越高越好，否则将会降低创新效益。Laursen 和 Salter（2006）研究发现，开放的深度和广度与企业创新绩效呈倒 U 形关系[⑤]。Almirall 和 Casadesus-Masanell（2010）、Hagedoorn 和 Wang（2012）得出同样结论[⑥⑦]。陈钰芬和陈劲（2008）

---

① Dahlander L, Gann D M. How open is innovation?[J]. Research Policy, 2010, 39(6): 699-709.
② Lichtenthaler U. Technology exploitation in the context of open innovation: finding the right job for your technology[J]. Technovation, 2010, 30(7/8): 429-435.
③ Ye J, Kankanhalli A. Exploring innovation through open networks: a review and initial research questions[J]. IIMB Management Review, 2013, 25(2): 69-82.
④ 凌学忠, 吴贵生, 李纪珍.国家开放创新体系构成要素与国家绩效间关系的实证研究[J].技术经济, 2016(4).
⑤ Laursen K, Salter A. Open for innovation: the role of openness in explaining innovation performance among UK manufacturing firms [J]. Strategic Management Journal, 2006, 27(2): 131-150.
⑥ Almirall E, Casadesus-Masanell R. Open versus closed innovation: a model of discovery and divergence [J]. The Academy of Management Review, 2010, 35 (1): 27-47.
⑦ Hagedoorn J, Wang N. Is there complementarity or substitutability between internal and external R&D strategies[J]. Research Policy, 2012, 41(10): 1072-1083.

根据创新过程中的驱动因素，将产业分为科技驱动创新型和经验驱动创新型。科技驱动创新型产业是指主要以显性的科学技术知识驱动创新的产业，包括生物医药、航空航天、通信设备以及化学等产业。经验驱动创新型产业指主要以隐形的生产制造和使用过程中的经验诀窍驱动创新的产业，包括传统制造业、食品工业和纺织服装业等。不同类型的产业，对创新开放度的要求不同。对于经验驱动型企业，其开放度与创新绩效呈正比，开放度越高企业越受益。但是，对于科技驱动型企业，其开放度过高，反而会降低企业创新绩效[1]。段利民（2020）实证研究发现，企业创新独占性强度与开放度之间呈倒 U 形关系，不足或者过多的创新独占性都会降低企业开放式创新水平[2]。杨震宁、赵红（2020）提出开放式创新的广度和深度对创新绩效的影响存在倒 U 形关系。合作有利于企业开放式创新活动开展，但要防范开放式创新深度的过度加深，形成路径依赖。正式制度激励企业扩大利用开放式创新的广度，但限制企业利用开放式创新的深度。非正式制度激励企业加深开放式创新的深度，但是对开放式创新广度没有影响[3]。

（2）组织职能的变革。

开放式创新会引起企业内部组织的职能调整。通常企业员工能够接受从外部获取技术，但是将企业的技术许可给其他组织，会引起员工的抵触，担心会弱化本企业的竞争优势[4]。因此，企业内部需要构建更为开放的组织文化[5]。但是，开放式创新不能依靠行政命令实现，必须通过创新项目建立跨组织的矩阵式或网络式结构，以此加强学科知识的整合[6]。因此，吸收能力强的企业在开放式创新中获利更多，两者形成良性的互动循环[7]。在实施

---

[1] 陈钰芬, 陈劲.开放度对企业技术创新绩效的影响[J].科学学研究, 2008, 26(2).
[2] 段利民.开放困境：创新独占与创新开放度关系实证研究[J].科技和产业, 2020(11).
[3] 杨震宁, 赵红.中国企业的开放式创新：制度环境、"竞合"关系与创新绩效[J].管理世界, 2020(2).
[4] Rivette K G, Kline D. Discovering new value in intellectual property[J]. Harvard Business Review, 2000, 78(1): 54-66.
[5] Chesbrough H W. Open innovation: the new imperative for creating and profiting from technology[M]. Boston: Harvard Business School Press, 2003.
[6] Petroni G, Venturini K, Verbano C. Open innovation and new issues in R&D organization and personnel management[J]. The International Journal of Human Resource Management, 2012, 23(1): 147-173.
[7] Spithoven A, Clarysse B, Knockaert M. Building absorptive capacity to organise inbound open innovation in traditional industries[J]. Technovation, 2010(30): 130-141.

合作创新的过程中，建立组织之间的沟通机制，完善创新激励政策[①]。加强组织之间的沟通和信任十分必要，信任对创新形成和实施具有正向作用[②]。但是不同的合作伙伴需要不同的约束机制，正规的项目管理方式适用于商界的合作伙伴，而松散的管理方式更适用于学术界的合作研究[③]。

（3）知识产权的保护。

良好的知识产权保护机制，能够确保创新主体的合理利益不被侵占，有效促进技术转移，企业通过合法途径获得外部知识机会将增多[④]。薛澜、柳卸林等（2011）认为，跨国公司担心知识产权保护不力，不太愿意对中国进行技术扩散[⑤]，这将不利于中国开放式国家创新体系的建设。但是知识产权制度并非越严越好，过于严厉的专属制度可能会提高内控成本，打击创新合作者的积极性[⑥⑦]。开放式创新需要合理界定知识产权保护边界。邓雨亭、李黎明（2020）测度52个国家2006—2017年的实际专利保护强度，提出经济发展、跨国技术扩散和基础科研能力均与专利保护强度呈正相关[⑧]。

（4）整合创新资源。

尽管利用外部资源是成功的关键，但是开放式创新并非一味单纯依靠外部资源进行创新，内部研发也十分重要。陈钰芬和陈劲（2009）发现企业内部资源与外部创新要素之间有显著的正相关关系，合作伙伴非常看重对方的内部研发能力，强强联合才会更有效地进行创新资源的整合[⑨]。外部

---

① Lichtenthaler U. Open innovation: past research, current debates, and future directions[J]. Academy of Management Perspectives, 2011, 25(1): 75-93.
② Shazi R, Gillespie N, Steen J. Trust as a predictor of innovation network ties in project teams[J]. International Journal of Project Management, 2015(33): 81-91.
③ Du J, Leten B, Vanhaverbeke W. Managing open innovation projects with science-based and market-based partners[J]. Research Policy, 2014, 43(5): 828-840.
④ Arora A, Ceccagnoli M.Patent protection, complementary assets, and firms' incentives for technology licensing[J]. Management Science, 2006, 52(2): 293-318.
⑤ 薛澜，柳卸林，穆荣平.中国创新政策研究报告[M].北京：科学出版社，2011.
⑥ Lichtenthaler U. The drivers of technology licensing: an industry comparison [J]. California Management Review, 2007, 49(4): 67-89.
⑦ Chesbrough H W. Bringing open innovation to services[J]. MIT Sloan Management Review, 2011, 52(2): 84-90.
⑧ 邓雨亭，李黎明.面向国家创新体系的专利保护强度影响因素研究[J].科学学研究，2020（11）.
⑨ 陈钰芬，陈劲.开放式创新促进创新绩效的机理研究[J].科研管理，2009（4）.

创新资源包括纵向资源和横向资源。纵向资源的整合是对企业产业链上下游之间进行的整合。供应商熟知原材料的技术指标，鼓励供应商早期参与创新环节，可以有效缩短新产品研发路径，节约时间和研发成本[1]。用户是产品的直接使用者，企业可以通过在线创意管理，鼓励领先用户参与新产品的设计和研发，能够有效提高新产品的市场接受程度[2]。横向资源的整合是对与企业同属一个层面的机构进行整合。企业能以技术并购等方式，迅速获得进行新市场的技术和品牌，节约前期研发成本和品牌建设费用[3]。战略联盟是合作创新中最常见的方式[4]。高校和企业之间可以通过合办研究中心、发放许可证、共同技术攻关等多种形式合作[5]，不同企业获取外部创新资源的倾向不同，从外部购买新技术为技术含量不高的产业所青睐，而内部自主研发并对外授权是科研型企业为占据行业技术制高点的首选创新方式[6]。政府研发补助将有助于企业开放式创新，市场竞争越激烈，企业越倾向采取开放式创新[7]。

（5）开放式创新的机理。

开放式创新要求企业同时利用外部资源和内部资源，相互整合实现创新。陈钰芬、陈劲（2009）将开放式创新过程中的合作伙伴进行分类，分为纵向合作企业、横向合作企业、专门技术机构和其他组织。纵向合作企业包括领先用户、主流用户和供应商。事实上，大多数产品的创新思想不是来自企业内部的头脑风暴，而是来自顾客提出的创意。其中，领先用户

---

[1] Sobrero M, Roberts E B. Strategic management of supplier-manufacturer relations in new product development[J]. Research Policy, 2002, 31(1): 159-182.

[2] Chesbrough H W, Prencipe A. Networks of innovation and modularity: a dynamic perspective[J]. International Journal of Technology Management, 2008, 42(4): 414-425.

[3] 于开乐，王铁民.基于并购的开放式创新对企业自主创新的影响[J].管理世界，2008(4): 150-166.

[4] Bianchi M, Cavaliere A, Chiaroni D. Organizational modes for open innovation in the bio-pharmaceutical industry: an exploratory analysis[J]. Technovation, 2011, 31(1): 22-33.

[5] 何郁冰.产学研协同创新的理论模式[J].科学学研究，2012, 30(2): 165-174.

[6] Gassmann O. Opening up the innovation process: to-wards an agenda[J]. R&D Management, 2006, 36(3): 223-228.

[7] 蒋樟生.开放式创新对制造业企业研发投入的影响——政府补助与市场竞争的调节作用[J].科学进步与对策，2020（7）.

对产品新性能、新技术更加敏感。而与供应商共享市场信息和技术信息，能够有效缩短产品开发时间。因此，与纵向合作企业的密切合作，有利于企业获取市场信息资源和技术信息资源。横向合作企业包括竞争者和非相关企业。与同行业的竞争者抱团研发，合力创新，更容易达到目的。非相关企业是指拥有互补资产的合作企业。与横向合作企业的密切合作将有利于企业获取技术资源和市场信息资源。专门技术机构包括大学、研究机构、中介组织和知识产权机构等。大学和科研机构为技术创新提供知识源泉，通过与企业合作可以获得研发所需的资金和设备，而企业也可以获得技术创新后带来的商业利润。中介组织和知识产权机构在科技创新中发挥桥梁的作用。因此，企业与专门技术机构的合作将有利于技术资源的获取。其他组织包括政府和风险投资。风险投资是一种权益性融资，能有效解决企业技术创新中的资金需求，并且通过风险资本家的参与，能为企业带来有价值的市场信息和技术信息。政府是制度创新的主体，为企业技术创新打造政策环境，同时组织协调产业共性技术创新平台，搭建信息交流平台。政府还会通过优先采购政策，增加新产品的市场需求。企业与政府和风险投资企业的合作将有利于企业制造能力的提升，以及有效获取技术资源和市场信息资源。企业通过与这些主体的创新合作，获得更多市场信息资源，企业制造能力不断提升，创新绩效逐渐显现。开放式创新机理如图2-6所示。

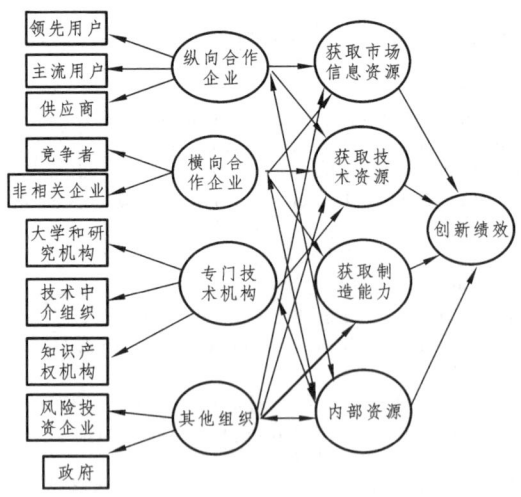

图2-6　开放式创新的机理

开放式创新理论侧重于从企业角度展开研究，2008年OECD将开放式创新延伸至国家层面，开始有学者结合国家创新体系理论和开放式创新理论，对国家层面的开放式创新进行研究。但研究并不充分，开放式国家创新体系仍然有很多问题值得研究。

3 构建开放式国家创新体系的客观依据

随着创新资源的全球化配置，各国创新主体纷纷在国外建立研发中心，研究开发的双向交流不仅从微观层面有效地提高企业的创新能力，而且从宏观层面正在有力地推动国家创新体系向开放式国家创新体系发展。从理论研究来看，开放式国家创新体系是一个新兴课题，同时也是我国创新体系顶层设计中需考虑的重要部分，阐释为什么要构建开放式国家创新体系是本研究的立论依据。本章从理论角度、历史角度和现实角度分析中国构建开放式国家创新体系的客观依据。其中理论依据重点分析构建开放式国家创新体系的重要性，历史依据和现实依据重点分析构建开放式国家创新体系的必要性。

3.1 理论依据

回答为什么要创新，为什么要实施开放式创新，为什么微观层面的开放式创新会受到宏观层面开放式创新的制约，以及五大发展理念与马克思主义发展观之间是什么关系是解释要构建开放式国家创新体系的理论依据。创新是一国的核心竞争力。随着全球化发展，创新活动逐渐溢出原有组织边界，开放式创新成为各国企业合作互利的重要方式。企业层面的开放式创新越来越受到国家层面的开放式创新制约，构建开放式国家创新体系是顺应国际科技全球化的重要举措，也集中体现了新发展理念，是对马克思主义发展观的继承和创新。

1）创新与国家竞争力

创新成为推动经济增长的第一动力，这已经是公认的事实。当今世界各国的竞争就是创新能力的竞争。世界重要经济组织都将创新视为评价国家核心竞争力的重要指标。OECD 发布报告 *OECD：Science，Technology and Industry Scoreboard*，研究成员国在 6 个方面 57 个指标的对比情况。世界经济论坛（WEF）发布的《全球竞争力报告》、世界知识产权组织（WIPO）发布的《全球创新指数报告》、世界银行（WB）发布的《世界发展报告》、瑞士洛桑管理学院发布的世界竞争力指数以及联合国开发计划署发布的技术成就指数等都十分重视创新对经济的推动作用。说到底，创新能力之争也是一个国家和民族的前途命运之争。各国为提升本国竞争力，纷纷出台推动创新的相关战略，如日本制定《创新 25 战略》、欧盟出台《2020 创新战略》、韩国提出《2020 年产业技术创新战略》、中国推出《国家创新驱动发展战略纲要》。中国要实现从经济大国到经济强国的转变，创新驱动必须成为经济高质量发展的首要动力。20 世纪 90 年代以来，随着跨国公司国际化的快速增加，国际产业转移呈现新的特点。传统以资源禀赋和地理区位的国际分工逐渐转变为以基于创新价值链的国际分工。新的国际分工开始在发达国家内进行，21 世纪后转向发展中国家[①]，这为发展中国家学习和赶超发达国家提供重要契机。中国虽然是全球产业转移的热门区域，但是参与的多是加工装配环节，处于产业价值链的低端，核心技术、关键技术、自主品牌较为缺乏，造成了产值高、收益低的问题。要改变中国在产业链和价值链中的不利地位，从世界工厂成为世界创新基地，必须实施创新驱动战略，通过科技创新，促使中国产品和服务的附加值不断提高。随着经济快速发展，中国在全球治理体系中话语权不断提升，国际事务中更需要中国发挥积极作用。创新作为引领世界经济增长的第一动力，中国要扮演好新的国际角色，承担起与自身发展阶段相适应的责任，必须在创新领域占有一席之地。国家创新能力（竞争力）评估报告及主要指标如表 3-1 所示。

---

① Dunning J H, Lundan S M. The internationalization of corporate R&D: a review of the evidence and some policy implications for home countries[J]. Review of Policy Research, 2009 (26): 13-33.

表 3-1　国家创新能力（竞争力）评估报告及主要指标

报告名称	机构	开始时间	主要指标
全球竞争力指数（Global Competitiveness Report）	世界经济论坛	1979	将各国经济发展分成三个阶段：要素驱动阶段、效率驱动阶段和创新驱动阶段。《2006—2007年全球竞争力报告创新能力指数（ICI）》，包括科学与工程人力资源指数、创新政策指数、集群创新环境指数、创新联系指数、企业创新导向指数。
世界竞争力指数（World Competitiveness Yearbook）	瑞士洛桑管理学院	1980	指标体系包括经济绩效、政府效率、企业效率和技术设施，其中基础设施要素评估包括科学技术设施和技术基础设施等
知识经济指数（KEI）	世界银行	2006	从应用经济激励与政治体系、创新系统、教育与人力资源、信息基础设施四个方面对一国或地区知识经济发展水平进行测度，含有12个二级指标
全球创新指数（Global Innovation Index）	经济学人信息部	2007	通过创新产出（创新绩效）和创新投入（创新驱动力）两个指标对各国的创新能力进行评估
全球创新指数（Global Innovation Index）	世界知识产权组织	2007	通过创新投入、创新产出、综合全球创新指数得分和创新效率4类指标对全球142个国家和地区进行测评
全球创新指数（Global Innovation Index）	美国国家制造业联合会、波士顿咨询集团	2009	从创新投入和创新产出两个维度评估
欧洲创新记分牌（The European Innovation Scoreboard）	欧盟委员会	2001,2010	从创新投入、创新产出和企业行为三个维度建立25个三级指标评价体系
科学、技术和产业记分牌（Science, Technology and Industry Scoreboard）	OECD	2011	从知识经济、构建知识、与知识的联结、瞄准新的增长领域、在企业中释放创新、在全球经济中竞争等6个方面进行评估

资料来源：各机构官方网站。

2）创新与开放

从创新资源的获取渠道看，创新分为封闭式创新和开放式创新。在全球化背景下，开放与融合已经成为当前创新活动的重要特征。随着技术系统自身的演化，技术日趋复杂，导致开放合作成为必要。技术复杂性包括以飞机、通信设备等为代表的复杂性产品和以集成制造系统、柔性制造系统等为代表的复杂性过程。据统计，复杂性技术占世界30种主要出口商品的比重由1970年的43%提升到2005年的87%[1]。而互联网和大数据等技术快速发展推动了创新精细化、网络化和协同化，完整的产业价值链需要不同企业、不同地区甚至不同国家合作完成，产业融合发展和跨界合作成为常态，开放式创新也成为企业技术创新的主要模式。创新活动全球化趋势日渐明显。没有一个国家的创新活动能够在绝对封闭的系统内完成，开放合作是必然趋势。普利高津的耗散结构理论指出，系统必须是开放的。随着经济全球化的快速发展，国与国之间、国与世界组织之间相互依赖性不断增强。全球经济从早期的"贸易全球化"到"供应链全球化"，当前已进入"研发与创新全球化"时代[2]。信息、技术、知识、人才、资金等创新要素跨国流动日趋活跃，推动高质量要素的全球配置和重组，各国创新体系的开放度不断提高。各国以全球视野谋划和推动创新。发达国家想继续保持在科技前沿的领先优势，发展中国家想利用合作创新实现跨越式发展，纷纷展开国际科技合作。合作创新是必然趋势。

3）微观层面的开放式创新与宏观层面的开放式创新

开放式创新既包括企业等微观层面的开放式创新，也包括国家宏观层面的开放式创新。企业的创新活动不仅受到国内科技、经济社会环境的影响，还受到国际科技环境和经济环境等的制约。因此，宏观层面的开放式创新是微观层面的开放式创新的前提和背景。在当今逆全球化浪潮下，企业开放式创新越来越受到国家层面的开放式创新的制约。华尔街金融危机后，一些国家和地区政策的内顾倾向加重，保护主义盛行，全球经济的平衡、健康、可持续发展受到严峻挑战。美国政府打着"振兴美国"的旗帜，奉行"美国利益优先"原则，反对贸易全球化和自由化。英国公投脱欧，

---

[1] 贾根良.创新与演化经济学研究[M].上海：上海人民出版社，2015.
[2] 熊鸿儒.中国创新体系的开放进程与转型挑战[J].学习与探索，2017（1）.

使欧洲一体化进程严重受挫。全球多边机制不振、各类区域性的贸易投资协定碎片化，欧美的移民政策、投资政策、监管政策等朝着去全球化方向发展。逆全球化成为制约世界经济深入发展的重要障碍。2017年7月，英国经济政策研究中心（CEPR）发布的《全球贸易预警》报告显示，金融危机后美国作为全球贸易保护主义的主要推手，累计出台贸易和投资限制措施共计1191项，居世界之首。G20中除欧盟外的19个成员方出台促进贸易和投资自由化的政策只有2254项，但是出台的限制措施是促进贸易和投资自由化的3倍之多。2018年以来美国以国家安全为由加大对中国在美并购审查力度、发起针对所谓"中国知识产权侵权和强制技术转移"的301调查，美国商务部先后把中国华为、哈尔滨工业大学等300多家科研机构和企业加入"实体清单"，规模仅次于俄罗斯，企业"走出去"困难重重，全球合作创新进入僵持状态。2020年新冠肺炎疫情暴发以来，中国和美国作为全球最大的两个经济体没能联手合作共同抗击疫情，美国反而以"中国病毒""中国赔偿论"等腔调污蔑中国，全球确诊新冠肺炎患者数据不断创新高，死亡人数也不断增加，而美国成为第一大确诊国。面对百年未遇的全球公共卫生危机，急需中美联手，共同开展技术攻关，研发新冠疫苗和特效药，以拯救世界人民于水深火热之中。科技创新既需要借助全世界科技、资金和人才等"硬资源"，更需要管理规则、科学文化、开放制度等"软环境"。人类面临疫情防控、食品安全、气候变暖等共性问题，更需要通过国际合作创新完成。企业层面的开放式创新必须在国家层面的开放式体系的背景下进行。开放式国家创新体系作为在逆全球化背景下，各国保持持续开放和创新活力的重要抓手，将成为世界经济增长的重要驱动力。

4）开放式国家创新体系与马克思主义发展观

开放式国家创新体系集中体现了新发展理念，是对马克思发展观的继承和创新。理念通常指理论、观念，它是行动的先导，是行动的指挥棒，管全局、管长远。有怎样的理念就有怎样的行动。发展理念是发展中应遵循的理念。党的十八届五中全会提出创新、协调、绿色、开放、共享的五大发展理念。党的十九大报告指出，新时代社会主义经济建设的总纲领是贯彻新发展理念，建设现代化经济体系。五大发展理念聚焦当今中国经济社会发展中存在的问题，同时也是解决问题的对策。其核心和最终目的都是促进经济社会可持续发展。其中，创新发展聚集发展的动力问题，狭义上主要指科技创新，广义上还包括组织创新、体制改革、管理创新等。协调发展聚集发展的不平衡问题，包括区域协调发展、经济社会协调发展、城乡协调发展等。绿色发展聚焦人与自然的和谐共生，是实现人类对美好生活向往的基本底色。开放发展聚焦发展内外联动问题，用好两个市场，两种资源。共享发展聚焦社会公平公正，是中国特色社会主义的本质要求，也是全体人民实现共同富裕的基本保障。五大发展理念是一个具有内在联系的统一整体，任何一个部分都不可能脱离其他部分而独立存在。

开放式国家创新体系集中体现了五大发展理念，是马克思主义发展观在中国的升华。关于创新发展，创新是马克思主义发展观的灵魂。马克思高度肯定创新对社会经济发展的重大意义。目前我国总体进入工业化后期，支撑实体经济40年快速发展的传统要素优势正逐步减弱，要素价格持续上升，粗放式发展方式带来的高耗能、高污染问题也直接影响了经济发展质量。新时代现代化经济体系需要新的动能，创新成为引领经济增长的第一动力。建立开放式国家创新体系最终的目的是通过开放合作，提升自主创新能力，实现经济高质量发展。

关于协调发展，马克思早在《1844年经济学哲学手稿》中就批判了发展不协调带来的劳动异化现象。因各国国情不同，协调发展在全球创新网络中地位也不同，全球创新资源总量虽然快速增长，但分布格局呈现出明显的不协调性。美国、欧洲等地聚集全球主要的创新资源，创新效益显著。欠发达国家由于人才和技术投入不足，与发达国家差距越来越大[①]。这种国别差异和国家的经济发展水平呈现高度相关性。在中国，东部沿海地区是创新资源集聚地，初步形成了北京—天津、长三角和珠三角三个集聚核心区，而西部地区12个省市拥有的国际科技合作基地仅占全国的21%，西藏自治区仅有1家国合基地。开放式创新涉及多个合作主体，只有协调双边利益，才能实现合作共赢。一方面，中国通过"一带一路"倡议，形成全面开放新格局，将西部地区从开放的末梢推向开放前沿，通过创新推动经济增长，形成区域协调发展新格局。另一方面，中国应坚持开放创新，

---

① 刘凤朝，徐茜，韩姝颖，等.全球创新资源分布特征与空间差异——基于OECD数据的分析[J].研究与开发管理，2011（1）.

积极融入创新国际化浪潮，不断提高整合全球创新资源能力，占据全球创新高地。

关于绿色发展，马克思提出人类社会在发展中要尊重自然，不能违背自然规律。"我们绝不能像征服者统治异族人那样支配自然界，绝不像站在自然界之外的人似的去支配自然界，相反，我们连同我们的肉、血和头脑都是属于自然界和存在于自然界之中的；我们对自然界的整个支配作用，就在于我们比其他一切生物强，能够认识和争取运用自然规律"①。创新发展作为对传统的高耗能、高投入、高污染的经济发展方式的转变，本身就是一种绿色发展。特别是技术创新能为绿色发展提供科学依据和技术支持，有效提高绿色发展的质量和效益。"机器的改良，使那些在原有形式上本来不能利用的物质，获得一种在新的生产中可以利用的形式"②，因此，技术创新能有效利用废料，变废为宝，减少环境污染。当今自然生态系统严重失衡，所有的创新活动要求确保应有的可持续性和协调性，朝着"提高自然资源的利用效率，在现有基础上扩大10倍，才能满足人类可持续发展的需求的方向努力"③。开放式国家创新体系将树立尊重自然、顺应自然、保护自然的生态文明理念，通过创新驱动经济增长，逐步用知识密集、技术密集、资本密集的环境友好型产业取代现有的资源密集型产业，形成人与自然和谐发展的现代化经济体系新格局。

关于开放发展，马克思和恩格斯将开放看作世界进步的重要因素。开放不仅改变了世界各地封闭的状态，也通过资本扩张带动了经济增长。马克思分析印度落后的原因之一是印度长期处于孤立状态。随着国际分工与国际交换的深化，一国经济不可能脱离国际经济而独立存在和发展，必然要对外开放。中国是开放发展的受益者，保持40多年的中高速增长。构建开放式国家创新体系就是要求通过进一步开放合作，用好国内和国际两个市场、国内和国际两种创新资源，在更大范围内开放创新，不断提高创新能力和质量。

关于共享发展，实现人类自由全面发展是马克思主义最高理想。马克思指出创新的主体是人民，创新的成果也应由人民共享。开放式国家创新体系以开放合作方式，既对发达国家开放，学习引进先进技术，主动对接

---

① 马克思，恩格斯.马克思恩格斯文集（第5卷）[M].北京：人民出版社，2009.
② 马克思，恩格斯.马克思恩格斯全集（第25卷）[M].北京：人民出版社，1974.
③ 石磊，钱易.国际推行清洁生产的发展趋势[J].中国人口、资源与环境，2002（1）.

国际规则。中国以科技外交为平台，对欠发达国家和地区提供科技援助，推动减贫发展。根据国务院扶贫办数据，截至2019年中国在向其他发展中国家实施援助的过程中派遣了60多万援助人员，培训各类人员多达1200万人次。其中，2001—2015年中国累计培训了来自120多个发展中国家近万名科技人员。仅科技部举办的发展中国家技术培训班多达240个，培训学员5000人次。目前已经启动实施"一带一路"科技创新合作行动计划，已成功资助沿线国家300余名青年科学家来华开展科研工作，培养科学技术和管理人才上万名，共建一批联合实验室或联合研究中心，真正实现发展依靠人民、发展成果由全人类共享的理念，为全球和平发展贡献中国力量。

开放式国家创新体系将经济增长的第一动力"创新"和经济增长的外在环境"开放"紧密结合起来，同时坚持发展绿色经济，通过合作双方协调发展，实现创新成果由全人类共享的目的。开放式国家创新体系充分展示了创新、协调、绿色、开放和共享五大发展理念的内在统一性，是马克思主义中国化最新理论成果。

3.2 历史依据

推动国家创新体系高水平开放成为强国提升创新竞争力的必然选择。在现代化进程中，技术革命与产业革命交互产生，推动经济发展，促进社会变革，直接影响国家兴衰。科技兴则民族兴，科技强则国家强。近代以来的几次科技革命，引发大国兴衰和世界格局调整。英国、德国、美国、日本等国抢抓机遇，相继崛起成为典型的世界科技强国。第一次工业革命发生在18世纪中叶，以蒸汽机的发明和广泛应用为标志，英国凭借机器制造、运输、采掘、棉纺织业以及冶金五大工业体系，获得世界头号强国的称号。第二次技术革命发生在19世纪30年代，以内燃机和电动机为标志推动人类社会进入电气时代，美国、德国建立了以化石能源为特征的石油、化工、电力等重工业体系，跃升为世界工业强国。日本奠定了工业化基础。第三次技术革命发生在20世纪40年代，航空航天技术、核技术、信息和电子技术快速发展，人类从电气时代进入电子时代，美国凭借研发优势，推出新产品，发展新产业，成为世界头号强国。从历史发展过程来看，世界经济正处于第四次技术革命阶段，新一轮产业革命和科技革命交互推进，新一代信息通信技术与实体经济深度融合，基础科学研究领域不断涌现重大颠覆性创新。各个国家都在调整优化产业结构，将技术创新作为未来经济发展的主导方向，通过激发技术创新能力来优化要素配置模式，提高产业发展的效率与可持续性。为在新一轮科技革命中抢得先机，各个国家纷纷出台发展战略，中国提出"中国制造 2025"计划，德国推行工业 4.0 战略，美国实行再工业化战略，日本实施智能制造战略，俄罗斯、印度等也提出了各自的智能制造战略，各国经济发展的新动能将由智能制造取代。

全球化和信息技术的快速发展推动创新要素在全球自由流动，创新模式发展显著变化，从"封闭式创新"变成"开放式创新"，从"独立创新"转向"合作创新"。未来全球创新活动将呈开放式、跨领域创新趋势。各国在制定创新战略中，主动选择创新国际化道路。英国的《研发国际战略》提出要实现四个目标，其中之一就是提高英国的国际影响力。美国《国际科学与工程学伙伴》明确将科学与工程领域国际伙伴关系视为国家研发政策和国家外交政策优先领域。德国的《联邦政府关于科学与研究际化的战略》也明确提出进一步科研国际化。在我国，党的十八大报告明确指出，要用全球视野谋划和推动创新。2015 年中共中央、国务院发布的《关于深化体制机制改革加快实施创新驱动发展战略的若干意见》明确提出要"推动形成深度融合的开放创新局面""坚持引进来和走出去相结合"。2016 年发布的《国家创新驱动发展战略纲要》再次将"全方位推动开放创新"作为与体制改革、环境营造、资源投入并重的战略保障之一，提出要"抓住全球创新资源加速流动和我国经济地位上升的历史机遇，提高我国全球配置创新资源能力"。《中共中央关于制定国民经济和社会发展第十四个五年规划和二〇三五年远景目标的建议》明确提出要"坚持实施更大范围、更宽领域、更深层次对外开放，依托我国大市场优势，促进国际合作，实现互利共赢"。构建开放式国家创新体系成为各国提升国际竞争力、实现强国梦的必然选择。

3.3 现实依据

世界知识产权组织（WIPI）发布《2020年全球创新指数》报告，GII 表现最好的经济体仍然几乎全部来自高收入组别，前三的创新经济体分别是瑞士、瑞典和美国,唯一例外的是中国。中国在2016年跻身前二十五,2018年升至第17位,2020年排名第14位,在37个中等偏上收入组别的经济体中位列第一。中国也成为GII排名前三十中唯一的中等收入经济体。该报告还研究了主要经济体创新与发展之间的关系,图3-1显示的是一个特定经济体相对其人均GDP的预期创新绩效水平。其中,红色代表位于趋势线下方的经济体都是创新表现低于预期的经济体;黄色代表贴近趋势线的经济体是创新表现与其发展水平预期相符的经济体。一个经济体在这一趋势线上方的位置越高,其创新表现相对于其发展水平以及其他水平相当的同类经济体的发展水平来说越好。中国(CN)作为创新引领者,位于趋势线之上,表明创新表现对发展的推动作用显著。创新成为中国经济增长的第一动力。

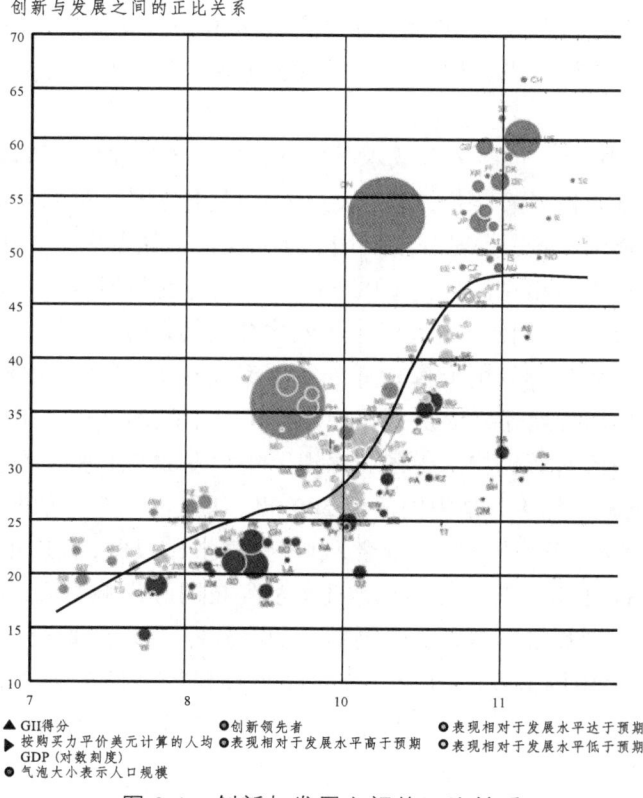

图 3-1　创新与发展之间的正比关系

资料来源:康奈尔、INSEAD和产权组织,全球创新指数数据库,2020年。

但是从中国开放式国家创新体系的建设情况来看，开放水平不够已经严重制约中国创新能力的提升。

首先，从制度安排看，国家创新体系的顶层设计和政策安排都将国际科技合作作为外在部分，重视程度不够。《国家中长期科学和技术发展规划纲要（2006—2020）》明确指出，建设中国特色国家创新体系主要包括五个子体系：技术创新体系、知识创新体系、国防科技创新体系、区域创新体系和科技中介服务体系。五个子体系中没有国家层面的开放式创新体系。国际科研合作与交流仅被视为建设国家创新体系的重要政策和措施之一，重要性没有充分体现出来。2020年习近平总书记在经济社会领域专家座谈会和科学家座谈会上明确指出，"新发展格局不是封闭的国内循环，而是开放的国内国际双循环"，要"坚持开放创新，加强国际科技交流合作"。"十四五"国家科技创新发展规划纲要有必要将运用全球创新资源，提升创新体系开放水平，构建开放式国家创新体系，列为我国科技发展的重要目标之一。

其次，中国科技创新的开放水平较低，与经济开放水平不匹配。目前，我国经济总量居世界第2位，已经成为第一大出口国、第二大进口国、第二大吸收外资国、第三大对外投资国、第一大外汇储备国[①]，中国经济的对外开放水平较高。相对而言，中国创新开放度与创新型强国差距很大，创新体系的开放水平存在一些短板。从人才开放的角度看，截至2019年8月，国家重点研发计划的专家库里外籍专家仅有1260人，占比约1.4%。中国科研机构里外籍研发人员比重低，中国科学院的外籍员工仅有1.6%，远低于国际一流科研机构。中国"绿卡"年均发放248张，而美国每年发放12万张技术类绿卡，是中国的近500倍。从资金开放的角度看，我国研发资金主要来源于企业或政府资金，国外资金占比很低，且逐年下降，2018年仅占0.4%，远低于英国16%的水平。从科技国际影响力看，中国在发达国家申请的专利数量不多，而且高质量的海外专利申请和海外商标申请也较少，2018年中国人发明的PCT专利境外授权比例只有9.1%。在国际科技组织担任高层的中国科学家数量少，总部设在中国的国际科技组织仅占

---

① 汪洋.构建开放型经济新体制[J].中国对外贸易，2013（12）.

总量的 0.53%①，距离"我中有你，你中有我"的深度融合国际科技合作目标较远。

最后，当前我国创新合作水平更多体现为量上的积累，质的飞跃仍有待提升。根据科技统计年鉴，近年来我国开展的国际科技合作不断增多，合作项目从 2010 年的 66 637 项增加到 2019 年的 124 799 项，其中出国项目增长了 202%，来华项目增长了 127%。但是按照项目划分，在出国项目中参加国际会议占比最大，达到 43%。在来华项目中，考察访问有 14 656 项，占比最高，达到 46%。而合作研究在出国和来华项目中只占 18% 和 26%，参与合作研究的人数也只占总人数的 12%，远低于国际会议和考察访问的比重。可见，我国开展的国际科技合作大多停留在人员交往、访问考察等浅层面，实质性的科研合作不多。同时科研院所开展的国际合作项目大多是自上而下的项目，根据市场需求对接国际合作的项目不多。虽然我国国际科研合作论文数量多，但是被引影响力不高，排在全球第 16 位。中国设立的国际科技奖项较少，对全球科研评价体系布局不够积极主动，与中国作为科研大国地位不太相称。

科技全球化是经济全球化的产物。在全球化快速发展的背景下，全球企业创新模式在科技资源的跨国界流动和重组的推动下发生显著变化。只有以全球视野谋划和推动创新，着力建设开放式国家创新体系，让内外的优质创新资源突破以往的组织、区域和国家边界，让企业以开放式创新模式参与全球创新网络，实现我国与全球研发协同发展，才能支持我国自主创新能力的全面提升。中国作为世界第二大经济体，提升国际竞争力必须建立开放式国家创新体系。

---

① 罗学优，程如烟.国际科技组织的地区和国别分布研究[J].科技管理研究，2013（1）.

4

开放式国家创新体系的理论分析

开放式国家创新体系作为一个全新的课题,构建其理论框架,研究其基本概念、构成要素、特点、建立原则、目标体系、创新活动以及体系运行是本章重点内容。

4.1 基本概念

4.1.1 国家创新体系

1985年丹麦经济学家本特-奥克·伦德瓦尔(B. Lundvall)在《产品创新与用户生产者的互动》一书中,为阐明用户、生产者之间关系,明确提出"创新体系"概念,认为创新体系是由"有经济效益的知识的生产、扩散、应用过程中相互作用的各种构成要素及其相互关系组成,且这种创新体系植根于一国边界之内"[1],在随后的研究中,他认为"生产结构"和"建立制度"是界定创新体系的两个重要维度[2]。1987年英国经济学家弗里曼(Freeman)在其著作《技术政策与管理绩效:日本的经验》中,首次采用"国家创新体系"(National Innovation System,NIS)分析了日本实现跨越式发展的制度原因,认为国家创新体系是一种公共和私营部门组成的网状结构,这些公共和私营部门的行为及其相互作用,创造、引入、改进和扩散新技术[3]。弗里曼从宏观视角研究技术创新与国家创新绩效之间的关

---

[1] Lundvall B A. Product innovation and user-producer interaction[M]. Aallborg: Aallborg University Press, 1985.
[2] Lundvall B-A. National innovation systems: towards a theory of innovation and interactive learning[C].//Weapons of Mass Assignment Communications of the ACM, May 2011.
[3] Freeman C. Technology policy and economic performance: lessons from Japan [M]. London: Pinter Publishers, 1987.

系，认为政府政策、教育培训以及企业研发和产业结构起着关键作用。美国学者理查德·纳尔逊（Richard Nelson）认为国家创新体系由一组机构相互作用而成，并直接影响企业的创新行为[①]。Niosi（1993）认为国家创新体系是一个国家范围内企业、大学、政府机构和技术、商业、法律、社会和财政等为产生科学、技术而努力的相互作用系统[②]。1994年英国学者佩特尔和帕维特（P. Patel 和 K. Pavitt）认为国家创新体系是由国家制度、激励机制以及竞争力相互作用而有机结合形成的整体，"决定一个国家新知识和新技术的学习方向和速度"[③]。Edquist（1997）认为国家创新体系是一套制度体系，"所有影响创新的开发、传播和应用的重要经济、社会、政治、组织和其他因素"[④]。1994年以来经济合作与发展组织（OECD）在《以知识为基础的经济》《国家创新系统》等系列报告中指出，国家创新体系是"由不同机构组成的集合，这些机构共同或单独致力于新技术的开发和扩散，并向政府提供一个制定、执行政策以影响创新过程的框架"，体系的核心主体是企业，并强调全球创新网络在国家创新体系中的作用。我国中长期规划专题组（科技体制改革与国家创新体系研究专题）指出，"国家创新体系泛指一个国家整合创新要素所构成的社会网络"[⑤]。中科院在《迎接知识经济时代，建设国家创新体系》报告中指出，国家创新体系是一种网络系统，该系统由从事知识创新和技术创新的企业、高校和科研院所、中介机构以及政府部门等组成。本书认同中科院的定义。

4.1.2 开放式国家创新体系

自 OECD 把开放式创新从企业层面引申到产业及国家层面，学术界至今仍无明确一致的概念界定。Santonen（2007）基于现代网络系统的发展以及开放式创新理论，提出国家开放创新体系（National Open Innovation

---

① Nelson R.National innovation systems: a comparative analysis[M]. New York: Oxford University Press, 1993.
② Jorge Niosi et al. National systems of innovation: in search of a workable concept [J]. Technology in Society, 1993(15): 52.
③ Patel P, Pavitt K. National innovation systems: why they are important, and how they might be measured and compared[J]. Economics of Innovation & New Technology, 1994, 3(3): 77-95.
④ Edquist C. Systems of Innovation: technologies, insitutions and organization [M]. London: Pinter Publishers, 1997: 14.
⑤ 李金亮, 沈奎.创新与政府[M].广州：广东经济出版社, 2010.

System，NOIS）的概念。Santonen将大学生和中产阶层作为商业体系中重要资源纳入政府构建的国家创新体系中，认为国家开放创新体系是一个开放式创新结构。在体系中，大学生拥有创新思维，中产阶层拥有创新所需要的资金、设备和技术等，他们在互联网技术的支持下频繁互动，共同为企业的技术创新注入活力，使得创新活动在国家边界以内开放[①]。Santonen还根据时间轴从两个维度建立国家开放创新体系，一个是当前创新库，另一个是未来创新库。前者主要是从当前消费市场存在的问题出发，为迎合消费者需求进行的有效创新；后者是基于未来的可能性提出创新的预测。国家开放创新体系的形成主要依托在线社会网络平台，不同背景的创新人才可以进行无障碍交流，从而提高创新活动的效率[②]。

    国内研究涉及的相关概念包括国家创新体系（系统）国际化、国家开放创新体系以及开放式国家创新体系（Open National Innovation System，ONIS）等。国内学者刘云、谭龙、李正风（2015）认为，国家创新体系国际化包括制度程序与组织结构、参与主体与创新活动以及创新资源三个维度的国际化[③]。郑长江和谢富纪（2011）认为国家创新系统国际化指国家为促进本国经济社会健康发展，并提升国际分工体系的地位，充分利用国内外创新资源，跨越国界与其他国家创新系统保持良好互动关系[④]。凌学忠、吴贵生和李纪珍（2016）从国家层面研究开放式创新，提出国家开放创新体系的概念，给出的定义是致力于提升国家创新能力，用好国内外两个市场和创新资源的互动和学习系统[⑤]。虽然名称和桑托尼提法一致，但定义更契合开放式国家创新体系。崔新健等（2016）将开放式国家创新体系定义为由全球化趋势下的国家创新体系国际化发展形成，使国家创新体系的创

[①] Santonen T, J Kaivo-Oja, M Antikainen. National open innovation systems (NOIS): defining a solid reward model for NOIS[J]. International Journal of Innovation and Regional Development, 2007, 3(1): 12-25.
[②] Santonen T, J Kaivo-Oja, Suomala J. Introduction to national open innovation system (NOIS) paradigm [J]. A preliminary concept for Interchange, FFRC ebooks, 2007(8): 2007.
[③] 刘云，谭龙，李正风.国家创新体系国际化的理论模型及测度实证研究[J].科学学研究，2015（9）.
[④] 郑长江，谢富纪.我国国家创新系统国际化面临的问题与对策研究[J].科技进步与对策，2011（1）.
[⑤] 凌学忠，吴贵生，李纪珍.国家开放创新体系构成要素与国家绩效间关系的实证研究[J].技术经济，2016（4）.

新活动在国家边界以外具备开放性特点[①]。本书认为开放式国家创新体系是指在全球化背景下一个国家或地区通过创新资源全球化配置建立起来的全面而开放的创新体系，这个体系由政府主导，社会共同参与，科技和经济各部门、公共与私有机构之间相互作用，对内要提升国家创新能力，对外要积极融入全球创新网络，是一个复杂的体系。

国家开放创新体系、开放式国家创新体系以及国家创新体系国际化这三个概念都是从开放的角度分析国家创新体系，但有着本质区别。国家开放创新体系是三重螺旋理论在创新领域的应用，主要基于社交网络平台的发展，企业、高校和政府三个创新主体之间打破各自创新的边界，协同创新，使得创新活动在国家边界以内具备开放性特点。开放式国家创新体系是充分利用国内外两种创新资源，使得创新活动在国家边界以外具有开放性特点。因此，创新活动是否跨越国界成为国家开放创新体系和开放式国家创新体系的本质区别。开放式国家创新体系和国家创新体系国际化也有着本质区别。国家创新体系国际化是动词，是开放式国家创新体系的活动表征，主要指科技创新活动本身跨越国界，在全球配置创新资源。相关活动需要在开放式国家创新体系内开展。开放式国家创新体系是名词，是国家创新体系国际化的目的，通过创新国际化，实现创新能力的提升。因此，开放式国家创新体系是通过国家创新体系国际化，提升国家创新能力，并融入全球创新网络，其内涵比国家创新体系国际化更丰富。

4.1.3 相关概念辨析

1）创新和自主创新

1912年熊彼特在其著作《经济发展理论》中把创新定义为新的生产要素和新的生产条件结合而成的新的生产函数，并从产品创新、技术创新、市场创新、资源创新和管理创新五个方面予以诠释，引入生产体系。世界经济合作和发展组织（OECD）认为创新是一种新产品、新业务流程或组织的变化，而这种变化能够增长财富或社会福利。如今，创新的内涵在不断延伸，不仅包括科学创新、技术创新、制度创新，还包括企业（家）创新、文化创新、产业创新以及金融创新等，内涵丰富。

---

① 崔新健，章东明.国家创新系统的开放性研究[J].中国科技论坛，2016（6）.

自主创新强调对创新活动主动权的掌握。内生增长理论中就有对自主创新的研究。Arrow（1962）将技术进步视为经济增长的内在要素之一进行研究。G. M.（1994）建立了在自主创新基础上的长期经济增长模型。我国学者傅家骥从企业创新角度出发，认为自主创新是企业凭借内部条件及资源，克服技术瓶颈，不断取得新进展，形成技术性新成果，并通过市场使抽象技术转化为具体商品，赢得商业利润，实现期望结果。万君康（2013）从国家角度出发，认为自主创新是经由主动学习并展开研究，尝试克服技术瓶颈，发掘具有自主产权的技术，提升自主研发水准。本书认同万君康的观点。自主创新包括原始创新、集成创新、引进消化吸收再创新。其中，原始创新是自主创新的高级阶段，是为了摆脱对国外核心技术的依附，获得平等话语权，以科学发现和技术发明为目的，通过理论创新、原理创新和方法创新实现，其研究成果具有首创性、突破性和带动性的特征。原始创新是建设创新型国家的源头。集成创新是通过融合已有的多种技术，实现再突破，形成新产品和新产业。引进消化吸收再创新成为"二次创新路径"，是指在已有成熟技术的基础上进行技术创新，使技术更完善、功能更齐全。其中，集成创新和引进消化吸收再创新主要是通过对结构和功能的创新实现的。

2）开放式创新与封闭式创新

创新根据资源获取渠道不同分为封闭式创新和开放式创新。其中，封闭式创新（Closed Innovation）是指企业依靠自身高额资金投入和持续高强度的技术研发获取竞争优势，以内部渠道确保对技术、知识产权的控制，以维持核心竞争力。这种模式对企业自身研发要求很高，如 IBM 的沃森实验室、杜邦公司的杜邦实验室、惠普的中央实验室等，企业创新边界是封闭的。这种创新模式可以确保企业获取高额利润，并维持长期技术垄断优势。随着信息技术和知识快速发展，创新边界开始被打破。2003 年美国加州大学伯克利分校亨利·切萨布鲁夫（Henry Chesbrough）教授首次提出开放式创新（Open Innovation），从企业边界开放的角度，将开放式创新界定为"有目的地使用知识的流入与流出以促进内部创新，并利用该项创新拓展外部市场"①。因此，科学技术创造的场所不一定是创新实现的场所，企业创新应充分利用内外两个渠道。二者之间的区别详见表4-1。

表4-1 封闭式创新与开放式创新的区别

要素	封闭式创新	开放式创新
人才	公司拥有最优秀的科研人员	公司可以拥有，也可以借助外部资源，与优秀科研人员合作
研发	公司包揽从研发到销售等的所有环节，确保实现收益最大化	可以通过内部研发获得创新成果，也能通过外部研发创造附加值
知识产权	严格保护本公司的知识产权	积极与其他公司进行知识产权的授权或引进交易
竞争力	将公司最好创意进行最大化产品生产	公司能否灵活运用内外部创意

资料来源：麻省理工学院史隆管理评论（MIT Sloan Management Review），http：//www.istis.sh.cn/list/list.aspx?id=10533。

3）国际化与全球化

美国学者理查德·D.罗宾逊（Richard D. Robinson）在其著作《企业国际化导论》中讲道，国际化是公司有目的地追随全球市场的举措，涉及产品、生产要素两方面跨国活动。企业主动迎合全球化浪潮，使其生产的产品能够适应不同区域需求。"全球化"是人类社会发展的现象过程，是知识、文化、技术和物质资源在全球范围内自由流动。"国际化"与"全球化"虽然概念相似，但是有着本质不同。著名高等教育家奈特（J. Knight）认为，"全球化"是经济、人、知识等要素的跨国流动，这种流动会对世界各国产生重大影响。而"国际化"是在全球化大背景下，各国在保持独立性前提下对要素跨国流动的积极回应。两个概念的不同之处在于：第一，全球化强调的是事物或现象在全世界的扩张；国际化则强调国家、组织和个人对于事物的国际性参与度。第二，全球化是各国实现国际化的背景，

---

① Chesbrough H W. Open innovation: researching a new paradigm[M]. New York：Oxford university press, 2006.

看重结果；而国际化是各国参与全球化的方式，看重过程和影响力。第三，全球化的主体是全世界，要实现统一性和一体化；而国际化的主体是各个国家，承认独立性和多元化。

4）系统与体系

系统是由若干要素以一定结构形式联结构成的具有某种功能的有机整体。体系是由若干小系统按照某种关系或秩序组合成的整体。体系的范畴大于系统，完整的体系需要不同子系统共同协作运转完成。宽泛地说，体系就是系统。

5）制度、体制与机制

制度包括基本制度和具体管理制度，是指中央和地方的法律、法规以及相关组织内部的规章制度，也包括一定历史条件下约定俗成的行为规范，具有约束性、引导性和强制性。体制是生产关系的实现形式，主要指系统内组织机构的职能和岗位权责的调整与配置。机制原指机器的构造和工作原理，引申指体系内各要素之间的结构关系和运行方式，各因素之间相互作用既可以是内在客观联系使然，也可以通过主观能动进行有效构建。体系的有效运转需要制度、体制和机制共同发挥作用。制度侧重宏观层面，体现在规则安排中；体制侧重中观层面，体现在组织和机构建设中；而机制侧重微观层面，体现在体系运行中。机制内含在制度和体制中[①]，是制度和体制的具体执行。只有健全制度和体制，机制才会健康有序运转。

4.2 构成要素

开放式国家创新体系的构成要素是指对体系运行产生影响的各种要素。不同的视角下，其构成要素不同。本书从行为主体要素、投入产出要素和环境要素三个方面进行分析。

---

① 赵理文.制度、体制、机制的区分及其对改革开放的方法论意义[J].中共中央党校学报，2009，13(5)：17-21.

4.2.1 行为主体因素

开放式国家创新体系的行为主体要素是各项创新活动的参与者，主要包括高校和科研院所、企业、政府以及中介机构。不同行为主体在开放式国家创新体系发挥的作用不同。开放式国家创新体系是一个复杂的系统，需要不同行为主体之间加强有机联系和分工合作。

1）高校和科研机构——科学创新的主体

高校是知识传播和知识创新的策源地。高校的主要任务是培养高素质的创新人才，传递知识。高等院校特别是研究型大学也是知识创新源，不仅能够为企业的科技创新提供人力资本，更重要的是，高校还是科技创新的重要源泉。高校通过向产业界转让技术和出售专利促进知识流动。截至2014年底，经科技部和教育部联合批准的国家大学科技园115家，累计创办企业10 000余家，实现科技创新37 000次以上[1]。科研机构主要由国家、地区或部门根据经济社会发展需要建立，包括公共研究机构和民间科研机构。其中公共研究机构主要从事基础研究和对国民经济、社会发展等具有广泛影响的技术开发。企业的附属研究机构，主要面向市场需求进行研究开发。

2）企业——技术创新的主体

企业是技术创新的主体，其创新能力高低直接影响一个国家的创新水平。企业是研发经费的投入者，同时也是新技术的主要创造者、使用者和受益者。企业通过技术创新和新知识应用，将具有知识产权的自主创新成果和从外部渠道获得的技术成果转化到市场中，以获取商业利润，并推动经济发展。历史上许多新技术和新产品都是通过企业为主体的技术创新实现。比如波音飞机、摩托罗拉手机等都来自企业的研发活动。

3）政府——制度创新的主体

创新绩效的发挥需要高校和科研院所与企业之间良性互动，政府需要经由政策破除产学研界的刚性壁垒，促进大学、公共研究机构和企业之间的有效合作。因此，在开放式国家创新体系中，政府的主要功能在于提高

---

[1] 唐锐.地方高校大学科技园创新管理研究[J].攀枝花学院学报，2017（6）.

体系运行效率。政府主要通过投入资金、制定科技发展战略、协调创新活动和优化创新环境等，推动科学创新和技术创新，并为开放式国家创新体系的运转做好服务工作。开放式国家创新体系更强调体系对外开放，政府必须加强国际科技交流合作，促进国际知识和技术的传播与扩散，积极推动本国创新体系融入全球创新系统。

4）中介机构——创新服务机构

创新是一项高风险的市场活动，中介机构能为创新主体提供专业的融资、评估、保险、调查等服务，是沟通知识和技术流动的重要组成部分。作为市场机构的主要载体，在知识与科技创新成果转化及应用中起着重要的桥梁作用。在开放式国家创新体系中，国际化的中介服务机构包括科技企业孵化器、投融资机构、科技咨询和评估机构等。

4.2.2 投入产出因素

从投入视角看，开放式国家创新体系的构成要素主要包括资金、技术、人才等。其中，人才是最重要的创新要素，是创新活动的第一资本，是创新活动的主体。世界上所有的创新成果都是人做出来的。"全部科技史都证明，谁拥有了一流创新人才、拥有了一流科学家，谁就能在科技创新中占据优势"[①]。创新是高风险的，对资金的需求较大。各国为鼓励科技创新，大力发展科技金融，纷纷设立创新基金，纾解企业创新资金短缺之困。技术创新是创新活动的灵魂，将直接推动社会经济发展。从产出视角看，开放式国家创新体系的重要成果主要表现为论文的发表和专利的申请等。因此，开放式国家创新体系实际上就是一个通过投入资金、技术和人才等创新资源获得创新产出的系统。

4.2.3 环境因素

在开放式国家创新体系内，各创新主体进行创新活动需要一定的环境。良好的环境因素是提高创新绩效的保障。开放式国家创新体系环境因素是由驱动科技创新的政策法律、知识产权保护制度以及市场开放等构成

---

① 何欣.牢固确立人才引领发展的战略地位——五论学习贯彻习近平总书记两院院士大会重要讲话[N].光明日报，2018-06-02.

的复合要素综合体。这些环境因素可以分为硬环境因素和软环境因素。其中，硬环境是指道路交通、通信类基础设施和自然地理环境等物质性环境因素。软环境是指驱动创新所需的社会经济环境、政策法规制度、创新文化环境等。随着世界经济的快速发展，各国不断优化本国交通通信等硬环境。相比之下，软环境的质量直接关系到各国创新驱动的成败，也逐渐成为构建开放式国家创新体系的重点内容。

4.3 主要特点

开放式国家创新体系具有开放性、系统性、流动性和安全性等特征。其中开放性是最鲜明的特征。

4.3.1 开放性

开放式国家创新体系是一个复杂系统。复杂性科学是以复杂性系统为研究对象的新型科学研究。复杂性科学研究始于20世纪80年代，研究内容从早期的自然科学界不断延伸至哲学、人文社会科学领域。早期的复杂性科学包括一般系统论（L.V.贝塔朗菲）和控制论等，现代复杂性科学包括耗散结构理论、突变理论、协同理论和超循环理论等，其中代表性思想是普利高津的耗散结构理论。耗散结构理论研究开放的复杂系统，研究一个非平衡态的开放系统如何从混沌走向有序。在现实生活中，从热力学到生物学再到社会系统都是开放的状态。因此，耗散结构理论的普适性和实用性对科学研究推动显著，是继牛顿力学、相对论和量子力学之后科学史上的又一座里程碑。阿尔文·托夫勒在为普利高津和伊·斯唐热的著作——《从混沌到有序》一书作序时，指出"这本书可以作为当今科学历史性转折的一个标志"[1]。当开放的系统远离平衡状态，且系统内各要素之间是非线性关系时，才可能形成耗散结构。普利高津提出非平衡是有序之源的著名论断。他认为，开放的系统与外界交换物质和能量，当外部条件达到一定阈值时，系统会通过内部自组织现象从之前混沌无序状态演变为有序状态。可见，开放是耗散结构的重要特征，也是复杂系统有序演进的重要外因。

---

[1] 普里高津，斯唐热.从混沌到有序[M].上海：上海译文出版社，1987.

开放式国家创新体系是一个复杂的系统，具备形成耗散结构的条件。开放性也成为开放式国家创新体系最鲜明的特征。

在耗散结构理论中，最核心的因素是熵。熵代表系统的有序度。熵值越小，表明系统越有序；熵值越大，表明系统越杂乱无章。普利高津引入负熵的概念，指出在开放系统中，熵（s）由两部分组成：一部分是由于系统内部不可逆过程（例如热传导、扩散、化学反应等）引起的熵的增加，即熵产生（dis），dis永远是正的；另一部分是由于系统与外界交换物质和能量而引起的熵流（des），这一项在封闭系统中不存在，在开放系统中可正可负，整个系统熵的变化（ds）等于两项之和：

$$ds = dis + des$$

根据熵增原理，孤立热力学系统没有外部能量交换，熵不减少，总是不断增大或者不变，也就是说dis>0，要想改变或降低系统的熵值，必须引进外界的des。当des=0，表明系统是孤立系统，外部对系统熵值变化没有影响。当des>0，将会加大系统总熵值，增加系统的无序程度，不可能形成有序结构。当des<0，且|des|>dis，则有ds = dis + des < 0，系统总熵是负数，系统才会从无序状态向有序状态运动，形成耗散结构。而这个过程不是一次性能完成的，是经过多次反馈和系统自组织不断演化实现的。因此，要实现开放系统的有序运动必须从外部引入负熵，且绝对值要大于系统自身熵值。如果从外部引入的是正熵，将会加快系统的无序程度。所以，开放性是耗散结构产生最基本的条件。

绝对封闭的系统在现实生活中是不存在的，在科技全球化背景下，国家创新体系必将是一个开放的体系。开放是创新体系最基本的特征。在开放的环境下，创新要素国际化主要通过技术贸易、科研国际合作以及科研人员的国际交流等方式实现。凡是开放度较高的地区，也是创新最活跃的地区。根据OECD（1997）研究，在国家创新体系中知识要素的流动存在产业间技术联盟运行障碍，研究机构、大学和企业合作障碍，技术扩散中知识流动障碍以及人员流动障碍[1]。同时，外部竞争和跨国公司的垄断也将对国家创新体系造成不利影响，从而给创新体系带来正熵，系统将不能维

---

[1] 曾德明，彭盾.基于耗散结构理论的国家创新体系国际化研究[J].科学管理研究，2009（3）.

持耗散结构。而跨国公司的研发国际化将会推动负熵流的形成。一方面，跨国公司进入发展中国家后，技术领先优势会给企业带来丰厚的市场利润。在激烈的市场竞争中，发展中国家的企业会通过"干中学"积累经验，主动进行研发；也会通过抱团发展的方式，与跨国公司抗衡。这都有利于促进知识和技术流动，推动国家创新体系有序状态的形成。另一方面，跨国公司与发展中国家国内企业形成产业链上下游关系。为提高产品质量，跨国公司会主动为国内企业提供人才培训、技术指导和咨询服务等。这将有助于提升当地劳动力素质，国内企业也会学习到先进的企业管理经验，企业技术创新能力有所提升。开放给创新体系带来负熵，将推动国家创新体系更加有序运转。因此，在开放式国家创新体系中，要积极引导国内创新主体与外部保持物质能量交换，推动形成创新要素国际化中的负熵，才能实现高水平开放和高层次创新深度融合，获取更高创新效益。

4.3.2 系统性

开放式国家创新体系由一系列复杂子系统组成，系统的整体性能可以大于各要素的性能之和，各参与主体呈现特点分明的创新异质作用。其中，高校主要承担知识创新和人才培养的重要责任，科研机构承担涉及国家利益的重要领域的研究；企业通过对吸引各种创新要素，实施技术创新活动；中介机构为各类创新主体提供咨询、评估、金融、保险等服务；政府是制度创新的主体，通过完善法规制度，优化创新环境，为创新活动提供保障。根据参与主体的创新异质性，开放式国家创新体系分为知识创新、技术创新、知识传播、知识应用和制度创新等五个子系统，子系统相互依赖、相互制约，形成有机整体。

1）知识创新子系统

知识创新系统指参与知识生产、扩散和转移的系列单位协力打造的网络系统。其核心主体是高校和科研院所，部分企业科研人员也承担了知识创新的职责。知识经济时代的到来，进一步强化了科研机构和高校在开放式国家创新体系中的作用。高校是基础理论研究的主要阵地，重点发挥创新知识源头的基础性作用。研究机构是应用研究的重要组成部分，在国家和地方政府资助下，承担涉及国家利益的重要领域的研究。研究机构从形式上可以分为两种：一种是独立的公共的研究机构，由政府提供资金来源，主要从事基础研究和对国民经济、社会发展等具有广泛影响的技术开发。另一种是从属的研究机构，比如企业的附属研究机构，主要面向市场需求进行研究开发。知识创新系统主要生产、传播知识，由政府主导。我国先后推出"863计划""211工程""知识创新工程""攀登计划"等一系列重大科研计划，促进知识创新系统的发展。

2）技术创新子系统

技术创新系统是围绕技术创新活动，企业、科研组织、中介机构、政府等相关组织形成的网络系统。企业是创新投入、承担风险、获取收益的主体，是技术创新系统的核心主体。该子系统主要功能是组织相关机构攻克技术难关，实现技术创新，是产业和企业发展的根本。中国通过"产学研"联合工程计划、国家工程研究中心建设计划和技术创新工程等不断完善技术创新子系统。

3）知识传播子系统

构成知识传播系统的主体有高校、科研院所、职业培训机构以及企业内部的培训中心等，主要是以知识传播的形式，为开放式国家创新体系培养和输送高素质、高水平、高技能的创新型人才。创新是人类有意识的实践活动，依赖于人的科学素质提高。没有一支高水平的科研人才队伍，创新难以发生。技术成果要转化为现实生产力必须依赖于高素质的人才队伍。同时，从知识流动的角度看，教育和培训以人作为载体，使知识和技术进一步扩散。

4）知识应用子系统

知识应用系统是由多种性质单位（行政性、商业性、科研性、中介性单位）共同打造的子网络。该子系统的重点功能是创新主体通过应用新知识和新技术，不断提升创新能力，将科学知识和技术转化为现实生产力，推动社会生产。中国的"火炬计划"、"星火计划"和科技成果重点推广计划等都是中国推进高新技术研究成果化的重大部署。在知识应用子系统中，科技中介服务机构十分重要。科技中介服务机构包括生产力促进中心、技术咨询机构、工程技术研究中心、高科技园区、科技咨询与评估机构、创业投资服务机构、孵化器及风险投资机构等，是创新活动分工的产物。作为创新主体相互作用的纽带，科技中介服务机构主要职能是提供信息服务、交易场所、资金和保险服务等，为中小企业的技术创新提供支持，减少创新成本，降低创新风险，有效地解决科技成果向市场转化难的问题。中国目前有7万多家科技中介机构，从业人员达到150万人。它包括以实验室等为代表的研发服务类科技服务机构、以知识产权服务机构为代表的中介类服务机构和以科创园为代表的应用服务类机构。科技中介服务机构是构建开放式国家创新体系的必不可少的支撑。作为《国家中长期科学和技术发展规划纲要（2006—2020年）》中国家创新体系的五个子系统之一，应积极引导科技中介服务机构向服务专业化、功能社会化、组织网络化、运行规范化方向发展，为构建开放式国家创新体系提供有效的科技组织系统。

5）制度创新子系统

制度创新系统是由行政性单位、企业、科研教育部门等组成的子网络，核心主体是政府。在开放式国家创新系统中，政府要发挥顶层设计、政策保障等积极作用，为其他子系统良好运行提供合理的制度安排。

在开放式国家创新体系中，五个子系统相互作用、相互制约，共同提升整体的系统性和协调性。知识创新系统是技术创新系统的基础，技术创新系统又为知识创新系统提供研究选题，其运行效率决定了企业生死存亡。顶尖创新人才需借助知识传播系统形成，再凭借知识应用系统实现其经济价值，推动科学技术转化为现实生产力。制度创新系统确保整个创新体系良好运转。五个子系统相互作用、相互支撑，共同构成一个开放有序的开放式国家创新体系。根据前期相关研究成果[①]，开放式国家创新体系的结构、功能和运行考核指标如表4-2所示。

---

① He chuanqi. National knowledge innovation system: structure, function and indicators[M]. //Wu Shuyao, P Papon. Proceedings of 98'Sino-French workshop on S&T policy. CHEP, Spinger, 1998.

表 4-2 开放式国家创新体系的结构、功能和运行考核指标

序号	子系统	核心行为主体	相关主体	主要功能	基本任务	运行考核指标
1	知识创新系统	国家科研机构、高校	企业科研机构、政府部门等	生产知识、传播知识、转移知识	获得新的基础科学和技术科学知识	研发经费和人员投入、学术出版物、项目课题、科学引文、专利等知识产权
2	技术创新系统	企业	政府部门、科研机构、高等院校、其他培训机构、中介机构等	知识的应用、产生和转移	学习、革新、创造和扩散新技术	研发人员和经费、专利等知识产权、创新调查、高新技术产业发展、引进消化吸收再创新、集成创新、自主创新等
3	知识传播系统	高等教育系统、职业培训系统	科研机构、企业等培训部门、政府部门	培养人才、传播知识	培养具有高技能、高素质、高水平的人力资源	技术许可、专利合作、合作著专、合作研究开发、留学、海归、国际人才、人员交流、职业培训、国民教育普及率、国际知识和技术贸易等
4	知识应用系统	企业、社会	政府部门、科研机构、其他机构等	应用知识和技术	促进科学知识和技术转化为现实生产力	知识密集型产业、服务业发展、新产品、新服务比例、全要素生产率
5	制度创新系统	政府部门	企业、高校科研机构、中介机构等	提升国家创新能力	确保其他子系统良好运转	知识产权保护、标准化、财产权、国际规则等

4.3.3 流动性

在开放式国家创新体系中，流动性主要指创新资源跨国流动，实现国际化配置。按照开放式国家创新体系的主体和客体看，流动性是指创新主体国际化和创新要素国际化。

1）创新主体国际化

在国际科技合作中，整合全球创新主体各自优势形成的联合实验室、国际技术联盟等成为新型跨国研发主体。根据科研经费投入渠道，国际科技合作执行机构一般分为单边国际化研究机构、双边合作研究机构及多边合作研究机构三大类。其中，单边国际化研究机构主要由本国财政拨款，以本国为主建立实验室和研究中心，通过大量招聘外国研究人员实现科研国际化。双边合作研究机构即两国共同合作，一方以科研经费的投入换取另一方的科研成果，是不均等的经费投入关系。多边合作研究机构即多国共同建设的合作研究机构，通过集中多国的研究资金和科研资源，共同完成全球性科研项目。创新主体国际化的类型和合作机制如表4-3所示。

表4-3 创新主体国际化的类型和合作机制

类型	经费投入渠道	合作机制	典型机构
单边国际化研究机构	由一国依附国内科研机构投资设立，向全世界优秀科研人员开放	吸引国外优秀科研人员的加入，承担国际合作研究项目，提高本国科研机构的国际化水平	日本理化学研究所脑科学研究中心、美国国立卫生研究院（NIH）
双边合作研究机构	一方承担主要出资责任，以换取另一方的优秀科研资源	一方出钱，一方出科研成果，各取所需，共同完成双方关注的科研项目，成果共享	日本理化研究所-美国布鲁克海文实验室联合研究中心（RIKEN-BNL）
多边合作研究机构	多国共同出资，对全球科学家开放	由参与国组成的委员会管理，共同完成国际性科学研究项目	欧洲核子研究中心、多国疟疾研究计划（MIM）、欧洲同步加速器中心

政府间的科研合作主要以双边和多边科研合作为主。中国双边国际化科研合作项目包括欧盟科技合作专项、对俄科技合作专项、中国—东盟科技伙伴计划、中以产业技术合作引导资金项目等。以大科学研究为主要特征的双边或多边国际合作研究也逐渐成为当前国际科技合作的新型主体。中国与世界主要国家和地区、重要国际科技组织展开密切合作。目前，中

国同 161 个国家和地区达成了科技合作意向，签订了 114 个政府间科技合作条款，成为 200 多个政府间国际科技合作组织的成员[①]，共同组成完善的多边合作网络。

2）创新要素国际化

创新要素包括人才、技术、资金和知识等。人才流动性是通过人才引进和人才派出，打造一支始终创造力旺盛、团结协作的创新队伍。技术流动性是通过技术引进和技术出口，能有效提高技术扩散程度，提升创新效益。资金流动性是通过外商直接投资和对外直接投资，能为实现创新成功提供融资的多渠道保障。知识作为一种生产要素，是一种意识状态，其流动性不受实体空间的限制[②]，通过国际学术交流，为科学创新提供更多资源共享平台。

4.3.4 安全性

开放是把双刃剑。在国际科技合作中合作共赢是目的，但相对而言发展中国家处于不利地位。开放式国家创新体系的安全性要求在合作创新等科技外事活动中要趋利避害，树立底线原则，确保国家利益不受损害。发达国家与发展中国家进行国际科技合作的重要目的之一是获取丰富的科学资源。在国际科技合作中引入外部创新资源是为提升我国自主创新能力，必须坚持自我原则，以我为主，研发关键技术、掌握控制权和主动权，确保本国核心技术、专利、著作权等不被侵占，形成本国知识产权。

开放式国家创新体系的四个特征具有密切联系。开放性是最鲜明特征，是系统性、流动性和安全性的前提条件。系统必须是开放的，封闭的系统无法有序运转。系统性是开放式国家创新体系的本质要求，五个子系统不是简单相加，其存在方式、目标和功能具有统一的整体性，要实现五个子系统协调运转，提高系统的整体效能。开放性是流动性的前提，没有开放就不会有创新要素的流动，同时流动又能在一定程度上提高体系的开放度。开放和安全的关系需要辩证看待。开放不一定危险，但封闭一定不

---

① 黄哲程.中国已与 161 个国家和地区建立科技合作体系[N].新京报，2020-09-19.
② 张红.知识要素的流动性特征及其资本化的启示[J].经济论坛，2016（8）.

安全。安全是开放的目的之一，通过开放实现本国国际竞争力的提升，才能实现真正的安全。中国是开放的受益者，继续扩大开放是对世界做出的承诺。建立开放式国家创新体系需要加大知识产权保护力度，提高风险防范意识，在扩大开放中谋取更高层次的总体安全。

4.4 建立原则

各国根据本国国情建立开放式国家创新体系，大多遵循以下原则。

4.4.1 坚持市场调节与政府引导相结合原则

市场和政府都是实现资源配置的手段。建立开放式国家创新体系，核心主体是企业，创新要遵循市场化原则。科研项目选题应紧跟市场变化，科研成果要从市场上实现创新效益，避免科研和生产两张皮。要调动企业主体的积极性，促进产学研用结合。发展中国家建立开放式国家创新体系不能忽视政府的作用，政府要为企业创新系统营造良好的符合本国国情的政策法律环境，并通过政策、法规、计划、项目、采购、服务等多种形式，引导并干预创新活动的作用与效率。

4.4.2 坚持两种创新资源和两个市场相结合原则

开放式国家创新体系在开放环境下建立的，要利用好国内国际两种创新资源和国内国际两个市场。盘活国内的资源，整合外部创新资源，以合作创新方式缩短技术研发的进程，是发展中国家实现追赶发达国家的重要途径。一方面，通过提升技术引进消化吸收再创新和集成创新能力，整合利用好国内外创新资源。另一方面，需要充分认识到，决定国家创新竞争力制高点的核心技术和原始创新仍然需要通过提升自身创新能力实现。中国企业在对外投资较为成熟的发展中国家，设立技术支持和改造型研究机构，主动对接当地市场。海尔集团作为国内家电行业巨头，在海外设立7个设计中心，开发适用海外消费的家电产品。向东南亚国家输出洗衣机和空调技术，而迈克尔冷柜和个性化酒柜销售占领高端市场，实现行业内八连冠，有效实现国内和国际市场相结合。

4.4.3 坚持体现本国国情与符合国际规则相结合原则

各国的经济基础、经济体制、产业发展阶段和技术发展阶段都不相同，建立开放式国家创新体系不能照搬其他国家模式，必须结合本国国情做出合理选择。同时创新的开放性要求，建立开放式创新体系必须符合国际规则。国际规则对开放式创新影响深远。特别是国际专利制度和国际标准制度等。国外研究表明，一国经济效益与国际标准化活动呈正相关。日本通过将本国新技术、新产品标准形成国际标准，或者通过修改国际标准建议方式，成功将本国的技术条件和要求反映到国际标准中，能带来 300 亿日元的经济效益[1]。标准化对英国、法国和德国经济增长贡献率分别高达 12%、23%和 27%，而美国每年高达 13 万亿美元的国际贸易受到标准化影响，占全球贸易的 80%[2]。在建立开放式国家创新体系时，应主动提高国家科技计划对外开放水平，增强国内创新政策与国际竞争规则、主要发达国家创新制度的协调性和一致性，同时积极参与国际规则的制定，主动对接国际标准，提升本国创新效益。

4.4.4 坚持开放合作与为我所用相结合原则

创新要素国际化流动意味着创新的研发不一定是创新实现的地方。中国建立开放式国家创新体系，应该积极主动寻找技术合作伙伴，选择符合我国国情和发展需求的国际科研项目，以实现我方价值最大化为目的选择合作国家、科研领域、合作主体和合作方式。与国外建立合作关系时，要以我国利益为出发点，合理保护国家和本国企业在开放式创新中的合法权益，提升核心技术掌控力，并积极主动引导技术创新。

4.5 目标体系

开放式国家创新体系的目标是指通过建设开放式国家创新体系所要实现的目的。开放式国家创新体系目标对整个体系的运行起着导向作用，是开放式国家创新体系运行的基本依据，各种政策的实施都将围绕这个目

---

[1] 王金玉.国外标准化战略及其对我国的影响[J].标准科学，2002（10）.
[2] 支树平.新常态下国家质量技术基础建设研究[J].质检改革情况交流,2016(1).

标运行，它是开放式国家创新体系运行的出发点。开放式国家创新体系目标不是单一目标，而是由总体目标和具体目标组成的一个完整的目标体系。

开放式国家创新体系的总体目标是通过配置全球创新资源能力，增强自主创新能力，促进本国经济社会协调发展，提升本国在全球创新网络竞争力。具体目标是在总体目标下不同时期和不同阶段的具体化。不同国家、不同经济体制、不同发展阶段，带来的开放式国家创新体系运行环境差异很大，具体目标也有较大差异。但是总体目标是具体目标的基本遵循。开放式国家创新体系的总体目标有以下三方面。

4.5.1 提升自主创新能力

自主创新能力是国家竞争力的核心。关系国民经济命脉和国家安全的关键领域核心技术无法引进来，必须通过自主创新实现。实现自主创新能力的提升有三条路径：原始创新、集成创新和引进消化吸收再创新。要取得具有全球影响力的重大科技成果，必须依靠本国在前沿科技和基础理论研究的综合实力。既需要培养从事科学创新的顶尖科学家，又需要培育从事技术创新的能在关键领域掌握核心技术、国际竞争力强的创新企业。因此，建立开放式国家创新体系，就要加大高校和科研院所创新活动国际化力度，鼓励跨国公司在华设立研发中心，加大技术溢出效应。鼓励企业面向世界布局创新网络，建立海外研发中心，加入国际技术联盟，参与海外企业技术并购，提高海外创新资源运营能力。通过全球创新资源的优化配置，提升本国自主创新能力。

4.5.2 促进本国经济社会健康发展

建立开放式国家创新体系必须服务于国家大局，立足于本国国情，统筹安排，重点解决当前制约经济社会发展的难题。通过国际科技合作，将本国急需发展、亟待科技支撑实现产业发展的行业作为重点合作领域，将任务明确并能在近期取得重大突破的项目作为优先选择的课题，将全球前沿技术研究和关键共性科研难题作为提高国家创新竞争力的重大平台，实现本国经济社会健康发展。

4.5.3 提升本国在全球创新网络竞争力

国家竞争的根本在于创新能力的竞争。建立开放式国家创新体系，要深入参与全球科技创新治理，积极参与环境污染、气候变化以及能源安全等全球性共性技术难题的研究，主动参加国际规则的制定和修订，提升本国在全球创新网络竞争力。

4.6 创新活动

根据马克思对创新表现形式的划分，开放式国家创新体系的创新活动涵盖科学创新、技术创新和制度创新。而参与主体分别是高校与科研院所、企业、政府等。这具体表现为以高校、科研院所科学研究国际化为核心的科学创新，以企业研发国际化为核心的技术创新，以健全科技创新制度体系为核心的制度创新。其中，科学创新和技术创新属于生产力的变革，制度创新属于生产关系的变革。科学和技术创新推动社会生产力发展，直接作用于制度创新，要求制度创新为其提供相应的社会环境，而制度创新又会反作用于科学和技术创新。三大创新活动共同构成构建开放式国家创新体系的三个维度。

4.6.1 科学创新

马克思将科学创新视为推动生产发展的第一动力，科学包括自然科学和人文社会科学。科学创新最重要的媒介是知识。科学技术知识作为重要的生产要素投入，直接推动经济发展呈现边际收益递增效应，对国家社会经济发展和国际竞争力有深远影响。高校和科研院所是科学创新的主体，不仅是重要的知识来源，而且也为国家创新体系提供大量人才。知识经济时代的到来进一步强化了科研机构和高校在开放式国家创新体系中的作用。在开放式国家创新体系中，以高校和科研院所为主体的科学创新表现为科学研究国际化。科学研究国际化是全球科技顺应全球化潮流的必然产物，包括科研人才国际化、科研活动国际化和科研成果国际化。正是基于科学创新和技术创新的逐渐融合，构建开放式国家创新体系必须重视巴斯德象限的科学研究。

4.6.2 技术创新

技术创新是人类财富增长之源，也是判定一国生产力发展程度的重要标志。20 世纪 80 年代，美国和日本两个国家中，科技进步和技术创新在经济增长中的贡献率分别达到 80%、82%[①]。OECD 认为技术创新由产品、工艺两类内容组成，且能从中窥见明显的技术革新迹象。首次工业革命阶段，器械技术压制传统手工技术，便是一次质性创新；电力革命围绕规模化、效率化、批量化导向迈进，从中攫取巨额利润，是又一场技术创新；当今国际面临的现代化、数据化走向，同样依托先端技术成果，生产方式更加线上化、柔性化，且技术要素上升为最关键、最有生命力的生产要素，更是综合技术创新的写照。新的思想及间断性的技术活动积累到一定程度时，便能够带来颠覆性成果，就是技术创新。熊彼特在研究时所强调的创新主要指技术创新。在开放式国家创新体系中，技术创新主要通过企业研发国际化实现。建立开放式国家创新体系的核心在于推动企业研发国际化进程，大力发展高技术产业，提升本国经济竞争力。

4.6.3 制度创新

制度创新是围绕开放式国家创新体系中的政策以及制度等的变革。政府是制度创新的主体。制度创新可以使潜在的生产能力被发掘，产生更大的经济贡献。政府推出可执行性科研激励办法，能够确保科研工作全力开展。完善技术支持网络及产权法，为信息输送、推广带来优势条件；通过"官—产—学—研"的联合模式，破除行业和部门阻隔，将多重价值观的组织整合到一起，使创新系统更具整体效应。开放式国家创新系统庞杂，政府需要营造开放式创新环境，建设服务支撑环境，协调服务、组织领导、配置资源并直接对创新活动进行投入。对于发展中国家而言，由于企业创新能力普遍有待进一步提高，政府在创新系统的作用尤为重要。在开放式国家创新体系中，制度创新主要通过推动国家科技计划对外开放、改革科技管理体制、完善相关政策法律体系等途径，为创新主体营造良好的开放合作环境，从而增强国家在全球配置创新资源和参与国际竞争的能力。

[①] 吴贵生.技术创新管理[M].北京：清华大学出版社，2001.

4.6.4 三大创新活动之间的关系

1) 科学创新与技术创新之间的关系

科学和技术有着不同含义。"科学"源于拉丁文"Scientia",指学问和知识。我国《辞海》(1979年)对科学的解释是:"科学是关于自然、社会和思维的知识体系。"这种知识一般不考虑直接的生产应用,或者说,科学一般不会直接创造生产力,它的任务是揭示事物发展的客观规律,探求客观真理。人类对于技术的研究始于古希腊。亚里士多德把技术理解为制作的技术。可见,技术需要社会协作完成,包括硬技术(工具)和软技术(规则)。因此,科学和技术具有不同的本质。科学作为知识体系,反映客观事实和规律,科学的目标是发现,是认识客观世界,提出物化的可能性。技术作为工具和规则体系,目标是发明,是改造客观世界,把物化的可能性变成现实。在英文中人们常常把科学称作"know-what",把技术称作"know-how",科学回答"是什么""为什么",技术回答"做什么""怎么做"。通常科学活动的目的是获得对某项事物发展规律的认识。科学家为获得领先地位,会发表反映最新成果的科学论文或著作,并在全球传播,以得到行业内的认可。而技术活动往往由技术人员或熟练工人来完成,其目的是保持厂商的优势地位,以获取高额利润。

尽管马克思、恩格斯没有给科学创新和技术创新下定义,但在文献中大量使用"发明""创造""创立""变革"等词说明科学创新和技术创新的内涵。科学创新是人类探索外部世界的过程,主要功能是追求新发现,探索新规律,创立新学说,创造新方法,积累新知识。不变资本节约型创新和可变资本节约型创新都是技术创新的手段,可以通过机器改良和技术发明等推动生产力。科学创新主要表现为科学发现,技术创新主要表现为技术发明。科学发现和技术发明相互作用。

(1) 科学发现是技术发明的前提,能为技术发明或生产方法改进提供理论指导。

在《资本论》中马克思指出,科学起着决定性作用,"社会的劳动生产力,首先是科学的力量"[1]。恩格斯曾在《自然辩证法》中指出19世纪

---

[1] 马克思,恩格斯.马克思恩格斯全集(第46卷)[M].北京:人民出版社,1980.

自然科学的三大发现：能量守恒和转化定律、细胞学说和进化论，这些重大科学发现改变了人类对自然界的认识，并将其发展规律用于社会生产。比如将力学原理运用到机器生产中，使机器代替工人完成同样的劳动，极大地推动了生产力发展。现代技术也是科学发现在社会生产上的应用。美国总统克林顿曾说"今天的技术没有科学的强大后劲，技术创新是很难的，即或有也是小打小闹，实现真正突破是不可能的"①。因此，没有现代科学的进步，现代技术的发展将是空中楼阁。开放式国家创新体系的建设离不开科学创新的源头支撑。

（2）技术发明的实践活动为科学发现提供需求导向、动力源泉和实验设备支持等。

①科学发现要以技术的应用和社会需求为导向，才能作用于物质生产，实现其价值。马克思通过水磨和力学理论关系，提出正是水磨的建造，力学理论才能真正得到应用，并发挥其经济价值。

②技术发明的现实需求成为科学发现的动力源泉。如果说"技术在很大程度上依赖于科学状况，那么科学却在更大程度上依赖于技术的状况和需要"②。恩格斯曾指出，社会需求更能推动科学发展。马克思、恩格斯分析了机器和磨的使用对力学发展的影响。"传动机构规模的扩大同水力不足发生了冲突，这也是促使人们更精确地去研究摩擦规律的原因之一。同样，靠磨杆一推一拉来推动磨，它的动力作用是不均匀的，这又引出飞轮的理论和应用"③。

③现代科学研究还需要先进的技术手段、精密的研究设备予以支撑。现代化的实验设备，比如加速器、射电望远镜、电子显微镜等，都是从事高科技研究的必备工具。技术的实践运用对科学发现具有能动作用，会推动科学发现向前发展，为新的技术发明提供理论支撑。

科学中有技术，技术中有科学，二者相互融合，已经很难在它们之间划出一条明确的分界线。科学创新和技术创新相互渗透，科学技术化和技术科学化的趋势越来越明显，产学研深度融合。目前通常用"科技创新"涵盖科学创新和技术创新。

---

①陈胜昌.知识经济专家谈[M].北京：经济科学出版社，1998.
②马克思，恩格斯.马克思恩格斯全集（第39卷）[M].北京：人民出版社，1974.
③马克思，恩格斯.马克思恩格斯全集（第23卷）[M].北京：人民出版社，1972.

2）科技创新与制度创新之间的关系

马克思主义基本理论从哲学的视角分析科技创新与制度创新之间的辩证关系。生产力和生产关系的对立统一构成生产方式。相对生产关系而言，生产力更活跃。社会变革一般先从生产力变革开始。生产力决定生产关系。有什么样的生产力，就会有什么样的生产关系。生产力发展必然会引起生产关系的变革。同时，生产关系反作用于生产力。相适应的生产关系会推动生产力发展，相反，不适应的生产关系会制约生产力发展。

（1）科技创新属于生产力范畴。

生产力是人们在生产劳动过程中利用自然、改造自然的能力，反映劳动过程中人与自然的关系。生产力包括三个要素：人的劳动、劳动资料和劳动对象。其中，人的劳动是生产力的决定性要素，最重要的劳动资料是生产工具，生产工具是划分经济时代的标志。科学和技术在本质上反映了人对自然的能动关系，都属于生产力范畴，并同时表现出对物质生产、社会生活和精神生产多方面的作用。"科学的力量也是不费资本家分文的另一种生产力"①。同时，科技创新不是凭空产生，而是对当时社会生产力发展需求的回应。马克思在对科学发现和技术发明的来源问题进行论述时，以土地丈量需求与测量容器的产生举例说明，科学发现和技术发明来源于社会生产力发展的需要，"没有需要，就没有生产"②。同时，科技进步会推动劳动生产力不断发展。

马克思主义辩证分析了科技创新的积极和消极作用。一方面，科技创新推动经济社会快速发展。科技创新能有效简化劳动，将人类从繁重的体力劳动中解放出来，减少了劳动时间，人们能支配更多的自由时间，从事自己爱好的文艺活动等。因此，科技创新是促进人类自由全面发展的根本力量。另一方面，科技创新还会产生负面作用。马克思和恩格斯分析科技创新使机器代替劳动力，造成工人失业等社会问题。"机器的改进就造成人的劳动的过剩"，恩格斯也指出，科技创新成为资本家剥削工人的工具。工人将会比之前付出更大的努力。恩格斯在《自然辩证法》中讨论了人类与自然界之间的关系，警告人类不要陶醉于对自然界的胜利。现代社会，

---

① 马克思.机器.自然力和科学的应用[M].北京：人民出版社，1978.
② 马克思，恩格斯.马克思恩格斯全集（第 12 卷）[M].北京：人民出版社，1962.

科技创新推动工业快速发展，导致环境污染、资源枯竭、贫富差距拉大等社会问题同样值得关注。

（2）制度创新属于生产关系范畴。

生产关系是指人们在社会生产中形成的人与人之间的交往关系。马克思生产关系分析框架包括生产关系、分配关系、交换关系和消费关系中的合约，即正式制度安排。生产关系的变革实际上是制度创新的过程。制度创新包括协作分工制度、信用制度、工厂立法以及社会所有制变更等，都将会对社会生产产生重要影响。

（3）科技创新与制度创新相互作用。

①马克思主义从生产力决定生产关系的角度，强调了科技创新对制度创新的推动作用。在马克思看来，科技就是生产力，生产力发展会推动生产关系的变革。马克思曾形象生动地谈道中国指南针、火药和印刷术等古老发明是如何瓦解欧洲封建制度的。科学技术会对社会经济、政治、文化各方面产生重大影响。"科学是一种在历史上起推动作用的、革命的力量"[①] "发明推动了产业革命，产业革命又引起了市民社会的全面变革"[②]。历史上奴隶制度、封建制度、资本主义制度的更替，不仅是社会生产力不断发展的结果，也是生产关系适应生产力发展的必然选择。

②马克思主义从生产关系反作用于生产力的角度，强调了制度创新具有相对独立性，对科技创新具有能动作用。良好的制度安排可以提高科技创新的效率。科技创新是在知识积累、人才培养和技术试验等基础上形成的高投入、高风险的活动。单个市场主体无法承担巨额的创新成本，相应的制度安排可以实现联盟，并确保合作顺利完成。比如公司法、合同法、保险制度等确立产权和契约的制度。因此，科技创新需要良好的制度安排予以保驾护航。同时，制度创新为科技创新提供激励机制。制度创新通过调整利润分配，激励创新主体积极参与科学发现和技术发明，决定了科技创新主体的动力来源，间接影响经济增长。马克思以修建铁路为例，说明股份公司代替工厂制度，极大地推动了资本主义生产的发展。历史上相继发生三次制度创新推动科技创新的重大事件：第一次是18世纪到19世纪，

---

① 马克思，恩格斯.马克思恩格斯选集（第3卷）[M].北京：人民出版社，1972.
② 马克思，恩格斯.马克思恩格斯全集（第2卷）[M].北京：人民出版社，1957.

资本主义社会建立市场经济制度和产权制度，对技术创新产生巨大推动作用。第二次是19世纪中期到20世纪中期，一方面企业的股份制加快了资本集中，另一方面企业建立研发内部化制度，资金和技术两个角度的制度创新直接助推技术创新蓬勃发展。第三次是第二次世界大战以来，政府为促进技术创新，大力实施风险投资、政府财政补贴、政府采购等支持性政策，成为制度创新的重要组成部分。风险投资、科技企业孵化器等制度安排也是顺应科技创新的浪潮建立起来的，并极大地推动了科技创新发展。因此，从长期来看，科技创新会推动制度创新，制度创新则会保障科技创新的功能得以发挥与实现。

马克思构建了一种全面创新观，从科学创新到技术创新再到制度创新是一个辩证统一的创新系统，三者缺一不可，相辅相成。马克思指出"由于协作、工场内部的分工、机器的运用，以及为了一定的目的而把生产过程转化为自然科学、力学、化学等等的自觉的运用，转化为工艺学等等的自觉的运用，正像与这一切相适应的大规模劳动等等一样（只有这种社会化劳动能够把人类发展的一般成果例如数学等，运用到直接生产过程中去，另一方面，这些科学又以物质生产过程的一定水平为前提），与在不同程度上孤立的个人劳动等相对立的社会化劳动生产力的这种发展，以及随之而来的科学这个社会发展的一般成果在直接生产过程中的运用——所有这一切都表现为资本的生产力"[①]，要利用"科学的力量和生产过程中社会力量的结合以及从直接劳动转移到机器即死的生产力上的技巧"[②]来提高劳动生产率。这段话充分体现了科学创新、技术创新和制度创新是一个完整系统。"自然科学、力学、化学等等的自觉的运用""利用科学的力量"是指科学创新，是基础，为技术创新提供理论指导。"工艺学等等的自觉的运用""从直接劳动转移到机器即死的生产力上的技巧"是指技术创新，直接推动社会生产，是人类社会财富的源泉。"生产过程中社会力量的结合"是指制度创新，包括生产过程中组织制度和管理方式的变化，为科技创新创造良好的创新环境。三者相互依存、相互促进，共同推动人类社会进步。

因此，开放式国家创新体系可以通过科学创新（科学发现）、技术创

---

① 马克思,恩格斯.马克思恩格斯全集（第49卷）[M].北京：人民出版社，1995.
② 马克思,恩格斯.马克思恩格斯全集（第31卷）[M].北京：人民出版社，1998.

新（技术发明）和制度创新（制度变革）三个维度构建。在开放式国家创新体系中，科学创新、技术创新和制度创新是一个有机整体，三者密切联系。其中，以高校、科研院所科学研究国际化为核心的科学创新和以企业研发国际化为核心的技术创新是推动社会生产的重要动力，以健全科技创新制度体系为核心的制度创新是对生产关系的变革，是实现科学创新和技术创新的重要保障，这三大创新活动成为构建开放式国家创新体系的实践路径。

4.7 体系运行

在开放式国家创新体系中，高校和科研院所、企业、政府通过科学创新、技术创新和制度创新，围绕总体目标，遵循基本原则有序运转。根据要素流动方向不同，体系的运行模式分为内向型开放和外向型开放，在运行中将受到国内外科技环境和经济社会环境的影响，需要动力机制、协调机制和保障机制共同作用。根据创新和开放的突出作用不同，从传统的国家创新体系到开放式国家创新体系，有创新驱动开放型、开放驱动创新型以及创新和开放耦合互动型三种演化路径。

4.7.1 运行模式

根据创新要素流动方向不同，开放式国家创新体系的运行模式可以分为内向型开放模式和外向型开放模式。

1）内向型开放模式

内向型开放又称引进来模式，指国内创新主体主动将国外有价值的知识、技术等创新要素吸引进来，提升本国创新水平。这种模式的典型方式包括引进留学生和高层次人才，吸引对外投资、跨国企业在华设立研发中心，引进技术等。对于后发追赶型国家，企业引进外部技术比内部自行研发更为快速，这种创新模式能有效节省时间、提高创新效率，但同时也面临引不进来核心技术的问题。

2）外向型开放模式

外向型开放又称走出去模式，指国内创新主体在境外开展研发活动，借助国外创新资源实现自身创新能力的提升。具体方式包括内资企业在海外设立研发中心、加入国际技术联盟，高校和科研院所参与国际学术交流以及政府间科技合作等。通常是创新主体具备一定实力后，走出去，积极融入全球创新网络。内向型开放模式和外向型开放模式如表4-4所示。

表4-4 内向型开放模式和外向型开放模式

创新国际化主体	创新领域	内向型开放	外向型开放
企业	技术创新为主	跨国公司在华设立研发中心、内资企业引进技术、与外企合资合作经营等	内资企业在海外设立研发中心、进行海外技术并购、加入国际技术联盟等
高校、科研院所等	科学创新为主	留学生归国、在华参加国际学术交流、国际化办学（国外高校在华设立分校）等	选派留学生、建立联合实验室或研究中心、参加境外国际学术交流、国际化办学等
政府间国际科技合作	制度创新为主	通过改革制度吸引对外直接投资、来华访问交流、来华科技合作，设立国际科技合作专项、国家科技计划对外开放等	政府间科技合作协定、参与国际规则制定和国际大科学研究

4.7.2 运行机制

在开放式国家创新体系中，创新活动的行为主体主要是高校和科研院所、企业、政府以及中介机构等。各个行为主体之间互相影响、互相作用，共同决定着体系的运行。各个创新主体只有良好互动，开放式国家创新体系才会提升运行效率。根据创新活动的事前事中事后划分，开放式国家创新体系的良好运行有赖于动力机制、协调机制和保障机制的共同作用，三者缺一不可。

1）动力机制

开放式国家创新体系的运行动力不仅包括物质奖励的外部动力，也包括创新人员心理和价值取向的内在动力。物质奖励是对创新人员创新能力的奖赏，也是对其创新成果的社会承认。虽然不是激励创新的最佳措施，但是研究显示，物质奖励不足是破坏创新积极性的因素。另外，科学家为人类造福的伟大理想和价值取向是开放式国家创新体系有效运行的内在动力。创造性成果带来的成就感将激励创新人员为实现个人价值最大化进行科技创新，从而增加社会财富，推动社会发展。

2）协调机制

开放式国家创新体系是一个复杂的系统。不同于普通意义上的国家创新体系，开放式国家创新体系强调国内创新主体与全球创新主体保持互动，通过合作实现创新。由于各个创新主体存在个体理性，为保护知识产权和维护创新资源，它们可能会在合作中产生不必要的成本，即协同创新的交易成本，包括搜寻信息成本、代理成本以及契约成本等。因此，在合作创新中要实现双赢，必须通过合作协议构建协调机制。协调机制需要构建风险共担机制和利益共享机制。其中，风险共担机制需要根据不同风险采取不同控制机制。市场风险需要通过前期市场调查和预测做好正确评估。信用风险需要通过完善信息披露制度避免信息不对称，鼓励合作主体诚信合作。技术风险和资金风险需要双方通过合同等协议方式，明确双方责任。而利益共享机制需要协调双方不同利益诉求，不仅要协调不同创新主体在产品和技术合作中实现的利润等显性收益分配，同时也要协调在合作中实现的专利权、知识产权等隐性收益分配[①]。

3）保障机制

创新是一件风险非常大的市场活动，各项创新活动的顺利开展离不开政府的有效保障。政府需要为创新营造良好的硬环境和软环境。其中，硬环境是指创新发生所需要的道路交通、信息网络、科技设备、教育设备等基础设施[②]。软环境是指政府的政策法规等制度性支持，包括研发资金的投入、财税金融政策的扶持、人力资源的开发以及政府采购制度的建立等。在系列制度中，最重要的是知识产权保护。政府通过知识产权保护，有效保护创新成果不被侵权，从而极大地激发创新主体的积极性。

动力机制、协调机制和保障机制有机结合，相互作用，共同构成一个完整的开放式国家创新体系的运行机制。其中，动力机制是体系运转的发

---

① 傅为忠.区域协同创新及其运行机制[EB/OL].[2017-05-11]. http://som.hfut.edu.cn/glxy/.
② 冯根尧.区域创新体系的运行机制及构成要素分析[J].广西社会科学，2006(7).

动机，激励行为主体产生创新活动。协调机制是体系运转的润滑剂，促进合作创新有序进行。而保障机制是体系运转的稳定器，为创新活动的发生创造必要的软环境和硬环境。

4.7.3 运行环境

开放式国家创新体系的运行受到国内外科技环境和经济社会环境的多重影响。

1）科技环境

（1）国际科技环境。

①新一轮科技革命推进产业深度融合，开放合作成为企业技术创新的主要途径。21世纪以来，科技体系日益庞杂，跨学科合作成为常态，导致技术生命周期逐渐缩短，新技术不断涌现。科技创新呈现的新特点加大了企业创新的不确定性，企业需要借助外部创新资源才能完成全创新链活动。为了在激烈市场竞争中取得优势，越来越多的企业、大学、科研机构等相互合作，共同开展技术创新，企业与外部合作的广度和深度不断加大，形成开放合作的创新网络和形式多样的创新共同体。比如手机的集成创新需要芯片、面板等核心材料和部件的创新。苹果手机所需的50多种材料来自世界50多个国家，是典型的合作创新的产出成果。

②互联网技术推动开放式国家创新体系日益精细化和网络化。作为20世纪人类最伟大的发明，互联网已经植根于全球社会发展的方方面面，通过通信、媒体、娱乐、电子商务、电子金融等一系列互联网创新应用，推动着人类生产和生活方式的深刻变革。互联网是培育壮大现代网络经济的关键载体，改变了传统的封闭式、流程化、规模化、标准化的产业组织模式。基于互联网平台的协同效应，创新的广度、深度以及速度得到拓展，新的开放化、网络化、柔性化以及个性化的产业组织模式逐渐形成。随着移动互联网的深化普及，面向垂直领域的精细化、专业化应用创新日益活跃，研发外包、离岸经营、供应链管理等新兴商业模式都是建立在全球网络互联互通的基础上的。通信技术的快速发展推动科学研究即使分解成不同体系也能在不同地理位置合成，促进跨国研发的一体化流水作业。互联

网全天候、实时、超越空间限制的交流方式，减少了信息不对称，降低了信息搜集成本，为创新主体的开放合作提供便利，使得全社会连接加强，企业分工更加专业和深入，为更多人参加创新降低门槛。"大众创业，万众创新"将成为推动经济增长的巨大引擎。

③大数据推动开放式国家创新体系更加协同化。大数据可以为企业提供丰富的信息来源。它作为一种特殊的"生产要素"，逐渐成为一种新型资产，成为推动创新的重要动力。从世界科技创新的走向可以看出，大数据正成为人类社会发展的重要基础性战略资源，成为经济转型升级与社会治理变革的新动力、新途径、新机遇。大数据改变了研发方式，加速了科学和工程领域发展的进程，也增加了科研的不确定性，需要强化协同创新。大数据具有大量化、快速化、多样化、低价值密度化的特点，决定在未来研发，需要推动组织、机构、人员等基础协同的大数据化。大数据改变知识的形态和结构，知识竞争演变成数据竞争。在经济、社会、安全等领域，决策不再基于经验和直觉，而是靠数据分析。开放式创新的重点是挖掘数据。在大数据的冲击下，全球化和网络化冲击将更迅猛，科技创新将更快速，企业竞争将更激烈，无论实力或规模多大的企业，面对海量、瞬息万变的数据，不能搞封闭式创新，企业将会加大开放力度，共同挖掘大数据的"金矿"。大数据分析将成为未来各国创造新知识、参与国际竞争的关键核心技术。

④大科学工程推动创新研究国际化。互联网的快速发展让世界变得更紧凑，同时各国面临的挑战日益趋同。世界各国共同面临恐怖主义、食品安全、气候变化、防灾减灾以及能源安全等共性问题。这些全球性问题影响范围广，解决难度大，科学研究进入大科学时代。各国只有通过国际合作，实施共同议程，齐心协力，才能解决问题，并满足共同的利益诉求。国际大科学计划和大科学工程，不仅是世界科技创新领域重要的全球公共产品，也成为世界科技强国利用全球科技资源、提升本国创新能力的重要合作平台。

（2）国内科技环境。

不同国家技术发展水平不同，产业技术结构差异较大。通常发达国家的高技术产业比例较高，发展中国家的中低技术产业比例较高。因此，在国际科技合作中，通常发达国家是技术输出方，发展中国家是技术引进方。

2）经济社会环境

（1）国际经济社会环境。

①逆全球化和贸易保护主义兴起。华尔街金融危机后，世界经济疲弱，全球多边机制不振、各类区域性的贸易投资协定碎片化，欧美的移民政策、投资政策、监管政策等朝着去全球化方向发展。贸易保护主义抬头，导致世界经济下行风险加大。开放式国家创新体系的建设也受到影响。贸易保护主义不断升级，政策、制度成为在国际贸易中保护本国产业的合理工具。2018年美国针对中国发起"中国知识产权侵权和强制技术转移"的301调查，不利于中国建设开放式国家创新体系。

②国际规则的制定和修订日渐频繁。全球化进程下，国家和地区间联系日益紧密，随着技术进步的加快，专利和标准相关国际规则产生和修订的周期在不断缩短，规则的制定和修订更加频繁，这对发展中国家融入全球创新网络提出挑战。

（2）国内经济社会环境。

开放式国家创新体系受到国内经济社会环境诸多因素影响，包括各国经济体制、经济总量规模和经济发展阶段、所处工业化阶段以及各国历史文化环境等。

①经济体制。

一国经济管理体制对开放式国家创新体系运行影响明显。高校和科研院所、企业和政府是不同的创新主体。关注到创新主体边界模糊日益明显，20世纪90年代美国社会学家亨利·埃茨科威兹和罗伊特·雷德斯多夫教授引用生物学中三螺旋模型来分析大学、产业、政府之间的动力学机制，提出要遵循市场要求联结互动，形成了"大学—产业—政府"三种力量交叉影响的三螺旋关系，强化三个创新主体之间合作协同的整体创新。埃茨科威兹（Etzkowitz）根据企业、政府和学研界三大主体在创新体系中的地位不同，将创新体系分为三种模式：国家社会主义模式（Etatistic Model）、自由放任模式（Laissez-Faire Model）和重叠模式（Over-Lapping Model）[①]。这三种模式受到不同经济管理体制的影响，创新主体地位差异明显。

---

① Etzkowitz H, Zhou C. Regional innovation initiator: the entrepreneurial university in various triple helix models[C]. Singapore Triple Helix VI Conference, 2007.

第一种是国家社会主义模型（Etatistic Model），即三重螺旋Ⅰ（见图4-1）。在传统的计划经济体制下，政府居于创新的主导地位，引导并控制着产业部门及学术部门。而学研界和产业部门则处于服从地位，他们创新的主动性和积极性较差，创新空间不足。苏联、东欧等国就是该模型的典型代表。

图 4-1　国家社会主义模式

第二种是自由放任的模型（A Laissez-Fare Model），即三重螺旋Ⅱ（见图4-2）。在市场高度自由化的经济体制下，政府、企业、学界边界清晰，不同创新主体遵从各自意愿从事创新活动，彼此不干涉，但同时彼此之间也没有交集，互不交流和互动，实际创新效果并不理想。20世纪之前的美国迷信市场是万能的，过分强调市场对创新资源配置的导向作用，忽视政府的作用，是典型的自由放任模式。

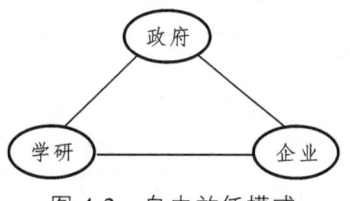

图 4-2　自由放任模式

第三种是重叠模式，即三重螺旋Ⅲ（见图4-3）。在这个模型中，政府、企业、学界三者互动频繁，除执行自己职能之外，还承担新的职能，彼此之间相互交融，职能出现重叠，产生了以学研界、政府和企业为主体的三边网络和混合组织。在体系中，大学不仅要培养学生，也开展基础理论研究，还会成立研发中心，将科研成果推向市场。政府不仅改革相关体制，完善创新环境，还会组织科研人才培训。企业除开展技术创新外，也会对本企业员工进行培训。同时为确保技术领先优势，企业也会从事基础理论研究。美国斯坦福大学与硅谷的互动就是重叠模式。大学老师和学生会在硅谷创办科技企业,将科研成果转化为现实生产力,同时硅谷的科技企业也有学生从事学习和科研。

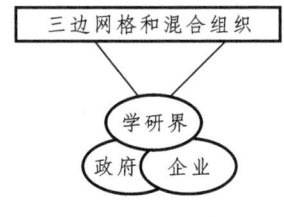

图 4-3　重叠模式

当代大部分国家采取三重螺旋模型,政府、企业、学界相互作用,形成联盟,创新活动出现交叉重叠,推动知识创新和技术创新层出不穷,使创新呈现出螺旋式上升。三重螺旋模型强调政府和市场互动,实现不同创新主体的协同发展。作为经济体制改革的核心问题,处理好政府和市场之间的关系直接影响开放路径的选择,是构建开放式国家创新体系需要重点考虑的问题。对于不同类型的政府与市场之间关系,开放式国家创新体系的运行环境不同,运行机制也大有不同(见表4-5)。

表 4-5　经济体制对开放式国家创新体系运行产生影响

内容	美国	日本	中国
经济体制	市场调节为主、政府调节为辅	市场和政府干预相结合	市场起决定性作用,更好发挥政府作用
政府职能	宏观调节和引导	政府强力干预	政府积极引导
创新开放路径	自主创新	引进来与自主创新相结合	引进来到自主创新
创新主体	企业	企业	企业
中介服务机构	体系完善,风险投资机构作用显著	技术咨询服务较完善	面向中小企业技术创新和提高竞争力为主

第一种,市场调节为主、政府调节为辅的经济体制下,开放式国家创新体系主要通过自主创新实现,典型代表是美国。企业是技术创新的主体,

也是创新合作的主体。基于第二次世界大战期间积累的大量资金和先进技术，美国成为创新型强国。企业雇佣的科技人员占全国从业科技人员总数的60%～70%，资金投入超过总投入的70%。政府主要职责是为开放式国家创新体系建立完善机制，从科技创新合作的引领者转为引导者。为解决企业创新融资难问题，美国允许退休基金、保险基金和个人基金涉足风险投资业，风险投资机构作用在中介机构中突出。同时美国政府出台《技术创新法》《反垄断法》和《信息法》等知识产权保障法规，保护企业在创新合作中的应有权益。强大的科技创新实力，确保美国在创新合作中居于主导地位，自主创新能力不断增强。

第二种，市场调节和政府干预相结合、引进来和自主创新相结合的开放式是建设开放式国家创新体系的主要途径，典型代表是日本。第二次世界大战后，日本建设开放式国家创新体系面临缺少资金和先进技术的难题，日本政府积极干预开放式创新，其介入程度大于美国。日本政府制定"技术引进型"发展战略，大量引进欧美技术，通过仿制，企业取得巨大经济效益。同时，为避免造成技术引进依赖性，日本政府在模仿的基础上主动培育自身创新能力，逐渐转变采取为"模仿与创新相结合"的创新模式，提升本国自主创新能力，使得在大量本由美国研制的高科技产品市场中，日本处于领先地位，成功实现了"跨越式"发展，跻身于发达国家。在推动创新要素开放过程中，政府积极干预，为企业引进吸收先进技术提供资金，培养相关专业人才，为创新主体实现开放式创新搭建国际平台。

第三种，市场起决定性作用，更好发挥政府作用，开放式国家创新体系的构建路径由引进来为主过渡到自主创新，典型代表是中国。中国建立社会主义市场经济体制，坚持在资源配置中市场起决定性作用，并更好发挥政府作用。党的十八届三中全会提出深化科技体制改革，要健全技术创新市场导向机制，在技术研发方向、创新要素配置、路线选择等方面坚持由市场引领。同时政府在创新资源配置中处于重要地位。政府不仅在制度建设和创新政策方面发挥主导作用，而且是研发投入的重要主体。政府资金一直是高校和政府研发机构科研经费的主要来源。其中，高校的研发经费中，政府资金占64%；而研究机构的研发经费中，政府资金占80%以上。国有企业在"引进来"和"走出去"中作用显著，是合作创新的重要主体。

②经济总量规模和经济发展阶段。

经济总量规模和经济发展阶段决定本国在全球创新网络中的地位,也直接影响本国开放式国家创新体系的开放路径。对于中国来说,作为世界第二大经济体,国际地位逐渐提升,中国逐渐成为外商直接投资的重要区域,跨国公司在华设立研发机构也日益增多。国内企业具有"走出去"能力,开始注重面向全球布局创新网络,开放式创新具有"引进来"和"走出去"相结合的特征。

③工业化阶段。

国内外研究表明,国家处于不同发展阶段其对科学技术的需求不同,处于不同工业化阶段其创新开放实施路径不同(见表4-6)[①]。在工业化前期,研发经费占GDP比重低于1%时,国家处于技术引进为主阶段。随着科研经费投入增加,研发经费占比超过1%,但低于2%时,科学技术进入引进消化吸收阶段。进入工业化后期,国家创新进入创新技术阶段。当前中国研发经费占GDP超过2%,开始进入创新技术阶段,自主创新也是当前我国建设国家创新体系的主要方式,但自主创新不等同于封闭式创新。创新要素的国际流动将加大不同国家之间创新能力建设的相互依赖。中国构建开放式国家创新体系,应该采取合作创新型运行机制,借鉴国内外创新资源,把握合作创新中的主动权,提升我国自主创新能力。

表4-6 不同工业化阶段下国家技术发展水平

工业化阶段	工业化前期	工业化中期	工业化后期
投入(R&D/GDP)	<1%	1%~2%	>2%
技术创新能力	引进为主,对国外先进技术具有较强的依附性	引进技术,并开发自己的技术,具有产品设计能力	自行研制开发为主,具有独创性,掌握自主知识产权
技术水平状态	跟跑	并跑	领跑
技术来源	使用技术能力	吸收、改进能力	创新能力
创新技术阶段	引进技术	引进消化吸收相结合	创新技术

---

① 高建.科技起飞和中国企业技术创新能力的成长[J].清华大学学报(哲学社会科学版),2000(3).

④历史文化环境。

人是推动社会进步的主要动力，而高科技人才更是推动科技进步的动力源头。一个国家如果没有一大批自由探索、崇尚创新的科技工作者，就不可能有新科技成果的涌现。国家对科技教育和开放的重视程度，社会对创新失败和不同学术观点的宽容程度都将直接影响一国科技创新水平。既要坚持以传统文化为基础，又要积极吸收外来文化，借鉴创新。建设开放式国家创新体系需要文化环境铺路，营造积极开放、尊重人才、尊重创新、宽容失败的创新环境至关重要。

4.7.4 演化路径

开放式国家创新体系不是一成不变的，在运行中，受到创新和开放两个重要因素的推动，体系不断演化，从传统的弱创新—低开放的体系逐渐转向强创新—高开放的体系。在开放式国家创新体系中，开放和创新相互作用。一方面，开放是创新的平台。亚洲"四小龙"的成功经验表明，要充分利用世界科技进步的环境和成果，把握全球的资源、需求、人才，从创新机制、创新理念、创新基础、创新条件、创新手段等进一步拓宽视野、提升水平，才能使本国享受经济全球化红利。另一方面，创新是开放的引擎。创新促使世界各地闭关自守的生产经营状态走向开放，充分利用国内外市场和国内外资源，发挥比较优势，参与国际贸易，积极融入经济全球化浪潮中。创新改变企业、产业和城市之间盲目竞争关系，通过合作，抱团发展，形成全球创新网络中联合企业、产业集群和城市群等新主体。创新还推动松散的世界经济关系变成制度化、常规化的经济关系，产生了关税同盟、技术联盟以及自由贸易区等新兴组织形态，推进全方位开放依赖于创新。建设"强创新—高开放"的开放式国家创新体系是各国提升创新实力、增强国际竞争力的重要途径。根据创新和开放的互动方式不同，将创新和开放分别视为象限的两轴，从传统的 A 区域（弱创新、低开放）到现代化的 D 区域（强创新、高开放），开放式国家创新体系有三种演化路径（见图 4-4）。

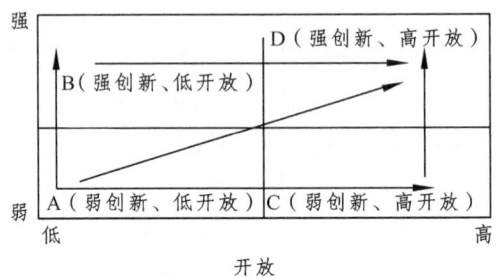

图 4-4　开放式国家创新体系的演化路径

1）以创新驱动开放型

在这种演化路径下，开放和创新两大要素相互作用，其中创新起关键性作用，创新驱动开放。构建开放式国家创新体系遵循由 A 区域"弱创新—低开放"到 B 区域"强创新—低开放"再到 D 区域"强创新—高开放"的演化路线。这种以国内自主创新驱动开放式国家创新体系建设的路径主要为创新实力强的发达国家采用。这些国家具备强大的科研实力，国家创新能力突出，能在国际创新竞争中处于领先地位，从而能够带动全球创新互动。

2）以开放驱动创新型

在这种演化路径下，开放和创新两大要素相互作用，其中开放起关键性作用，开放驱动创新。构建开放式国家创新体系遵循由 A 区域"弱创新—低开放"到 C 区域"弱创新—高开放"再到 D 区域"强创新—高开放"的演化路线。这种以技术引进驱动开放式国家创新体系建设的路径主要为科研实力较弱的发展中国家采用。这些国家首先要进行开放，以引进来为主。通过引进消化吸收再创新，提升自主创新能力，最终朝着强创新、高开放的模式演进。

3）创新与开放耦合互动型

在这种演化路径下，开放和创新两大要素相互作用、相辅相成。构建开放式国家创新体系遵循由 A 区域"弱创新—低开放"直接到 D 区域"强创新—高开放"的演化路线。这种创新与开放耦合互动型的演化路径要求体系内不同子系统能在创新带动和开放促进的互动下高效运行，协同演化，是三种路径中难度最大的。但同时由于创新和开放能够实现高效互动，互相促进，能在较短时间内实现高层次的开放式国家创新体系的建设，这种路径是三种路径中最便捷、最高效的，也是发展中国家实现跨越式发展的捷径。

4.8 开放水平的测度

开放式国家创新体系是从开放角度研究国家创新体系。在开放式国家创新体系的特征中，开放性是最鲜明的特征，也是系统性、流动性和安全性的前提。在开放式国家创新体系运行中，提升开放水平，促进创新要素国际流动显得尤为重要。

4.8.1 创新开放度的影响因子

创新开放度代表一个国家创新体系对外开放程度，体现一国在国际创新活动中参与程度。创新开放度有深度和广度之分。广度是指创新开放中合作主体的数量和范围。深度是指与外部创新主体合作程度，代表创新开放的质量。在开放式国家创新体系中，以企业研发国际化为核心的技术创新是关键，是推动经济增长的直接动力。企业创新的开放度受到许多因素的影响，内部因素包括企业研发能力、企业规模等。外部因素包括行业属性、经济体制和政府对知识产权保护力度等。不同的创新开放度将产生不同的创新效益。

1）行业属性与开放度

Chesbrough作为研究开放式创新的开创者，最早对信息技术产业的开放式创新进行研究。Enkel和Gassmann（2008）研究发现，开放度与行业技术革新速度密切相关，IT、电子信息以及电气等行业技术升级换代比较快，选择合作研发的项目占总数的50%。而木材、皮革、印刷等行业，技术革新的速度较慢，选择开放合作研发的项目占比不到20%。说明受到技术变革太快的压力影响，许多行业会选择扩大开放进行创新。Gassmann（2006）则认为行业内的龙头企业技术强度和技术优势非常显著，会选择较大开放度①。支持这一观点的还有Sandulli和Bigby等，他们指出相对而言技术密集型企业比其他类型企业开放的意愿更强烈②③。但是Henke（2006）、Lichtenthaler和Erns（2009）则认为，创新开放度与行业属性没有显著关系，传统产业的开放度并不比高技术产业低④。李平等（2014）认为，技术不确定性对开放度有显著的负向影响，高的不确定性技术意味着发展前景不明朗，合作者需要承担失败风险，企业减少对外合作。而技术关联性对开放度有显著的正向影响，关联度越高，企业越需要合作研究，开放程度越高⑤。王锋正等（2020）研究发现，全球价值链嵌入对资源型产业升级呈"倒U形"影响作用⑥。尚勇敏等（2021）认为节能环保企业对开放式创新具有较强的依赖性⑦。

2）企业规模与开放度

Chesbrough（2003，2006）的开放式创新研究始于对大企业创新模式的观察⑧。Gambardella（2007）等认为大企业为保持技术领先优势，不愿意对外开放⑨。Lichtenthaler 和 Ernst（2009）则认为由于缺乏技术领先优势，中小企业更倾向于开放合作。Enkel 和 Gassmann（2009）持有不同观点，认为企业规模与开放意愿呈正比，通常规模大的企业，对外开放的意

---

① Gassmann O. Editorial opening up the innovation process: towards an agenda[J]. R&D Management, 2006, 36(3): 223-228.
② Sapienza H, Parhankangas A, Autio E. Knowledge relatedness and postspin-off growth [J].Journal of Business Venturing, 2004, 19(6): 809-829.
③ Bigby D, Zook C. Open-market innovation[J]. Harvard Business Review, 2002, 10: 80-89.
④ Lichtenthaler U, Erns H. Technology licensing strategies: the Interaction of process and content characteristics[J]. Strategic Organization, 2009, 7(2)：183-221.
⑤ 李平，陈红花，刘元名.开放式创新模式下创新开放度实证研究[J].中国科技论坛，2014（1）.
⑥ 王锋正，孙玥，赵宇霞.全球价值链嵌入、开放式创新与资源型产业升级[J].科学学研究，2020，38(9)：1706-1718.
⑦ 尚勇敏，周冯琦，林兰.开放式创新对节能环保企业创新绩效的影响[J].科技进步与对策，2021，38(10)：1-9.
⑧ Chesbrough H, Vanhaverbekew W, West J. Open innovation: researching a new paradigm[M]. London: Oxford University Press, 2006.
⑨ Gambardella A, Giuri P, Luzzi A.The market for patents in Europe[J]. Research Policy, 2007, 36(8): 1163-1183.

愿更强烈①。Christensen（2005）等认为企业对外开放与研发周期息息相关。在研发早期，通常保持高的开放度。等到技术成熟，为确保实现技术垄断，开放度会逐渐降低。Stanisawski和Robert（2020）认为企业不总是自己决定对外开放，影响因素有企业规模、市场环境。通常来说，大规模企业更可能采取开放式创新，小规模企业是否对外开放受外部影响较大②。

3）知识产权保护与开放度

Arora和Ceccagnoli（2006）认为良好的知识产权保护机制可以促进技术转移③。West和Gallagher（2006）、Laursen和Salter（2006）研究发现，知识产权保护力度会确保创新者的收益，受到知识产权有效保护的行业会选择加大开放力度，而受到知识产权保护力度小的行业会降低开放合作力度，避免核心技术泄露④⑤。Garriga（2013）将专利、版权等正式方式和前置时间、保密等非正式方式作为企业开放式创新的约束条件。研究发现，这类约束条件将会促使企业选择更多主体进行合作，开放的广度加大，但是深度不够。但是Laursen和Salter（2006）指出，保护可能让企业形成"保护近视症"，忽视对外部资源的搜寻与整合。因此，开放式创新下知识产权成果的占有和使用方式应更加多样化，探索知识产权管理与开放式创新有机结合的模式。石丹（2019）提出，产权边界模糊，知识共享存在风险降低了开放式知识流动⑥。蔡双立等（2020）认为知识产权保护与开放

---

① Enkel E, Gassmann O, Chesbrough H. Open R&D and open innovation: exploring the phenomenoni [J]. R&D Management, 2009, 39(4): 311-316.
② Stanisławski, Robert. Open innovation as a value chain for small and medium-sized enterprises: determinants of the use of open innovation[J]. Sustainability-Basel, 2020, 12(8): 3290.
③ Arora A, Ceccagnoli M. Patent protection, complementary assets, and firms' incentives for technology licensing[J]. Management Science, 2006, 52(2): 293-318.
④ West J, Gallagher S. Challenges of open innovation: the paradox of firm investment in open-source software[J]. R&D Management, 2006, 36(3): 319-331.
⑤ Laursen K, Salter A. Open for innovation: the role of openness in explaining innovation performance among UK manufacturing firms[J]. Strategic Management Journal, 2006, 27(2): 131-150.
⑥ 石丹.开放式创新下的知识产权法律挑战及其应对[J].科技与法律，2019(3): 42-48.

式创新之间存在明显的张力，并尝试构建整合型知识产权战略，以解决企业知识产权的"开放悖论"[①]。

可见，创新开放具有适度规模，不是开放度越高越好，否则将会降低创新效益。一方面，过度开放会增加企业的信息搜寻成本和交易成本，同时创新的复杂性导致合作充满不确定，70%的战略技术联盟由于未能达到预计目标而解散，企业前期投入的机会成本无法得到补偿。另一方面，技术泄密成为双方合作最担忧的问题。Laursen 和 Salter（2006）指出创新开放度和创新绩效呈倒 U 形关系[②]，Almirall 和 Casadesus-Masanell（2010）得出同样结论[③]。Chesbrough 指出有些行业封闭式创新仍然有效。Jensen 和 Lundvall 等提出技术创新包括基于科学研究的创新模式和基于经验的创新模式[④]。前者需要以科技研发为基础，投入充足的人力、物力和财力实现核心技术的突破；后者主要依靠员工丰富工作经验在生产实践中对产品细节的完善。陈钰芬、陈劲（2008）将企业分为科技驱动型和经验驱动型，不同类型企业的开放意愿不同。纺织服装业、食品饮料等传统工业是经验驱动型，开放度与创新效益呈正相关。因此企业在技术创新活动中向外部组织开放，将有利于提高创新绩效。生物医药、通信设备、软件业等产业是科技驱动型产业，其开放度与创新效益呈倒 U 形关系，开放度增加，创新效益会增加，但过度创新会降低创新效益[⑤]。当前中国的企业技术创新开放程度不高，没有达到阈值，因此可以进一步提高开放程度。

4.8.2 创新开放度衡量指标体系

Niosi 和 Bellon（1994）在研究了美国、日本和欧洲国家的研发国际化

[①] 蔡双立，徐珊珊，许思宁.开放式创新与知识产权保护：悖论情景下的战略决策逻辑与模式匹配[J].现代财经（天津财经大学学报），2020，40(3)：3-18.

[②] Laursen K, Salter A. Open for innovation: the role of openness in explaining innovation performance among UK manufacturing firms [J]. Strategic Management Journal, 2006, 27(2): 131-150.

[③] Almirall E, Casadesus-Masanell R. Open versus closed innovation: a model of discovery and divergence [J]. The Academy of Management Review, 2010, 35 (1): 27 - 47.

[④] Jensen M B, Johnson B, Lorenz E, et al. Absorptive capacity, forms of knowledge and economic development [C]. Paper Presented at the Second Globelics conference in Beijing, 2004, October: 16-20.

[⑤] 陈钰芬，陈劲.开放度对企业技术创新绩效的影响[J].科学学研究，2008，26(2).

4 开放式国家创新体系的理论分析

后,最早提出创新开放度的概念,并将跨国研发、国际技术联盟、跨国技术转移、国际人才流动和国际贸易作为衡量创新体系开放度的测量指标[①]。重要国际经济组织比如世界经济论坛、联合国开发计划署以及经合组织等都对国家创新体系的开放度进行了研究,近年来我国学者除关注创新要素开放度外,开始关注政策开放和制度开放。研究概况如表 4-7 所示。

表 4-7　国际主要经济组织和学者关于创新开放度的研究概况

创新指数名称	经济组织或学者	衡量指标	主要观点
全球竞争力指数	世界经济论坛（WEF）	每百万人口 PCT 专利申请量、外商直接投资带来的技术转让	改革、创新和人才将成为提升竞争力新焦点
科学、技术与工业记分板	OECD[②]	国际技术平衡表（技术国际收入和支出）、专利合作、科研人员国际交流等	世界研发集中度十分显著,世界研发前 2000 的公司总部主要集中在美国、日本和中国
技术成就指数	联合国开发计划署（UNDP）	中高技术产品出口占比、人均海外版税和许可收入	技术成就指数用以评价一个国家（地区）在创造和传播技术及培养人的技能方面所做出的成就
欧洲创新记分牌[③]	欧盟委员会	每百万人口国际合作论文、非欧盟国家的博士生占比、中高技术产品出口、知识密集型服务出口、海外专利许可收入等	瑞典、丹麦、芬兰位列欧盟 28 个国家创新领先的前三

---

① Niosi J, B Bellon. The global interdependence of national innovation systems: evidence, limits, and implications [J]. Technology in Society, 1994: 16(2): 173-197.

② OECD. "OECD Science, Technology and Industry Scoreboard; 2005" "Patent Statistics Manual" "Measuring Globalization: OECD Economic Globalization Indicators".

③ EU Commission. European Innovation Scoreboard(EIS), 2016.

续表

创新指数名称	经济组织或学者	衡量指标	主要观点
	Nios 和 Bellon[①]	国际合作发表论文、跨国公司的研发、国际技术转移、国际技术联盟、资本和高技术产品国际贸易、科研人员国际流动	对美、日、欧发达国家的创新体系国际化开放度进行对比,指出不同国家创新体系国际化速度、类型以及相关指标差别也很大
	凌学忠、吴贵生、李纪珍(2016)[②]	知识开放、资源开放和市场开放	认为知识开放对开放式国家创新体系影响最明显,专利能反映国家开放创新的状况
	王元地、刘凤朝(2013)[③]	根据专利发明人和所有人的不同纬度,建立了一个3×3的分析矩阵	从模仿—外源主导模式到自主创新模式转变是发展中国家追赶发达国家的一个普遍演化路径
	孙玉涛和苏敬勤(2012)[④]	用R&D/GDP衡量研发强度、用技术国际平衡指标衡量技术流动、用百万人口拥有三方发明专利衡量创新能力	对G7国家创新体系国际化的演化路径进行分析,中国应借鉴加拿大和日本的创新体系国际化经验

① Niosi J, B Bellon. The global interdependence of national innovation systems: evidence, limits, and implications[J]. Technology in Society, 1994 (2): 173-197.
② 凌学忠,吴贵生,李纪珍.国家开放创新体系构成要素与国家绩效间关系的实证研究[J].技术经济,2016(4).
③ 王元地,刘凤朝.国家创新体系国际化实现模式与中国路径[J].科学学研究,2013(1).
④ 孙玉涛,苏敬勤.G7国家创新体系国际化模式演化及对中国启示[J].科学学研究,2012(4).

续表

创新指数名称	经济组织或学者	衡量指标	主要观点
	崔新建等（2014）①	以专利合作、来自国外的研发经费比重、国际技术平衡表、跨国技术转移等为衡量指标的技术开放程度和以贸易开放、金融开放、投资开放和人才流动衡量指标的政策开放度	中国要从提升创新能力、创新开放度以及两者相互作用来构建切实可行的政策体系
	苏敬勤、刘建华、姜照华（2015）②	基于网络结构—要素行为视角提出科学研究网络、技术开发网络、技术扩散网络3个一级指标，从国外收录论文比例、授权专利比例、技术进出口合同总额/FDI，高新技术产品进出口总额/FDI等方面衡量创新绩效	现阶段国家创新体系国际化的重心偏向于科学—技术—经济的前中端的研究和开发，技术扩散相对较弱
	刘云、谭龙、李正风（2015）③	构建"要素—制度—功能—阶段"模型，提出要素、制度、功能3个一级指标，12个二级指标，53个三级指标	对21个国家的创新体系国际化水平进行比较，指出中国与发达国家的差距主要在制度开放
	吕薇、马名杰、熊鸿儒等（2017）④	建立创新要素的国际流动模板下4个一级指标，创新制度的开放水平模板下4个一级指标，共计26个二级指标	中国创新体系开放水平在国际上相对落后，制度开放的落后地位尤为显著

---

① 崔新健，郭子枫，常燕.开放式国家创新体系及其发展路径[J].经济社会体制比较，2014（5）.
② 苏敬勤，刘建华，姜照华.基于网络结构-要素行为-创新绩效视角的国家创新体系国际化水平评价[J].管理学报，2015（3）.
③ 刘云，谭龙，李正风.国家创新体系国际化的理论模型及测度实证研究[J].科学学研究，2015（9）.
④ 吕薇，马名杰，熊鸿儒.全球化背景下的开放创新体系建设[M]..北京：中国发展出版社，2017.

续表

创新指数名称	经济组织或学者	衡量指标	主要观点
	高俊光、陈劲、孙雪薇（2019）[①]	构建开放广度、开放深度、吸收能力、动荡性、竞争性和创新绩效6大因素22个测量专项来分析创新开放度对创新小企业创新绩效的影响。其中，创新广度通过与大学科研机构、顾客、政府部门、供应商4个主体交流来表征。开放深度用与大学等科研机构建立密切联系、与顾客频繁交流、参与政府或行业的学术活动，要求供应商参与协作来表征	创新开放深度和广度都正向影响企业创新绩效

目前，国际上关于国家创新体系的开放度研究较充分，但没有形成统一的指标体系。本书构建开放式国家创新体系的三个维度中，既有核心主体，也有相关主体，许多创新活动具有显著的交叉性。在科学创新中，合著国际论文的主体既可以是高校和科研院所等学研界，也可以是企业科研人员。国际专利的申请和知识产权跨境转让的主体既可以是企业，也可以是高校和科研院所等学研界。科研人员的流动既包括高校留学生，也包括企业在国外设立研发中心的派出人员等。在技术创新中，国际技术转让的主体既可以是企业，也可以是高校和科研院所。因此，在评价创新活动的开放水平时，容易对创新主体进行重复或遗漏测评。为避免此类错误的发生，现行学术研究更倾向对创新要素的开放水平进行测量。具体包括知识要素、技术要素、资本要素、人才要素和制度要素。本书结合吕薇等人研究成果，基于国际权威机构（OECD、WIPO以及世界银行等）发布的公开数据，从创新要素的角度构建衡量开放式国家创新体系运行中开放水平的指标体系（见表4-8），并通过这套指标体系对我国国家创新体系的开放式水平进行测度。

---

① 高俊光，陈劲，孙雪薇.创新开放度对新创小企业创新绩效影响研究[J].科学学研究，2019，37(4)：729-738.

表 4-8 评价开放式国家创新体系开放水平的指标体系

主要维度	具体指标
知识要素开放度	专利申请/论文发表国际合作比重
	专利跨国拥有水平
	获得三方专利数量及占比
技术要素开放度	国际技术平衡（收入/支出）水平
	知识产权的跨境贸易强度
	高技术产品及ICT服务的贸易占比
	利用国际合作进行创新的企业占比
资本要素开放度	FDI的流入和流出净值强度
	风险投资资金的开放水平
	研发经费的国外资金占比
人才要素开放度	留学生规模
	科研人员的跨境流动
	吸引高技术移民
制度要素开放度	营商环境便利性
	本土竞争强度
	资本市场发育强度
	政府服务效率
	监管质量
	产权保护
	知识产权保护

5

开放式国家创新体系维度一：科学创新

马克思是从生产力的视角研究科学创新。他提出"科学的力量也是不费资本家分文的另一种生产力"①"机器生产的原则是把生产过程分解为各个组成阶段，并且应用力学、化学等等。总之，应用自然科学来解决由此产生的问题，这个原则到处都起着决定性的作用"②。这种在社会生产中起决定性作用的发现就是科学创新，特别是自然科学创新。科学创新既包括自然科学创新，也包括人文社会科学创新，它是人类在探索自然界、人类社会以及人类自身发展规律时，将其新认知、新发现用于改造自然、改造社会、改造人类自身的过程③。"哲学把无产阶级当作自己的物质武器。同样，无产阶级也把哲学当作自己的精神武器；思想的闪电一旦彻底击中这块素朴的人民园地，德国人就会解放成为人"④，这表明哲学、历史等人文社会科学具有革命性和建设性的引导功能。人文社会科学创新就是把人文社会科学的新思想、新主张用于改造人类和社会的过程，为自然科学创新提供世界观、价值观和方法论的指导。

在科学创新中，自然科学创新是技术创新的基础。人类历史上技术革命都是建立在自然科学的重大突破的基础上的。科学创新已经成为各国经济社会发展最直接的动力源泉，其能力的高低直接反映一个国家或地区的知识创新能力和水平，也直接影响各国在激烈的国际竞争中的地位。科学创新成为推动人类社会发展的基石。在开放式国家创新体系中，高校和科研院所是科学创新的核心主体，科学研究国际化是科学创新的主要表现形式。因此，在开放式国家创新体系中，科学创新主要通过高校和科研院所

---

① 马克思.机器.自然力和科学的应用[M].北京：人民出版社，1978.
② 马克思.资本论[M].北京：人民出版社，2004.
③ 刘红玉，彭福扬.马克思的科学创新思想及其启示[J].长沙理工大学学报，2013（9）.
④ 马克思，恩格斯.马克思恩格斯选集（第1卷）[M].北京：人民出版社，1995.

科学研究国际化来实现。随着科学创新与技术创新不断融合发展，关注巴斯德象限的科学研究，即应用引起的基础研究成为国际科学研究发展趋势。我国应深入推动国际大科学工程和"项目—基地—人才"一体化研究。

5.1 创新主体：高校和科研院所

在开放式国家创新体系中，科学创新的主体包括高校、科研院所、企业科研机构以及政府部门等。在许多国家，高校是人才培养、知识传播和知识创新的承担主体。通过知识传播，培养高素质的人才队伍是高校的神圣使命。同时研究型大学还承担基础理论研究、知识创新的重要责任。高校作为一国基础研究和高技术领域原始创新的主力军之一，承担解决国民经济重大科技问题、实现技术转移和成果转化的重要职责。知识传播和知识创新相辅相成，通过知识传播培养人才，再利用人才进行知识创新，二者相互促进。科研机构是国家培养科学家和工程师的摇篮，既要生产基础知识，也要生产应用知识，是衔接知识创新和技术创新的重要机构。企业为获得技术领先的长远优势，也会设立研发机构，专门从事科学创新。政府相关部门主要为科学创新活动提供保障。

从基础研究经费占比、研究人员全时当量以及科学研究的成果产出三个因素来看，我国科学创新的核心行为主体是高校和科研院所。

5.1.1 高校和科研院所是基础研究经费的投入主体

在开放式国家创新体系的知识创新子系统中，高校和科研院所是核心行为主体。他们生产并传播知识，获得新的基础科学创新能力。没有基础研究的突破性创新，就没有技术应用的重大发展。世界创新强国都非常重视对基础研究的科研投入。2018年美国国家科学基金会发布新的《科学与工程指标》指出，2016年美国学术机构支出研发费用720亿美元，其中基础研究占2/3，而应用研究和实验发展分别占28%、9%。从世界范围看，高校和科研院所在基础研究方面的优势明显，是基础研究的主力军和原始创新的重要主体。在美国，一半以上的全国基础研究经费都投向高校。美国高校从美国国家科学基金会获得的基础研究经费占国家科学基金会经费总额的近九成。我国同样如此，2020年我国高等学校和政府研究机构基础研究经费分别为 724.8 亿元和 573.9 亿元，占全国基础研究经费的 88%。

5.1.2 高校和科研院所是科学研究人员的聚集地

知识经济时代人才最可贵。在开放式国家创新体系的知识传播子系统中，高校和科研院所以及职业培训系统是核心行为主体，他们通过单独培养和国际联合办学等方式，为开放式国家创新体系输送大量高素质、高技能的创新人才。高等学校拥有全国规模最大的科学研究人员队伍。中华人民共和国科学技术部发布的《2019 年我国高等学校 R&D 活动统计分析》和《2019 年政府研究机构 R&D 活动统计分析》等研究报告指出，2019 年全国从事科学研究（包括基础研究和应用研究）的人员中，高等学校占 52.1%，高出研究机构 28.3 个百分点。其中，具有博士和硕士学位的研究人员占 75.2%。而在政府研究机构中具有博士和硕士学位的研发人员共计 27.5 万人，占研发人员比重达到 55.2%。中国统计年鉴显示，2020 年我国高等学校 R&D 人员全时当量为 61.5 万人/年，全国高等学校 R&D 机构有 19 988 个。这些高素质科研人才成为我国从事科学创新的领头羊。在国际科技合作领域，2016 年科技部网站认定的国际联合研究中心中，以高等院校和科研院所为依托的合计占比达到 91.7%。高校和科研院所也成为国际科技合作的主要生力军。

5.1.3 高校和科研院所是科学研究成果的重要产出地

科学创新的主要任务是发现。为了造福于民，并获得行业领先地位，科学家会及时将最新科学发现以科学论文或者著作等方式在全球进行传播。科学创新的主要成果是科学论文。从其产出看，高校一直是 SCI 论文的重要产出地。《2019 年我国高等学校 R&D 活动统计分析》研究报告显示，从 2006 年以来，全国 SCI 论文中 80%以上都来源于高等学校。2019 年我国高等学校发表 SCI 论文 38.7 万篇，占全国 SCI 论文的 85.9%。不仅中国如此，美国 70%的基础研究成果也都来自大学[①]。

高校和科研院所作为科学创新的核心主体，从事基础研究、前沿技术研究和社会公益研究，服务于国家目标，是一国科技创新的重要力量。各

---

① 吴敬琏,等.中国经济新时代——构建现代化经济体系[M]. 北京:中信出版社, 2018.

国发展科学技术事业都十分重视培养热爱科学、忠于科学研究的高水平科研人才队伍。

5.2 创新形式：科学研究国际化

在全球化的大背景下，人才培养、学术探讨和科研合作逐渐溢出国家边界。在开放式国家创新体系中，科学创新活动主要表现为科学研究国际化。科学研究国际化是在开放的条件下利用全球科技资源，高校和科研院所等有组织、有目的地开展国际科技合作研发活动①。在开放式国家创新体系中，科学研究国际化从主体、行为和结果来看，包括人才培养国际化、科研活动国际化和科研成果国际化三个方面（见图5-1）。

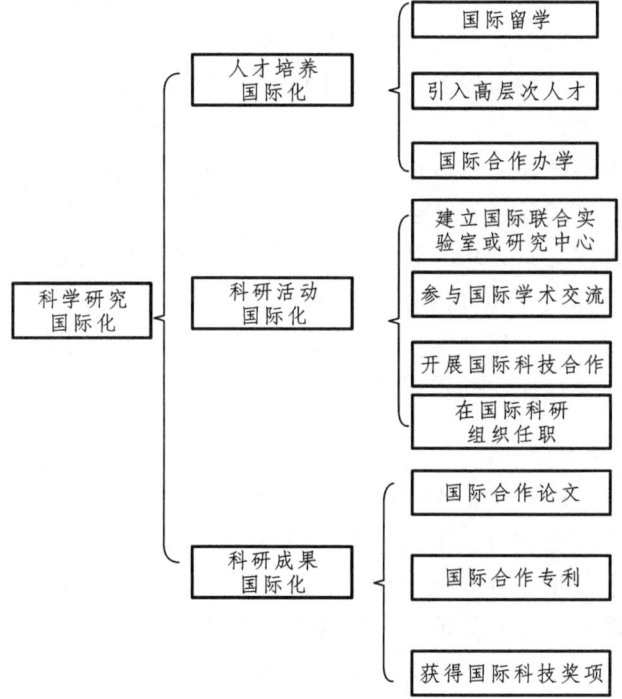

图 5-1　科学研究国际化的主要内容

---

① 张换兆，刘冠男.当前典型国家科技国际化战略述评[J].科技与法律，2011（2）.

5.2.1 人才培养国际化

人是生产力中最活跃的因素，同时也是创新的主体。马克思强调创新活动的主体必须是现实的人。人，作为自然界唯一具有自我意识的生物体，能发挥自觉能动性，有目的有意识地改造创新对象。创新活动不同于人类一般实践活动，作为求新求异的创造性实践活动，需要发挥人类天然禀赋，根据外部客观世界和内在主观能动性，有目的有意识地从事实践活动。这种活动"比社会平均劳动较高级较复杂的劳动，是这样一种劳动力的表现，这种劳动力比普通劳动力需要较高的教育费用"①。教育培训是培养高素质创新人才的重要方式。马克思多次强调教育对创新的重要意义，他指出，工人阶级"将使理论的和实践的工艺教育在工人学校中占据应有的位置"②，并对未来教育提出设想，要实现人类全面发展。因此，要成为创新强国，必须先成为教育大国，培养出优秀的创新人才。

在开放式国家创新体系中，人才培养国际化是充分利用全球知名高校和科研院所的教育资源，通过国际留学、引进高层次人才和国际合作办学等方式为本国创新体系建设培养创新人才。高素质人才是开放式国家创新体系的关键主体，是经济社会发展的第一资源，是推动生产力发展和社会全面进步的根本力量。培养和争取国际科技工作者已经成为各国国际科技合作的战略目标之一。开放式国家创新体系的高层次创新人才包括留学生、教师以及学者等。合作办学、出国深造、培养高素质人才等活动已经成为科技人力资源全球流动的重要形式。

1）国际留学

推拉理论（Push-Pull Theory）能有效解释国际留学行为。"推力"是指学生本国不利于学习、工作和生活的各种排斥力。"拉力"是指目的国在教育、工作和生活方面的种种吸引力。国际留学已经成为教育全球化的主要表现。教育对外开放成为教育现代化的鲜明特征和重要推动力。高校是培养高层次创新人才的重要基地，承担着培养具有国际意识、国际交流能力、国际竞争力的人才的重要使命。随着全球化快速发展，人员流动日

---

①② 马克思，恩格斯.马克思恩格斯全集（第23卷）[M].北京：人民出版社，1972.

趋频繁。经合组织（OECD）统计数据显示，全世界留学规模跟十年前相比，实现了67%的增长，2019年全球超过530万的学生在本国以外的地方接受高等教育，而这个数据在1998年仅为200万人[①]。许多留学生在学业结束后会选择留下来工作和生活，各国也将留学生作为本国人才储备，纷纷出台国家战略，开展"智力大竞赛"，如加拿大发布《立足成功：国际教育战略（2019—2024）》、英国发布《国际教育战略：全球潜力与全球增长》、新西兰发布《新西兰国际教育战略（2018—2030）》、澳大利亚发布《国际教育2025国家战略》，俄罗斯颁发《2019—2024 年国家教育项目》。作为留学大国，英国2030年将吸引60万名留学生到本国留学。法国2027年将接受50万名留学生。澳大利亚2025年接受留学生72万名，韩国和印度提出2023年将接受20万名国际留学生。从全球来看，2019年美国、英国、中国、德国、法国、澳大利亚、加拿大和日本等8个主要留学目的国，接受国际留学生共计312万名，占全球留学生总数的58%，接受留学生最多的国家仍以发达国家为主。从区域分布来看，北美是一个具有吸引力的留学目的区域，美国和加拿大两国接受的国际留学生人数约占总数的30%。其中美国作为第一大留学目的国，2019年吸引了全球152万名留学生，硕士和博士占52.2%。而加拿大留学生的增长比例在8个国家中最高，达到13.1%。中国是亚洲最大的留学生接受国，2019年吸引了全球44万名留学生，但规模不及美国的一半。2020年新冠肺炎疫情暴发，国际关系受到严重冲击，国际学生跨境流动受到限制，国际留学由之前线下教育转为线上互联为主。同时借助中外合办高校，"在地留学"成为新选择。纽约大学的3000名中国留学生可以在上海纽约大学开展学习。美国国际教育协会IIE发布的《2020门户开放报告》显示，2019—2020学年在美国接受高等教育的国际学生为1 075 496人，同比2018—2019学年下降1.8%，是2008年经济危机后赴美留学人数的首次下降。中国继续保持全球第三大留学目的国位置。短期看，新冠肺炎疫情给中国学生出国留学带来一定的不利影响，但从长远看，中国对于国际化优质高等教育的需求并未发生根本性改变，出国留学仍是重要的发展方向。

[①] OECD. Education at a glance 2019: OECD indicators[EB/OL].(2019-09-10)[2020-07-10]. https://read.oecd-ilibrary. org/education/education-at-a-glance-2019_f8d7880d-en#page1.

中国除加大学生国际留学力度之外，还通过《青年骨干教师出国研修项目》《"长江学者和创新团队发展计划"及"新世纪优秀人才支持计划"入选者出国研修项目》等政策，选派优秀教师等高层次人才去国外高水平大学或科研机构学习，提升科技创新能力。2020年6月，教育部等八部门印发的《关于加快和扩大新时代教育对外开放的意见》明确提出，坚持教育对外开放不动摇，走出去和引进来相结合，提高我国教育国际影响力。

2）引进高层次人才

高层次人才是促进科技进步、提高科技贡献率的重要主体。各国政府十分重视高层次人才的引进，纷纷改革绿卡制度，力图留住高层次人才为我所用。发达国家凭借丰富的教育资源和完善的创业制度，成为全球人才培养和就业的重要基地，同时也是创新人才最聚集的区域。美国作为世界科技经济强国，通过改革绿卡制度，出台新的移民改革方案，吸引了大量的国外人才。目前美国每年引进的工程师和科学家移民至少8万人，在美国获得博士学位的人群中每年有60%的人会选择留在美国工作[①]。欧盟建立蓝卡制度，吸引亚非拉高层次技术人才。发展中国家则不断改善国内求学和创业环境，纷纷出台积极的人才强国战略。中国1985年出台《关于引进国外智力以利四化建设的决定》，提出要积极引进国外人才，特别是华侨华裔人才。20世纪90年代以来，我国先后出台"国家杰出青年科学基金""长江学者奖励计划""青年英才开发计划"以及"高等学校学科创新引智计划"等政策，实施绿卡制度，不断引进高层次人才，充实本国高校和科研机构的人才队伍，提升学科研究的国际竞争力。

3）国际合作办学

借助国外资源和力量提升培养人才质量。国内外高校以及科研机构合作办学是培养复合型、创新型、国际化人才的重要渠道。国际合作办学主要包括联合课程、分支校园、特许办学和网上学习四种形式。比如法国的巴黎大学和德国的科隆大学共同开设德法法律课程，双方共同授予联合学位。发达国家大学与发展中国家大学设置联合课程时，通常由发达国家

---

① 苏敬勤，刘建华，姜照华.国家创新体系国际化的模型与测算：中美比较[M]. 北京：科学出版社，2014.

提供教学软件，如师资和教学软件等，发展中国家提供教学硬件，如校区、教学设备等，开设联合课程能帮助发展中国家的高校开发新课程，提升科学研究能力。分支校园可以是一所大学或几所大学联合体设立，也可以是机构设立，向海外学生提供课程并授予学位。如澳大利亚和英国在马来西亚设立莫纳什大学校区和诺丁汉大学马来西亚分校等。特许办学是特许经营在教育领域的应用，授权其他国家使用高校品牌，设置课程并授予学位。而网上学习是互联网时代的产物，开设网络课程完成自主学习。目前，国际合作办学形式趋于多元化，来自不同国家、不同优势学科的高等学校抱团组成新的联合体，利用网络进行覆盖全球的营利性培训。比如来自10个国家的16所高校组成21世纪大学联盟和英、法、美等高校组成的查尔姆（Trium EMBA），将传统教学方式和远程网络教学相结合，共同设置相关课程，面向全球进行商业化培训。国际合作办学成为培养复合型人才、国际性人才的重要渠道。

5.2.2 科研活动国际化

高校和科研院所是从事理论研究的主体，科研活动国际化是国内外的高校和科研院所等相互合作，在科学技术的产生、发展、传播以及应用等方面进行密切的交流与合作。主要包括以下方面活动。

1）建立国际联合实验室（研究中心）

国际联合实验室（研究中心）通过汇集世界顶尖科学家和创新人才，共同攻克技术难关，接近前沿科技，成为一系列科技创新成果的重要产床。许多具有重大科学价值的研究成果都来自国际联合实验室（研究中心）。国际联合实验室（研究中心）能有效推动本国科研主体走出国门，通过共享前沿科技成果，提升本国尖端科技研发能力。建立联合实验室或研究中心已经成为各国争夺创新资源的重要阵地。澳大利亚建立了72个合作研究中心，每年财政经费投入达1.3亿澳元。日本理化学研究所成立脑科学研究所，该研究所30%的实验室主任为外国人，已成为世界知名的脑科学研究中心之一。法国国家科研中心非常重视在国外设立联络机构，已建有10个驻外联络机构，并分布在世界各地。印度建有8个大型的国际性研究机构，研究领域从材料学到生物学再到IT技术，积极融入科研活动国际化浪潮。中国在 2015 年出台了《统筹推进世界一流大学和一流学科建设总体方案》，指出要提高中国高校在国际上的竞争力和话语权，国内高校必须与世界一流大学和科研机构开展实质性合作。中国各大高校开始掀起构建国际科技合作基地的高潮。截至 2016 年，科技部网站认定的 131 家国际联合研究中心中，以高等院校为依托的占 56.6%，以科研院所为依托的占 35.1%，合计 91.7%。359 家示范型国际科技合作基地以科研院所为依托的占 31.8%，中高等院校 24.5 %，合计 56.3 %[①]，2017 年科技部认定了 38 家示范型国家国际科技合作基地，其中包括合肥工业大学在内的 19 所高校，占比 50%，高校已经成为我国国际科技合作的主力军。以四川大学为例，四川大学联合国外大学和机构建立涉及多学科领域的科研合作平台，具体包括中德能源研究中心、中德水环境研究中心、四川大学中英联合材料研究所、四川大学—意大利国家研究会国际多功能聚合物和生物材料合作研究中心、四川大学欧洲研究中心等，大大提升了该校在国际学术上的影响力。

2）开展国际科技合作

各国在创新资源的拥有上有着不均衡的特质，通常合作双方一方有资源，一方有技术。国际科技合作能够实现优势互补。一般来说，发达国家和地区开展国际科技合作主要是为了利用本国技术领先优势，获取合作国家的人才资源和自然资源。发展中国家开展国际科技合作的主要目的是借助发达国家的领先技术促进本国科技发展。俄罗斯在国防、军工和航空航天方面具有技术领先优势，但相对缺乏资金，1999 年俄罗斯通过开放航空航天领域的国际合作，成功吸引外资 8 亿美元。加拿大科研技术领先，但对"木乃伊"的研究必须和埃及进行项目合作。香港经济发达，但基础研究薄弱，和内地科研机构合作能够实现优势互补，共同开发新技术新产品。来自 29 个国家和地区的 188 家国外公司与清华大学签订了科技合作协议。厦门大学的海外教育学院创建于 1956 年，通过多年发展在对外汉语教学与研究上具备了较强的实力，是国家对外汉语教学基地之一。通过参与国际学术合作，学校学术影响力不断增强。目前与厦门大学签订学术合作协

---

① 郑世珠."双一流"战略下地方高校构建"国合基地"的思考[J].中国高校科技，2017（3）.

议的国际知名高校有剑桥大学、康奈尔大学以及长崎外国语大学等。在国际事务上，厦门大学积极承担国家商务部与欧盟合作培训世界贸易组织（WTO）方面的翻译人员的培训工作，获得一致好评。

中国科学院作为国家最高学术机构，已经与世界60多个国家（地区）的科研机构、大学、企业签署了200多个院级和1000余个所级合作协议，与国外著名机构建立了一批联合实验室、青年科学家小组和伙伴小组、跨学科研究中心等。中国科学院牵头成立了多国科学院组成的"一带一路"国际科技组织联盟，牵头发起"国际空间天气子午圈计划""国际热核聚变实验反应堆计划（ITER）"等重大国际计划，在国际科技界的话语权与日俱增。

中国科学技术协会作为中国民间最大的科技组织，目前与29个国家的100多个对口科技组织签署了双边合作协议和备忘录。目前中国科协系统加入国际民间科技组织677个，国际科技计划225项目，由科协发起实施的海智计划已经成功签约遍布15个主要发达国家和地区的92个海外科技团队，建立54家海智计划工作基地和10个海智计划示范项目，在加强与海外华人科技团队的联系方面发挥重要的桥梁纽带作用。

3）参与国际学术交流

共享研究成果和学术思想是参与国际学术交流的重要目的，主要通过学术会议、科技展览、访问实验室等方式实现。学术会议可以是本国，也可以是他国，以主办或联办方式举行，是科研界进行学术交流的重要场地。科技展览可以是本国，也可以是他国，以主办或联办方式举行，重点展出各国最新科技创新成果。学术交流通过信息和实物两种载体实现。其中，信息交流指合作双方通过交换图书、期刊、软件以及影片等文字类和图像类资料。而实物交换指合作各方相互交流产研设备以及产品实物等。作为重要的国际合作交流方式之一，国际学术交流能吸收他国先进的学术思想和科研成就，扩大本国科学研究成果在世界上的影响，与他国建立广泛深入的合作关系。

4）在重要国际科学组织任职

在国际科学组织任职既是对科学家学术能力的认可，也是对科学家代表国家在相关研究领域的学术地位的认可，能充分反映一国在这个学科研究的领先优势。印度科学界十分看重与西方发达国家交流互动，积极参与各大国际科学组织，并在重要组织中担任重要职务，在国际科学界的地位领先于中国。国际科学联盟理事拥有66个国家和20个联合会会员，印度有32人在理事会及其所属委员会、联合会组织内担任秘书长以上职务，且占有4个主席职位。英国皇家学会外籍会员中有40人是印度科学家，其中获得诺贝尔奖就有5名[①]。中国科学家在国际组织任职比例不高。有数据显示，目前国际一级科学组织有158个，包含1566个主要二级组织，中国参与国际科学组织领导层的科学家仅占总数的2.26%。中国科学家在一级科学组织担任主席职务的只有1名，在二级科学组织中担任主席的仅占1%[②]。中国科学家在国际科技组织中高级、关键岗位任职较少，长期处于配角地位，缺失话语权。由此，中国很少有机会能参与国际标准的制定和修订，也难以把握科技制高点。

5.2.3 科研成果国际化

科研成果国际化主要指高校和科研院所通过国内外合作，完成的国际合作论文、国际合作专利以及获得国际科技奖项等。

1）国际合作论文

科技发展最重要的标志是科技论文的撰写和发表[③]。合作完成国际论文已经成为普遍的科研现象，而高校成为推动国际论文总量增加的重要主体。据中国科学技术信息研究所统计，2010—2020年（截至2020年10月），中国科技人员共发表国际论文301.91万篇，论文共被引用3605.71万次，发表数量和被引用次数均排世界第二；美国发表国际论文420.59万篇，论文共被引用8045.38万次，仍然保持在世界第一位。

2018年国外主要检索工具SCI（科学引文检索）、SSCI（社会科学引文索引）、EI（工程索引）、CPCI-S（科学会议录引文索引）收录我国科技论文数分别是37.6万篇、2.64万篇、26.77万篇和6余万篇，分别排世界第二、

---

① 国际科技合作政策和战略研究课题组.国际科技合作政策与战略[M].北京：科学出版社，2009.
② 陈强.主要发达国家的国际科技合作研究[M].北京：清华大学出版社，2015.
③ Richard Freeman.自然科学、社会科学与经济高质量发展——基于含有"中国因素"的科技与社会科学文献的研究[J].上海经济研究，2018(10)：26-33.

世界第三、世界第一和世界第二。以SCI为例，中国科技论文被收录数量连续十年排世界第二，占全球比重从2000年3.2%逐步提高到2018年20%（见图5-2）。其中，在收录的中国论文中，国际合作完成就占26.5%，共计11万余篇。

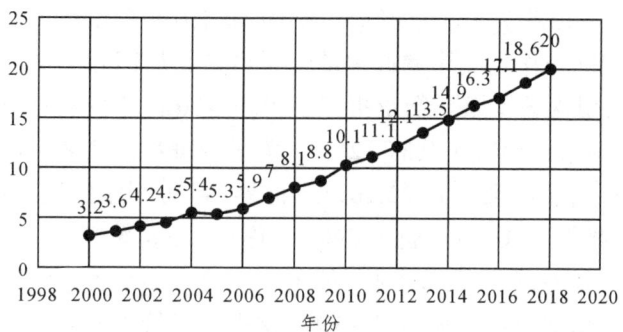

图5-2　SCI收录中国论文占世界比例的变化趋势（2000—2018）

数据来源：中华人民共和国科学技术部、国家统计局。

从学科分布看，2018年SCI收录我国论文数量排名前十位的学科（见图5-3）分别为：化学，临床医学，生物学，物理学，材料科学，电子、通信与自动控制，基础医学，地学，计算技术和环境科学。这10个学科累计论文数量占中国SCI论文总数的88%。其中化学论文达到5.2万篇，占发表论文总数的16.0%，是学科之首。

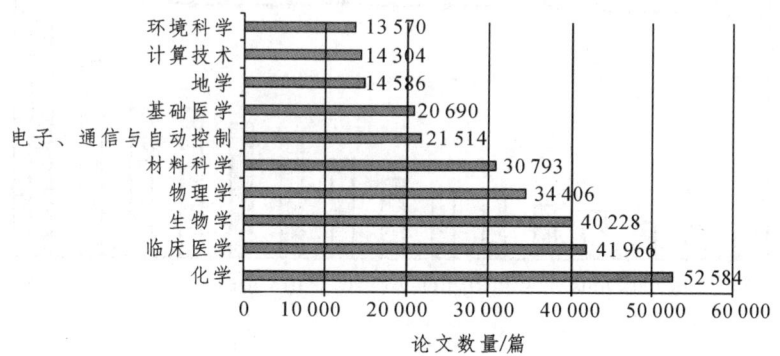

图5-3　SCI收录中国论文最多的十个学科（2018）

数据来源：中国科技论文统计与分析课题组.2018年中国科技论文统计与分析简报[J].中国科技期刊研究，2020，31（1）：88-98.

合作完成科技论文成为国际科学研究的主流方式。2019年中国学者通过国际合著方式完成了13万篇国际论文，同比增长17.4%，占中国发表论文总数的26%，其中，合作伙伴涉及167个国家和地区，与美国合著占43.3%。作为第一作者，中国学者参与的国际合作论文数占全部合作论文数的73.9%，"以我为主"已经成为中国参与国际合作论文的主流，说明中国学者在国际合作论文中掌握主动性。但是，从国际论文质量和影响力来看，论文被引次数是重要衡量指标。2009—2019年发表科技论文累计超过20万篇的国家（地区）共有22个。按平均每篇论文被引用次数排序，瑞士篇平均被引用次数达到22.16，排世界第一。中国篇平均被引用次数只有10.92，排在第16位。世界整体水平为12.68次/篇，有13个国家高于这个数值。其中荷兰、比利时、英国、瑞典、加拿大、法国、西班牙等国的论文篇平均被引用次数超过15次。这表明尽管中国已经是世界上最重要的国际论文新增长源，但仍不是国际公认的科学强国。

从国际论文发表主体来看，高校是第一主体。从2006年以来，我国高校SCI论文数占全国SCI论文数的比重一直保持在80%以上，2019年该比重为85.9%（见图5-4）。其中高校作为第一作者署名单位发表SCI论文38.7万篇。

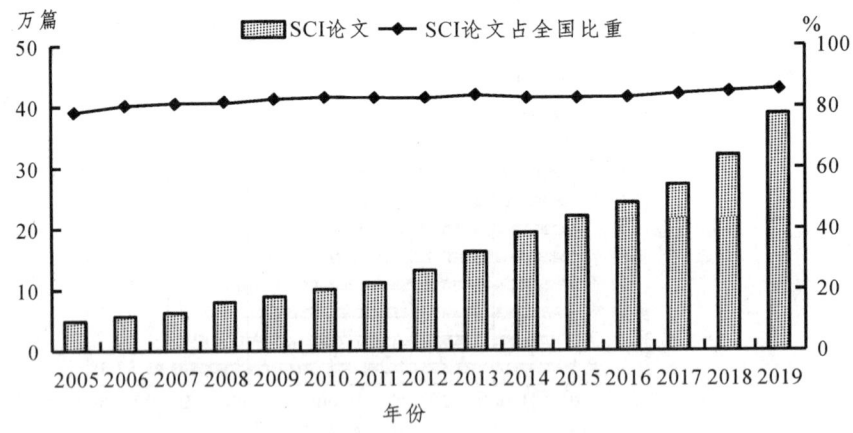

图5-4 高校SCI论文数量及占全国SCI论文比重（2005—2019）

数据来源：中华人民共和国科学技术部，《2019年我国高等学校R&D活动统计分析》，中华人民共和国科学技术部网站，中国科技统计（sts.org.cn）。

"985 工程"是我国重点支持创建世界一流大学和高水平大学,包括清华大学、北京大学在内的共 39 所高校,代表我国尖端技术研究水平,是中国科学创新的重要主体。根据汤姆森路透的 InCites 数据库分析,2003—2012 年"985 工程"高校共发表论文 53.7 万篇,占世界论文总量的 4.96%,其中国际合作论文共 12.03 万篇,占世界论文总量的 1.11%。国际合作论文数量从 2003 年的 4870 篇增加到 2012 年的 21 988 篇,年均增速 16.27%。但是与北美大学联盟 AAU(哈佛大学、麻省理工学院等 62 所著名研究型大学组成)和罗素大学联盟 Russell(剑桥大学、牛津大学等 24 所英国著名研究型大学组成)存在较大差距[1]。"985 工程"高校的校均国际合作论文由 2003 年的 125 篇增加到 2012 年的 564 篇,但是 AAU 校均国际合作论文由 2003 年的 614 篇增加到 2012 年的 1146 篇,Russell 校均国际合作论文由 2003 年的 774 篇增加到 2012 年的 1449 篇,中国"985 工程"高校的国际合作论文数量与其他两个大学联盟差距较大。同时我国"985 工程"的国际合作论文的被引影响力也显著低于另外两个大学联盟,说明我国"985 工程"高校国际合作论文的数量和质量与 AAU 和 Russell 存在较大差距。

2)国际合作专利

虽然科技论文是高校和科研院所从事科学创新的主要产出方式,但是随着科学创新和技术创新的逐渐融合发展,高校和科研院所也会从事应用研究,获取专利发明。专利所有人在国家权威部门的认可下,能在有效时间内,独享、使用或处置其发明成果。凌学忠、吴贵生、李纪珍(2016)比较不同要素的开放对国家创新绩效和经济绩效的影响,指出知识开放的影响最显著,其中专利作为知识要素的核心指标,更能反映开放式国家创新体系的状况[2]。在我国,专利分为发明、实用新型和外观设计三种类型。2019 年高等学校的专利申请量达 34.1 万件(见图 5-5)。其中,发明专利申请量为 22.1 万件,占高等学校全部专利申请量的 61.9%,占全国发明专

---

[1] 余新丽.研究型大学国际合作论文的现状与趋势分析[J].复旦教育论坛,2014(12).
[2] 凌学忠,吴贵生,李纪珍.国家开放创新体系构成要素与国家绩效关系的实证研究[J].技术经济,2016(4).

利申请量的 15.1%。2019 年高等学校的专利授权量为 21.3 万件。其中，发明专利授权量为 9.2 万件，占全国发明专利授权量的 43.3%。

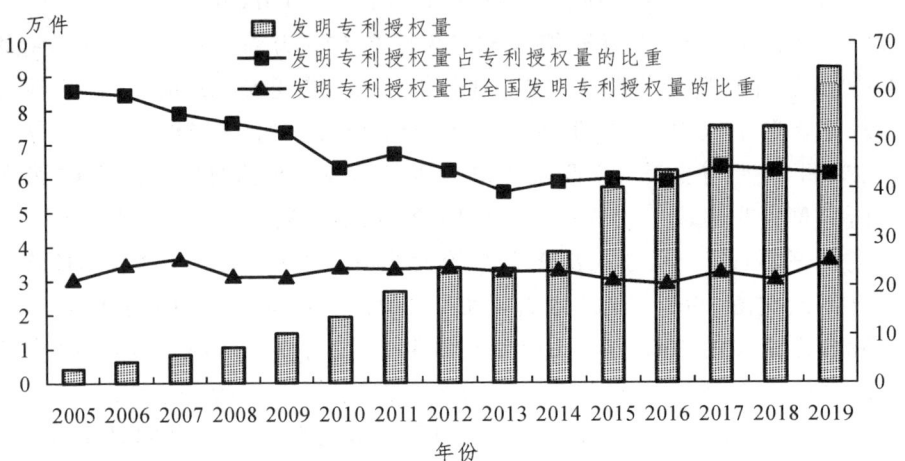

图 5-5　高校发明专利授权情况（2005—2019）

数据来源：中华人民共和国科学技术部，《2019 年我国高等学校 R&D 活动统计分析》，中华人民共和国科学技术部网站，中国科技统计 (sts.org.cn)。

在申请国际专利时，通常会记录专利名称、编号、发明人和所有人的地址等多项重要信息。专利可以独立完成，也可以合作完成。从专利的所有权属看，专利可能是一国的创新主体独立拥有，也可能是多个国家多个创新主体共同拥有。从专利所有人角度可以分析一国在国际创新体系的参与深度，从发明人角度可以分析一国在国际创新体系的参与广度。美国是世界上最发达的技术中心之一，也是世界上最主要的三个专利中心之一。在美申请并获得专利说明该项研究具有先进科研水平和一定的商业价值。王元地、刘凤朝（2013）[①]根据美国专利商标局定义的专利发明人和所有人地址信息，建立 3×3 矩阵，如表 5-1 所示，根据 3×3 分析矩阵可以识别各国专利的主要获得模式。

第一种模式是自主创新型。从本国拥有角度看，A1+A2+A3 代表一国

---

① 王元地，刘凤朝.国家创新体系国际化实施模式与中国路径[J].科学学研究，2013（1）.

通过自主创新型模式拥有的专利总量，体现一国强大的创新实力。其中，A1 代表本国研发本国所有；A2 代表国际合作但本国拥有所有权，比如我国海外研发中心和国内公司总部合作；A3 代表国外发明但专利归本国所有，比如企业在境外设立研发中心，由外国雇员完成的专利申请或者通过技术并购获取的专利。

第二种模式是合作创新型。从本国和外国共同拥有角度看，B1+B2+B3 代表一国通过合作创新型模式共同拥有的专利总量，体现一国以开放合作方式促进本国创新能力提升。其中，B1 反映两国创新主体合作研发，由本国雇员发明专利，成果共享；B2 反映两国共同研发，共享专利；B3 反映企业在境外，与其他国家创新主体合作，由外国发明，成果共享。

第三种模式是技术引进型。从外国拥有角度看，C1+C2+C3 代表一国通过技术引进型模式获取的专利数量，体现一国提高开放水平，以引进技术促进本国科研水平的提升。其中，C1 为本国发明外国拥有的技术，主要以跨国企业在本国设立研发中心，由本国雇员研发，但专利成果归跨国公司；C2 反映跨国公司与境内研究机构合作，双方共同发明，但专利成果归跨国公司；C3 代表外国研发并拥有的专利数量，代表本国引进的其他国家创新成果水平。从考虑一国参与创新活动的国际化成果看，不考虑 C3，仅将 C1 和 C2 纳入技术引进模式中。

表 5-1　基于专利所有人和发明人地址信息的专利获取模式分类

发明人	本国拥有 （A1+A2+A3） 自主创新型	本国和外国共同 拥有（B1+B2+B3） 合作创新型	外国拥有 （C1+C2+C3） 技术引进型
本国发明人	A1	B1	C1
本国与外国共同发明	A2	B2	C2
外国发明人	A3	B3	C3

各个国家根据本国自身创新资源禀赋和经济社会发展阶段选择不同创新模式，并呈动态变化。根据美国专利商标局检索系统（www.uspto.gov）相关数据研究发现，德国和日本作为发达国家，具有强大的创新实力，主要靠自主创新获取专利，德国通过国内的自主创新完成 80% 以上的国际专利，

日本比例更高，达到96%，其次是技术引进，合作创新模式占比最低。德国通过技术引进实现的国际专利，占比为20%左右，日本比重更低。而两个国家通过合作创新实现的国际专利最低，都不足10%。[①]

中国作为发展中国家，积极与发达国家合作实现合作创新，美国在1990—2009年20年间，共授权305.5万件专利。从发明人和所有人地址信息两个维度鉴别，其中1.5万件专利属于中国拥有，占专利总量的0.5%。总体来看，在三种获取模式中，中国通过技术引进的国际专利比重最高，长期维持在60%左右。其次是通过自主创新模式实现的国际专利。比重最低的是通过合作创新模式获取的国际专利，比重低于10%。从发展变化来看，2000年前中国主要以技术引进型为主，通过提高开放水平推动创新发展，体现在本国发明但是外国拥有的专利占比较高。2000年后中国自主创新模式快速发展。特别是2006年以来，呈现明显上升态势，中国在国际专利的所有人比例在逐步提高，国家创新能力不断增强。但是通过国际合作创新模式获取的国际专利持有水平一直较低。根据数据统计，在中国自主创新模式中，A1占比最大，中国独立拥有的美国专利中，80%由我国创新主体独立完成，体现我国本土研发实力增强；A2比重最低，说明中国拥有的合作创新的专利成果较少；A3比重在下降，说明中国企业在境外设立研发中心由外国雇员发明，所有人是中国企业的专利在减少，意味着中国在境外研发中心的创新能力有待进一步提升。

由此可见，世界主要国家，包括发达国家和发展中国家，国际专利的合作程度远低于国际论文的合作程度。发达国家依靠本土强大的科技创新实力，主要采取自主创新模式获取国际专利，而合作创新模式普遍较弱。发展中国家由于本国科技创新能力不强，在初期主要通过技术引进模式获取专利，而到国家综合实力增强、创新能力提升后，逐步转向自主创新模式。

3）获得国际科技奖项

科学技术是全人类的共同财富，应有全人类共享。正是科学研究的国际性，国际科技奖项面向全球，充分体现了科技奖励无国界的特性。国际

---

① 王元地，刘凤朝.国家创新体系国际化实施模式与中国路径[J].科学学研究，2013（1）.

科技奖是某个国家或科学组织设立的面向全球的科技奖项，用于表彰各国科学家在相关研究领域做出的突出贡献，是科研成果在国际同行中获得的最高荣誉。目前，全球有369个国际科学技术奖项，覆盖数学、物理学、化学、医学、计算机科学、环境科学等自然科学领域和社会科学领域。中国科学家屠呦呦、潘建伟、施一公等相继获得诺贝尔生理学或医学奖、拉斯克奖、瑞典皇家科学院爱明诺夫奖、国际量子通信奖、世界杰出女科学家奖等一大批国家科技奖项，中国科学家在国际学术影响力显著提升。一些国家和国际性组织为彰显科技实力、扩大学术影响力，争相设立国际科技奖。发达国家在国际科技奖领域始终占据着主导地位。中国作为科研大国，目前设立的国际科技奖仅有邵逸夫奖和中国国际科技合作奖①。2020年科技部表彰了马丁·波利亚科夫（英国）等十位科学家，获得中华人民共和国国际科学技术合作奖（简称国际科技合作奖）。但我国国际科技合作奖还称不上真正意义的国际科技奖项，因为它授予外国科学家和研究组织主要是针对中国科学技术事业做出的突出贡献，而不是面向全球科技事业。中国在国际科技奖项的布局严重滞后，不具有话语权，也不能主导国际科技事业发展方向，这与中国的经济大国、科研大国地位不匹配。

5.3 基于巴斯德象限的科学研究国际化

1945年美国科学研究发展局布什在《科学——没有止境的前沿》指出，科学研究可以分为基础研究和应用研究。其中，基础研究是探索自然界和人类社会运行规律的理性认知活动，是科学层面的研究。应用研究是运用技术解决现实问题，是技术层面的研究。报告认为，基础研究不带有任何应用目的，从基础科学到技术成果产出的全过程是一个"线性模型"：基础研究—应用研究—开发—生产经营。线性模型认为科学创新是基础性研究之本，基础研究的重大发现和理论创新孕育新的知识革命，不仅会改变现有的生产技术和管理技术，可能会引起技术体系的大变革，推动形成新的产业，并引发新的技术革命。正是因为基础研究会催生科技创新，从而推

---

① 徐顽强，熊小刚，李华君.当代国际科技奖的发展、改革与启示[J].科技管理研究，2010（2）.

动社会生产和改进民生，政府应该大力扶持基础研究，以满足社会需求。报告的主要观点成为美国战后制定科技政策的重要准则。线性模型也被称为科学创新活动的布什范式（见图5-6）。

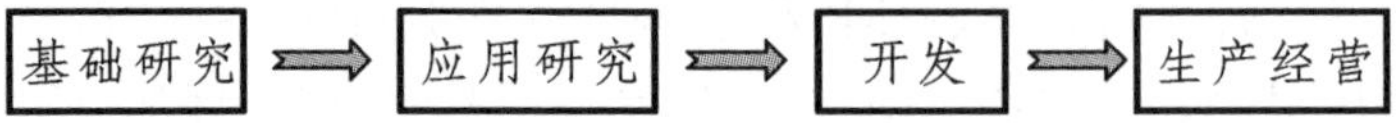

基础研究 ⇒ 应用研究 ⇒ 开发 ⇒ 生产经营

图 5-6　科学创新活动的布什范式

线性模型强调基础研究的重要性，对科技发展影响深远，但是科学和技术之间的流动是单向的线性关系的观点受到质疑。因为科学研究的成果要服务于技术，但技术发展的需求同样会对科学研究提出新要求，并促进科学研究的发展，科学研究和技术创新频繁互动，边界逐渐模糊，共同推动产业发展和社会进步。因此，科学研究和技术创新应是双向互动模式。

1997年美国普林斯顿大学司托克斯（Donald Stokes）教授在《基础科学与技术创新：巴斯德象限》中提出科学研究的象限模型（见图5-7）。其中，横轴代表技术应用，从左到右应用的目的越来越强；纵轴代表科学认识，从下到上认识的目的越来越强。因此，得出科学研究的四个象限：玻尔象限、爱迪生象限、巴斯德象限和皮特森象限。玻尔象限代表由好奇心驱动的以认识需求为目标不考虑应用性的纯基础研究。爱迪生领导的研究组织重视商业价值，是典型的应用研究型，爱迪生象限代表以应用为目的不追求科学阐释的纯应用研究。巴斯德象限是以法国科学家路易斯·巴斯德命名的。巴斯德关注食品安全问题，在试图从牛奶中去除有害细菌时，他找到了现代生物学最重要的发现之一：细菌会导致特定的疾病，并发明巴斯德杀菌法，奠定了现代生物的基础，促进公共卫生事业发展。他通过科学研究与解决现实问题相结合的路径，弥补了"基础"与"应用"研究之间的差距。巴斯德象限代表在解决实际应用问题过程中引发的基础研究。皮特森象限代表既不追求科学认识也没有明确的技术应用的目的，是对特殊现象的系统性研究，强调通过对已有经验进行分析整合，实现强化研究者研究技能的目的。

在Stokes象限模型中，每个象限是相互联系的，并不是彼此隔绝、独立存在的。带有应用目的的基础研究（巴斯德象限）在寻求解决实际问题的同时，也找到了问题的科学阐释。它打破了线性模型的局限性，认识到科学与技术之间是一种互动关系，同一个科研活动可以同时实现知识发现和知识应用。巴斯德象限为二者相互融合提供了路径，是连接纯基础研究（波尔象限）与纯应用研究（爱迪生象限）发展轨道的纽带。

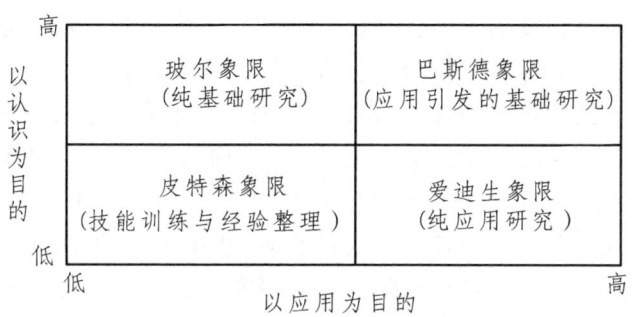

图 5-7 科学研究的象限模型

科学当中有技术，技术当中有科学。按自身发展规律，科学研究在发现新现象、解决新问题和学科交叉中不断深入，并逐渐与技术创新结合，从而通过科技突破，催生工业革命，实现与产业融合发展。科学创新和技术创新边界逐渐模糊，产学研深度融合。目前通常用"科技创新"涵盖科学创新和技术创新。巴斯德象限代表的由应用引发的基础研究，正是科学创新和技术创新的深度融合。随着基础研究与应用研究关系的日益紧密，以机器人为代表的重要科学领域的基础研究工作，都是基于现实需求产生的，巴斯德象限特征越来越明显。重视巴斯德象限的研究，既能推动科学和技术协调发展，又能促进科技成果的产业化，实现科学创新和技术创新的双赢格局。

在我国从事科研活动的主体是高校和科研院所，他们作为政府管理体系的组成部分，其科研立项、项目经费大多来源于政府，科研任务也主要是自上而下的，来自企业的科研项目较少。大量科研成果不能直接用于实践，出现了科技和经济两张皮现象。发达国家科研成果产业化率不低于30%，而我国高校科技成果转化率不到发达国家的一半。巴斯德象限打破了基础研究和应用研究的传统二分法，二者不再是对立关系，为科学创新和技术创新的互动融合带来更多可能，并为高校和科研院所提供更多创新渠道的选择。正是充分认识到巴斯德象限研究的重要性，20世纪90年代，日本许多大公司如日立、东芝和佳能等纷纷设立基础研究实验室，斥巨资致力于应用引发的基础研究。科研活动不仅提高了企业的竞争力，也提高了国家的科学实力。日本大学也将其科研取向定位为巴斯德象限，在基础研究和应用研究上取得双赢。为实现赶超发达国家，日本从1958年开始就出版《科学技术白皮书》，其中以"应用性""技术性"为主题的报告超过10个[①]。"巴斯德象限"取向的科研定位让日本大学尝到应用引发的基础研究领域突破式发展的甜头。21世纪以来，日本诞生了20个诺贝尔奖获得者。司托克斯本人也高度赞扬日本的产学研融合发展，"在这个国家……很少倾向于将纯研究与中实用技艺做绝对的划分"[②]。中国高校和科研院所也应重视巴斯德象限的研究。随着科研活动国际化趋势日益加强，在开放式国家创新体系中，巴斯德象限的科学研究表现为国际大科学研究和国际科研合作中"项目—基地—人才"一体化工程。

5.3.1 国际大科学研究

当前，科学研究进入全球化时代。人类共同面临环境污染、自然枯竭等现实问题。以海洋、气候、能源等跨国界、跨区域的科学问题研究涉及全人类共同利益，其复杂性突出、经济成本高、实施难度大等特征决定了这类课题需要通过国际科技创新合作来实施。开放性成为国际大科学研究的重要特征。大科学（big science）是国际科技界在20世纪50年代提出的概念，是在全球创新网络下为解决人类生存的共性问题，以基础研究为对象的国际科学合作，是典型的巴斯德象限的科学研究。研究主体是来自世界各个国家高校和科研院所的科学家们。

国际大科学研究具有鲜明特点。首先，一个国家难以承担巨额经费投入，需要多个国家共同出资。其次，大科学研究涉及多学科领域，需要来自全球不同国家的各领域专家通力合作。最后，大科学研究涉及的课题通常会对全球未来发展产生重大影响。目前大科学国际合作主要针对两类科研项目：一类是研究目标宏大，需要多学科领域交叉研究，比如全球气候变化、人类基因图谱研究以及海洋与大陆科学钻探等大科学项目都具备此

---

① 丁建洋，洪林.论日本大学科研定位的"巴斯德象限"取向[J].复旦教育论坛，2010（8）.

② 司托克斯.基础科学与技术创新：巴斯德象限[M].周春彦，等，译.北京：科学出版社，1999.

特征。另一类是需要昂贵且复杂的大型装置和实验设备、投资数额巨大的科研项目，如国际空间站计划、LHC计划以及双子座天文望远镜计划等，从项目设计到建设、运行再到数据维护需要投入大量人力、物力和财力。目前，主要由各国政府发起并组织国际大科学研究，参与主体包括科学家、高校和科研机构等。1993年启动的致力于回答宇宙起源的SKA项目，已有来自20多个国家的67个科研机构的天文学家和工程师共同参与。各国政府组织高校和科研院所积极参与大科学研究的国际合作，将它视为发展本国经济、占领技术制高点、增强本国竞争力和提高本国在国际科技地位的重要途径。

早在20世纪50年代，欧美等发达国家从各自发展的战略需求出发，利用国际大科学工程布局全球创新网络，积极争取主导权。目前国际大科学计划由发达国家牵头，其他国家积极参与，主要集中在地面天文、高能物理、空间科学、物理学等科学领域。20世纪80年代以来，我国也积极建设大科学装置。目前已有20多个已运行和在建的大科学装置，这些大型设施为我国顺利开展基础性、战略性、前瞻性课题研究提供了重要的物质基础。在科技部门的引导下，我国科研人员已经参与到国际大科学计划与工程中，比如国际大洋发现计划、人类基因组计划等。2000年中国成立国家实验室，是中国发起的国际大科学工程的牵头单位。2006年7月，我国正式启动中医药国际科技合作计划，这是首个由我国政府倡议制定的国际大科学工程研究计划。同时中国在热核聚变领域提出CFETR（中国聚变工程实验堆），高能物理领域提出大型环型对撞机CEPC-SPPC（环形正负电子对撞机和超级质子对撞机），引力波方面提出天琴计划等，积极融入大科学研究的国际化潮流中。

从表5-2可以看出，中国作为典型的追赶型国家，参与和主导的大科学国际合作研究主要集中在全球变化、生态、环境、生物和地学领域，其他方面参与不够。在大多数科研项目合作中中国处于从属地位。很多合作仅限于数据维护或者一般形式的交流互访，实际参与程度不深。国际部分高科技项目对中国严格管制。在参与国际大科学计划和工程的广度和深度上中国与美日欧等发达国家相比差距甚远，中国在国际大科学研究的话语权和影响力还比较弱。

表 5-2　国际上主要大科学研究计划实施情况

计划名称	成立时间	发起国或管理机构	合作伙伴	中国参与情况
全球变化研究计划	1989	美国	迄今为止规模最大、范围最广的国际合作研究计划之一	中国是发起者之一，19个核心计划中，中国参与16个，领军人物是叶笃正教授，他对WCRP/IGBP计划做出重大贡献
全球地址监测网		美国国家科学基金发起，国际地震合作研究组织进行管理	美国、法国、日本、英国、墨西哥、加拿大、意大利	中国未参与
大洋钻探计划（ODP）	1985	美国国家科学基金会	美国、日本、加拿大、中国、韩国等	1999年中国正式加入，领军人物是汪品先院士
人和生物圈计划	1970	联合国教科文组织	全球1万多名科学家参与	中国是理事国
极端环境下的生命计划		美国国家科学基金会	美国、德国、法国	
蛋白质数据银行计划（PDB）		美国卫生部、能源部、国家科学基金会共同资助	在美国、英国、新加坡等地建立数据中心和网站，在阿根廷、中国以及波兰等地进行数据维护	中国进行数据维护
国际热核试验反应堆计划（ITER）	1992		欧盟、中国、韩国、俄罗斯、日本、印度和美国	2003年中国加入
人类基因组计划	1990		美国、英国、法国、德国、日本和中国	中国参与

续表

计划名称	成立时间	发起国或管理机构	合作伙伴	中国参与情况
国际空间站计划	1993	以美国、俄罗斯为首	美国、俄罗斯、加拿大、日本、巴西和欧空局等共16个国家参与研制	中国遭受美国反对，没有加入
伽利略计划		美国、俄罗斯	美国、俄罗斯、中国	2003年中国投资2亿欧元加入，2008年中国退出
双子望远镜（GEMINI）	1993	美国	美国、英国、加拿大、智利、阿根廷和巴西	
大型强子对撞机LHC		欧洲核子研究中心	欧洲核子研究委员会19个成员国、美国、日本、俄罗斯、中国	1998年中国加入
中医药国际科技合作计划	2006	中国		政府协议90多个，其中专门的中医药合作协定达30个
天琴计划	2015	中国	德国、意大利、法国、俄罗斯等科学家积极参与	中方牵头的国际合作项目，由中山大学发起，投资大约150亿元人民币
地球观测组织	2005		100多个国家和地区参加	中国是创始国之一
欧洲核子中心（CERN）	1954	欧洲11国	世界最大的粒子物理研究中心	2004年科技部代表中国政府与CERN签署科技合作协议，2012年12月第一次"中国—CERN合作委员会会议"在我国召开，我国参加了LHC上的全部实验（ALICE、ATLAS、CMS和LHCb）

5.3.2 "项目—基地—人才"一体化

开放式国家创新体系是一个复杂的系统，每一个创新要素既是独立的，又与其他要素产生密切联系。良好的系统运转需要调动每一个要素的积极性。在开放式国家创新体系中，科研项目、研发基地和创新人才三者相辅相成，互相促进。"项目—基地—人才"一体化是指通过优先支持科研项目的方式，依托高校和科研院所的科研资源，设立相应的国际科技合作基地，从而促进科技和人才在世界范围内的交流，聚集更多的创新资源。在开放式国家创新体系中，科研项目主要是根据企业的需求立项，这样可以提高科学研究的针对性和可行性。科研成果转化率将会大大提高，项目的经济效益也将实现。研发基地及时传达需求变化信息，将科技对接市场。而创新人才是科技创新的灵魂。因此，在实现"项目—基地—人才"一体化过程中，科研立项是连接市场和科技的纽带，研发基地是聚集创新人才和科研项目的场所，创新人才是建设研发基地和承担研发项目的主体，三者良性互动。斯坦福大学正是凭借其强大的科研实力，吸引众多高科技公司入驻斯坦福研究园，形成举世闻名的最具创新活力的高技术产业聚集地——硅谷。

为了充分利用全球科技资源，2001年我国首次在国家层面设立国家国际科技合作专项，通过整合、统筹全国产学研的科研力量，借助世界各国先进技术，加强与国外先进国家的交流，提升我国创新能力。中科院以及各地政府分别成立国际科技合作部门。各地高校和科研院所也纷纷设立国际合作处，主动对接国外科研资源，推动开放式创新，"项目—基地—人才"一体化快速发展。目前，国际科技合作的科研项目涉及生物、医药、气象、航空等40个学科500个专业，高校和科研院所承担项目的60%以上，是主要研发主体。建立的研发平台有国际创新园、国际联合研究中心、国际技术转移中心和示范型国际科技合作基地等。截至2016年，科技部网站认定的131家国际联合研究中心中，以高等院校和科研院所为依托的占91.7%[①]，2017年科技部认定了38家示范型国家国际科技合作基地，其中包括合肥工业大学在内的19所高校，占比达到50%，高校已经成为我国

---

① 郑世珠."双一流"战略下地方高校构建"国合基地"的思考[J].中国高校科技，2017（3）.

国际科技合作的主力军。国际科技合作专项吸引了一大批国际高水平科技专家参与中国科技项目合作,同时培养了一大批科技人才参与开放式创新。2015年度参加我国国际科技合作专项的国外研究人员就有12 880人,占比达20%。中科院院士中有92名外籍院士。2015年度实施的国际科技合作专项中,引进高层次创新人才1000余人。中外双方共联合培养2700余名创新人才。2019年共计1260名外籍专家承担或参与国家重点研发计划。这些优秀人才成为开放式国家创新体系中最活跃的创新人才。

"项目—基地—人才"一体化充分调动了高校和科研院所的积极性,面向市场,面向国际,推动应用引发的科学研究,实现了科学创新与技术创新的深度融合,同时也扩大了中国科技对外影响力,对国际科技合作产生重大示范和引领作用。

6

开放式国家创新体系
维度二：技术创新

马克思是从生产力视角分析技术创新。他指出，"随着大工业的发展，现实财富的创造较少地取决于劳动时间和已耗费的劳动量，较多地取决于在劳动时间内所运用的作用物的力量，而这种作用物自身——它们的巨大效率——又和生产它们所花费的直接劳动时间不成比例，而是取决于科学的一般水平和技术进步，或者说取决于这种科学在生产上的应用"①。这里的"科学在生产上的应用"就是技术创新，技术创新是科学创新在现实生产力中的体现，是经济增长的直接推动力。马克思、恩格斯对资产阶级的技术创新推动经济发展大力赞扬。"资产阶级在它的不到一百年的阶级统治中所创造的生产力，比过去一切世代创造的全部生产力还要多，还要大。自然力的征服，机器的采用，化学在工业和农业中的应用，轮船的行驶，铁路的通行，电报的使用，大陆的开垦，河川的通航，仿佛用法术从地下呼唤出来的大量人口——过去哪一个世纪料想到在社会劳动里蕴藏有这样的生产力呢？"②在开放式国家创新体系中，技术创新不仅是推动人类社会发展的直接动力，还能通过废料再利用等，有效保护环境。同时技术创新还为促进人类实现自由全面发展提供物质基础和必要的自由时间，是推动人类进步的根本力量。本章主要从谁来创新（创新主体）、如何创新（创新形式）以及研发国际化对构建开放式国家创新体系的双重影响三个方面分析技术创新的实现路径。在开放式国家创新体系中，企业是技术创新的核心主体，研发国际化是技术创新的主要表现形式。因此，技术创新主要通过企业研发国际化来实现。发展中国家通过研发国际化实现技术创新时，要注意扬长避短，把握研发的主动权，争取合作利益最大化，实现开放式国家创新体系的有序运转。

---

① 马克思，恩格斯.马克思恩格斯文集（第8卷）[M].北京：人民出版社，2009.
② 马克思，恩格斯.马克思恩格斯选集（第1卷）[M].北京：人民出版社，1995.

6.1 创新主体：企业

在开放式国家创新体系中，技术创新是一项与市场密切相关的商业活动。技术创新的主体包括企业、科研机构、高校、政府部门以及中介机构等。其中，企业是创新投入、创新活动和创新收益的主体，其技术研发主要集中于应用技术和新产品研发，是连接创新成果与市场的桥梁，将科学创新转化为现实生产力。高校和科研机构与企业建立密切联系，会对新兴产业和前沿技术进行创新。政府以及中介机构主要为技术创新提供科技服务。其中，企业是技术创新的核心主体。在熊彼特看来，企业家是创新的主体，企业家具有天生的冒险精神，推动"创新""生产要素新组合"以及"经济发展"。在开放式国家创新体系的技术创新子系统和知识应用子系统中，企业是核心行为主体，具体表现在，企业是研发投入的主体、科技成果转化的主体，也是技术发明等知识产权的主要拥有者。

6.1.1 企业是研发投入的主体

创新活动需要巨额资金，需要聚集科技人才。技术创新投入包括研究经费投入和研究人员投入。产业技术发展阶段变化要求政府主导的科技引领型创新模式向市场导向的企业引领型创新模式转化。企业逐渐成为我国创新投入的核心主体。2020 年全国共投入研究与试验发展（R&D）经费 24 393 亿元，企业、政府属研究机构和高等学校中经费支出所占比重分别为 76.6%、14%和 7.7%，并且企业占比较 2018 年提高 0.5 个百分点。企业是全社会 R&D 经费增长的主要拉动力量。美国企业在研发方面的投入也在逐年增加，1980 年已超过美国政府成为研发经费最大的投入主体，目前占到全美的 70%左右。同样，美国企业也聚集了大量的科研工作者。1988 年全美 75%的创新人才都来自企业，而同期来自联邦政府的创新人才仅占 7%。全社会创新资源不断向企业集聚。我国企业承担各项研发活动不断增多，占全国的比重从 20 世纪 90 年代的不足 40%已经增长到 2011 年的 76%[1]，以规上工业为例，有研发活动规上工业企业占比从 2004 年的 6.2 % 上升至 2019 年的 34.2 %。R&D 经费支出占营业收入之比从 2004 年的 0.56%

---

[1] 玄兆辉，宋卫国.从主要数据看中国科技创新面临的挑战[N]. 科技日报，2013-02-25.

上升至2019年的1.32%，企业成为创新投入的重要主体。

6.1.2 企业是科技成果转化的主体

与科学创新不同，技术创新是以市场为导向，其目的在于实现创新成果产业化，并转化为现实生产力。企业是市场主体，善于捕捉市场信息，对于市场需求变动和行业发展动态具有敏锐性，能有效连接科技和经济。同时，为在激烈的市场竞争中获胜，企业具有将自主创新和从外部并购的技术成果转化到市场中的动力，从而推动科技成果产业化。随着我国经济体制和科技体制不断完善，创新成果主要由企业进行转化。高校和科研院所的科研成果主要通过技术转让方式实现转化。企业在研发过程中，不仅会对自主研发或者合作研发的科技成果进行转化，也会向社会购买科技成果进行转化。中华人民共和国科学技术部发布的《2019年全国技术市场统计分析》报告显示，企业是技术交易市场的最大输出方和吸纳方。2018年企业全年输出和吸纳技术合同成交额分别占到全国的90.3%和78.5%。全美75%的研发成果均是由企业提供。同时，企业也成为产业发展中先导技术的引领者。2013年企业承担的课题在重大科技专项（民口）、"863计划"（民口）和其他支撑计划中的比重分别达到55%、39.4%、34.5%[①]，企业成为科技项目的执行主体。Intel、华为等公司生产的电脑和手机等高技术产品已经深刻影响百姓的生活。2021年国家重点研发计划立项的860余项中企业牵头或参与的有680余项，占比高达79%。

6.1.3 企业是技术发明的主体

技术创新的目标是发明，是改造世界，将物化的可能性变成现实，发明专利成为技术创新成果的重要表现形式。国家知识产权局《中国专利统计简要数据2019》显示，2019年中国发明专利申请量达到140.1万件，企业申请量占总量的67.1%；发明专利授权量为45.3万件，企业授权量占总量的71.2%，成为发明专利的主要拥有者。从世界角度看，世界知识产权组织（WIPO）统计数据显示，从2015年起中兴通讯、华为公司连续三年轮流居全球专利申请（PCT）的榜首。2017年华为共提交专利申请4024

---

① 高尚全，刘世锦.40年改变中国——经济学大家谈改革开放[M].北京：北京联合出版社，2018.

件，位居榜首。而同期高校申请专利最多的是美国加州大学（482件），仅为华为的12%。2021年华为申请专利6952件，连续三年稳居全球专利申请量第一。企业成为拥有知识产权最多的主体。

随着技术全球化快速发展，合作创新成为企业开展技术创新的重要方式。《全国企业创新调查年鉴2021》数据显示，企业进行技术创新时更倾向于采取合作方式。2020年全国企业创新调查结果显示，开展创新活动的企业超过37.9万家，占全部企业比重为43.3%，超过8.5%的企业实现了全面创新。其中，通过合作创新开展技术创新的企业有16.4万家，占开展技术创新活动企业规模的66.6%。而且，企业规模越大，越倾向于合作创新。开展技术创新的大型企业，合作创新的比例高达50%；开展技术创新的中型企业，合作创新的比例为70.5%；开展技术创新的小型企业，合作创新的比例达到64.5%。各比重较上年都有所提高。可见，合作创新成为大中小企业抱团发展的重要方式。

在开放式国家创新体系中，企业作为技术创新的重要主体，主要通过跨国公司来完成。跨国公司对经济全球化的作用显著。目前，全球40%的商品生产、60%的国际贸易、70%的技术贸易和90%的对外投资都是由跨国公司完成的[①]。跨国公司同样是研发国际化的主体。对于什么是跨国公司，不同机构和学者持不同观点，也有多重衡量标准。一是结构标准。联合国经济理事会对跨国公司的判断主要是从该公司是否在国外拥有生产基地或服务设施来区分（王晓红，2003）。1983年联合国设计的《跨国公司行为守则》指出，跨国公司作为一种企业实体，可以是国营，可以是私营，也可以是混合所有制，但必须在超过1个国家从事市场运作活动（赵明俐，2003）。英国学者邓宁认为，只要企业在1个以上的国家绝对拥有或者控制生产设施（矿山、工厂、办事处等），它就是跨国公司。二是业绩标准。美国的雷蒙德·弗农（Raymond Vernon）提出跨国公司在海外营销和员工占比的要求。目前多数学者认为企业资产、利润、营业收入、员工数量中海外部分占公司总规模的比例超过20%，才算是跨国公司。三是战略标准。美国经济学家霍华德·巴尔马特（Howard Perlmutter）认为，跨国公司不仅需要业务国际化，还需要战略国际化，提出将战略决策的取向作为衡量

---

① 石涌江，刘翼生.中国企业"走出去"战略[M].北京：新华出版社，2003.

跨国公司的重要标准。本书认为，跨国公司是指在两个或两个以上国家或地区设立生产或销售机构，并在一个全球化战略的指导下，从事跨国生产与经营活动的企业。

6.2 创新形式：研发国际化

在开放式国家创新体系中，技术创新活动表现为企业研发国际化。企业研发国际化作为技术创新的新范式，是指跨国公司在进行海外投资时，改变原来只在母国进行研发活动，通过创新资源全球配置，实现以组织国际网络化、创新人才国际化为特征的创新活动[1]。建立开放式国家创新体系的核心在于推动企业研发国际化进程，大力发展高技术产业，提升本国经济竞争力。因此，在开放式国家创新体系中，研发国际化是企业参与技术创新的重要方式。

从世界范围来看，跨国公司研发国际化经历了两个重要阶段。跨国公司海外研发的起步最早可以追溯到19世纪的欧洲。在第二次世界大战之前，如荷兰飞利浦公司、瑞典SKF轴承公司等都曾在海外设立研发中心，其主要目的是为本土生产提供技术支持。从20世纪60年代开始，美国企业逐渐在海外设立研发中心，欧洲企业和日本企业随后跟上。但是为确保技术垄断，长期以来跨国公司将研发活动集中在母国开展，并在公司总部严格控制下实施。在产业链中，相比生产、营销等环节，研发是国际化程度最低的环节。1965年全球32家著名的医疗和电子行业的企业，在海外开展研发活动的只有6.2%（廖春，2003），全球研发国际化趋势并不明显。当时研发中心主要设立在发达国家，设立在发展中国家的很少。1989年美方公司在发展中国家完成科研项目只占其境外有关项目的2.8%（Dunning，1992）。同期海外研发经费比例占比并不高。1974年IBM在海外的研发支出达到2亿美元左右，大约占其研发预算的30%（Ronstadt Robert C.，1977）。Otis Elevator、CPC International 和 Exxon 等公司同期在海外研究开发（R&D）的支出分别占各自R&D预算的50%、38%和25%。但是

---

[1] 陈劲，曾珍云.开放式创新视角下中国企业R&D国际化的关键路径研究[J].科技管理研究，2011（2）.

随着经济全球化快速发展，创新资源自由流动，研发活动开始分散，跨国公司研发逐渐向海外东道国延伸。而东道国外资管理体制、对外商研发活动的激励政策以及知识产权保护措施也吸引跨国公司分散研发。

从20世纪80年代以来，跨国公司研发国际化进入快速发展阶段，跨国公司为了充分利用全球技术资源，纷纷在海外设立研发机构，从事国际性研发活动成为普遍现象。OECD（1999）指出，1985—1995年32家医药和电子行业的跨国公司在海外新建研发中心的个数比前10年增加了近3倍。美国商务部资料表明，截至1997年已有86家美资企业在22个国家建立了186家R&D机构，同时有24个国家（地区）的375家跨国公司在美国建立了715家R&D机构，这些研究机构近一半是1986年以后建立起来的，雇佣科研人员近12万人，这些外国公司在美国的研发投资达到172亿美元，占美国研发总投资的16%以上。美国成为世界上跨国公司研发中心最集中的国家，也是跨国公司研发投资最多的国家，跨国公司为美国推动创新发展、提升核心竞争力做出巨大贡献。进入21世纪，跨国公司为了适应经济全球化的发展趋势，淡化以母国为研发基地的传统观念，研发全球化的趋势逐步加强。目前全球有跨国公司10万家，子公司86万家。其中国有跨国公司1500家，其子公司8.6万家。中国拥有国有跨国公司数量最多，占全球的18%（270家左右）。随着跨国公司海外研发活动不断增多，资金投入比例也不断提高。全球最大500家企业中，荷兰、瑞士、德国、英国、意大利拥有相对明显的海外研发趋势，各自对应的海外研发比重分别为81%、78%、66%、60%、50%，美、日两国对应比重分别为31%、8%。根据外企的本国研发单位在本国整体研发单位中的占比情况分析，加拿大、意大利对应62%的最高值，之后是荷兰的55%，英国的50%，美国的39%，日本的3%。从跨国公司研发中心的地理布局来看，目前全球跨国R&D的流入、流出主要发生在美国、日本和欧盟"大三角"之间。从20世纪90年代以来，跨国公司研发经费流动的地理分布不断分散化，发展中国家特别是新兴工业化国家逐渐成为发达国家海外R&D投资的新兴市场。

1994年加拿大北方电信公司在北京投资设立合资研发中心，成为中国第一个跨国公司研发机构。1997年《鼓励设立中外合作合资研发中心办法》的出台，吸引了世界许多著名企业纷纷来到中国设立研发中心。中国巨大的国内消费市场、优质的人力资本、无可比拟的区位优势吸引跨国公司纷纷在华设立研发中心，发展势头迅猛。普华永道思略特研究部门在《全球创新1000强（2007—2015）》中指出，根据世界1000强创新企业的分布，美国是科研投资第一大国，中国是第二大国。但是1000强企业中的跨国公司在中国的科研投入增长率达79%，远远超过美国34%的科研投入增长率。中国成为跨国公司研发投资的首选地。而我国企业开展海外研发投资的首次尝试，是在1991年2月，上海复华实业有限公司选址于东京，设置其名下研发单位中和软件株式会社东京支社，比20世纪80年代快速兴起的全球研发国际化浪潮晚了10年。

目前跨国公司实现研发国际化的创新活动主要通过建立海外研发中心、实施跨国并购和建立国际技术联盟等方式进行。

6.2.1 建立海外研发中心

企业研发国际化最直接的表现形式是建立海外研发中心。从设立动机看，跨国公司建立海外研发中心的职能主要有技术跟踪型、技术支持和改造型、技术开发型以及基础研究型。技术跟踪型的海外研发中心通常设立在技术领先地区，研发中心最重要的任务是跟踪当地的先进技术，及时反馈给母公司。目前美国硅谷就有许多国家微电子企业设立的技术跟踪研究机构。技术支持和改造型的海外研发中心主要是为企业的海外研发和生产销售提供技术支持。它们根据市场需求，改进当地产品，实现本土销售，并为当地消费者提供技术服务。技术开发型的海外研发中心通常是本行业的翘楚，能充分利用国外创新资源，具备独立的研发能力，可以为跨国公司研发新型产品或设计新的生产工艺。基础技术研究型的海外研发中心着眼于企业长远发展，进行相关领域的前沿技术研究，以维持企业核心竞争力。

中国作为人口大国，拥有巨大内需市场，吸引了跨国公司来华设立研发机构。根据数据统计，2004年跨国公司在华设立研发中心只有700多家，到2008年已经超过1200家，仅4年时间，增长了71%。美国贝尔实验室是世界上著名的三大实验室之一，从1925年以来，实验室在晶体管、激光器、太阳能电池、发光二极管等通讯系统、网络软件等领域相继获得25 000多项专利授权、8次诺贝尔奖，研究水平处于全球领先地位。1997年贝尔实验室在北京和上海两地建立实验室，在通信、多媒体以及软件等领域与北京大学、上海交通大学、中科院等研究机构密切开展科研合作。2000年3月贝尔实验室首次跨境设研究所，选址中国北京，成立了贝尔实验室基础科学研究院（中国），专门致力于了应用技术领域的研究，为朗讯商业部门以及中国与亚太地区客户提供技术支持。

同时，中国企业积极"走出去"，在海外设立研发中心。中兴通讯分别在美国、韩国、瑞典和印度等地建立了研究开发机构。华为公司将海外研发中心分布在美国的硅谷和达拉斯、印度的班加罗尔、瑞典的斯德哥尔摩、俄罗斯的莫斯科等地，主要考量的是当地有行业龙头企业。比如美国达拉斯拥有以摩托罗拉、德州仪器为中心的领先的美国电信集群；斯德哥尔摩拥有爱立信、诺基亚等电信设备巨头。临近这些优秀公司，设立研发中心既能充分利用国际一流科研人才为我所用，也可以及时捕捉所在地的先端技术进展信息。

从资金和投资维度看，跨国企业选址在其他国家开展研发活动，主要有独资新建和合资新建两种。为确保技术保密，实现技术领先带来的创新收益，跨国公司都倾向于采用独资或控股方式。技术领先的企业，越倾向于采用独资方式，充分反映了跨国公司对技术外流的防范，显然不利于东道国获取技术外溢效应。

6.2.2 实施跨国并购

跨国并购是国内企业并购的延伸，是指一个国家的企业通过购买另一个国家的企业的股份或资产来获得后者的控制权的交易活动。企业进行跨国并购的动机有很多，包括市场竞争驱动和争夺战略性资产等。其中，并购的对象既包括各种自然资源等有形资产，也包括技术、管理经验、人力资本和品牌等无形资产。随着技术在企业核心竞争力中的作用日益加大，企业实施跨国并购的对象越来越倾向于核心技术。

跨国技术并购已经成为中国企业"走出去"高水平参与国际分工合作的重要形式之一。这不仅是中国由制造大国向制造强国转变的重要桥梁，同时也是促进国内产业技术升级、提高企业在全球价值链中地位的重要手段。中国企业不断走出国门，跨国并购规模也不断攀升。2004年联想公司成功收购美国IBM全球PC业务，并且在5年内免费从IBM品牌中获益，

Think 商标、PC 研发和国际营销平台也得到延续，这让联想客户端业务争取到更多关键技术资源。长虹企业并购韩国 Orion 企业，并借此吸引研究能力超群的等离子人才，打造更强科研队伍。京东方则将目光瞄准韩国现代公司液晶研究技术。美的用收购手段接管东芝的白色家电，弥补了在核心技术上的空白，把东芝在电子控制领域的技术应用到家电智能领域，提高美的的国际制造水平。万向集团将 UAI 企业纳入麾下，致力于打造高标准的汽车制动器跨境技术供应系统。吉利通过收购沃尔沃，不但提升了自身的品牌知名度，而且成功进入国际市场。

跨国并购既能消除市场竞争对手，同时又能通过优势互补、聚合效应，快速实现国际化。但跨国并购对跨国企业要求非常高。首先，跨国并购对资金的需求量大，企业需要具备足够的资金规模，拥有畅通的筹资路径，从经费角度支持并购操作始末。其次，企业具备较强的技术、管理、文化整合能力，并购完成后，中外双方能在文化、品牌等方面找到平衡点，实现深度融合。中国企业和欧美企业的并购标的选择标准不同，欧美企业看中对方技术创新能力，大多选取技术型小企业。中国企业由于自身技术水平较低，希望直接获得被并购企业的研发设施、专利、技术和优秀技术人员，并且能够依托被并购方原有的关系网络嵌入东道国的创新系统，因此并购对象多为行业昔日巨头。

6.2.3 建立国际产业技术创新联盟

随着信息技术的快速发展，产业链越来越长，产品生命周期越来越短，产业内部合作越来越紧密。国际产业技术创新联盟基于企业发展需求为基础，以提升产业技术创新能力为目标，通过具有法律约束的契约作为保障，由来自不同国家的企业、高校和科研院所等主体共同形成合作开发，共担风险，共享收益的产业技术创新联合体。目前国际产业技术创新联盟主要有三类：一是通过合同、备忘录等文件，企业、实验室间达成共识，携手开展R&D计划；二是在R&D基础上，从制造环节形成共摊风险关系，共同投资；三是根据以上两类合作基础，延伸到营销合作方案，共同筹建技术营销单位。加入国际产业技术创新联盟，可以通过抱团发展，实现分摊研发成本，降低研发失败风险，同时也可以借助联盟成员的先进技术，缩短创新扩散的时间，直接在国外将科技成果转化为商品，以开拓国际市场。现在不仅大型企业，越来越多的中小企业也积极参与国际技术联盟。许多企业纷纷走出国门，与海外其他企业联合开发，建立联盟关系。从全球来看，国际产业技术创新联盟从20世纪60年代兴起，80年代快速发展。以美国、日本和欧盟为首的发达国家平均每年以40%的增速组建战略联盟，其中65%的国际技术联盟涵盖超过2个国家的跨国经营公司。1985—1992年就有325家研发联盟在美国成立。而欧洲在20世纪80年代就有600多家技术研发联盟。世界500强企业中平均每家组建了60个主要的联盟关系[1]。现阶段国际战略层面的技术合作联盟超过5000个。

  国际技术创新联盟最早诞生于科技领先的美国和欧洲，现在开始向亚太地区发展。美国IBM公司在计算机产品研发领域建立了400多个技术研发联盟，业务遍及全球。德国西门子公司与全球70多个国家600多所大学和科研机构建立合作关系。美国和日本企业之间的技术联盟主要集中在电子信息、汽车制造和生物工程等领域。惠普公司与日本佳能公司建立联盟关系，致力于开发打印机与电脑的连接，以及控制文字和图形在纸上显示情况的软件研究。美国AMD公司与日本富士通公司在开发快闪芯片技术上建立联盟关系。BIM与东芝公司达成快闪芯片的合作协定。日本东芝和韩国电器两家企业携手，重点研发新电子产品，借以提升核心竞争力。韩国现代汽车公司与日本本田公司、三菱汽车公司以及英国的Ricadro公司在汽车发动机制造、车型设计等很多领域建立技术创新联盟关系。海信集团从2000年开始与日立公司建立技术联盟，在WAP、IMT-2000、CDMA以及BLUETOOTH等通信领域展开技术合作，2002年双方又共同成立海信日立商用空调系统有限公司，致力于共同研发并生产商用空调。联合研发已经成为企业进行技术创新的常见方式。国际产业技术创新联盟结构图如图6-1所示。

---

[1] Drucker F. The network society[J]. Wall Street Journal, 1995, 29(3): 12-14.

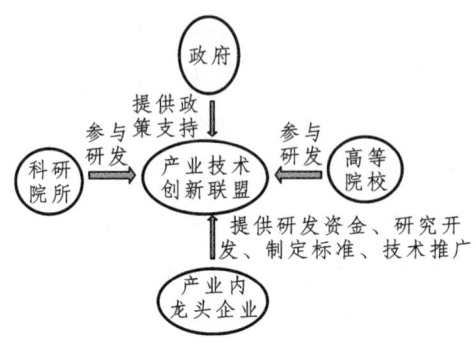

图 6-1　国际产业技术创新联盟结构

国际产业技术创新联盟的成员不仅包括企业、高校和科研院所，还包括政府等主体。其中，起主导作用的是企业，为了获得创新收益，企业投入创新资源，并实现成果产业化。高校与科研院所主要提供知识和技术，其目的是将技术产业化。政府是产业政策和社会规则等的制定者和实施者，其目的在于实现产业发展，推动国家创新体系建设。在一定程度上，国际产业技术联盟成员之间既是合作伙伴，也是竞争对手。但是为了完成共性技术创新，建立产业标准，成员之间要在竞争中合作，实现产业创新目标。在联盟内部，企业资助高校和科研院所进行相关产业研究，从而获得该领域最新的基础知识，以此提高企业创新能力，实现创新效益，从而有更多的经费支持基础研究。资本、研究、知识和创新进入良性循环。联盟内部成员之间不仅仅是供应商、竞争对手、客户等关系，更是共同研发、创造和生产具有更高附加值产品的战略合作伙伴关系。因此，国际产业技术创新联盟是传统的产学研合作在国际上的延伸与发展。

6.3　研发国际化对开放式国家创新体系的双重影响

研发国际化实现的技术创新是构建开放式国家创新体系的关键环节，科学创新和制度创新的经济价值最终都要通过技术创新实现。企业是重要的创新主体。研发国际化是否能顺利进行，直接影响到开放式国家创新体系的运行质量。但是研发国际化本身是一把双刃剑，对本国构建开放式国家创新体系有利有弊。马克思全球化理论指出，"比较富有的国家剥削比较贫穷的国家,甚至当后者从交换中得到好处的时候,情况也是这样"①。国际交换虽然能使双方获利,但是一国获利大一国获利少,国际价值规律不可避免导致富国对穷国的剥削,国际范围内两极分化严重。在跨国公司研发日益全球化的今天,许多国家面临着机遇与挑战并存的形势,对发展中国家来说,通过跨国合作,有利于提升本国科技水平,但发达国家在全球范围内掠夺研发资源,对本已处于劣势的发展中国家自主创新极为不利。如何趋利避害,在跨国公司研发全球化中掌握主动权,是建立开放式国家创新体系必须关注的问题。

6.3.1 有利影响

研发国际化对发展中国家构建开放式国家创新体系的有利影响主要体现在集聚科技资源、提升本土创新能力、产生技术溢出效应、带动相关产业发展,最终实现合作共赢。

1) 集聚科技资源

跨国公司开展科研合作,促进了研发资源的合理配置,加速了资金、人才等创新资源在东道国的进一步集聚。跨国公司研发机构的研发资金投入,能有效弥补东道国私人部门研发力量的不足,并成功引起本土企业的关注,推动国内企业加大对防御性研发的投入。同时能带动当地科研人员学术水平,提高本土科技创新能力。另外,随着跨国公司在东道国设立的R&D机构逐渐增多, 跨国公司研发机构能为科研人员营造良好的科研氛围、提供丰厚的薪资待遇、舒适的工作环境和优越的生活条件,员工发展机会多,个人上升空间大。跨国公司投入研发不仅可以帮助本土科技人才解决就业问题,还可以吸引海外高端技术人才回国发展。

2) 提升本土创新能力

跨国公司海外研发投资将海外先进研发技术、丰富管理经验、优秀的劳动技能等带到本国国内,国内的地方企业可以参与跨国研发活动中,学习先进技术和管理经验,让企业的科研管理水平更上一层。同时,通过加

---

① 马克思,恩格斯.马克思恩格斯全集(第 26 卷)[M].北京:人民出版社,1974.

强本国与其他国家在尖端领域的交流与合作，有效促进东道国研发能力迅速提升。

3）产生技术溢出效应

跨国公司相关机构通过对同行业供应商提供技术支持或援助，对东道国技术创新能力产生积极的溢出效应。通常情况下，跨国公司的海外子公司与东道国的零部件、原材料与相关服务的供应商保持密切联系。特别是当跨国公司把其中部分工作交由本土公司处理时，双方的关系就更加密不可分。通过研发合作，企业可以获得相关知识与技术，涵盖整个产品生产过程，如设计、成图、说明书、质量监测等，还包括生产率提高技巧、管理技术以及培训等。跨国公司对东道国合作方直接提供人员或技术援助，将直接推动技术技能的更新换代。尤其是工艺技术水平达不到要求时，跨国公司一般会邀请当地供应商与承包商参与研发，进行对产品和工艺的适当调整改良，这样东道国就能够从经验中学习到有用的技术，生产出满足客户需求的产品，提升创新能力。

4）带动相关行业发展

跨国公司进行产品研发时，需要对相关的产业和基础设施建设提出一定的要求，这种要求可以带动本地交通、房地产、物业管理等相关产业的发展，拉动内需，推动经济迅猛发展。同时，通过跨国公司的科技开发，研究出新的研究成果，促进工艺技术水平的提升，实现产业结构的调整，提高了东道国产业技术水平。如微软公司"维纳斯计划"成功推出的背后是来自中国硬件设备、网络技术等行业的支持，该计划促成了微软公司和中国12家知名企业达成合作共识，推动中国相关产业快速发展。

5）通过优势互补，实现共赢

国际产业技术创新联盟是协同创新理论的产物。联盟内各成员能通过合作实现优势互补，对当前面临的共性技术难题联合攻关，能分摊研发成本，降低研发风险，取得突破性创新。技术与研发战略联盟催生了彩色平面显示器、核动力发电设备、传真机、医疗设备等高科技产品。此外，由世界六个最大的半导体制作商（美国Intel公司和MicornTechnology公司、日本NEC公司、韩国三星电子公司和现代电子公司以及德国西门子公司）

组成的联盟合力开发用于个人电脑的常用存储芯片，产品占全球DRAM市场份额的70%。韩国三星电子公司与日本Wacom公司合作，改进了Wacom公司的触控笔技术和数字化仪系统，研发出集平板电脑和智能手机于一体的热销产品"Galaxy Note"。美国默克制药厂与瑞典小制药公司AStar AB之间的合作，主要是想获取AStar AB公司较强的创新能力和研发灵活性，弥补默克公司研发中的"船大调头难"等缺点。因此，加入国际产业技术创新联盟可以通过成员内部的技术外溢，有效提升本土企业的技术竞争力，提升国家的自主创新能力。

6.3.2 不利影响

研发国际化对发展中国家构建开放式国家创新体系的不利影响主要体现在挤出效应会削弱本土研发机构的创新能力、核心技术被封锁、研究成果不具有普适性、发展中国家被动成为发达国家的海外产业基地等。

1）挤出效应会削弱本国研发机构创新能力，造成东道国与创新强国形成被动依附关系

跨国公司研发国际化吸走了东道国科研机构的一些研发资源，使本国国内企业获得创新资源更为艰难，进而很难构建有效的创新系统。首先是人才流失。中国是人才大国，跨国公司在华设立研发中心的首要动机是争夺人才。在北京、上海等地存在多个跨国集团相关部门争夺名校优秀毕业生的现象，有些机构甚至开始打大型国企人才的主意。由于跨国公司总体薪资水平高于国内企业，同时对员工的系统培训和长远的职业规划、宽松的工作环境、良好的晋升体系让优质人才更向往。在这种情况下，我国企业和相关研究机构在人才市场上会受到极大的压力，直接面临外国公司的挑战。作为人才而言，只要有技术有能力，在找工作时大多数会选择三资企业，而很少会选国有企业。当前从我国国有企业转向外企的人才中，优秀以上的人才占比很高。1997年流失的最优秀人才、优秀人才以及一般人才比例分别为15.3%、3.7%、1.7%。2013年该数据分别为18%、5%、1.5%[①]。高层次人才的流失不利于我国本土企业开展创新活动。其次是争夺研究项

---

① 杨志勇，杨建永，郜志雄.跨国公司在华研发中心的新变化——趋势、动向与问题[J].对外经贸实务，2014（12）.

目，特别是一些公开招标的研究项目。相比国内研究机构而言，由于设备先进、管理经验丰富、人才众多、科研实力强大，跨国公司研发中心在竞争中更容易中标。因此，国内一些研究水平低的科研机构面临生存压力。跨国公司在华研发夺走了本属于本土企业的创新资源，削弱了我国自主研发能力，会造成我国科技进步对跨国公司研发形成技术依赖，时间一长，这种技术依赖会形成惯性。一方面，这对本土企业不公平，引进技术不能促进本土企业发展，反而与本土企业形成竞争关系，挤压本土企业生存空间。因此，中国在制定国内技术发展战略时会被跨国公司牵着鼻子走，缺乏主动权。另一方面，即使本土企业具备一定创新能力，也会因为研发成本高等，依赖跨国企业的技术开发，逐渐放弃自我创新能力的提升。这种技术依赖会导致中国的科学研究依附于其他国家，在国际创新体系中中国被锁定在从属地位，没有话语权。

2）封锁核心技术

保持技术优势是企业跨国经营的立身之本[1]。跨国公司设立研发中心不会主动技术外溢，对于核心技术极为保密，从而形成技术垄断，进而不断加大各国间的技术差距。2019年中国统计年鉴显示，2018年我国高技术产品出口总额占工业制成品的比重为30.5%，达到14 085.7亿美元。但是这些高技术产品主要由三资企业生产，核心技术和关键零部件也由国外进口。国内企业参与度不高[2]。据统计，在我国设立的跨国公司研发机构，其外资控股约占53%，外商独资约占24%，而中方控股仅占13%左右[3]。处于技术领先的企业倾向于选择独资的投资方式，有利于封锁技术，确保垄断优势；而技术水平不高的企业则倾向于选择合资。目前FDI知识外溢通常发生在外资开放度中等水平行业，而开放程度低和过高的行业，由于内外资企业之间联系过少，或技术差距过大，并不会产生显著的知识外溢现象。大量案例证明，"市场换技术"策略并非完全成功。跨国公司研发国际化不仅会形成对行业技术的垄断，同时会对下游企业技术进行控制。如跨国公司

---

[1] 王允贵.利用外商投资中"以市场换技术"剖析[J].国际贸易问题，1996（9）.
[2] 靳晓明.以更大力度推动科技的对外开放[N].学习时报，2013-09-30.
[3] 李津.跨国公司在华研发的原因、影响及对策探析[J].特区经济，2010（5）.

研发国际化对我国电子通信设备制造业实施技术控制①。为了进一步延长产业链，跨国企业会一直加强对下游企业在技术上的掌控。

3）研发成果在东道国不具有普适性

由于跨国公司在东道国逐渐加大基础性研究力度，相关科研成果转化成为重大现实问题。相关机构对北京和上海近400家企业进行了调研，发现一半以上的跨国公司意识到自身对于本土的科研成果转化和技术溢出做得远远不够。超过三分之二的跨国公司从来没有打算会对本土企业提供技术扶持②。由此说明，个别跨国公司存在着严重的技术保守现象。许多跨国公司的研发机构是通过独资等形式设立，通过研发本土化，抑制知识和技术外溢，确保垄断地位的意图明显，本土企业想从中分享创新成果将十分困难。

4）发展中国家容易被动成为产业技术创新联盟中的生产基地

在国际产业技术创新联盟中，通常是技术领先的发达国家居于主导地位。一方面，发达国家会利用国际产业技术创新联盟转移劣势产业链，争夺创新资源。美国APD（Air Products and Chemicals）公司从20世纪90年代开始就积极与中国、印度和俄罗斯等新兴经济体的高校、科研机构密切合作，建立联盟关系，享受新兴国家低廉的研发人力成本。日本许多电子生产企业也通过技术协定等方式，将生产制造环节转移到东南亚等劳动力资源丰富的国家。而欧洲国家的生物技术领域企业纷纷与美国企业建立技术联盟关系，意在分享美国在生物技术领域的研发优势，争夺全球智力资源。另一方面，发达国家会利用国际产业技术创新联盟建立行业标准，稳固其行业领先地位。正是基于以往各自企业在设定VCR产品标准上的失败教训，日本索尼公司与荷兰公司在CD盘技术领域进行合作，意在建立CD的国际技术标准，实现对本产业的技术引领。随着市场竞争的日益激烈，科技发展日新月异，加入国际产业技术创新联盟是企业实行国际化经营战略的必然趋势。发展中国家既要鼓励本国企业积极参与国际产业技

---

① 王允贵.跨国公司的垄断优势及其对东道国的产业控制[J].管理世界，1998（3）.
② 杨志勇，杨建永，邰志雄.跨国公司在华研发中心的新变化[J].对外经贸实务，2014（12）.

术创新联盟，重在参与研发合作，又要注重对发达国家产业梯度转移的研究，避免成为发达国家国外技术生产基地。

　　在知识经济时代，知识更新速度加快导致技术生命周期变短，合作创新是应对瞬息万变市场需求的有效途径。没有一个国家能通过独立研发获取经济增长的全部知识和技术。但开放也是一把双刃剑。发展中国家通过研发国际化实现技术创新时，要注意扬长避短，把握研发的主动权，争取合作利益最大化，实现开放式国家创新体系的有序运转。对于中国来说，跨国公司研发国际化加快了中国国家创新体系的开放进程。我们要积极引导跨国公司在华设立研发中心，更要加大对本国企业创新活动的扶持。因为从长期来看，在开放式国家创新体系中，跨国公司只是提升我国自主创新能力的重要手段，建设创新型国家仍需要立足于本土研发机构创新能力提升。

7 开放式国家创新体系 维度三：制度创新

马克思是从生产关系的视角考察制度创新。生产关系的变革实际上是制度创新的过程。在马克思看来，制度创新包括协作分工制度、信用制度、工厂立法以及社会所有制变更等，都将会对社会生产产生重要影响。马克思和熊彼特都赞同技术进步是国家经济增长的决定性因素，但是技术创新经济学不能解释"李约瑟之谜"[1]，需要通过制度创新来解释。制度是指用来建立生产、交换、分配和交往基础的政治、社会和法律规则，包括政治制度、经济制度、科技制度和法律制度等[2]。马克思指出任何生产都是社会性的生产，而"现存制度只不过是个人之间迄今为止所存在的交往的产物"[3]。诺斯认为"制度是一系列被制定出来的规则、守法秩序和行为道德、伦理规范，它旨在约束主体福利或效应最大化的个人行为"[4]。因此，制度包括正式制度和非正式制度。正式制度是由政策或立法等形式形成的经济、法律、政治等制度。非正式制度是人类在交往中无意识形成的价值观念、道德规范以及风俗习惯等。制度属生产关系范畴，当生产力发展到一定阶段必然形成一定的生产关系，并反作用于生产力。每一次制度的创立和革新对社会进步具有直接推动作用，促使潜在的生产能力得到释放，实现经济增长。马克思高度赞扬制度对社会生产的重大作用，他写道"这些制度——它们对国民经济的迅速增长的影响恐怕估价再高也不为过的——还远没有为自己创造出适当的结构。它们是发展现代社会生产力的强大杠杆"[5]。开放式国家创新体系的建设离不开制度创新的保驾护航。

---

[1] 李约瑟之谜：主要指英国学者李约瑟提出的"尽管中国古代对人类科技发展做出了很多重要贡献，但为什么科学和工业革命没有在近代中国发生？"。
[2] 万君康.创新经济学[M].北京：知识产权出版社，2013.
[3] 马克思，恩格斯.马克思恩格斯全集（第3卷）[M].北京：人民出版社，2002.
[4] 道格拉斯·C.诺斯.经济史中的结构与变迁[M].上海：三联书店，1994.
[5] 马克思，恩格斯.马克思恩格斯全集（第12卷）[M].北京：人民出版社，1962.

在开放式国家创新体系中，政府是制度创新的核心主体，健全科技创新制度体系是制度创新的主要表现形式。制度创新主要通过推动国家科技计划对外开放、深化科技体制改革以及完善相关政策法规体系来实现。开放式国家创新体系中的主体要在全球实现创新资源的优化配置，其活动不仅会受到本国科技制度的影响，同时还会受到国际规则的制约。中国应积极增强国内规则和国际规则的协调性，对接国际规则体系。同时抓住国际规则修订的机会，主动参与国际规则的制定和修订，抢占科技制高点，提升中国参与全球治理的话语权。

7.1 创新主体：政府

在开放式国家创新体系中，制度创新的主体包括企业、科研院所、高校以及政府等。根据马克思对制度创新的分析，企业可以对生产和管理制度进行创新，高校和科研院所会对创新的制度进行研究，推动相关政策的出台。政府可以对信用制度、自由贸易进行立法，还包括社会制度的变迁等。制度创新学派代表人物戴维斯认为，制度创新的主体既可以是个人或团队，也可以是政府，他（们）采取完全自主、完全政府控制或者半自主半政府的形式开展创新[①]。在三个不同主体的制度创新活动中，个人和团队的创新活动会受到潜在利益集团的阻碍，制度创新会付出一定代价。而政府可以凭借统治者地位，不需要征求所有人的意见，推行制度创新。社会成员必须接受制度安排，否则将会受到一定约束或惩罚。因此，政府的制度创新具有优越性。根据产生的方式，制度创新涉及诱致性和强制性两种类型（林毅夫，1991）。前者是个人或团体在原有制度安排下无法获得获利机会，为增加获利机会而自发参与制度变迁过程，包括现行制度的变更、替换等；而后者一般由政府通过命令、法律等方式引入和实现制度创新。康芒斯认为，"可以将制度解释为集体行动控制个体行为"[②]。开放式国家创新体系的构建是一个复杂工程，涉及政治、经济、文化、科技等多个领域，需要政府制定科学合理的政策和制度体系予以保障。

---

① 刘红玉.马克思的创新思想研究[D].长沙：湖南大学，2011.
② 康芒斯.制度经济学[M].北京：商务印书馆，1962.

在开放式国家创新体系的制度创新子系统中，政府是核心行为主体。政府不直接从事科学创新和技术创新，但是会推动科学创新和技术创新。无论是科学创新还是技术创新，都需要与制度创新协调推进。比如产权不清、分配制度不合理、所有制结构单一等都会影响创新的成效。政府通过完善财税金融制度、科技制度以及产权制度等，为众多创新主体提供有效激励和稳定运行的科学创新以及技术创新的保障机制。

7.1.1 政府是国家科技计划的制定者

国家科技计划是一国政府针对科学研究和技术研究的顶层设计。为充分利用国内外创新资源，提升开放式国家创新体系的开放水平，各国政府会直接从国家科技计划入手，放宽对国外创新主体申报本国科技计划的相关限制，积极利用国外创新资源直接作用于本国的科学创新和技术创新，实现创新能力的提升。随着全球化深入发展，各国创新活动相互交叉融合。为充分利用国际创新人才资源、资金资源和技术设备资源，适度开放本国科技计划成为各国应对科技全球化的重大决策。作为亚洲著名研发集聚区，新加坡的成功因素之一是凭借多种科技项目聚集各国各层次学者。奖学金方案成为其科技局招募优质外国留学生的有效手段。国家研究基金（NRF）吸引了全球青年研究人员和创新团队。卓越研究中心（RCE项目）也从全球范围招聘顶尖学者作为中心科研项目负责人，充分发挥尖端科技人才的引领作用（詹正茂，2011）。我国国际科技创新合作专项"十三五"规划也明确指出"加大对外开放，构建面向全球的科技创新合作体系，加大国家科技计划（专项、基金等）的开放力度"。为集中全球科研资源攻克科研难题，借助外部科研力量提升本国科研实力，国家科技计划对外开放是大势所趋。尽管各国科技管理体制不同，但世界大多数国家对本国科技计划酌情开放。其发展趋势如下：

首先，各国政府根据自身科技进程、产业建设导向选择性开放国家科技计划。美国科技计划表现出深度开放特征，只有军事、敏感技术设置了保密门槛，农业部、卫生院、科学基金会等多数国家级科研项目都以开放立场吸纳人才。欧盟设置尤里卡计划、欧盟研究与科技发展框架计划、伽利略计划等跨国高技术研究与发展计划向其他国家开放。以色列科技计划对民间开放，但不允许外国政府直接参与。一些发展中国家出于带动自身科技发展的目的，在特定项目或特定领域选择开放合作。印度与法国、俄罗斯、乌兹别克斯坦等国建立科技中心，吸引外国研究机构和人员参与科学研究。部分发达国家根据本国科技需求，选择不同合作对象进行开放部分科技计划。德国看好北美、西欧基础研究能力，因此专门邀请其参与项目，并无偿分享科学设备，无论个体还是外资单位都有权申请参与，而同发展中国家的科研合作则聚焦于应用研究领域，主要涉及医疗药品、环境技术和信息通信技术等。

其次，国家科技计划开放领域主要集中在基础研究初期阶段，产业化阶段较少。美国虽然拥有高水平的科研开放层次，但是在应用研究方面，盈利可能性较高、商业价值非凡的项目不常开放。对于像生物医药等基础研究，美国则欢迎其他国家参与研发。2011年美国国立卫生院共有研究经费321亿美元，其中约85%经费用于开展国际科研活动。新加坡科研开放计划同样聚焦于接下来五到十年间或许有重大收获的基础研究领域。2020年新冠肺炎疫情爆发，对全球经济社会发展产生重创。在全球几次重大疫情期间，在SARS、H1N1、西非Ebola病毒及相关研究的国际合作上，美国皆扮演重要角色，但中国香港在SARS病毒研究上以及欧洲国家在Ebola病毒研究上也发挥关键作用。中国和美国作为全球两大经济体，开展科技合作是架构COVID-19研究国际合作网络的重要支撑。

最后，科技计划对外开放必须服务于本国经济发展。出于本国建设的诉求，大部分国家会对科技计划设置门槛，强调参与方应为本土学者或本土注册的科研单位，只有特定国际合作项目不包含在列。部分国家还会提出更严苛的资格筛选标准，需要和本国学者联名递交请求方可批准。美国规定，原则上为本国法人的科研组织才有资格直接参与此类活动，否则不予批准。日本对此强调，国籍并非日本籍时，工作岗位应为日本国内岗位，才会获得参与资格。德国规定，其他国家科研单位及学者如果有兴趣参与特定科研项目，申请时必须在德国有长期业务，且拥有可持续的研究开发能力。

7.1.2 政府是深化科技体制改革的主导者

科技体制改革是指在科技领域或科技相关的管理体制和运行机制的改革。科技体制改革将直接影响科技创新的成效。科技体制改革是一种制度变迁，是新的生产关系适应生产力的过程。马克思指出，生产力决定生产关系，当生产关系不适应生产力时，生产力要求变革旧的生产关系。在诺斯看来，制度变迁是更高效益的制度对旧制度的替代过程，在替代过程中，制度变迁能够带来生产发展、报酬递增，是经济增长的内生变量[①]。制度创新根据产生方式，可以分为自下而上的诱致性制度变迁（需求主导型制度变迁）和自上而下的强制性制度变迁（供给主导型制度变迁）两个基本类型。当制度成为技术创新的桎梏和瓶颈时，进行相应的制度创新就成为促进经济增长的突破口。科技体制改革是一种强制性制度变迁。有效的制度变迁会推动生产力发展，适时的科技体制改革也会激发科技创新的活力。每个国家会根据自身国情选择不同的科技管理体制。中国科学技术发展战略研究院根据政府和企业等创新主体在科技创新中的作用不同，将其分为三类：以日本为代表的高度集中型、以美国为代表的多元分散型、以欧盟为代表的分散与集中相协调型。政府和市场在创新活动中发挥的作用不同。新中国成立初期，我国实行高度集中的计划经济，科技管理体制僵硬，对外开放的力度有限。改革开放以来，为促进科学技术创新对外开放，政府一方面逐步恢复与主要国家的科技合作；另一方面不断深化科技体制改革，通过建立人才引进工作管理机制，加强对中外合办科研机构的管理，规范技术引进和吸收等工作，推动人才、资金和技术等创新要素不断开放。

7.1.3　政府是相关政策法规的实施者

高科技时代，科技创新对推动经济发展和社会进步的作用不断增强。政府需要干预科技创新实现对国家整体利益的维护。科学技术及其产出的知识作为一种公共产品，市场机制在调节时会出现失灵，政府需要通过政策干预调节，以保证创新资源的最优配置。因此，世界各国政府都十分注重通过建立科技创新政策法规体系来推动和规范科技创新活动。根据我国发布的《国家中长期科学和技术发展规划纲要（2006—2020年）》，为营造激励自主创新的环境，政府实施了十个方面的配套政策，包括财政投入、税收激励、金融支持以及政府采购等。诸多政策中，关于人才引进、财税金融扶持以及知识产权保护等相关方面的政策法规，将影响开放式国家创

---

① 道格拉斯·C.诺斯.制度、制度变迁与经济绩效[M].上海：三联书店，1994.

新体系中人才、资金、技术等创新要素自由流动,为科学创新和技术创新提供重要保障。

7.2 创新形式:健全科技创新制度体系

马克思从生产力与生产关系的视角,分析了科学创新、技术创新和制度创新相互作用的机理,提示我们应当不断提高对自然界和人类社会发展客观规律的把握,善于运用制度创新来推动科技创新,实现经济高质量可持续增长。开放式国家创新体系的制度建设从内容来看,包括科技制度、经济制度、政治制度和社会制度等。其中,科技制度直接作用于开放式国家创新体系,经济制度、政治制度和社会制度都是通过影响科技制度而间接影响开放式国家创新体系。本书重点研究科技制度创新。在开放式国家创新体系中,制度创新活动主要表现是政府为激励开放式创新出台的各项政策、法规和制度等,包括推动国家科技计划对外开放、深化科技体制改革和完善知识产权、金融扶持、税收减免等政策法规体系。任孝平等(2020)统计了"十三五"期间国家层面和部门层面出台的涉及国际科技合作政策共计96份文件[①],包括国务院出台的《全面加强基础科学研究》《中国制造2025》,农业农村部出台的《全国农业可持续发展规划(2015—2030年)》,国家发改委出台的《能源发展"十三五"规划》等,其中专项文件有《"十三五"国际科技创新合作专项规划》《积极牵头组织国际大科学计划和大科学工程方案》《发展中国家技术培训班管理办法》等。这些政策有力引导着我国开放式国家创新体系健康有序运转。

7.2.1 推动国家科技计划对外开放

中国国家科技计划主要有国家重点基础研究发展计划(973计划)、国家高技术研究发展计划(863计划)、国家科技支撑计划、国家重大科学研究计划以及包括星火计划、火炬计划在内的政策引导类计划。根据中国科学技术发展战略研究院的研究,国家科技计划对外开放是指各国政府

---

① 任孝平,等.我国科技创新政策中国际合作政策要素分析与研究[J]. 全球科技经济瞭望,2020(35).

开放式国家创新体系维度三：制度创新

为应对国际经济、政治、科技发展不断凸显的新趋势和新挑战，实现充分利用并整合全球科技资源以配合本国经济、科技和外交战略的目标，设计具体的国际科技合作计划，无论是外籍学者还是他国独立法人、外资科研单位，都可以介入国内科技计划项目的评估、申报和研究工作。从国家科技计划开放的主体看，主要考察是否允许外籍专家或国外研究机构参与国家科技计划课题和项目的评估工作，是否允许外籍专家或国外研究机构独立申请或者合作申请国家科技计划的项目与课题，并开展研究工作。为充分利用国外创新资源，提高开放式国家创新体系的开放水平，各国政府会从国家科技计划直接入手，放宽国外创新主体申报本国科技计划的相关限制，引入科研团队，直接作用于本国的科学创新和技术创新。

在我国，推动国家科技计划对外开放已经成为政府参与开放式国家创新体系中制度创新的重要抓手。改革开放以来，我国不断完善创新体系相关政策法规，并为开放式创新提供支持。刘云等（2022）梳理十一五、十二五、十三五期间中国创新体系国际化政策的基础上，采用"创新制度国际化—创新要素国际化—创新主体国际化"的政策分析框架，共收集相关政策文本356件，其中制度类是从政府角度出发，分为规划纲要类政策、决定及意见类政策、科技计划类政策，通过实施制度创新，助推企业和高校等研究机构实现科技创新国际化。创新制度国际化政策文本共计44件（其中规划纲要类23件、决定意见类7件、科技计划类4件、管理办法类10件）。资源类是根据创新资源流动性不同，分为技术国际化政策、投资国际化政策、人才国际化政策，致力于推动创新资源实现全球化。创新资源国际化政策文本200件（其中技术国际化类39件、人才国际化类106件、投资国际化类55件）。主体类是根据创新主体不同，分为企业研发国际化政策、高校及科研机构国际科技合作政策以及政府间科技合作政策，围绕创新主体的全球化理念给予支持。创新主体国际化政策文本112件（其中企业研发国际化类21件、政府间科技合作类78件、高校及科研机构国际科技合作类13件）[①]。

---

① 刘云, 张孟亚, 翟晓荣, 等.国家创新体系国际化政策协同关系研究[J].中国科技论坛, 2022(3): 176-188.

在44件制度类公共政策中,规划纲要占52%,科技计划占9%。在112件主体公共政策中,政府间合作类占70%。可见,国家科技规划和科技计划已经成为政府为推动创新国际化,进行制度创新的重要抓手。

表7-1 开放式国家创新体系相关政策按类型分布

维度	政策分类指标	政策检索的主题词	分类	数量	合计
创新制度国际化	国家对外开放的相关战略规划	国际合作(交流)、全球创新网络、创新体系国际化、国际科技组织、对外合作、国际科技创新、产业国际化、国际大科学计划和大科学工程	规划纲要	23	44
	实施国际科技合作的相关决定意见		决定意见	7	
	与国际科技合作的相关科技计划		科技计划	4	
	实施国际科技合作的相关管理办法		管理办法	10	
创新要素国际化	人才引进与输出国际化政策	人才引进、引进国外智力、引才引智、海外人才、人才派出、公派、国外高水平人才	人才国际化	106	200
	技术引进与出口的相关政策	技术引进、技术出口、国际技术转移中心	技术国际化	39	
	吸引外商在华直接投资和支持国内企业对外直接投资的相关政策	外商直接投资、吸引外商、对外直接投资、国际直接投资、对外投资	投资国际化	55	
创新	推动企业技术创新的国际化政策	跨国公司在华研发、跨国公司研发、跨国公司设立研发中心、跨国公司联合研发、企业国际交流与合作	企业研发国际化	21	112

续表

维度	政策分类指标	政策检索的主题词	分类	数量	合计
主体	加强政府间国际合作的相关政策	合作协定、合作协议、科学合作谅解备忘录、科技创新合作协定、研发合作协定	政府间科技合作	78	
国际化	推进高校和科研机构国际合作的相关政策	高校国际合作、科研机构国际合作、国际联合实验室、国际会议、创新科技国际联盟	高校及科研机构国际合作	13	

注：括号内数字代表该类政策文本件数。

1）国家科技计划对外开放的类型

与全球化一样，国家科技计划对外开放也具有双重性作用。一方面，通过开放，本国能够利用合作国充足的资金、先进的技术、高水平的科研人才，确保合作项目顺利完成，促进本国科研水平的提升。另一方面，开放也面临着科研成果被他国占用、科研人才被对方挖走、科技机密被泄露等风险。各国在提升对外开放水平的同时，考虑到维护国家利益，会酌情选择是否开放本国科技计划。按照开放程度不同，一国科技计划对外开放分为完全开放、有限开放和完全不开放三类。完全开放和完全不开放的国家都较少，绝大多数都是有限开放。根据张换兆（2011）研究得出，目前世界主要国家的科技计划对外开放情况如表 7-2 所示。

表 7-2　国家科技计划对外开放的类型

开放类型	开放的限制条件	开放国家
完全开放		哈萨克斯坦
完全不开放		丹麦、乌克兰等
有限开放	允许独立申请，但有限制条件	墨西哥、泰国
	必须有本国合作者	美国、以色列、韩国和挪威
	允许本国境内个人和科研机构独立申请，但成果使用有限制条件	日本、德国、瑞士、奥地利等

续表

开放类型	开放的限制条件	开放国家
	允许本国境内个人和机构合作申请，成果使用有限制	意大利
	允许合作形式参与	俄罗斯、英国、荷兰、新西兰等国家
	个别计划开放，成果使用有限制	加拿大、澳大利亚、希腊、西班牙等
	成立专项合作计划或者研究中心	印度尼西亚国际合作研究计划（RUTI）、印度与法国、俄罗斯等国家共同建立研究中心
	只对特定国家开放	法国、捷克

（1）完全开放。完全开放是为了最大限度利用国外创新资源，将本国科技计划全部开放，取消所有限制条件，对国外科研机构和个人采取本国国民待遇，设置同本土参与方一致的审核流程、资格条件，对其开放国际科技计划项目。根据中国科学技术发展战略研究院的分析，在30多个国家中，只有哈萨克斯坦采取完全开放，对境外的研究学者和研究机构采取同等国民待遇，鼓励参与哈萨克斯坦的科技项目研究。

（2）完全不开放。完全不开放是指本国科技计划只能由本国的机构和个人申报并承担，国外的科研单位和个人不能参与国家科技计划的项目研究。根据中国科学技术发展战略研究院的分析，在30多个国家中，完全不开放的国家有丹麦、乌克兰、罗马尼亚等，国家科技计划只对本国学者和科研机构开放。

（3）有限开放。有限开放是指根据本国科技发展需要选择性将国家科技计划对外开放，通过设置属地、合作、类别等限制条件对国家科技计划实施项目管理。

①属地限制。要求必须是在本国境内注册成立的科研机构才能申请和从事本国科技计划项目的研究。美国原则上非本国法人的研究机构不能直接申请此类项目。日本从就业地点方面设置门槛，强调参与本国科研计划的科学家如果是非日本国籍，需要有本地就业记录才可以申请。德国强调

其他国家个体、科研单位准备申请时必须在德国有长期业务，且拥有可持续的研究开发能力。

②合作限制。其他国家参与方只有找到存在合作意愿的本国研究单位或个体，同其联名申请才能获得批准。美国要求有合作方的国外研究机构以联名方式获取参与资格。以色列强调其他国籍研究人员必须在以色列有合作伙伴。加拿大只对外国科学家开放部分科研项目。

③类别限制。选择性对外开放部分科技计划项目。如挪威开放"国家功能基因组计划-FUGE"，吸引本领域世界尖端人才参与挪威项目研究。

④区域限制。如欧盟成员国之间的科技合作。将合作对象直接限制在欧盟成员国之内，其他国家无法参与。

⑤资金来源限制。以色列不准任何其他国家行政单位、科研院所对其科技项目进行直接投资操作，必须借助提供资金给以色列学者的方式，介入项目过程。因此它所批准的投资类型为间接投资。芬兰政府的科研支出不支持其他国家科研单位和个体，若其他国家介入时存在资金诉求，可通过本国特定部门领取费用。瑞典不允许其他国家行政性单位、研究类组织完成直接投资，不过若是存在瑞典境内的分支机构，可借助分支机构名义及渠道完成投资。

⑥科研成果使用限制。德国规定，科研成果需限于德国境内使用。奥地利强调相应知识产权归奥地利科研组织所有，且具体研究成果根据规定需限于奥地利本土转化利用。

2) 世界主要国家（地区）科技计划对外开放的情况

除完全开放和完全不开放两种极端情况外，绝大多数国家采取的是有限制条件的开放。目前包括发达国家在内的市场经济国家，都未彻底放开科研门槛，并在可开放项目方面设置参与门槛。世界主要国家科技计划对外发展情况如下：

（1）美国。美国国家级研究计划由各个主管部门管理。除军事安全等项目外，大多数科技计划不会因国籍限制而将人才拒之门外。从开放领域看，美国在基础科学领域的科技计划对外开放程度较高，特别是生物医药和能源科技领域。但当这些项目正处于应用研究状态并存在显著盈利潜质时，基本上就不会予以开放。美国科技计划开放的另一个重点领域是大科学研究，通过主导国际共性课题研究，如能源短缺、环境污染、全球变暖等项目研究，提前部署全球科技创新资源的布局，谋求全球经济发展格局的主导权。

（2）欧盟。欧盟科技计划的对外开放性基本针对成员国、第三国间而言。自成立之日起，欧盟为与美国、日本争夺技术优势，采取共同发展的策略，相继设置多份国家间科技合作计划，如尤里卡计划、欧盟研究与科技发展框架计划、伽利略计划等。此类计划执行时，参与国基本仍是成员国，不过也会通过招标、协议途径面向其他国家。现阶段国际领域规模最大、最为先进的官方科技计划便是欧盟研究与科技发展框架计划。从最近推出的第七框架计划来看，健康、食品、农渔业、生物技术等都被视作欢迎对外合作的研究领域，涉及课题都面向其他国家，还规定了第三国参与比重，一般需要2个以上第三国介入。

（3）日本。日本考虑到技术争夺战的严峻形势，为保护其优势不被削减，频繁向更有研发能力的个体、团队伸出橄榄枝，以期在第一时间获取科研成果，实现即时转化。日本政府提供科研经费的项目通常不对外，不过当其他国籍者以个体名义参与，且在日本当地就业，将有机会获得批准。开放内容涉及生物医药、资源勘探、核能开发等。同时，主导或参与国际大科学工程也是日本国家科技计划对外开放的主要形式。

（4）德国。德国的国家科技计划对外开放力度不大。德国设置合作条件作为门槛，直接获取参与资格或有关资金支持的待遇不面向其他国籍者。仅当其在德国登记、成立研发单位时，才有机会获取项目资金支持待遇。并且要求其分支单位必须同德国产生长效合作关联，具备延展性科研水平。只是将分支机构设在德国是不能获得参与资格的。另外，德国采取研究成果使用限制。要求研究成果原则上必须在德国利用。

（5）以色列。以色列的国家科技计划对外开放程度较高，科技计划项目对外国专家开放。研究经费和科研成果国际化特征凸显。以色列国际论文中有1/3的文章是通过国际合作完成，基础研究计划的项目经费有三成从境外取得。但是以色列不准其他国家行政性单位直接介入其项目，必须经由双边合作路径介入。再者，以色列不准其他国籍的科研院所、政府部门直接投资其科研项目，但可以通过资助本土学者的方式完成投资。

（6）中国。为充分利用全球科技资源，2000年中国制定了第一个国际科技合作发展纲要《"十五"期间国际科技合作发展纲要》，第二年首次在国家层面设立国家国际科技合作专项，在产学研领域充分吸引全球人才，升级自主研发水准，以此建构国际科技合作平台。作为国家科技计划体系中的重要组成部分，我国在开放环境下坚持互利共赢原则，国际科技合作取得突破性成绩，合作机制与模式不断创新，合作方式也从最初的人员交流和项目合作向"项目+基地+人才"战略转变。除设立国际科技合作专项外，我国尝试开放其他科技计划。目前中国与欧盟达成共识，欧盟的框架研发计划同中国的863计划、973计划等面向两国科研人员共同开放。

目前中国采取属地限制和研究成果使用限制相结合的方式，对国家科技计划进行有限开放。关于科研主体参与审核标准，2011年后我国才真正意义上面向外资科研单位。出台的《国家高技术研究发展计划管理办法》（2011年）、《国家科技支撑计划管理办法》（2014年）和《国家重点基础研究发展计划管理办法》（2011年）都指出，课题承担单位为在中国大陆境内注册、具有独立法人资格的高等院校、企业和科研院所等。2016年我国战略性国际科技创新合作重点专项明确要求申报时，中外机构可以合作申报，由此吸引了世界一流研发机构和顶尖人才团队参与中国科技计划研究。但境外合作方负责人要在其研究机构中承担高级职务，具有极强科研能力，享有国际学术声誉。在研究成果使用方面，各国通常强调以本土转化为第一选项。中国有关合作科技计划，需在文件中写明产权所属问题，863计划主张有关科研成果以本土转化为第一选项，其余计划则没有针对科研成果产业化提出精准要求。我国国家科技计划开放情况如表7-3所示。

表7-3 我国国家科技计划开放情况

计划名称	申请主体	合作规定	知识产权规定	成果使用
863计划[①]	我国大陆境内具有独立法人资格的高校、科研院所、内资或内资控股企业	严格执行国家外事经费管理规定，事先报项目总体专家或牵头单位审核同意	项目承担者拥有	优先在境内转化

① 863计划（国家高技术研究发展计划）是以政府为主导，以前沿技术研究发展为重点的国家性计划。

续表

计划名称	申请主体	合作规定	知识产权规定	成果使用
973 计划①	我国大陆境内具有法人资格的高校和科研机构	严格执行国家外事经费管理规定，事先报经首席科学家审核同意	按国家有关法规执行	
国家科技支撑计划②	具有独立法人资格的内资或内资控股企业、科研院所和高校	严格执行国家外事经费管理规定，事先报经项目组织单位审核同意	按有关规定执行	按有关规定执行
国际科技合作计划	我国境内成立、具有法人资格的科研机构、高校、内资或者内资控股企业	严格执行国家外事经费管理规定	按照合作协议约定确定知识产权的归属	
星火计划③	具有独立法人资格的企事业单位		符合鉴定条件的，可向有关部门申请成果鉴定	
民口重大专项	我国大陆境内具有独立法人资格的高校、科研院所、内资或内资控股企业	应当执行国家外事经费管理规定，制定国际科技合作方案	遵照有关规定	采取切实措施促进成果转化和产业化

---

① 973 计划（国家重点基础研究发展计划）是旨在解决国家战略需求中的重大科学问题以及对人类认识世界将会起到重要作用的科学前沿问题，面向前沿高科技战略领域超前部署基础研究的国家性计划。

② 国家科技支撑计划是面向国民经济和社会发展的重大科技需求，以重大工艺技术及产业共性技术研究开发与产业化应用示范为重点，主要解决综合性、跨行业、跨地区的重大科技问题，突破技术瓶颈制约，提升产业竞争力重点解决经济社会发展中的重大科技问题，为国民经济和社会发展提供有效支撑的国家性计划。

③ 星火计划（中国依靠科学技术促进农村经济发展的计划）是党中央、国务院批准实施、面向农村经济主战场的指导性科技开发计划。

7.2.2 深化科技体制改革

新中国成立初期,我国采取高度集中的计划经济体制,科技管理体制也较为僵硬,其主要特征表现为:人、财、物高度集中在政府手里,政府通过计划手段进行分配科技资源。这种高度集中的科研体制能在较短时间内形成我国独立自主的科研体系,在当时推动了我国经济建设和国防建设。但是这种科技体制逐渐不能适应中国经济发展。改革开放以来,中国不断深化经济体制改革,也大力推动科技管理体制改革,恢复了被迫中断的中国科技创新的开放工作。一方面,调整了科技外事工作归口管理体制。1996年之前,国家科学技术委员会牵头负责国际科技合作工作。1966—1976年,科研管理工作陷入分头管理的混乱局面:中国科学院接手国家科学技术委员会的工作,并管理与西方的民间科技交流。对外经济联络委员会负责管理与苏联等第三世界国家的科技合作工作。外交部管理参加国际科技会议有关事项。这种多头管理的格局既不利于统一对外,也不利于国家科研资源的统一分配。1984年全国科技外事工作统一由国家科学技术委员会负责,各地方政府也相应成立部门负责国际科技合作事宜。科技外事管理工作步入正轨。另一方面,调整了驻外科技机构管理体制。中科院将驻外科技干部的归口派遣工作移交给国家科学技术委员会。1978年《关于驻外科技干部派遣和管理由国家科委归口管理的通知》出台,中国开始在一些驻外使领馆设立科技处或科技组。中国先后在英、法、日、苏、捷、波等国使馆设立了科技处。从此,中国国际科技合作逐步恢复。开放式国家创新体系中人才、资金和技术等创新要素的开放度逐步加大。

(1)建立人才引进工作管理体制,加大鼓励留学力度,推动人才开放。为培养人才,我国逐渐加大"走出去"力度,加大留学生培养力度。1973年我国恢复接受留学生。1985年国家鼓励自费留学,2003年又进一步简化留学手续,这些制度改革极大吸引了优秀人才来到中国实施科技创新活动。同时,积极引进优秀人才。1983年我国先后发布《关于引进国外智力以利四化建设的决定》《关于引进国外人才工作的暂行规定》,并成立中央引进国外智力工作领导小组。后历经几次机构改革,国外智力工作领导小组的工作由外国专家局接手,负责为来华技术交流的外国专家服务,并承担部分聘请外国专家和派遣人员出国学习的工作。

（2）加强对中外合办研发机构的指导和管理，并推动办学开放。中国是人口大国，也是人才大国。外国高校和企业纷纷到中国开办研究机构。截至1997年全国已有外资合办研究机构50多个。为加强管理，1997年我国出台《关于设立中外合资研究开发机构、中外合作研究开发机构的暂行办法》，规范中外合办研究机构的流程、权利和义务以及风险防范等。同时，为加强国际合作办学，2003年我国发布《中外合作办学条例》，明确中外合作办学的政策框架。截至目前中国共有中外合作办学机构（项目）2469个，全方位、多层次、多形式的学生联合培养体系逐渐形成。

（3）加强规范技术引进和吸收工作，并大力推动中国科技产品和技术出口，助推技术开放。一方面，加强和规范技术的引进与吸收工作。我国先后出台了《技术引进合同管理条例》《中华人民共和国技术引进合同鼓励条例实施细则》《引进技术消化吸收工作条例》等规范技术的引进和吸收工作。另一方面，加强技贸结合，鼓励商品和技术出口。1986年国家科学技术委员会提出"科技外事工作要把推进中国科技产品和技术出口当作一项重要任务"。国家先后出台《关于加快科技成果转化、优化外贸出口商品结构的若干意见》《赋予科研院所科技产品进出口权暂行办法》等，提出要提高出口商品的技术含量和附加值，并对科研院所进行适当放权，鼓励外贸经营，支持高技术含量的商品走出去。

进入21世纪，我国开始注重从国家战略层面推动科技创新对外开放。2000年《"十五"期间国际科技合作发展纲要》明确提出，要提升国际合作层次，善于利用全球创新资源为我所用。2001年国家科学技术部设立国际科技合作专项经费，经费总额不断增长。2002年党的十六大报告明确提出，要"在更大范围、更广领域和更高层次上参与国际经济技术合作和竞争"。2006年国家科学技术部发布《"十一五"期间国际科技合作实施纲要》，明确提出国际科技合作要从一般性国际科技合作转向以需求为导向的国际科技合作，要通过政府引导，多市场主体共同参与，发挥"项目—人才—基地"的载体作用，采取"引进来"和"走出去"相结合的合作方式。如今，国际科技合作专项已经成为中国对外科技交流的重要平台。中国先后与161个国家和地区签订政府间科技合作协定，加入200多个国际科技组织。中国积极参与并牵头组织国际大科学计划和大科学工程，并不断加强对发展中国家的技术援助，科技外交影响力不断加大。

7.2.3 完善相关政策法规体系

对科技创新产生重大影响的除国家科技计划对外开放、科技管理体制之外，还包括相关政策法规体系。政策是正式制度的重要组成部分，由政策主体、对象、目标和手段四个因素构成。科技创新是一项高风险、高投入的市场活动，需要政府为其保驾护航。各国政府纷纷出台一系列配套政策，为高校、科研院所和企业营造良好的创新环境，间接作用于科学创新和技术创新。支持科技创新的政策法规体系主要包括：立法支持类、财税金融支持类和创新服务支持类。

1）立法支持类

立法支持是通过法律形式对科技创新予以保障。现行法律制度很多，其中对科技创新产生重大影响的是公司法和知识产权保护制度。因为产权制度是最有效率的激励机制之一，财产权利对于创新主体的激励具有重要的意义，人们创新的积极性与创新成果之间的产权关系有着重大关联。科技创新具有极强的正外部性，产权激励需要加强企业技术创新成果保护。一方面，要通过建立现代企业制度，鼓励企业通过产权界定，拓宽创新资金来源渠道。另一方面，要建立保护知识产权的约束机制，为企业的技术创新营造良好的法治环境。

（1）公司法。

从世界各国科技发展史来看，企业一直是技术创新的重要主体，是创新的资金投入者、风险承担者和创新成果的受益者。企业制度对企业技术创新影响深远。发达国家十分注重通过企业制度来激发企业自身创新积极性。现代企业制度是以企业法人制度为基础，以有限责任制度为特征，以公司制企业为主要形态的新型企业制度[1]。其主要特征是产权清晰、权责明确、政企分开和管理科学。企业制度的发展主要经历了三种形态：个人业主制、合伙业主制和公司化企业。在个人业主制和合伙业主制下，企业是依附于自然人的人格上运营。在自然人产权制度下，创新资金通常来源于资本家个人积累，额度不大，难以完成大规模创新。同时由于缺乏经验丰富的创新人才，开展创新活动也十分有限，更多表现为资本家偶然的个人

---

① 万君康.技术创新与现代企业制度[J].科技进步与对策，1996（5）.

冲动。在现代企业制度下，企业是独立法人，股东以其认缴的出资额为限对公司承担有限责任，能有效降低创新失败的风险。同时现代企业制度中产权清晰的特征，有利于企业建立多渠道融资方式，股东共担创新风险，共享创新收益。产权制度强化了资本集聚，能有效解决技术创新的资金问题。我国根据市场经济发展需求，先后多次修订《中华人民共和国公司法》，为建设开放式国家创新体系培育创新主体。在开放式国家创新体系中，企业全球化经营战略还形成了企业技术创新的强大动力和需求引力。企业从过去单纯的生产经营型转向创新型，要加速推动技术、商品和资本等创新要素的双向流动。

（2）知识产权保护法。

知识产权保护制度可以有效保护创新者在一定时期对创新成果的排他性独占权，激发创新者不断发明创造的热情。Mansfield（1993）分析得出结论：没有专利保护，60%的药品不能研究出来，65%不能被利用；化工发明，有38%不能研究出来，有30%不会被利用[①]。英国葛兰素史克制药公司在20世纪80年代推出一款特效胃药——雷尼替丁，每年可产生10多亿英镑的销售收入，但是其专利在美国的保护到期后不到半年，雷尼替丁在全球的销售额就急降1/3。世界各国先后通过技术合同法、专利法、知识产权法、商标法、著作权法等，建立了一个涉及多方面、多角度的法律体系，营造了尊重知识、鼓励创新的法治环境。

（3）其他相关法律法规。

开放式国家创新体系的良好运行需要良好的法治保障。美国非常注重利用法律保障促进本国科学技术发展，颁布的各种政策和法案都是致力于促进知识在各部门之间顺畅流动。1980年美国颁布《大学和中小企业程序法》，努力构建公共部门和私有部门之间合作桥梁，以此提高美国企业竞争力。1984年美国《合作研究法》对企业之间的合作研究做出相关规定，致力于减少因企业间联合与合作而触犯反垄断法律的情况，进一步规范企业创新阶段前的研发合作。此外，为促进技术扩散，美国相继推出为中小企业提供关键技术先进项目计划和制造推广伙伴计划等。日本早在2000年

---

① E Mansfield. The economics of technical change[M]. Edward Publishing Limited, 1993.

便率先提出了"知识产权立国"战略，国有 R&D 机构执行独立行政法人制度。2002 年日本出台《知识产权战略大纲》与《知识产权基本法》，重点推动知识产权的有效使用。2005 年日本开始实施《知识产权高等法院设置法》，促进大学及 R&D 机构的知识创新。改革开放以来，中国政府一直倡导依法治国。为促进科技创新，我国先后出台《科技成果转化法》《科技进步法》《科技普及法》《关于促进科技成果转化的若干规定》《国家科学技术奖励条例》《农业技术推广法》《计量法》《标准化法》等多部与科技相关的法律、法规和实施细则等，为科技创新保驾护航。

2）财税金融支持类

通过财税金融类政策对符合条件的企业进行激励，鼓励企业主动创新而不是迫使企业创新，可以很好地保持政府的中立性，企业创新主体地位得到很好保护。正是基于这些优点，世界各国都将财税金融类政策视为鼓励企业自主创新的有效宏观调控方式，具体包括财政专项补贴政策、政府采购政策、税收优惠政策等。

（1）财政专项补贴政策。各国政府通过设立专门的政府机构或部门，筛选出符合条件的创新企业进行激励。美国成立"中小企业创业研究基金"，要求国家科学基金会与国家研究开发经费的 10% 要用于支援中小企业的科技创新。中国也设立了科技型中小企业技术创新基金，扶持中小企业创新活动。我国根据经济社会发展需求先后设立一批科技计划（专项、基金等），包括国家自然科学基金、国家科技重大专项和重点研发项目等，科技投入不断增加。

（2）财政低息贷款。创新活动是一项高投资、高风险的市场活动。企业，特别是中小企业在创新中面临资金不足难题，即使申请到商业贷款，利息成本也比较高。美国分别设立技术创新奖励项目和技术转让奖励项目，通过财政补贴方式支持企业技术创新和技术转让活动。

（3）政府采购政策。为鼓励企业自主创新，各国政府确定采购自主创新产品目录，在采购时会优先选择本国高技术产品。我国政府明确指出，国产设备采购比例在国家和地方政府投资的重点工程中，不得低于总价值的 60%。采购国外产品时，要优先采购向我方转让技术的产品。

（4）财政担保政策和金融扶持政策。政府出资成立信用担保机构为中小企业解决融资难问题。美国的企业局为企业提供国际贸易贷款担保、出口风险担保等多种担保。日本政府出资认购企业为充实自有资本而发现的股票和企业债券。

（5）税收优惠政策。世界各国为鼓励企业较大科技创新投入，对企业的创新活动予以税收减免。美国《国内税收法》规定，只要企业研发经费较去年有新增，就可以获得相应的退税。我国对不同阶段企业实施不同税收减免政策。投资未上市的初创科技企业，天使资金可以享受投资额 70%抵扣应纳税所得额的优惠。为鼓励制造业企业加快研发步伐，促进产业升级，从 2021 年起制造业企业研发费用加计扣除比例提高到 100%。

3）创新服务支持类

科技创新的成功离不开健全的社会创新服务体系。信息中心会定期为企业提供最新科技动态，并为企业提供咨询等服务。科技服务中心或孵化器会为高新技术企业提供资金、场地、交流平台等服务。2014 年国务院发布《关于加快科技服务业发展的若干意见》，提出要积极培育一批拥有知名品牌的科技服务机构和龙头企业，增强服务科技创新能力，基本形成覆盖科技创新全链条的科技服务体系。

7.3 国际规则对开放式国家创新体系的影响

开放式国家创新体系中的主体要在全球实现创新资源的优化配置，其活动不仅会受到本国科技制度的影响，同时会受到国际规则的制约。国际规则是约束跨越国界的主体从事各项活动的行为规范。这些主体既包括国家，也包括参与国际贸易的企业和个人。国际规则的约束主体超越了国界，是国家、企业和个人在国际交往中必须遵守的制度。马克思、恩格斯在《共产党宣言》《德意志意识形态》等著作中多次谈到交往，指出交往既包括内部交往也包括民族交往和国际交往。人与人之间、部落与部落之间、民族与民族之间的交往规则成为后来国际规则的萌芽。国际规则是在国家与国家之间在交战、贸易以及其他交往形式中逐渐形成的。有效的国际规则能够降低国家间交易的成本，促使国际合作的达成。

7.3.1 影响开放式国家创新体系建设的主要国际规则

与开放式创新有关的主要国际规则包括国际专利制度、国际标准制度等，国际投资贸易协定中也往往会包含相关条款。

1）国际专利制度

专利是受国家认可并进行法律保护的专有技术，作为企业的无形资产，具有稀缺性和不可取代性。拥有专利的企业通过竞争优势可以获得超额利润。专利制度是授予创新者在一定时期对创新成果享有独占性和排他性权利，其他市场主体必须通过专利权人的授权许可后才可以使用。它既能有效保护创新者权益，激发创新积极性，同时能通过授权实现技术有偿扩散。因此，专利制度是鼓励创新的基本制度和有效制度。建立专利制度的主要目的是鼓励创新，促进本国产业发展。《德国专利法》《英国专利法》都对技术的实用性提出要求。通常情况下，一国的专利制度只在本国有效，受本国法律保护，具有一定的地域性。随着经济全球化快速发展，国际贸易中各国互相申请专利，检索审查和授权程序烦琐。世界主要国家积极推动专利制度在全球的协调配合，相继缔结一系列国际条约，统一申请标准和流程，希望某一些国家或国际组织的审查结果，能够被其他国家承认，从而减少重复申请、重复审查、重复授权等流程，也节省企业申请专利的时间，早日得到法律保护。国际专利制度出现统一化趋势。《与贸易有关的知识产权协议》（TRIPS协议）要求统一各国专利授权的主题、授权范围和基本标准。《专利法条约》（PLT）制定专利申请的统一标准，规定取得申请日的要件和程序。这些规定不断推动各国专利制度的形式和要件逐步实现统一。而《专利合作条约》（PCT）和专利审查高速公路（PPH）则有助于实现一体化的国际申请程序。PCT由世界知识产权组织管理，各成员国共享申请程序，申请人只要在一个国家提出PCT申请，就达到向世界各国提出专利申请的效果。PCT最初对13个成员国生效，目前在全球已经有152个缔约国。2006年日本特许厅和美国专利商标局联合实施专利审批高速公路试验（PPH）。以美国申请为基础的专利在日本申请时，日本特许厅可以直接使用美国审查结果。同样，以日本申请为基础的专利继续在美国申请时，美国专利商标局也可以直接承认日本的审查结果。这种国际合作极大提高了审查效率，美国和日本开展专利审查高速公路合作后，日本向美国提出的专利申请的平均授权率从53%增长到93%。自此到2019年初，PPH参与专利申请的数量已经达到48个。目前我国国家知识产权局开展的专利审批高速公路项目有28个。

这些国际专利制度对各国开放式国家创新体系的建设产生重要影响。但是专利保护本身具有两面性。有效的保护可以激发市场主体的创新激情，但是过度保护会形成技术垄断，对创新造成负面影响。过于严厉的专属制度可能会提高内控成本，打击创新合作者的积极性[1][2]。后来者在前人基础上进行消化吸收再创新，需要支付巨额的费用才能成行，这可能成为创新的拦路虎。比如，半导体行业的新进入者需要向专利所有者缴纳2亿美元购买授权[3]。专利的拥有者可能会成为扼杀创新的自卫者。在全球创新网络中，发达国家利用技术领先优势居于主导地位，国际专利制度也成为他们获得全球专利保护的利器。目前世界大部分知识产权掌握在发达国家手里，申请专利的数量比发展中国家多。世界94%的三方专利归OECD成员国拥有[4]。2018年上半年中国在共建"一带一路"国家申请专利2759件，美国、日本和德国分别申请了22 350件、6558件和4021件，是中国的8倍、2.4倍和1.45倍[5]。国际专利制度不仅为发达国家带来了巨额的经济利益，同时借助知识产权的藩篱，阻滞了先进技术在发展中国家的传播，不断强化发展中国家对发达国家的依附关系。对于发展中国家来说，国际专利制度成为外国发明在本国取得专利垄断权力的手段，会挤压本国科技创新的空间。发展中国家应正确认识国际专利制度对本国科技创新的双重作用，积极研究对策。

2）国际标准制度

标准是技术的组合，技术主要影响产品，而标准则影响整个产业。根据其使用范围，标准可以分为企业标准、行业标准、国家标准以及国际标准等。国际标准的形成主要有两个渠道。第一种是当一国国内标准具有一

---

[1] Lichtenthaler U. The drivers of technology licensing: an industry comparison [J]. California Management Review, 2007, 49(4): 67-89.
[2] Chesbrough H W. Bringing open innovation to services[J]. MIT Sloan Management Review, 2011, 52(2): 84-90.
[3] 熊一舟.专利制度影响科技创新[N].社会科学报，2015-09-10.
[4] 刘辉峰.从PTC申请和三方专利指标评价中国海外专利申请实力[J].科技和产业，2017（7）.
[5] 国家知识产权局规划发展司.专利统计简报（总第231期）[EB/OL]. [2018-07-23]. http://www.sipo.gov.cn.

定技术领先优势，得到世界绝大多数国家的认可后，在国际交往中被反复运用，逐渐成为国际标准。这种情况下，国内标准成为国际标准的重要来源。世界各国积极推动本国标准被国际接受，意欲成为行业标准的制定者，这不仅会带来巨额经济利益，而且会提高本国参与国际治理的话语权。美国克林顿政府就积极部署互联网标准战略，小布什政府直接提出要让美国标准成为世界标准。本国产品或技术标准的国际化不仅给日本带来了300亿日元的经济价值①，对英国、法国和德国的经济增长贡献率也分别高达12%、23%和27%。目前美国每年高达13万亿美元的国际贸易受到标准化影响，占全球贸易的80%②。第二种是通过国际条约的方式确立国际标准制度。目前，国际上主要标准制度由三大国际标准组织制定——国际标准化组织（ISO）、国际电工委员会（IEC）和国际电信联盟（ITU）。ISO是全球性的非政府组织，为促进商品和服务的国际交换，在全球范围内促进标准化形成。目前，ISO已经发布了2万多个国际标准，涉及质量管理标准、环境管理标准、食品安全管理标准以及医疗设备标准等诸多领域。IEC作为世界最早的国际电工标准组织，主要促进电工标准领域的国际合作，已覆盖166个国家，影响世界98%的人口。ITU是联合国主管信息通信技术的专门机构，与全球的行业专家、各国重要部门定期商讨如何完善技术规范。世界各国不断强化在国际标准制定方面的话语权。美国政府为美国国家标准协会ANSI提供充足资金，助推用美国标准去整合国际标准。日本经济产业省工业标准调查会投资巨额资金制定日本标准化发展战略。

在全球科技竞争日益加剧的今天，能否掌握国际标准的制定权，成为衡量一国综合实力的重要指标。主要国家积极参与ISO管理体系，美国、英国、法国和德国四个国家占世界各国承担ISO秘书处总数的65%（见图7-1），并担任ISO、IEC主席或副主席等重要领导职务。中国参加国际标准化活动虽取得一定进展，但是与英国、美国等国家相比，仍然存在一定差距。

---

① 王金玉.国外标准化战略及其对我国的影响[J].标准科学，2002（10）.
② 支树平.新常态下国家质量技术基础建设研究[J].质检改革情况交流，2016(1).

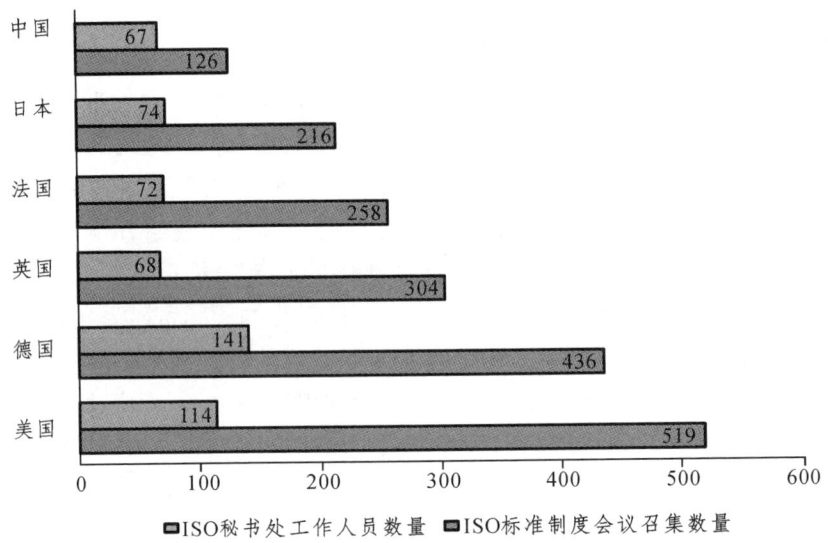

图 7-1　ISO 主要成员国贡献值排名

资料来源：国际标准化组织（ISO）。

3）国际投资贸易协定中的相关规定

随着世界贸易不断发展，技术和服务贸易所占比重不断增加。世界相关贸易组织都很看重知识产权的转让。WTO出台相关细则保护知识产权，提出最低标准，并鼓励加大保护力度。TPP协定中对知识产权的保护范围更大、专利授权的客体对象更广。TPP规定，无论是技术领域还是产品或工艺，对满足新颖性、创造性和实用性标准的发明都可以进行专利授权。已有产品的新形式、新用途或者新实用方法也可获得专利授权。此外，TPP对专利保护的期限更长、侵权处罚力度更大。由于这些国际组织的成员国遍及全球，这些规定将对国家层面的开放式创新产生重要影响。

7.3.2 相关国际规则变化趋势

全球化的快速发展对国际规则提出新的要求，国际专利制度和标准制度也不断修订，国际科技合作呈现出新的变化趋势。

（1）开放性不断增强。规则开放成为世界各国迎接全球化、参与国际合作的重要手段。国际专利制度和标准制度以及国际投资贸易协定中关于知识产权的相关条款,都充分体现开放的特征。国际专利保护对象不断扩大,计算机软件和基因等新的客体逐步成为专利保护的范畴。国际标准制度涉及的领域也从最初的电工、电信行业逐步扩展到新材料、航天技术等产业,并开始进入咨询、旅游等服务业。国际规则全球化趋势不断增强,影响创新的学科领域和国家范围也在不断扩大。这些国际规则的实施破除了不同国家之间申请专利的程序障碍,降低了创新要素在国际流动的交易成本,有效推动了国际科技合作。发达国家和发展中国家的创新开放度得到有效提高,科技资源能在全球实现优化配置。

(2)规则的制定和修订日益频繁。随着全球化背景下国家之间科技合作不断加强,产品生命周期越来越短,技术革新速度越来越快,相应对国际规则的修订提出新的要求。各项国际规则修订和完善日益频繁。

(3)一些技术领先的西方国家可以通过国际规则进一步强化优势,将国际规则作为推行贸易保护主义的手段。国际规则存在巨大影响力,拥有话语权的一方可以通过申请专利将本国标准国际化等措施,合理保护本国产业发展,不断形成技术垄断优势,并将国际规则视作贸易保护主义的利器,对发展中国家实施打压。近年来,发达国家以中国出口的高技术产品涉及侵犯知识产权为由,予以制裁的贸易纠纷不断增加。2018年的中兴事件和中美贸易战均是美国以涉及知识产权保护为由对中国进行的贸易保护主义手段。

7.3.3 对中国建设开放式国家创新体系的启示

国际规则的变化促进创新要素全球流动,加快了创新的速度。创新只要在一国实现突破后,可以利用国际规则很快在全球转化为竞争优势。各国日益重视创新,通过建设开放式国家创新体系提高国际竞争力。中国不仅在国内逐渐完善法律体系,而且在全球范围内积极加入重要国际知识产权公约,是知识产权国际规则的坚定维护者、重要参与者和积极建设者。但是发达国家通过制定国际规则获得国际贸易的主动权。发展中国家要与其交易,必须接受相关规则。这些严苛的标准,一方面阻碍了技术的外溢,另一方面也让发展中国家付出巨额的经济代价,增加了科技创新的难度。国际规则的开放性日益增强已是大趋势,我国要积极主动参与国际规则的制度和修订,使国际规则朝着有利于我国的方向发展。具体而言,需要做好以下工作：

（1）加强国内创新政策与国际规则的协调性，推动规则开放。在国际规则发展变革中，起主导作用的是发达国家。中国作为全球化参与者，遵守国际规则是基本原则。为避免不必要的贸易争端，维护公平竞争的市场环境，我国要积极推动国内创新政策向国际规则靠拢。首先，尽量避免采用直接的财政刺激政策，减少对不同所有制的差别政策，减少对科技创新的直接补贴，将补贴转向普惠式税收奖励，营造公平公正的创新环境。其次，通过增加对高校和科研院所等的研发资金投入，加大对科学创新的扶持力度。减少对企业产业化环节的补贴，避免政府直接干预技术创新，与国际通行做法接轨。再次，大力实施负面清单制度，放开市场准入。加大对服务业放开的力度，允许外资进入。通过规则开放推动形成全面开放新格局。最后，运用好国际规则，在国际贸易中加强对我国企业知识产权的保护。

（2）整合相关部门职能，及时追踪国际规则变化。创新速度的加快导致国际规则不断修订，及时追踪最新变化，可以帮助国内创新主体少走弯路。目前，我国创新规则由不同部门负责。国家知识产权局负责专利制度，国家标准委员会负责标准制度，科技部和教育部等负责国际科技合作。相关规则的变动虽在及时追踪，但是没有进行有效整合，并及时发布。因此，政府应该牵头建立部门合作机制，及时追踪国际规则最新变化，并定期进行梳理总结，发送至各省市科技部门、高校、科研院所以及企业协会等，让创新主体第一时间了解最新国际规则动态，以作调整应对之策。

（3）积极主动参与国际规则的制定和修订。国际规则制定的主动权已经成为大国竞争的焦点。中国作为世界第二大经济体，要抓住修订国际规则的机会，扩大中国在国际组织中的影响力，提升中国在全球创新网络的话语权。一方面，要鼓励企业走出去，积极参与国际产业技术创新联盟，积极参与行业内国际标准的制定，提升在相关领域的国际地位。另一方面，要利用大国地位广泛参与国际组织的活动，发挥成员国应有的作用，提升大国影响力。

8 中国开放式国家创新体系研究

创新是一国前途和命运的关键所在。在经济全球化背景下，借助外部资源实施创新成为大势所趋。开放式国家创新体系不仅是企业层面和产业层面实施开放式创新的重要软环境，更是世界经济持续增长的重要驱动力，也是中国实现"两个一百年"宏伟目标的实施路径。中国历来重视创新，也是对外开放的受益者。开放式国家创新体系将成为新时代中国推动创新驱动战略和形成全面开放新格局的重要举措。

本章采取定性分析和定量分析相结合，从中国开放式国家创新体系发展的四个阶段、构建的三个维度进行质的说明，分析当前中国开放式国家创新体系在科学创新、技术创新和制度创新中存在的问题，同时对中国开放式国家创新体系最重要的特征——开放性进行量的测度，并进行国际比较。本章还分析了当前逆全球化现象对我国开放式国家创新体系的冲击。

8.1 发展历程

历经了多年的探索，中国完成了从封闭式的科研生产体系到开放式的国家创新体系的转变。中国作为后发追赶型国家，回顾其发展历程不难发现，开放式国家创新体系的发展历程紧密依托于国民经济的开放进程。在改革开放之前，中国照搬苏联模式，实行的是较为封闭的科研生产体系。随着改革开放进程的不断推进，传统的科研生产体系逐渐调整和深化，致力于强化创新系统中要素的互动，增强开放性。随着创新理念的深入人心，中国的开放式国家创新体系与国际上其他国家创新体系联系更加紧密，互动更加频繁，在引进科学技术、开展跨国合作、进行科技创新方面实现质与量的飞跃。中国已经成为各国争相合作的伙伴，逐渐发展成为国际的科研中心。国内很多领先企业已经进入跨国研发阶段，通过开展国际合作获得国外先进的科学技术和尖端人才，国内丰厚的待遇也吸引了大量留学生和海外移民纷纷回国工作，很多发达地区正在打造区域性的开放创新体系，苏州工业园区成为全国首个开放创新综合试验区域。

OECD（2008）按照创新政策的演进，将我国创新分为孵化阶段（1975—1978年）、实验阶段（1978—1985年）、科研系统体制改革阶段（1985—1995年）、深化改革阶段（1995—2005年）、转变为以企业为主体的创新系统阶段（2005年以后）[①]。易继明（2004）将中国近代的国际科技合作分为三个阶段。第一个阶段是自鸦片战争签订的《南京条约》到建立中华民国时期。第二个阶段是自中华民国成立到中华人民共和国成立时期。第三个阶段是从1949年新中国成立起至今，又分为五个小阶段，分别是：1949年新中国成立至1960年中苏关系恶化；1960年中苏关系恶化至1966年"文化大革命"开始；1966年"文化大革命"开始到1976年结束；1976年到1993年《中华人民共和国科学技术进步法》颁布；1993年至今[②]。不同时期我国国际科技合作的重点和方式各不相同，如表8-1所示。

表8-1 新中国成立以来我国国际科技合作主要历程

时间	主要方式
1949—1960年（新中国成立到中苏关系恶化）	接受苏联和东欧国家的技术援助为主，建立第一座实验性原子反应堆和回旋加速器等
1960—1966年（中苏关系恶化到"文化大革命"开始）	苏联撤走专家、撕毁合同后，中国与日本等开展民间学术交流。同时与古巴、埃及、印度等国签订政府间双边科技合作协定
1966—1976年（"文化大革命"期间）	1971年联合国恢复中国合法席位，中国与美国、日本、法国和加拿大等国开展科技交流活动。1972年"四三"（43亿美元）引进方案。1973年恢复接受来华留学生

[①] 刘云，叶选挺，杨芳娟，等.中国国家创新体系国际化政策概念、分类及演进特征[J]. 管理世界，2014（12）.

[②] 易继明.近代以来我国国际科技合作史略述[J]. 科技与法律，2004（2）.

续表

时间	主要方式
1976—1993年（科技进步法颁布）	除政府间合作与交流，民间科技交流开始活跃。中美之间确定了400个合作项目，涉及24个科研领域。中日确定了27个项目的合作，涉及13个领域；中国与俄罗斯（前苏联）恢复了科技合作关系，合作不断深化
1993年至今	合作方式从初期的学术交流、引进设备和技术等，逐渐发展为双方联合创新、合资经营，并向科、工、贸一体化方向发展

程如烟（2008）将改革开放以来我国的国际科技合作历程（见表8-2）分为三个阶段：1978—1985年，全面恢复阶段；1985—2000年，全面发展阶段；2000年至今，国际科技合作取得双赢局面。[①]

表8-2 改革开放以来我国国际科技合作演变历程

时间	战略举措
1978—1985年（全面恢复阶段）	确定该阶段国际科技合作的具体方针，加大引进人才，驻外机构增设科技处，调整科技外事工作的归口管理
1985—2000年（全面发展阶段）	提出《1986—2000年科技发展规划》，规范技术引进工作；加强对合办研究开发机构的指导和管理；加强知识产权保护；决定加入国际科技组织
2000年至今（互利共赢阶段）	设立国际科技合作专项经费。从国家战略层面上推动国际科技合作，一方面积极参与国际大科学研究，另一方面加强对欠发达国家的技术援助

刘云等（2015）将中国创新体系国际化开放历程分为四个阶段：引进来为主阶段（1978—1984年）、引进为主向追赶转型阶段（1985—1994年）、追赶阶段（1995—2005年）、追赶向自主转型阶段（2006年至今）[②]。本书在前人研究基础上按照运行模式和不同时段开放的重点，将中国构建开放

[①] 程如烟.30年来中国国际科技合作战略和政策演变[J].中国科技论坛，2018（7）.
[②] 刘云，叶选挺，杨芳娟，等.中国国家创新体系国际化政策概念、分类及演进特征[J].管理世界，2014（12）.

式国家创新体系分为四个阶段，如图 8-1 所示。

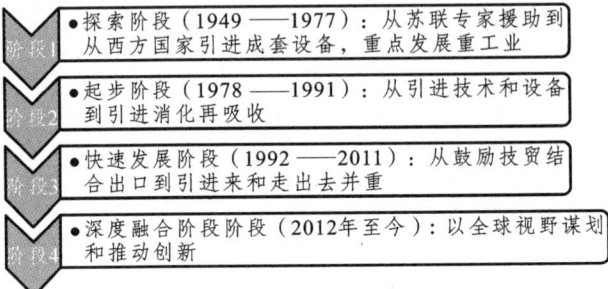

图 8-1　中国开放式国家创新体系的发展阶段

8.1.1　探索阶段（1949—1977 年）

新中国成立初期，国力薄弱，百业待兴。华北 150 万名党员中有 130 万名是文盲或半文盲，从业人员中科技人员不足 5 万人，其中不到 500 人专门从事科学研究，全国只有 30 多个独立科学研究机构，科技成果寥寥无几[①]。当时我国科研设备短缺，科技创新基础几乎为零。西方国家对中国实行封锁和禁运，受当时国际环境和国家政策影响，中国对外开放主要以接受苏联等东欧国家援助为主。中国学习苏联赶超型经济发展战略，以封闭的计划经济体制优先发展重工业，并从苏联大量引进科技人才和技术设备。1949 年 8 月，刘少奇因公到访莫斯科，访问结束后成功引进 200 多名高级的经济和科技人才。新中国成立初期，中苏双方就高端人才问题达成合作共识，苏联政府应遵照中华人民共和国中央人民政府的要求委派相关人才到中国的企业及机构工作。自双方协议签订后，大量的苏联专家开始涌入中国。据中苏文档记载，1950—1953 年，先后到中国支援建设的苏联专家有 1000 多名，带来的科学文献和技术资料重达 600 吨。20 世纪 50 年代中国从苏联引进的技术设备总投资为 73 亿元，同时期从东欧各国引进的技术设备总投资 29.3 亿元，总金额合计 102.3 亿元，按当时的汇率折合成美元，共计 40.4 亿美元[②]。

"一五"计划期间（1953—1957 年），苏联对新中国工业领域的 156

---

① 张登义.中国科学技术事业的光辉成就[J].管理现代化，1989（12）.
② 陈东林.20 世纪 50—70 年代中国三次大规模对外经济引进[J].上海行政学院学报，2004（6）.

个项目实施了援助。这 156 项工程涉及钢铁、航空、建材、纺织、通信、工具、交通运输、兵器等领域，相继建成鞍山钢铁公司、沈阳飞机制造公司、成都发电厂、红光电子管厂、中科院近物所、新疆医学院等。从选择厂址、设计方案、提供设备、指导建筑安装和开工运转，直到新产品的出炉，苏联重点提供了技术资料援助。156 项最后实际施工 150 项，这些项目的成功实施，标志着建成了中国第一批大型现代化企业，大幅提高了中国的重工业和国防力量的竞争力，弥补了中国在重金属领域如高级合金钢、矽钢片、复合不锈钢板、无缝钢管以及先进的军事领域如喷飞机、坦克、枪械、雷达等的技术空白，初步奠定了中国工业化的基础。据统计，1949—1960 年苏联先后派出 18 000 多名专家来到中国，这对新中国经济恢复至关重要。同时，中国还输送大量的知识分子到苏联学习，前后派遣共近 4 万名留学生赴苏，江泽民、李鹏等国家领导人都曾在这一时期赴苏学习。

1958—1962 年我国实行第二个五年计划时，苏联专家把重点放在对中国军事力量的提升上，特别是中国薄弱的核武器建设。中国引进千名经济高级人才分布在中国的国防企业以及与国防相关的部门和机构中，少数分布在冶金、化工和水电领域，而传统的粮食、纺织业等部门没有引入苏联专家。20 世纪 50 年代后期，中苏在"长波电台""联合舰队""人民公社"等一系列事件中产生分歧，很快影响到专家援助政策。1960 年 7 月 16 日，苏联政府无故单方面中断了双方的 600 多个项目合作，包括专家合同 300 多个，科技合同 200 多个。1960 年 7—9 月，苏联把在华的 1300 多名专家全部撤回本国，从此不再委派人才赴华。这些专家在撤离时，把全部的设计图纸、计划方案等相关资料带回国，并停止向我国供应大型的建设设备，导致大规模的急需设备减少，加上各种关键配件供不应求，造成了当时 200 多个企业和事业单位的建设停滞不前，处于瘫痪状态。我国的经济建设深受重创，承受巨大损失，科研创新被迫开始走向自主创新。在党中央和国家领导人的关怀下，邓稼先、钱学森等大批优秀的科技工作者自力更生、奋发图强，向尖端技术进军，取得了"两弹一星"等辉煌成果，1965 年中国领先于其他国家人工合成了牛胰岛素结晶，创造了辉煌的历史。这时期的科研生产采取的是封闭式。政府按照国家经济社会发展和国防安全需要主导创新活动，从资源投入到创新过程，都严格按照计划进行。

企业和个人为了完成政治任务而进行创新活动，创新收益不完全归创新主体所有，创新失败的风险由国家承担。这种国家主导的创新体系能在短时间配置有限资源，开展国家重大科技创新活动，高效率完成创新任务。但是，这种模式同计划经济体制一样，具有明显的弊端。这具体表现在，由于创新风险和创新收益主要由国家承担，因此企业和个人缺乏创新的积极性。同时，由于创新主体积极性不高，创新的紧迫性和时效性不强，可能会影响实际创新效果。

这一阶段国家层面的开放式创新的主要特征表现为从苏联专家援助到从西方国家引进成套设备，重点发展重工业。20世纪60年代，中苏关系破裂后，许多前期开展的项目被迫终止，中国与东欧国家的科技合作交流大幅度萎缩。中国开始与日本、古巴、埃及、印度尼西亚等国家签订政府双边合作协定。1966—1976年，中国科技对外交流基本中断，仅仅与美国、加拿大等国家有科技交流活动。为调整我国产业结构，1973年开始中国从西方国家引进43亿美元成套技术设备（"四三"方案），主要引进美国的彩色显像管生产技术和成套设备、英国的三叉戟飞机、使用外汇贷款购买新型船只组建船队远洋等。大量先进技术的引进和人才的引用，增强了中国的基础工业的发展实力，特别是石油、冶金产业，为20世纪80年代中国经济的飞速发展奠定了良好基础。

8.1.2 起步阶段（1978—1991年）

改革开放初期，国民经济处于恢复阶段，急需借鉴国外经验和先进技术，国家在扩大经济对外开放的同时，加强国际科技合作。在以邓小平为代表的领导小组英明决策下，对外开放程度进一步加深，同时启动全新的开放计划。1978年3月，全国科学大会通过了《1978—1985年全国科学技术发展规划纲要》，鼓励引进海外优秀科学家来中国交流经验，鼓励驻外机构加大科研工作力度，增加技术人员赴外学习、进修、考察的机会，积极参加各种国际学术会议等活动。同年8月，全国第一次科技外事工作会议召开，提出全面开展对外科技活动。1978年我国开始在英、法、德、日四国使馆先后设立科技处，随后不断增加驻外网点数量，加大驻外机构的科技调研工作力度。中国开始大量购入欧美和日本先进机器设备。仅1978年就同外国签订了22个大型项目，金额高达78亿美元。为充分利用国外资源，中国加大改革力度,从过去单方面强调自给自足、自力更生,转为提倡通过大幅借贷解决资金缺口问题。过去只引进技术设备,而现在充分利用外资,创办中外合资企业。过去实行借贷发展而现在发行海外外债,并提出旨在增加出口创汇以缓解外债压力为目的的特区的构想。1981年起,为配合国际科技合作工作,科技外事工作从原来的外交部、对外经济联络委员会等多头管理统一调整为由国家科学技术委员会协调负责。1988年成立国务院引进智力工作领导小组,建立引进人才工作管理体制,1993年机构改革,此项工作交由国家外国专家局负责。国际科技合作初具雏形,到80年代中期,中国已与80多个国家和地区开展科技交流合作。

这一阶段国家层面的开放式创新的主要特征表现为从直接引进先进设备和成熟技术到鼓励引进消化再吸收,提高自主创新能力。1979—1984年,我国实施了936项技术进口合同,技术进口合同金额累计达到62.3亿美元。1984年中国实施沿海城市开放战略,首先开放大连、北海等14个沿海城市。中国开放创新的技术战略开始从引进技术转变为引进投资与引进技术相结合、引进技术与消化吸收相结合。我国设立国家自然科学基金、863计划、攀登计划、火炬计划等,鼓励科研人员在引进技术的同时,消化再吸收,促进科研成果产业化发展。1983—1985年,国家投入30亿美元重点引进3000项先进技术对现有企业进行技术改造。1986年国务院专门出台《引进技术消化吸收工作条例》,并启动"引进技术消化吸收重大项目计划",对彩电、数控机床、啤酒生产线、服装加工设备、气流纺纱机、出口船与远洋船设备、合成氨工艺设备、煤炭采掘机组、水泥窑外分解技术、特殊钢连铸、电力与内燃机车制造等12个重大项目,引进消化再吸收,取得较好的经济效益。与此同时,为保护科研人员创新积极性,我国建立知识产权制度。1982年8月,我国颁布《中华人民共和国商标法》。1985年我国开始实施专利法。1990年9月,我国通过《中华人民共和国著作权法》,为引进技术和自主研究开发提供了法治保障。

8.1.3 快速发展阶段(1992—2011年)

1992年邓小平同志南方谈话开启了中国对外开放的大门。企业作为市场主体,面临巨大竞争压力,必须重视技术创新,通过创新实现经济效益。各地方政府和相关部门在开展国际科技交流合作时,开始注重技贸结合,实现科技经济一体化。为调动科研院所参与国际科技交流的积极性，1993年国家科学技术委员会联合对外经济贸易部发布了《赋予科研院所科技产品进出口权暂行办法》，近100家科研院获得了外贸经营权。次年2月国家科学技术委员会、体改委联合发文《适应社会主义市场经济发展，深化科技体制改革实施要点》，提出要以市场经济为发展目标，科技合作与对外贸易要良性互动，带动科学研究院和科技型企业走向国际化。1994年国务院批转了《关于加快科技成果转化、优化外贸出口商品结构的若干意见》，提出提高出口商品技术含量和技术附加值的重要举措就是科技成果产业化。2001年外经贸部逐步降低了申请自营进出口经营权的门槛，鼓励开展国际技术交流活动，推动科技产品出口。国际科技合作从单纯的讲座、座谈、展览、设备引进、人才培养转变到通力研发、联合制造、共同经营等，逐渐实现科工贸一体化。

这一阶段国家层面的开放式创新的主要特征表现为从鼓励技贸结合的出口到引进来和走出去相结合。一方面通过引进跨国企业，鼓励他们在华设立研发中心，加强与本土企业科研合作，提升本土创新能力。另一方面支持企业和科研院所走出去，在海外设立研发机构或产业基地，并提高出口产品的科技含量。2001年中国正式加入世界贸易组织（WTO），面临更多机遇和挑战，中国初步建立互利共赢、全方位、多层次、宽领域开展合作的国际科技合作战略。为促进开放式国家创新体系建设，2000年我国制定《"十五"期间国际科技合作发展纲要》，2001年科技部颁布《国际科技合作重点项目计划纲要》，成立国际科技合作专项办公室，专门负责国际科技合作专项工作。国际科技合作专项经费主要投向国家科技、经济、社会发展和国家安全领域，积极调动全球科技资源，大力发挥产学研的优势力量，引导、组织和支持产学研积极参与国际科技合作与竞争，向更大范围、更广领域、更高层次提升，解决国民经济、社会发展、民生改善和国家安全领域的重大科技问题。2006年《"十一五"期间国际科技合作实施纲要》提出，合作载体要向"项目—人才—基地"整体转变，合作方式要实现"引进来"和"走出去"两条腿走路。"十一五"时期，政府促成国际科技合作计划项目计1728项，涉及金额达43.75亿元。国家以"人才+项目"的方式引进一批创新创业领军人物数千名。

在"引进来"的同时,中国坚持与"走出去"相结合。中国不仅更深层次参与全球科技合作与竞争,同时也为解决区域和全球性重大科技问题做出了突出贡献。一方面,中国积极实施科技援外工作。自2001年之后的九年间,国家相关部门开办了超过300个发展中国家技术培训班,近6000名管理和技术人员参加培训,很多人成为本国科技和国防领域的佼佼者,为国家建设贡献力量。同时,我国积极履行大国责任,援助巴西建设地球资源卫星;援助南非数据接收站,让非洲人民也可以免费获得卫星数据,促进了非洲农业发展,并开展环境监测,该项目成为南南合作的典范。另一方面,我国积极参与甚至牵头组织了一批前沿性国际大科学计划和大科学工程。2006年7月,我国正式启动第一个由中国政府倡议制定的国际大科学工程研究计划——"中医药国际科技合作计划"。同年11月,由中国、欧盟、美国、日本、韩国、俄罗斯、印度共同参与的国际热核聚变实验反应堆计划(ITER)正式启动。中国科学家首次领衔的重大国际科技合作计划"人类肝脏蛋白质组计划"也取得了重大进展。中国在人类基因研究、环境监测系统、地球空间双星探测计划等项目收效颇丰。

8.1.4 深度融合阶段(2012年至今)

2012年5月,我国出台《关于加快培育国际合作和竞争新优势的指导意见》,目标任务中首次提出要构建开放型创新体系。国家大力支持跨国公司和科研机构在我国设立研发中心,扩大我国参与国际大科学计划、大科学工程的范围和力度,鼓励我国科学家和科研机构积极参与全球重大科技问题合作研究,并借助开展对外科技交流的契机,逐步加深科技创新合作在政府间战略合作中影响力,促成双边、多边和区域科技合作。2012年11月,党的十八大报告明确指出,要学会利用全球观谋划和创新,力求从原始创新、集成创新到引进消化吸收再创新实现能力全面提高,落实协同创新理念。"十三五"规划明确提出,五大发展理念是社会发展的指导思想,创新发展和开放发展的深度融合就是创新驱动发展与实现高水平开放的协同推进。2016年《国家创新驱动发展战略纲要》再次将"全方位推动开放创新"作为与体制改革、环境营造、资源投入并重的战略保障之一,中国开放式国家创新体系建设进入新时代。

在经济全球化的影响下,科技创新合作的全球化已成为世界科技发展的重要途径。中国积极融入全球科技创新大环境，多层次、多形式、全方位、深度融合的国际科技合作新局面基本形成。在这阶段开放式国家创新体系的构建呈现以下特征：

（1）科技创新从跟跑进入领跑、并跑、跟跑并存阶段，一部分领域领跑、并跑地位突出。党的十八大以来，我国科技成果大量涌现，从深空、深海到深地、深蓝，飞天、入地、下海、上网，我国在基础研究、应用技术、高科技研发等方面，科技突破全方位出现，蛟龙、天眼、悟空、墨子、慧眼、量子反常霍尔效应、铁基高温超导、外尔费米子、暗物质粒子探测等一批重大、原创的科技成果相继产生。在一些重要领域，中国已经成为全球创新的引路人。我国在全球多极化创新版图占据一席之地，并日益发展壮大，向主动布局和全方位融入全球创新网络方向迈进。

（2）主要创新指标进入世界前列，中国成为创新型大国。从研发投入看，2014年中国研发经费投入强度（在国内生产总值占比达到2.02%），首次突破2%，成为创新型大国。2021年全国共投入研究与试验发展（R&D）经费2.79万亿元，研究与试验发展（R&D）经费投入强度为2.44%，目前中国研发经费投入总量仅次于美国，居世界第二位。从科技产出看，中国的国际论文数量全球第二，国际合作论文数量全球第三，PCT专利申请总量全球排名第一。中国科学家相继获得诺贝尔生理学或医学奖、拉斯克奖、瑞典皇家科学院爱明诺夫奖，国际量子通信奖、世界杰出女科学家奖等一大批国家科技奖项，国际影响力日益扩大。我国科技进步贡献率也由2012年的52.2%上升到2020年的60%，国家创新能力的排名也不断上升，排全球第12位，在中等收入群体组别排第一。在科技资源方面，中国科技人才资源数量世界第一、理工科大学生毕业数量世界第一。2016—2019年，中国出国留学生251万人，学成回国留学生占80%，达201万人。2020年新冠肺炎疫情后国内疫情管理效果更好，成为留学生选择回国首因，2021年海外留学生回国人数将首次超过100万人。企业创新主体地位显著增强。企业的研发投入、研究人员和发明专利在全社会的比重都超过70%。从全球研发投入最高的2500家企业排行数据中看，中国有376家在榜单内，排行第三。值得一提的是，2021年我国独角兽企业数量301家，仅次于美国。据《世界知识产权指标2021》（WIPI）报告显示，2020年中国以45.7%的世界专利申请量、54%以上的全球商标申请量以及55.5%的世界外观设计量名列世界第一。

（3）国际科技合作从量的积累向质的飞跃、从零散合作向统筹集成转变。新中国成立前我国参加的国际科技组织仅有10个。1950—1977年累计达70个，1978—1993年达850个。目前，中国同161个国家、地区和国际组织达成了科技合作意向，签订了114个政府间科技合作条款，成为200多个政府间国际科技合作组织的成员，向全球70多个驻外使领馆派驻了约150名科技外交官，构建了高效的政府间合作联系网络。

（4）国际科技合作从"被动跟随、服务辅佐"向"主动布局、支撑引领"转变，科技外交和科技创新开放合作取得重要成效。

①为配合国家战略和外交政策，我国相继组织大型多边科技合作活动。"一带一路"国际合作高峰论坛、金砖国家领导人厦门峰会、G20杭州峰会都聚焦科技创新，分别召开G20科技创新部长大会、清洁能源和创新使命大会等。中国分别与联合国开发计划署、经济社会理事部签订了科技创新合作和科技创新促进可持续发展合作的备忘录，促成科技部、中央网信办等部门"库布齐沙漠论坛""科技创新促进可持续发展研讨会""世界互联网大会"的会议成功举办。我国加强与其他国家在科技创新、可持续发展、互联网创新和治理方面问题的交流，传播中国模式、中国智慧和中国经验。

②政府间科技合作机制不断深化。按照"一国一策、精准施策"思路，我国加强国别战略总体设计，与主要创新大国科技合作日益深入。比如在以色列、英国等国家建立副总理级别的科技创新合作机制；同美国、欧盟、俄罗斯等国家成立了十大创新对话机制；同非洲、东盟、南亚、阿拉伯国家以及拉美国家建立科技伙伴关系；发布中德创新合作《德国战略》；与英国政府联合发布《中英科技创新合作战略》，双边科技创新合作更具特色。

③启动实施"一带一路"科技创新合作行动计划。中国与共建"一带一路"国家积极开展科技人文交流、共建联合实验室、科技园区合作、技术转移等活动，收获颇丰。中国资助沿线国家8300余名青年科学家来华开展科研工作，培训学员18万人次，启动建设33家"一带一路"联合实验室，建设5个国家级的技术转移平台。与8个国家建立了官方的科技园区合作关

系，与东盟、南亚、中亚、阿拉伯、中东欧等国家和地区共同建设技术转移中心、创新合作中心，区域技术转移协作网络初步形成。

④国际大科学计划和大科学工程获得了重大突破。中国积极参与国际热核聚变实验堆、平方公里阵列射电望远镜、地球观测组织、国际大洋钻探计划等国际大科学计划和大科学工程，提高了中国参与解决全球重大科技问题的能力。在深入调研和广泛征求意见的基础上，聚焦全脑介观神经联接图谱、三极环境与气候变化等方向开展组织国际大科学计划和大科学工程总体方案研究论证，中国出台《积极牵头组织国际大科学计划和大科学工程方案》，提出"三步走"战略目标：截至2020年，要形成3~5个项目雏形，选择并启动1~2个作为我国牵头组织的国际大科学研究，初步形成工作机制；截至2035年，要形成6~10个项目雏形，启动培育成熟项目，提升我国在部分科技领域的竞争力；到20世纪中期，培育若干项目，启动培育成熟项目，增强我国原始创新能力，在国际科技创新治理体系中发挥重要作用，真正成为创新型强国。

⑤积极融入全球创新网络，中国逐渐成为世界研发中心。跨国公司在华投资设立研发机构达1800家，多位中国科学家担任重要国际科技组织领导职务。目前，科技部先后共认定国际创新园31个、国际联合研究中心210家、国际技术转移中心45家和示范型国际科技合作基地443家，构建了多层次、多形式的国际科技合作新格局。中国专利全球布局能力显著增强，与23个国家和地区签订"专利审查高速路"协议，设立中国企业知识产权海外维权互助基金和海外知识产权信息平台，为企业"走出去"提供支撑。支持企业在海外设立研发机构，仅2016年中国公司就在全球成立了9家新的海外研发中心，总投入达2.24亿美元。其中，大量"互联网+产业"的创新成果走出国门，走向国际化。

⑥结合本国需求和国际科技发展趋势，我国在不同时期国际科技合作领域侧重点不同。结合任孝平等[①]阶段划分和近日科技部公布的国家重点研发计划政府间国际科技创新合作以及港澳台科技创新合作重点专项的项目申报指南，改革开放以来，我国国际科技合作专业领域从传统领域延伸到生物医学、环境科学、地球科学、应用物理、先进材料等领域（见表8-3）。

---

① 任孝平，杨云，李子愚，等. 我国科技创新政策中国际合作政策要素分析与研究[J]. 全球科技经济瞭望，2020，35(12)：58-67.

创新成为经济增长的首要驱动力已经成为世界各国的共识。新形势下推动建立开放式国家创新体系是建立以合作共赢为核心新型国际关系的重要方式，也是中国积极融入全球创新网络、参与国际治理的有效途径。

表 8-3　不同时期我国国际科技合作重点专业领域

阶段	合作领域
第一阶段 （1978—1985 年）	传统领域
第二阶段 （1986—2000 年）	生物技术、空间技术、信息技术、自动化技术、激光技术以及新材料、新能源等
第三阶段 （2001—2008 年）	能源、医学、水资源、环保、新材料、先进制造、生命科学、纳米技术、空天技术、海洋技术、基础学科等
第四阶段 （2009—2016 年）	农业、能源、交通、信息通信、资源、环境、海洋、先进制造、新材料、航空航天、医药健康、防灾减灾
第五阶段 （2017 年至今）	健康和生物医学、环境科学、农业、清洁能源、应用物理、地球科学、先进材料和先进制造技术、信息通信、人工智能和大数据、空间科学和天文学、生物技术等

8.2　创新活动

高校和科研院所、企业以及政府作为重要创新主体，在开放式国家创新体系中，分别通过科学研究国际化、研发国际化以及健全科技创新制度实现科学创新、技术创新和制度创新。

8.2.1　以高校和科研院所科学研究国际化为核心的科学创新

1）发展情况

我国科学研究国际化与国家政治、经济、文化发展息息相关。新中国成立以来，以高校和科研院所为主体的科学研究国际化发展经历了两个阶段：全盘吸收苏联的教育管理模式，改革开放后全面调整，不断拓展。

（1）新中国成立之初到改革开放前夕：全面吸收苏联的管理模式。

坚持开放办学一直是我国发展教育、文化、科技事业的重要方向，是我国高等教育国际化的指导方针。在《论十大关系》中毛泽东提到，要有批判地学习其他民族和其他国家的长处。新中国刚成立，面对西方国家的包围和封锁，我国政治上采取与苏联结盟的方式，高等教育和科研院所也主要与苏联、波兰、罗马尼亚等社会主义国家进行交流。向苏联等国学习成为当时中国对外学术交流的主要特征。1949年10月，全国第一次教育工作会议明确提出，要借助苏联教育建设的先进经验[①]。借鉴苏联教育体制，中国对旧的教育体制进行了改革。在教学内容上，通过大量引进苏联高校教材，并翻译成中文投入使用。1951—1957年仅人民教育出版社翻译出版的苏联教育书籍就有303种，共发行1262多万册[②]。在教学方法上，借鉴苏联教学方式，形成以课堂教育为主，以讨论、实验为辅的教学模式。同时将苏联作为人才交流的主要目的地。一方面，引进苏联教育专家，帮助提升中国高校教育水平。1950—1952年先后有5位专家任我国教育部顾问。1950—1957年先后有750名苏联专家到中国高等院校进行教学或指导工作。另一方面，通过前往苏联留学、进修等多种方式培养人才。20世纪50年代中国赴海外留学的学生共9000多人，其中前往苏联的就有8163人，占留学生总数的88%[③]。相关资料显示，1949—1960年苏联专家共为中国培养了近20 000名的讲师，占当时中国大学教学人员的1/4左右，其中在中国培训了17 000名，在苏联培训了1700名[④]。

中苏教育交流是中苏两国关系的晴雨表[⑤]。20世纪60年代，苏联开始推行霸权主义，中苏友好关系走向破裂。苏联单方面撕毁同我国签订的专家和科技合同，从中国撤走并停止派遣专家，对中国经济建设造成巨大损失。"文化大革命"期间，中国与苏联等国科技交流全部停止。直到1978年，中国开始全面恢复向国外派遣留学生的工作，高校等学研界对外交流重新步入正轨。

（2）改革开放之后：全面调整、不断拓展。

改革开放以后，为充分利用国际国内两种创新资源，国家逐渐放松对

---

① 廖盖隆.新中国编年史（1949—1989）[M].北京：人民出版社，1989.
② 高奇.中国教育史研究[M].上海：华东师范大学出版社，1994.
③ 丁玲.中美大学国际化实践及发展趋势研究[D].武汉：华中科技大学，2012.
④ 张柏春等.苏联技术向中国的转移(1949—1966)[M].济南：山东教育出版社，2004.
⑤ 顾宁.冷战年代中苏教育交流的启示[J].世界历史，2004（4）.

高等院校、科研院所国际交流合作的管制，出国留学、中外合作办学、开展国际科研合作等成为推动我国科学创新的重要方式，创新活动国际化向纵深方向发展。

1973年7月，我国恢复自1966年以来中止的接受留学生工作，人才国际交流开始活跃。1978年7月，教育部出台《关于加大选派留学生的数量的报告》，揭开了改革开放以来中国人才国际交流的序幕。1985年国家鼓励自费留学，2003年国家简化留学手续，国家开始逐渐放松对人才流动的管制，联合办学、出国留学、引进留学生和引进高层次人才等科研人员国际流动快速兴起。中国已经成为世界上最大的留学生来源地之一。2007年为推进高水平大学建设，落实人才强国战略，政府拨款实施"国家建设高水平大学公派研究生项目"，加快培养各行业拔尖的创新人才。同时高校开始实行《青年骨干教师出国研修项目》等公派留学计划，通过多样化方式选拔人才去海外知名大学学习或者科研机构进修，越来越多的教师走出国门，留学深造。

中国高校引进外国优质学术资源的重要途径是中外联合办学，合作培养高质量人才。1898年我国第一个官方批准授予外国学位的中外联合办学项目成立——美国俄克拉何马州城市大学与天津财经大学合作的工商行政管理硕士项目。1993年政府出台《关于境外机构和个人来华合作办学问题的通知》，用于加强对外合作办学的规范管理。政府先后颁布了《中外合作办学暂行规定》《中外合作办学条例》，明确了中外合作办学的政策框架，中外合作办学开始在国内外大规模兴起。截至2021年，经教育部批准和备案的各层次中外合作办学机构和项目近2400多个，其中本科以上机构和项目近1200个。从合作双方看，外方主要是美国、澳大利亚、加拿大、日本等科技及教育先进的发达国家，中方主要是如北大、清华、复旦、同济等知名高校，"985工程""211工程"高水平大学举办项目占项目总数的16%。地域分布呈现不均衡特征，中外合作办学主要集中在北京、上海等东部沿海地区，中西部地区主要集中在省会城市。以四川为例，截至2017年四川大学已与34个国家和地区的268所大学和研究机构建立了交流合作关系，与美国、澳大利亚、加拿大等33个国家和地区的214所国际知名大学构建了全方位、多层次、多形式的学生联合培养体系。

"走出去"办学日益成为我国教育对外开放的重要内容。2004年政府投资在韩国首尔设立以教授汉语和传播中国文化为宗旨的非营利性公益机构——"孔子学院",目前中国已在全球 140 个国家(地区)建立 511 所孔子学院和 1073 个中小学孔子课堂,致力于传播中华文化。我国高校在近 50 个国家开办了 100 多个不同类型和层次的境外办学机构和项目。高校和科研院所等学研界通过参加国际学术交流、共建实验室以及参与国际科研合作等方式,创新成果不断涌现。中国学者发表 SCI 论文数量排全球第二,PCT 专利申请总量排全球第一,中国作为知识创新大国地位不断提升。

2)存在问题

(1)科研活动以应用研究和实验发展为主,基础研究经费占比较低。基础研究是创新活动的源头活水。没有强大的基础研究投入,科技强国将是空中楼阁,没有根基。1883 年美国著名物理学家亨利·奥古斯特·罗兰在美国科学促进会(AAAS)年会上曾以中国重视应用科学而轻视纯科学为反面案例,呼吁美国大力发展"纯科学"。一百多年过去了,中国加大了基础研究的投入。如图 8-2 所示,2019 年中国 R&D 经费投入总量为 22 143.6 亿元,R&D 经费投入强度为 2.23%,再创历史新高,其中基础研究经费比重首次突破 6%,但是相比美国、瑞士、法国来说,比重仍然偏低。中国在基础研究投入力度不够,导致在重大原始创新方面成果不多,核心技术、关键环节被西方国家"卡脖子"现象仍然存在。

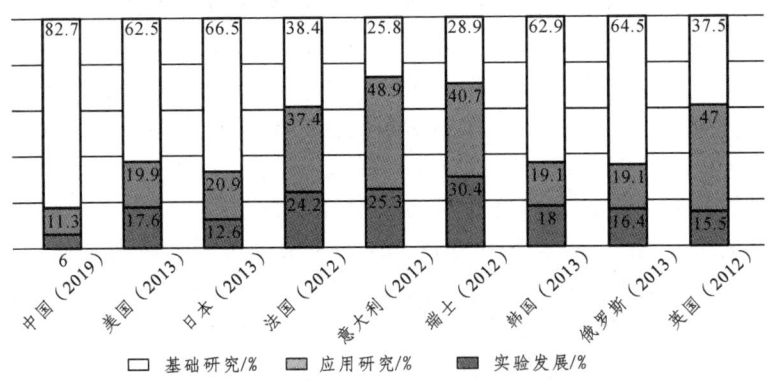

图 8-2　主要国家三大科研活动经费占比

(2)国际合作以交流知识和信息为主,实质性项目合作较少。目前我国高校和科研院所在开展的国际科研合作中,主要形式是考察访问和出席国际会议,知识和信息成为国际交流主要对象,而通过具体科研项目进行技术合作的活动不多。从表 8-4 可见,我国国际科技合作项目从 2010 年的

66 637项增加到2019年的124 799项。但是按照项目划分,在出国项目中参加国际会议占比最大。在来华项目中,考察访问有14 656项,占比最高。而合作研究在出国和来华项目中比重远远低于国际会议和考察访问的比重。可见,我国开展的国际科技合作只停留在人员交往,访问考察等浅层面,实质性的科研合作不多。

表8-4 我国开展的国际科技合作项目按项目分类(2010—2019)

	项目	2010	2013	2014	2015	2016	2017	2018	2019
按出国项目分	合计	40 572	56 047	68 159	72 103	75 311	73 324	122 776	92 362
	考察访问	8 316	9 743	9 773	11 136	11 986	11 258	19 763	15 396
	国际会议	17 549	26 173	31 810	34 794	35 061	32 535	57 747	42 950
	合作研究	5 575	8 522	11 809	12 123	13 679	14 922	20 507	16 977
	培训	2 635	3 202	4 496	2 954	2 929	2 851	6 537	7 833
	展览会	487	533	688	472	558	387	1 128	906
	其他	6 010	7874	9 583	10 624	11 098	11 371	17 094	8 300
按来华项目分	合计	26 065	26 517	30 369	28 061	26 078	30 149	60 103	32 437
	考察访问	10 382	11 722	9 751	9 595	8 222	9 667	25 145	14 656
	国际会议	5 342	4 834	4 211	3 548	3 030	3 725	7 384	4 803
	合作研究	6 655	6 865	10 696	9 751	10 921	11 712	17 653	8 559
	培训	1 425	1 252	1 995	1 199	984	1 278	2 114	1 963
	展览会	116	261	139	99	106	116	152	354
	其他	2 145	1 583	3 577	3 869	2 815	3 651	7 648	2 102

资料来源:国家统计局,2020年科技统计年鉴。

(3)科研活动以政府间的固定交流为主,主动开拓的科研合作不多。除高校对外联合办学的外事权不断扩大外,科研院所受到体制影响,主要承接政府间或国际组织主导的自上而下的项目。但是主动对接市场需求，积极寻找国际科技合作伙伴，开展国际合作的项目较少。

（4）科研合作产出成果质量有待提高。一方面，科研合作成果虽然多，但是拥有自主权的不多。中国PCT专利申请全球第一，但是重大的专利发明较少，很多核心技术掌握在外国人手里。另一方面，国际科研合作论文数量多，但被引影响力不高。2011年至2021年（截至2021年10月）中国科技人员共发表国际论文336.59万篇，论文共被引用4332.28万次，均排在世界第2位，仅次于美国。但是中国平均每篇论文被引用次数（12.87次）与世界整体篇均被引用水平（13.66次）仍有一定的差距。在22个发表科技论文超过20万篇的国家（地区）中，中国排在第16位，落后于瑞士、荷兰、英国、美国等国家。中国"985工程"高校与北美大学联盟AAU（哈佛大学、麻省理工学院等62所著名研究型大学组成）、罗素大学联盟Russell（剑桥大学、牛津大学等24所英国著名研究型大学组成）相比，国际合作论文发表数量和被引影响力也显著较低。

（5）开放水平有待进一步提高。人员交往中，真正实现为我所用的外国科研人才不多。国际上知名的科研机构通常会广聚天下英才，为我所用。德国马普学会固定科研人员中41%来自其他国家。美国国立卫生研究院外籍研究人员占到20%，硅谷科技人员中56%是海外移民。日本理化所从事研究的外籍人员达30%左右。法国巴斯德研究所从事研究的外国学者占总人数的31%。同时，中国现有2200多所大学，独立的科研机构数量达3700多所，国家重点实验室数量超过330所，将近20 000家大中型企业设有科研机构①，但担任主要负责人的很少有外籍科学家。中国设立的国际科技奖项数量很少，对全球科研评价体系的布局不够积极主动，与中国作为科研大国地位极不相称。

（6）大科学研究是巴斯德象限的科学研究国际化表现，中国虽然广泛参与国际大科学研究，但深度不够，影响力不足。主要表现在：

①从国际大科学工程和计划的参与广度来看，中国参与项目并不多。国际科技合作主要看中对方的科研实力和科研资源。中国作为典型的追赶

---

① 徐芳，张换兆.开放创新的新趋势、新特点及我国的策略[J].全球科技经济瞭望，2016(11).

型国家，科研实力并不领先，发达国家与我国合作主要看中中国丰富的自然资源以及在资源环境领域的研究优势，因此中国参与的大科学国际合作研究主要集中在全球变化、生态、环境、生物和地学领域，其他方面参与不够。在大多数科研项目合作中中国处于从属地位，部分高科技项目对中国严格管制。美国连续多年以知识产权337条款对中国发起调查。2018年美国再次以301条款调查为由对中国实施贸易战。西方发达国家出于国家安全和政治外交等考虑，在空间科学领域和地面天文学领域，并未让中国参与国际科研合作。至今为止，中国尚未加入国际空间站和国外建造望远镜项目。20世纪90年代以来，全球具有代表性的51项大科学国际合作研究计划中，我国参与其中的只有20多项，占总项目的40%，与作为世界第二大经济体的地位不符。

②从国际大科学工程和计划的参与深度来看，国际科技组织总部设在中国的数量比重低，中国科学家在国际组织任职比例不高，仅有少数担任领导层职务，面临"只开会、不开口，有座位、没地位"的尴尬局面，在国际科技交流中影响力不够。现阶段中国参与的大科学工程和计划所分担的科研活动，仅限于数据维护或者一般形式的交流互访，实质参与程度不深。以我为主的国际科学计划很少，我国筹划的国际科学计划难以得到响应。

③从国际大科学研究的国际合作产出结果看，我国与发达国家差距较大。以中国参与国际大科学工程和计划的国际合作论文情况为重点分析指标。国家科技评估中心基于参与机构数不少于30个、参与作者数不少于100人的多作者论文数据，分析了中国参与大规模国际科研合作的情况。2006—2015年，全球共发表多作者论文4976篇，贡献最大的是美国，中国排在第9，其中54.7%的多作者论文（2724篇）有中国的贡献。从学科领域看，中国参与国际大科学研究的多作者论文主要集中在物理学领域，占比89.4%。参与欧洲核子中心CERN的ATLAS和CMS两项研究发表的多作者论文最多。国内机构中，发表多作者论文最多（超过1000篇）的科研机构是中国科学院和中国科学技术大学。从论文质量看，上海交通大学合作发表的多作者论文被引影响力最高。2020年中国发表的国际论文中，作者数大于1000、合作机构数大于150个的论文共有219篇。作者数超过100人且合作机构数量大于50个的论文共计485篇，涉及的主要学科均与物理学

相关。

当前我国主动参与一些国际科技组织,但是国际影响力有待进一步提升,中国参与国际大科学计划和工程的广度与深度相比美、欧、日等发达国家差距甚远。

8.2.2 以企业研发国际化为核心的技术创新

1) 跨国公司在华研发

改革开放初期,中国以巨大的国内市场、丰富的原材料、廉价劳动力吸引外商直接投资。近年来中国通过投资环境的优化和投资政策的完善,已经成为世界第二大吸引外商投资国。2021年中国实际使用外商直接投资1.1万亿元。新设外商投资企业6.1万家,这些外资企业积极参与中国科技创新,仅2016年承担我国重点研发计划的外商独资企业就有15家,占当年企业总数(560家)的2.7%[①]。世界前500强跨国公司已有490多家在华投资。外商直接投资还带动研发机构在华日渐增多。旺盛的市场需求、成本优势和技术能力都使中国成为跨国研究中心的首选地。飞利浦、杜邦、IBM、微软、爱立信、联合利华等信息产业和生物化学行业巨头都在我国设立研发中心。西门子公司在北京、上海等地就设立了21个研发中心。

1994年只有2家跨国公司在华设立总部和研发机构,这个数量到2000年增加到28家,到2019年已达2800多家。其中,全球市值250强的外资品牌在华设立研发中心有108家,超过15家企业在中国开设的是全球研发中心。从行业来看,主要集中在高新技术产业。针对2000—2018年外资企业分行业生产和分行业研发进行排名,发现投资生产和研发机构所处行业高度契合,意味着高投资生产的外资行业,同样也是外资设立研发中心较多的行业,主要集中在电子及通信设备制造业等。

2019年中国高技术产业实际吸收外资占比达27.7%,涉及计算机、软件、通信、医疗仪器设备及仪器仪表制造业等领域。同时高技术产业也是跨国公司研发密度最为集中的领域,特别是2012年以来,大中型外资企业研发经费支出总额大幅度增长,2015年研发支出总额是2000年的20倍。伴随着信息时代的来临,21世纪的支柱产业是计算机、软件和通信等信息

---

① 黄宁.中国的科技开放落后于经济开放吗?[J]. 科技中国,2020(11).

行业，这些行业很快成为研发机构重点投资的领域。电子及通信设备制造业成为高新技术企业最集中的行业，同时也是研发机构最集中的行业。外资研发机构也由 2000 年的 63 家增加到 2018 年的 844 家。对国内 40 家规模比较大的研发机构调查发现，其中电信行业的研发机构占了一半以上，达 20 家。18 年期间电子及通信设备制造业研发机构的研发经费增长了 17 倍，在总行业合计中占 59% 以上。电子器件制造研发经费支出相比 2000 年增长了 152 倍，研发机构由 5 家增长到 235 家。作为 21 世纪朝阳产业，生物医药及化工行业的研发机构的数量增长较快。在上海，生物医药成为外资研发中心聚集度最高的产业，从事生物医药研究的外资研发中心占到 24%。相比信息化产业，生物、化工领域产品的生产配方无法被轻易复制，所以对该产业的研究开发投资意义不同于信息化产业。设立研发中心既可以实现对本土市场的占领，同时可以将研发技术有效控制在研究机构内，垄断核心技术，进而垄断世界市场。全球著名化工企业如拜耳、杜邦、GE、巴斯夫等都在中国成立自己的研究机构，实现对中国市场的销售。在华的医药制造业外资研发机构也由最初的 36 家增加到 2018 年的 157 家。在华研发机构有效聚集全球创新资源，能在短时间内帮助中国实现相关领域研发水平的提升，但是也会促使中国本土企业依赖其技术研发，不利于培养本国自主研发机构，更不利于自主创新。

从研发路径看，跨国公司在中国的研发活动主要通过集成创新完成。这是因为集成创新与原始创新相比，研发周期短，针对性强，成功率高。特别是从行业看，跨国公司在中国设立研发机构主要是信息和通信软件等研发周期短的行业，容易出成果。按照行业划分，在华外资企业中电子及通信设备制造业、医疗行业研发成果较多。根据《2021 年中国高新技术产业统计年鉴》，2020 年在华外商投资企业高技术产业开展研发活动的企业达到 1832 个，其中电子及通信设备制造业占 58%，该行业的有效专利数达到 29 727 件，占外商投资企业总有效专利 72%。

从国别看，在华的跨国公司研发中心主要来源于北美和欧洲。中国的研发总部逐渐增多，也包括来自日本、韩国以及中国台湾地区的跨国公司。研发中心设立与跨国公司在中国直接投资强度保持高度一致。

从研发产业链看，跨国公司有计划地整合、完善在华各项业务，成立技术研发中心，研究、采购、生产、销售这一完整的产业链条，涉及产业的上中下游。随着当前中国产业结构升级,第三产业占GDP比重已经过半,已经成为拉动经济增长的第一大引擎。中国加入WTO后,服务业开放力度加大,跨国公司研发也开始从制造业向服务业转移。2000年外商对华直接投资66%流向制造业,到2019年,服务业领域吸引外商直接投资占比达到68.1%。其中在上海,跨国研发资本在金融、化妆品、家居、零售服务、电子商务等行业有较大介入。百事、美赞臣和欧莱雅等都在中国设立了研发总部。随着金融业、保险业逐步放开,这些领域也将成为跨国公司设立研发中心的重要战略产业。

从区位来看,跨国公司大多在北京、上海、广州、深圳等外资集中地建立研发中心。值得一提的是,上海已经成为跨国公司在中国设立总部最多的城市。上海政府也借助此机会推动更多研发中心在沪落户,努力构建更加开放的创新体系,并促进创新体系走向国际化。目前,上海成功引进全球最高端的创新要素,培养了超过40 000的中方研发人才,在申请的国家专利项目上,关于创新发明创造和实用新型方面的专利占总数的92%,全市的总产值和销售收入的一半都来自新产品。在上海有超过1000家外商跨国公司设立总部和总部型机构,其中跨国公司总部831家,投资性公司339家,研发中心506家,涵盖汽车、化工、电子、生物医药、机械制造等多个领域。英特尔、埃克森美孚等国际知名企业也纷纷在上海设立了全球研发中心。这些研发中心不断提高在全球研发体系中的地位和等级,同时在亚太地区乃至全球进行"在中国、为中国,服务世界"的产品研发和技术创新,研发战略正由通过应用技术研究实现产品本地化逐渐转向加大基础性研究,从而占领全球研发体系的制高点。

从投资方式看,跨国公司逐渐调整研发中心的投资方式,由单一的外商独资模式转向多样化发展。通过合资或控股方式设立研究中心,既能缓解资金压力,同时也能通过本土企业或研发机构的加盟提升产品的适应性能。

从合作对象看,跨国公司与我国高校和科研院所合作较多,与企业之间的合作较少。中国是发展中国家中科研能力相对较强的国家,人才主要集中在高校和科研院所。跨国公司在中国大学和科研机构成立的研发机构较多,但与国内企业进行合作研发或技术联盟情况较少。

2）我国企业研发国际化

中国的企业研发国际化比 20 世纪 80 年代兴起的全球研发国际化要晚十年。1991 年 2 月，上海复华实业有限公司选址东京，成立了中和软件株式会社东京支社，这是我国企业海外研发投资的首次尝试。

从我国企业研发国际化的目的看，在"走出去"初期，由于我国技术水平相对落后，大多数企业在境外选择设立技术跟踪型研发中心，主要目的是收集国外先进技术信息，及时传回国内，整合本企业技术，实现创新能力的提升，同时为本土生产机构提供技术服务。随着销售市场的打开，研发中心尝试生产新型产品迎合当地市场需求。

从我国企业研发国际化选择的区位看，许多因素会影响发展中国家企业设立海外研发中心。一是经济环境。市场和资源寻求型的海外研发机构会考察当地市场容量、劳动力成本、交通通信基础设施状况等。二是科技环境。技术跟踪型的海外研发机构会选择科技资源丰富、研发投入强度大、创新成果多的国家和地区。三是制度环境。包括当地知识产权保护政策、对外资投资限制政策等。目前我国海外研发机构区位选择主要受东道国的科技资源和创新环境影响，大多选择发达国家和地区。

从投资方式看，大多数企业是通过与外国企业、高校或者科研机构合作建立研发部门，部分行业巨头也在国外建立独立的研究机构。从企业性质看，"走出去"的企业中以国有企业为主，从行业分布来看，海外研究机构从事高新技术产业的较多，其中电子通信和医药、化工材料等行业所占比重最高，IT 及通信等高科技行业已经成为中国进行海外研发投资的主导产业。

（1）我国企业研发国际化的时间演进。

①以引进来为主要方式的内向型开放（1949—1991 年）。

改革开放以前，中国建立了高度集中的计划经济体制，在经济部门全民所有制和集体所有制占 90% 以上，企业创新的积极性不高。针对科研力量薄弱的问题，我国采取引进来为主的内向型开放方式推动科技创新。中国有三次大规模的引进计划。第一次是新中国成立初期苏联援华 "156 项工程"。第二次是 1973 年提出要引进 43 亿美元的成套设备，即 "43 方案"。第三次是 1978 年引进新技术和成套设备的 "78 亿计划"。通过资金换来的技术主要在国有企业内部进行消化吸收。企业主动参与再创新不多。改革开放之后，中国企业开始从按政府指令生产转向按市场需求变动状况进行生产和经营，打开国门，积极吸引外商直接投资，重点引进国外先进技术和管理经验。1979年国务院颁布了15项改革措施，提出国有企业可以在沿海地区加强与外资企业的联合，合作方式以"三来一补"（来料加工、来料装配、来样加工和补偿贸易）为主。中国企业利用廉价劳动力和低成本优势，利用"干中学"的方法，积极学习发达国家的先进生产技术与管理经验，通过技术引进和产品出口实现国内外两个市场的对接，家电、纺织服装、玩具等生产制造业积极融入国际市场。同时技术溢出效应让我国企业借助"模仿—改进—创新"的路径，实现了早期的技术创新，为提升自主创新能力和后期的技术追赶奠定良好基础。

20世纪80年代初期，中国首先在汽车生产领域开始"以市场换技术"的探索，通过扩大市场开放，吸引外商投资，希望引进更多的先进技术。而外资企业为延长产品生命周期，不断在中国投资建厂，并与中资企业合资经营。由于改革开放初期，中国三资企业绝大多数是劳动密集型企业，承接技术的消化吸收能力并不高，即便是汽车、飞机、通信设备等技术密集型产业，跨国公司为保留技术优势，也仅转让部分非关键技术。如桑塔纳轿车的国产化研究是由中方科技人员自主攻关完成的。到20世纪80年代中后期，对中国经济高速增长起重要推动作用的热门合资产业之一——家电产业，也直接从国外引进生产线。可见，从早期的汽车产业，再到家电、软饮料产业，外资向中方转让技术的效果并不佳。跨国公司仍然控制核心技术、国际渠道和企业品牌。随着外资对我国龙头企业的并购，跨国公司对技术的控制越来越明显，中国大量企业成为国际分工环节中的代加工企业。企业对外技术依存度居高不下，核心技术关键配件仍靠进口，企业出口的产品通常是低附加值产品，不仅缺乏经济效益同时容易产生贸易摩擦。低层次的引进来导致中国制造业呈现"高投入、高能耗、高污染、低附加值"的特征。

②以走出去为主要方式的外向型开放（1991年至今）。

中国企业"走出去"从产品销售国际化、实现服务体系当地化开始，具备一定创新能力后，再将产品研发与生产延伸到全球范围，实现品牌国际化和管理体系国际化。企业利用在行业内的良好声誉，调整产业布局，具有技术标准制定的话语权，实现引领行业发展。中国第一家海外研发中心是 1991 年上海复华实业有限公司在日本东京成立的。发展到 20 世纪 90 年代中后期，中国家电著名企业格兰仕集团、海尔集团与康佳集团也将自身研发部门延伸到国外，由此推动了中国企业进行海外研发投资的热潮。为了适应中国加入 WTO 的形势变化，我国在 2000 年第九届人大三次会议上提出，企业发展必须坚定不移地做到"引进来"和"走出去"相结合。在 2001 年九届人大四次会议上再次强调，中国经济要想实现跨越性发展必须要始终坚持"走出去"的战略，明确指出企业发展必须借助国外先进技术，在国外建立产品研发部门，加快进军国际市场的步伐。中国企业研发国际化速度加快。2008 年华尔街金融危机后，中国部分领军企业及时抓住时机"走出去"，快速推进海外投资，利用自身拥有的先进技术在国外建立了产品研发部门，不断壮大自身科研力量。海尔集团与华为企业着眼于世界范围，不断实现技术上的创新，将大量产品输向国外，已与国际先进技术逐步实现了接轨。华为作为一家国内民营高科技企业，在全球 9 个国家建立 16 个研发中心，26 个全球联合创新中心、参与全球 177 个国际标准组织，利用全球创新要素开展科技创新。经过多年发展，中国海外研发机构从早期的装配制造中心、营销中心等定位逐渐转向成为行业技术标准的引领者，要与技术先进企业进行实质性合作。企业通过海外并购技术、建立海外研发中心等方式，形成了纵横交织的世界创新网络，通过整合各地研发中心优势，提升协同效应，实现技术引领。

  2016 年中国公司在全世界成立了 9 家新的海外研发机构，总支出达 2.24 亿美元，创历史新高。海外研发机构的快速发展与中国作为国际投资大国保持高度一致。中国进军境外投资的前 100 名企业中，海外资产总量已经超过了 7 万亿元，与五年前相比提高了 1 倍以上；在国外利用产品创新实现收入突破四万亿，与五年前相比提高了 50%以上；海外员工数量突破了 100 万人，与五年前相比提高了近 2 倍，对东道国就业和税收贡献十分明显。2021 年中国对外直接投资 1451 美元，投资覆盖全球 80%以上的国家和地区。中国境外企业向投资所在国缴纳的各种税金总额达 560 亿美元，雇用外方员工 226.6 万人，企业中超六成是外方员工。其中，对共建"一带一路"国家投资快速增长，并购领域涉及制造业、信息传输、软件和信息技术服务业、交通运输等 18 个行业大类。

海尔的研发国际化是中国企业创新国际化的缩影。其发展可以分为两个阶段：第一阶段（1999—2005年），创立于1984年的海尔集团于1999年在美国建立海尔工业园，将企业技术延伸到国外，致力于冰箱与空调的设计与生产。第二阶段（2005年至今），2005年海尔开始实施全球化品牌战略，提出要在海外市场坚持自主品牌。海尔运用全球资源在全球建立起研发机构，并加快了兼并国外企业的步伐，从2011年开始，海尔集团先后将三洋电器、新西兰斐雪派克、美国通用电气家电业务归到自己旗下。目前海尔集团建成10个研发中心，其中8个在海外，比如日本、澳新、北美、欧洲等地。海尔通过各大研发中心纵横连线，利用与广大用户、原料供应商与研发部门的密切合作，将自身研发与世界发展趋势紧密结合，不断研发出新型产品，真正实现"世界是我的研发部"。

（2）我国企业研发国际化的空间演进。

改革开放以来，中国作为发展中国家在国际竞争中面临市场和技术双重劣势。由于地处亚洲，中国距离欧美高端用户和高端产品消费市场较远，部分商品的使用习惯因文化差异区别很大，不利于中国企业迎合当地市场开展研发工作。同时，中国作为发展中国家，基础设施不健全，技术研发水平相对滞后，产品在市场上无法获得技术领先优势，中国企业在与发达国家本土企业竞争时，处于不利地位。因此在投资和研发国际化中，中国企业选择先占领发展中国家市场、后攻克发达国家市场的发展战略。在"走出去"初期，主动将发展目标着眼于周边其他发展中国家，如泰国与马来西亚等，避开了竞争实力强的发达国家。随着技术创新水平不断攀升，企业开始将产品销售重点放在发达国家市场，同时将产品研发部门延伸到世界的各个角落，逐步形成具有中国特色的技术研发系统。华为的研发国际化路径就是从俄罗斯起步，然后向非洲、东南亚、中东等新兴市场国家进发，再挺进欧美发达国家，从而形成全球化的研发战略布局。

截至2019年末，中国对外直接投资分布在全球190个国家（地区）。各大洲分布上，在亚洲的覆盖率最高，达到97%，其次是欧洲。近几年，中国企业借助"一带一路"倡议的提出，与共建"一带一路"国家的交流沟通日益密切，并将投资方向转向共建"一带一路"各国。目前中国与共建"一带一路"国家合作共建项目有2000多个，2021年中国对共建"一带一路"国家实现非金融类直接投资203亿美元。随着资本走出去，中国企业在海外研发也快速发展。中国企业海外研发中心空间布局如表8-5所示。

表8-5 中国企业海外研发中心空间布局

跨国公司	研发中心所在地
海尔	美国、韩国、日本、印度、以色列、意大利、荷兰、加拿大等
海信	美国、荷兰、南非等
万向集团	美国、英国、巴西、大洋洲、南美等
联想集团	美国、日本、新加坡等
华为	美国、印度、法国、瑞典、德国、土耳其、伊朗、西班牙、加拿大等
TCL集团	美国、新加坡、法国、越南、韩国、德国等
中兴	美国、瑞典、法国、印度、巴基斯坦、韩国等

（3）我国企业研发国际化主要方式。

企业研发国际化是双向过程，包括内向型开放、外向型开放。其中内向型开放主要是通过吸引跨国公司产业投资，引进先进技术、管理经验等。外向型开放指企业将研发活动延伸至国外，实现企业全球化战略布局。

①内向型开放。

——以付费方式进行的专利许可、商标许可和专有技术转让等许可贸易引进技术（或设备）、委托研发等形成的国际技术转移。付费许可是引进先进技术的重要方式，也是开放初期最常用的方式。华为直接购买高通CDMA专利许可。金帝食品公司为掌握巧克力先进生产技术，引进德国与瑞士的巧克力生产设备。在获得技术指导的同时，金帝主动加入瑞士巧克力产业技术联盟，与国外建立长期合作交流关系。

研发外包在国外非常普遍。杜邦、宝洁都采用了R&D外包方式来实现创新。生物医药、汽车等行业也倾向于将部分研发环节进行外包。如奇瑞汽车为了推出新车型，将车型研发转包给意大利与德国设计部门，将发动机研发任务转包给奥地利AVL公司的设计部门，由此得到了世界先进的发动机技术。浙江吉利汽车将车型设计转包给德国吕克中克公司，国内负责汽车底盘结构设计，外方负责汽车车型设计。哈飞汽车将哈飞路宝的车型设计转包给意大利企业。中华汽车将汽车外形、内饰等环节设计研发进行外包。通过付费的方式委托研发能够直接利用国外先进技术，降低本土研发风险。但这种方式需要企业具有较强的研发能力，能展开消化吸收，但值得注意的是，引进来的技术很少是核心关键技术。

——引进专家和研发团队。直接引进国外人才，参与本土创新活动，能为开放式创新注入新鲜血液。辽宁省出台政策大力鼓励省内企业引进海外研发团队。辽宁荣信电力公司先后引进25名来自意大利与乌克兰的专家，他们在研发10kV变频样机中发挥了重要作用。

——以外商直接投资和国际贸易合作为主要方式的技术溢出。跨国公司是国际技术溢出的主体。跨国公司利用境外投资与国际贸易等方式，将自身产品和技术延伸到其他国家，这为发展中国家提供了"干中学"的机会，通过"模仿—改进—创新"，能以较低的成本来获得初期的技术进步。

②外向型开放。

——建立海外研发中心。从技术创新的角度看，中国企业建立海外研发中心的职能主要有技术跟踪型、技术支持和改造型、技术开发型以及基础研究型。中国企业早期建立海外研发中心，初衷是承担技术信息的监测、收集和传递职能，进行技术跟踪。海尔集团在国外共设置了11个信息部门，其主要职责是收集国外先进技术的研发情况，并将最新信息转发到国外产品研发部门。长虹、联想等电子信息技术企业，将技术监测部门设置到美国硅谷，就是为了及时掌握国外最新技术信息，使自身技术不至落伍。上海轮胎橡胶集团将国外产品研发部门设置在阿克隆，是由于阿克隆本地拥有享誉世界的轮胎制造商——固特异，科研机构云集，科研信息众多，技术外溢效果明显。随着企业研发能力增强，中国企业开始在国际直接投资（FDI）发展较为成熟的发展中国家，尤其是东南亚诸国，设立产品技术研发部门，根据当地市场需求进行技术输出。海尔集团利用国外产品研发中心，针对不同国家的需求研发出适销对路的家电产品。海尔集团将先进的冰箱生产技术输出给印度尼西亚，将最先进的洗衣机生产技术输出给菲律宾、马来西亚，将先进的空调生产技术输出给南斯拉夫与土耳其、西班牙。联想集团为了研发具有世界领先水平的计算机技术，而将产品研发部门设置到中国香港、美国硅谷地区。格兰仕集团为了生产世界先进的智能化家用电器，将产品研发机构设在硅谷，其目的就是及时追踪国外先进技术，在相关产品研发环节占据制高点。

从资金和投资维度看，企业设立海外研发中心主要有独资新建和合资新建两种方式。因为企业资金实力雄厚，同时缺乏对合资新建的认同，中国企业更偏向于选择控制力强的独资新建型。2012年华为在硅谷设立研发中心和企业事务部，以公司技术发展为导向，定位于最前沿的技术预言和探索。目前华为在全球17个国家地区设立研发中心。数学研究中心设在俄罗斯和法国，互联网研究中心设在美国，建立了自己独立的技术搜索机构，材料研究中心在瑞典，软件研究中心设在印度，工艺研究中心设在德国，充分利用各国在各自学科的领先优势。长安汽车利用不同国家科研优势，将国外产品研发部门设在不同先进国家：外观设计由意大利研发部门负责，内部装饰由日本研发部门负责，发动机技术由英国研发部门负责，底盘技术由美国研发部门负责，各部门各司其职，相互配合。中兴通讯为了将自身产品推向全球，而将产品研发部门设在美国、法国、瑞典与印度等18个国家中。美的集团构建"2+4+N"全球研发体系。"2"是位于顺德和上海的全球性全品类创新园区，"4"是分布于美、日、德、意的全品类研发中心，"N"是29个遍布世界的单品类研发中心。在全球拥有35个研发中心和35个主要生产基地，产品及服务惠及全球200多个国家和地区。

以中国汽车产业为例，设立海外研发中心能既能及时跟踪世界先进技术，同时整合全球资源，有效降低研发成本，大大缩短研发时间，并提升品牌国际效应。长安汽车通过在全球各地设立研究中心，吸引世界人才，1.1万名科研人员来自全球17个国家，其中包括14名国家级专家，近500名高级专家和7000多名海外研发人员。吉利汽车业拥有的全球研发设计、工程技术人员也超过2万人。中国汽车产业海外研发中心布局如表8-16所示。

表 8-6 中国汽车产业海外研发中心布局

企业品牌	海外研发中心基地
长安	美国、日本、英国、意大利等
长城	美国、日本等
吉利	英国、瑞典、西班牙、美国、以色列等

续表

企业品牌	海外研发中心基地
上汽	美国、以色列建立创新中心，泰国、英国、印度尼西亚建生产研发基地
蔚来	德国、美国、英国多地设立研发中心
奇瑞	意大利、澳大利亚、日本设立研究院
江淮	意大利、日本
众泰	日本、意大利

——跨国并购。根据由全球化智库（CCG）研究编写的《中国企业全球化报告（2020）》，跨国并购成为目前中国企业对外投资的主要方式。2000—2016年跨国并购占中国企业对外投资的88%。近年来，欧美国家对外资审查趋紧，中国在共建"一带一路"国家投资规模不断加大，投资领域逐渐多元化，制造业、信息传输、计算机服务等行业对外资表现出色。

——加入国际技术联盟。中国企业为了实现技术发展，积极与国外企业建立伙伴关系，及时引进国际先进技术。长城汽车公司为了掌握先进的柴油机技术，与德国博世公司结成技术联盟。联想集团为了掌握候机室PC技术，与美国航空公司结成战略技术联盟。明阳风电集团为了掌握近海型超紧凑风机先进技术，与世界顶级风能重点实验室——丹麦里索风能实验室——建立了合作伙伴关系，并将自身产品销往丹麦。海尔集团为了掌握世界先进的洗衣机技术，与日本三洋电机株式会社建立了合作关系，成立"三洋海尔株式会社"。中国四川长虹与美国德州仪器联合建立实验室共同开发新一代背投技术。强强联合已经成为共同攻克技术难关的重要方式。企业研发国际化主要方式比较如表8-7所示。

表8-7 企业研发国际化主要方式比较

方式		优点	缺点	适合企业
内向型（引进来）		成本低、简单有效、快速获得技术	挤出效应不利于自主创新能力提升，核心技术引不进来	技术专有性高，竞争不激烈的行业
外向型（走出去）	建立海外研发机构	监测、跟踪海外最新技术	成本高	资金实力雄厚的企业

续表

方式	优点	缺点	适合企业
跨国并购	快速获得先进技术	整合难度大，留住核心员工是获得核心技术的关键	具备强大资金实力和较强的整合能力的企业
建立国际技术联盟	不涉及企业产权，容易抱团发展	不能达到既定目标，容易解体	中小企业

（4）存在问题。

①由于中国企业与科技强国企业之间技术差距较大，在"走出去"的过程中，中国企业难以平等参与科技合作。在全球创新网络中，中国企业经常充当配角，或者主要提供资金，较少主导科技创新合作。因此，在合作成果的分配中，也就难以占据优势。

②制度环境不健全，导致创新要素流动受阻。一方面，外部知识创新和技术创新不敢贸然进入中国。另一方面，由于中国与国外知识产权环境不一致，企业走出去实施研发国际化时也不能适应知识产权国际规则，削弱了中国创新主体参与全球创新网络分工的能力，影响创新效益。同时由于发达国家不断强化自主创新意识，以知识产权保护为借口的技术垄断趋势不断加强，中国在关键领域、核心环节想绕开发达国家的知识产权保护，获取自主知识产权将会更加困难。

③科技合作布局不均衡。在全球科技合作中，许多国家会针对性选择合作伙伴进行创新合作。中国长期和西方发达国家进行基础研究领域的科技合作，与俄罗斯和乌克兰进行军事科研领域的合作，与其他发展中国家开展科研合作不多，特别是与新兴市场国家合作不足，会导致国际科技工作发展不平衡。

8.2.3 以政府健全科技创新制度体系为核心的制度创新

1）国家科技计划对外开放

（1）国际科技合作专项。

为了充分利用全球科技资源，2000年我国推出第一个国际科技合作发展文件——《"十五"期间国际科技合作发展纲要》。2001年首次在国家层面设立国家国际科技合作专项，通过整合、统筹全国产学研的科研力量，借助世界各国先进技术，加强与国外先进国家的交流，提升我国创新能力。作为国家科技计划体系中的重要组成部分，国际科技合作取得突破性成绩，合作机制与模式不断创新，合作方式也从最初的人员交流和项目合作向"项目+基地+人才"战略转变。目前中国已与约161个国家和地区有科技合作关系，签订110多个政府间科技合作协定，成为200多个国际科技合作组织的成员。

①国际科技合作项目。

2001年科技部成立国际科技合作专项办公室，专门负责"国家国际科技合作专项"的管理工作，涉及生物、医药、气象、航空等40个学科500个专业。为有效整合资源，我国将经费总额高达7000万元的973计划、863计划等国家科技计划中涉猎国际合作项目进行整合，统筹和协调全国对外科技合作与交流。"十五"期间，国际科技合作与交流专项中政府投入2.77亿元，承担单位自筹或外方单位投资等方式投入84.38亿元。"十一五"时期，我国支持国际科技合作计划项目超过1700项，专项投入超过40亿元。国际科技合作计划项目国内外发表论文11 000余篇，国内外申请专利发明3100余项，引进国外关键技术1825项，转让成果792项，创造利润44.9亿元、利税21.8亿元。"十二五"期间，国际科技合作专项立项数量从2011年的352项增加到2015年的414项，实现17%的增长。"十三五"期间国际科技创新合作专项规划提出要形成互利共赢、共同发展的国际科技创新合作新局面，主要围绕完善对发达国家、新兴经济体和发展中国家的政府间科技合作布局；推进"一带一路"建设，开创与沿线国家科技创新互联互通新局面；以"科技伙伴计划"为载体，在尊重不同国家（地区）发展需求基础上，面向发展中国家开展合作；支持设立一批国际联合研究中心和海外研发基地，建立若干具有专业特色，符合区域合作需求的国际产学研联盟等9个方面部署重点工作。

由于缺乏连续的公开数据，以2015年数据（见图8-3）为例，从项目实施主体看，2015年国际科技合作和交流立项414项，其中企业承担165项，占比40%，科研院所和大专院校分别承担129项和120项。从经费投入看，企业吸引专项经费达到5.65亿元，远高于大专院校和科研院所的比例。在国际科技合作中，企业的主体地位凸显，政府引导、科研院所和大专院校联合参与的产业科技创新成为常态。

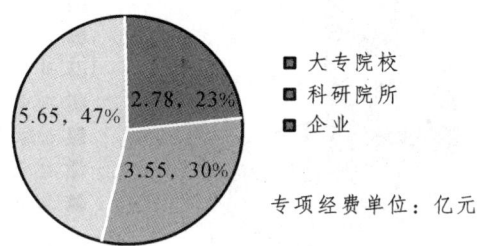

图 8-3 国际科技合作专项项目承担单位分布情况

资料来源：国家国际科技合作与交流专项 2015 年度报告[EB/OL]. [2016-05-26]. http://www.istcp.org.cn.

从专业领域看（见图 8-4），生命科学、材料、信息、工程与技术、能源等项目占总项目数的 3/4，是目前国际科技合作的重点领域。

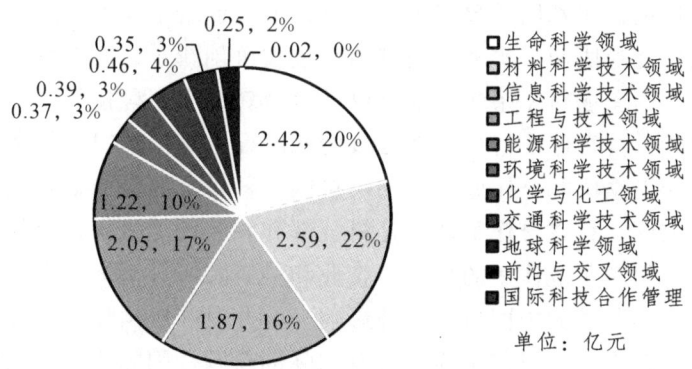

图 8-4 国际科技合作专项项目学科领域分布图

资料来源：国家国际科技合作与交流专项 2015 年度报告[EB/OL]. [2016-05-26]. http://www.istcp.org.cn.

从合作国别看（见图 8-5），国合专项涉及 40 个国家（地区）和国际组织。从经费投入合作国别来看，俄罗斯、美国、德国名列前三。

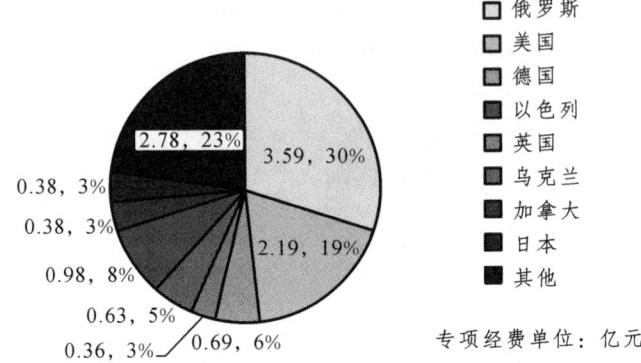

图 8-5 国际科技合作专项合作国别分布情况

资料来源：国家国际科技合作与交流专项 2015 年度报告[EB/OL]. [2016-05-26]. http://www.istcp.org.cn.

②国际科技合作基地。

国际科技合作基地是政府主动引导，推动创新主体跨部门、跨地区对外科技合作统筹协调，实施"引进消化吸收再创新"，增强自主创新能力推进开放式国家创新体系建设的重要平台。教育部、科技部、工信部等积极部署国际科技合作项目，各地方政府相应设立对接部门，各高校和科研院所也纷纷设立国际合作处，主动对接国外科研资源，推动开放式创新。

"国家国际科技合作基地"是科技部和相关职能机构认定的在国际科技合作具有引领示范作用的高校、企业和科研院所等机构。它们利用全球科技资源，不断扩大中国科技对外影响力，并对区域国际科技合作产生重大示范和引领作用。目前主要平台有国际创新园、国际联合研究中心、国际技术转移中心和示范型国际科技合作基地等。科技部 2006 年启动认定首个国际创新园——国家生物医疗国际创新园，2007 年启动认定高能物理国际研发中心等在内的 33 家国际联合研究中心和中国航空研究院国际科技合作基地在内的 49 家示范型国际科技合作基地，2012 年启动认定蚌埠国际技术转移中心在内的 10 家国际技术转移中心。"十二五"期间认定国际科技合作基地共 231 家，"十三五"期间达到 318 家，特别是 2013 年新增 122 家，是国际科技合作基地建设的高峰期。截至 2018 年，经科技部认定的示范型国际科技合作基地有 443 个，国际联合研究中心 210 家，国际技术转移中心 45 家，建立了不同层次的国际科技合作组织网络。国际科技合作基地成立情况如表 8-8 所示。

表 8-8 国际科技合作基地成立情况

	国家创新园/个	国际联合研究中心/个	示范型国际科技合作基地/个	国际技术转移中心	本年新增合计
2006	1				1
2007	2	33	49		84
2008			30		30
2009			89		89
2010	1		26		27
2011	1	2	13		16
2012	5	20	37	10	72
2013	11	38	57	16	122
2014	3	15	19	4	41
2015	1	23	39	4	67
2016	4	38	46	5	93
2017	2	41	38	6	87
合计	31	210	443	45	

数据来源：根据国际科技合作基地官方网站公布数据整理而成。

从区域分布格局来看（见图 8-6），国际科技合作基地主要分布在高校、科研院所密集的创新型强省（市），区域分布不平衡。以京津冀等 10 个省市为主体的东部地区共有 389 家国合基地，以黑吉辽为主体的东北地区共 69 家国合基地，以山西、河南、安徽、湖北、江西、湖南 6 省为主体的中部地区，共 115 家国合基地，以四川、重庆、陕西等 12 个省（自治区或直辖市）为主体的西部地区有 156 家国合基地，仅占全国总数的 21%。国际科技合作主要集中在经济发达且创新资源集中的东部地区。北京凭借政治优势和创新优势设立 118 个基地，创全国之首。西藏自治区只有 2007

年认定的唯一一个西藏自治区能源研究示范中心。发达省市的国际科技合作基地相对较多,其中江苏省 46 个,山东省 45 个,广东省 36 个,上海市 33 个。而在欠发达地区,重庆、陕西和四川均有 20 个左右国际科技合作基地引领本区域实现科技开放合作。

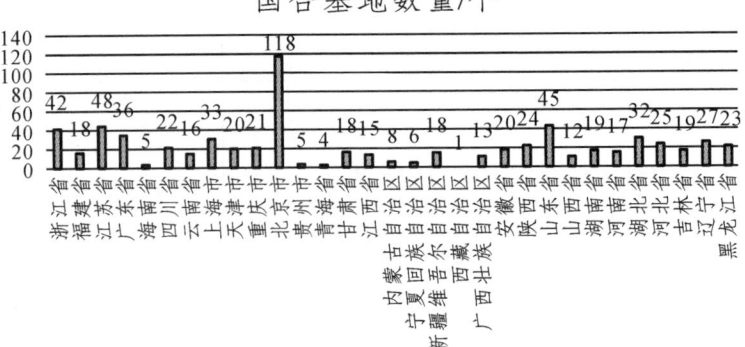

图 8-6 国际科技合作基地分布情况

数据来源:国际科技合作基地官方网站数据整理而成(截至 2020 年)。

③国际科技合作人才交流。

国际科技合作专项作为我国国际科技合作的重要平台,为国内外科研团体搭建交流渠道,在人才队伍建设上发挥积极作用。一是吸引一大批国际高水平科技专家参与中国科技项目合作。2015 年度参加国家国际科技合作专项研究人员 64 322 人,其中国外研究人员就有 12 880 人,占 20%。中科院院士中有 92 名外籍院士。2015 年国合专项中引进来华工作的外籍科技人才总计达 4555.07 人/月。2016 年共 510 名外籍专家承担或参与我国科技计划。截至 2019 年入库国家重点研发计划专家库的外籍专家共计 1260 名。二是培养各领域的科技领军人物,打造一流的科技创新团队。全球专业信息与分析服务商科睿唯安公布了《2021 年全球最具影响力科研精英》,我国内地共有 935 人入选"高指引科学家",覆盖化学、机械工程、材料科学、计算机科学等 14 个学科领域,增幅位居世界第一,总数位居世界第二,仅次于美国。三是培养一大批科技人才参与开放式创新。从 1994 年开始,中科院已经从海外引进的杰出青年人才 2000 余人。从 2008 年开始,由中组部牵头的海外高层次人才引进计划已经陆续引进 6000 余人。2015

年度实施的国合专项中，引进博士后52人、博士119人、硕士62人，引进高级职称人员723人、工程技术人员97人。中外双方共联合培养博士后193人、博士649人、硕士1330人、工程技术人员539人。这些优秀人才成为开放式国家创新体系中最活跃的主体。

（2）其他科技计划对外开放。

除设立国际科技合作专项外，我国尝试开放其他科技计划。目前中国对国家科技计划的有限开放采取属地限制和研究成果使用限制相结合。1998年12月，中国与欧盟签署合作协议，决定将双方重要的科技计划互相开放，双方的科学家、企业和科研院所等创新主体都可以通过招投标形式参与到对方的科学研究中，建立风险和收益共担的合作机制。目前，欧盟的框架研发计划与我国的863计划、973计划是相互开放的。欧盟第五个框架计划中，我国在能源和信息技术等研究项目均有参与。中国的973计划中，欧洲联盟国家科研部门参与到我国的"分子聚集体的化学"项目研究，并引入中国科学院与吉林大学的科学家共同开展科研工作。中国的863计划，从2003年开始就有20多个国家参与技术项目合作。在合作研究环节，除项目申报与开展研究外，我国的973计划在初步审核中引入了国外技术人员。2003年，973计划通过邀请的方法得到了20位以上国外科学家的帮助，人数在全部评审专家中占到1/10。

（3）国家科技计划对外开放存在问题。

①国家科技计划总体开放水平不高。从2015年国际科技合作专项人员组成结构看，国际科技合作专项项目中共有7919位研究开发人员，其中国内参加人员为6412人，国外参加人员为1507人，国外高级专家仅有985人，占总人数的12%，开放水平有望进一步提升。2019年国家重点研发计划专家库中外籍专家仅占1.4%。尽管中国科技计划对于外籍科学家和外资机构的进入没有设立障碍，但是与欧盟框架计划相比，中国要求"境内"作为准入条件，也就是说外籍科学家必须依托在内地注册的内外资机构，才能申报国家科技项目，国家财政研发资金不能"出境"。

②开放阶段主要集中在产业化研究，基础研究开放程度不高。2015年国际科技合作专项共立项414个项目（见表8-9）。其中，基础研究项目仅有116个，占28%；投入基础研究项目经费3.76亿元，仅占总经费的10%；技术创新型项目（包括应用研究、实验发展、产业化开发）共计298个，占

项目总数的72%。这与全国科研经费在不同创新活动投入占比基本保持一致。2019年试验发展经费占82.7%，而基础研究仅占6%。但是以美国为首的发达国家在科研开放领域主要集中在基础研究初期阶段，相反，越靠近产业化阶段，越盈利的项目却不常开放。

表8-9 国合专项项目按类型分布

项目类型	项目个数	总经费/亿元	专项经费/亿元
应用研究	257	25.99	7.98
基础研究	116	3.76	2.41
产业化	21	5.08	0.75
试验发展	17	2.65	0.72

资料来源：国家国际科技合作与交流专项2015年度报告[EB/OL]. [2016-05-26]. http://www.istcp.org.cn.

③当前我国还没有建立国家科技计划方面专门的法律法规，相关规定零星散落在政府各项管理文件中，缺乏系统性和完整性，也不具备法律的约束力。

2）深化科技体制改革

科技体制改革是总体改革一部分，与我国改革进程步调一致。新中国成立初期，中国采取高度集中的计划经济体制，科技管理体制也较为僵硬。1978年全国科学大会举行，并提出了"科学技术是生产力""四个现代化，关键是科学技术现代化""知识分子是工人阶级的一部分"等许多重大论断，开始了科研院所管理体制改革的探索。此后，国家设立中科院科学基金、科技攻关计划等，拉开了科技体制改革的序幕。改革开放以来，中国科技体制改革经历了四个阶段。

（1）探索阶段（1985—1994年）：作为总体改革一部分，科技体制改革开始全面启动。"经济建设必须依靠科学技术，科学技术工作必须面向经济建设"成为中央改革科学技术体制的战略方针。国家改革科研院所管理模式、建立高新技术产业开发区、允许科技人员创办企业等，推动科技和经济相结合。

（2）形成阶段（1995—2005年）：这一阶段科技体制改革按照市场化原则进行。党的十四大提出社会主义市场经济体制改革目标，也为科技体制改革指明方向。1995年中共中央、国务院作出《关于加速科学技术进步的决定》，提出实施科教兴国战略和"稳住一头，放开一片"的改革方针。其中，"稳住一头"是指稳定支持基础研究，"放开一片"是强调面向经济建设主战场。1999年《关于加强技术创新、发展高科技、实现产业化的决定》出台，科技体制改革进一步深化。这一时期科技体制改革的重点是系统调整科研院所布局结构，加速科技成果产业化。截至2003年底，共有1149个研究机构转制和实行分类管理[1]。企业技术创新主体的地位进一步巩固，逐渐形成国家科技计划体系，从事基础研究的科研院所的经费投入进一步稳定。

（3）发展阶段（2006—2015年）：这一阶段以建立国家创新体系为目标深化改革。《国家中长期科学和技术发展规划纲要（2006—2020年）》提出要建设中国特色国家创新体系，主要包括：技术创新体系、知识创新体系、国防科技创新体系、区域创新体系和科技中介服务体系。这一阶段的科技体制改革重点在对国家创新体系的重大布局上，同时明确现代科研院所改革的方向。

（4）深化阶段（2015年至今）：以推进科技创新治理体系和治理能力现代化为方向深化改革。党的十八届三中全会提出全面深化改革的目标：推进国家治理体系和治理能力现代化。2015年《深化科技体制改革实施方案》明确提出，科技体制改革的目标是建立中国特色国家创新体系，推进科技治理体系和治理能力现代化。随后《促进科技成果转化法（2015年修订）》《关于实行以增加知识价值为导向分配政策的若干意见》《国家创新驱动发展战略纲要》《关于深化科技奖励制度改革的方案》《关于深化项目评审、人才评价、机构评估改革的意见》等相继发布，统筹推进科技、经济和政府治理三方面体制改革。

总体来说，中国科技体制改革主要遵循以下三个原则：

（1）坚持开放合作，在融入全球创新网络中深化改革。科技领域是我国最早对外开放的领域之一。新中国成立后，在西方发达国家中中国最早

---

[1] 陈宝明，文丰安.全面深化科技体制改革的路径找寻[J]. 改革，2018（7）.

与法国于1978年1月签订科技合作协定；继法国之后，我国先后与西德、英国、美国等签订科技合作协议。当今世界日益扩大的国际交流合作使我国科学家迅速跟上国际科技发展前沿、了解世界科技发展大势。同时，经济、文化等领域的对外开放，也为科技体制改革注入了强大动力。主动融入全球创新网络，积极学习借鉴发达国家的先进经验，是我国科技体制改革的重要战略。

（2）围绕国家发展战略目标，形成与国家发展需求相适应的科技体制。从早期的面向经济建设到现在的面向世界科技前沿、面向国家重大需求和面向国民经济主战场，科学技术始终是国家发展战略目标和任务实现的重要支撑。通过对人才、资金、项目和机构等制度改革，充分调动创新积极性，推动形成科技创新发展的强大合力。

（3）尊重规律，坚持把科技发展规律和市场经济规律相结合。科技体制改革旨在按照社会主义市场经济规律配置资源、组织开展研究与创新，努力满足市场需求。同时，科技体制改革也必须遵循科学技术发展规律。设立国家自然科学基金，改革中央财政科技计划管理，实行研究所分类改革，推进科技领域"放管服"改革等，都是遵循科学技术发展规律的改革举措。科技与经济"两张皮"是长期制约我国发展的痼疾。多年来，我国科技体制改革的核心始终是推动科技与经济相结合。特别是党的十八大以来，加快实施创新驱动发展战略，推动科技与经济的关系从"面向、依靠、服务"到"融合、支撑、引领"的历史性转变。我国科技进步贡献率由2001年的39%左右提高到2020年的60%以上，已经形成从科技强到产业强、经济强、国家强的良性循环。

3）完善相关政策法规体系

自20世纪80年代以来，我国政府先后出台了一系列科技创新政策，包括国家技术改造计划、国家重点实验室建设计划、国家级科技成果重点推广计划等，还先后颁布了《专利法》《技术合同法》《科学技术进步法》以及《国家中长期科学和技术发展规划纲要（2006—2020年）》《深化科技体制改革，加快国家创新体系建设的意见》等。为落实规划纲要和相关意见，各地方先后出台2000个政策文件，多层次、多类别的政策法规体系推进科技创新健全法制环境。

近年来，我国各级政府把财税金融政策作为促进企业技术创新的重要手段。在《国家中长期科学和技术发展规划纲要（2006—2020年）》的若干配套政策中，明确指出要大幅度增加科技投入，建立多元化、多渠道的科技投入体系。我国在2001年设立国合专项经费，确保了国际科学合作的资金需求。财政资金在使用中，要加大对企业先进技术引进消化吸收再创新的投入。加大对企业研发支出的税前抵扣力度。通过政策性金融、基金和贴息等多重方式，对企业的引进消化吸收再创新项目予以金融支持。政府还要通过政府采购制度，优先采购国内自主创新产品，以鼓励自主创新。相关政策明确指出，在国家和地方政府投资的重点工程中，采购国产设备比例不低于总价值的60%。采购国外产品时，要优先采购向我方转让技术的产品。同时政府通过加大对实验基地、重大专项等平台建设，以推动"项目—基地—人才"有机结合。同时通过完善企业产权制度等，积极推动企业和高校等创新主体加入国际标准组织，参与国际标准的制定，支持通过再创新推动以我为主的国际技术标准。加强技术性贸易措施体系建设，时刻关注贸易合作伙伴国技术标准、检验检疫标准的变动，及时预警可能会引进纠纷的相关贸易措施。政府还大力培育中介机构，完善生产要素市场体系，并建立公平、公正的竞争机制。为推动开放式国家创新体系的建设，我国重点从人才交流和技术引进消化吸收两方面着力进行制度安排。2004年我国开始实施《外国人在中国永久居留审批管理办法》，吸引优秀留学生人才和海外技术人才回国（来华）工作。为促进技术引进消化吸收再创新，政府定期调整引进技术目录。引进重大设备时，鼓励企业、高等院校和科研院所共同参与，合作开展自主创新。重大设备的引进消化吸收再创新将由专家进行论证，加强绩效评估等。这些政策法规体系有力地推动企业和产业层面的开放式创新。我国主要科技创新政策体系如表8-10所示。

表8-10 我国主要科技创新政策体系

政策	目标	机制	手段
科技投入	建立多元化、多渠道科技投入体系	政策导向性，重点支持基础性、社会收益性和技术前沿研究	财政投入，设立重大专项，R&D/GDP以及R&D/企业销售收入等指标
税收	激励、支持自主创新	法规政策直接干预	创新的税收抵扣、减免细则

续表

政策	目标	机制	手段
金融	建立多元化、多渠道科融资体系	政策导向性,国家重大科技专项等	政策性金融、基金、贴息、担保以及风险投资等多层次资本市场
教育	培育创新人才	政策导向	产学研一体化,国际合作
政府采购	完善财政资金,优先采购自主创新产品	政策导向性	确立政府采购自主创新产品目录,采购过程确保公开、公正,加强财政审计和督察部门的监督
知识产权	保护知识产权促进科技进步	司法裁决	奖惩法规、支持技术标准的研究
市场	营造公平、公正的竞争环境	政策法规引导,宏观调控	专利法、公司法、技术合同法、保险法、中介机构建设等
人才	创新环境,培养创新人才和创新团队	政策激励	财政基金投入、人才培养和引进规划
技术引进	鼓励引进先进技术,消化吸收再创新	直接干预和政策引导	发布鼓励引进技术目录,加强引进消化吸收再创新投入和绩效评估
科技创新基础设施	围绕国家战略需求建设实验基地,推动"项目—基地—人才"一体化	与国家、区域、企业技术创新体系相结合	财政投入为主,公布基地、平台建设规划

但是这些促进开放式创新的政策大多停留在各类文件的"鼓励"上,实质性的优惠政策少,创新激励制度不健全,绿卡制度改革不及时,资本市场对企业创新和跨国并购的支持力度不够,创新服务体系不完善等都直接影响到开放式国家创新体系的建设。

8.3 开放水平测度

根据开放式国家创新体系关于开放水平测度的指标体系(见表 4-8),

中国开放式国家创新体系开放水平可以从知识、资本、技术、资金和制度五大要素进行测度。

8.3.1 国际比较

1）知识要素开放度的国际比较

高校和科研院所作为知识创新的主体，开放水平通过国际合作论文比重、PCT专利申请和三方专利数量等指标反映。

（1）国际合作论文。

国际合作论文，通常指由两个或两个以上国家和地区作者合作发表的被Web of Science（以下简称WoS）收录的论文。而近十年发表在WoS 核心合集中的SCI 和SSCI 论文，被引频次在同出版年、同学科论文中排名前1% 的论文被认为是高被引论文。国际合作论文发文量占论文发文总量的比例反映一国国际科研合作的规模，用来衡量知识创新开放水平的广度。国际合作论文的引文影响力、高被引论文数量和比例（通讯作者比例）揭示国际科研合作的影响力和质量，用来衡量知识创新开放水平的深度。学科规范化引文影响力（Category Normalized Citation Impact， CNCI）是指一篇论文相对于同行论文的被引表现。该指标消除了学科、发表时间和文献类型对论文被引频次的影响，是标准化的且独立于论文规模的指标。若一篇论文的被引频次为C，则该论文的CNCI 值为

$$CNCI=C/reference$$

其中，reference为与该论文发表于同一年、同一学科、同一文献类型的全球论文篇均被引频次。CNCI 值为1，表明论文的被引表现与全球平均水平持平。高被引论文占比是指基于合作论文总量的高被引论文占比。若国际合作论文中高被引论文总数为A，国际合作论文总量为B，则高被引论文占比为

$$H=A/B$$

根据国家科技评估中心的《中国国际科研合作现状报告》以及中国科技网联合科睿唯安发布的《筑梦七十载，奋进科研路——从全球学术文献数据看中国科研发展》，中国从改革开放之初与15个国家和地区共同合作发表国际论文45篇，到2019年共与全球182个国家和地区合作，发表国际合作论文13万余篇，增长了2888倍，合作占比从1980年的5.62%提高到2019年的26.2%。

从2009年开始，国际合作论文数量比重一直保持在23%以上。如图8-7所示。

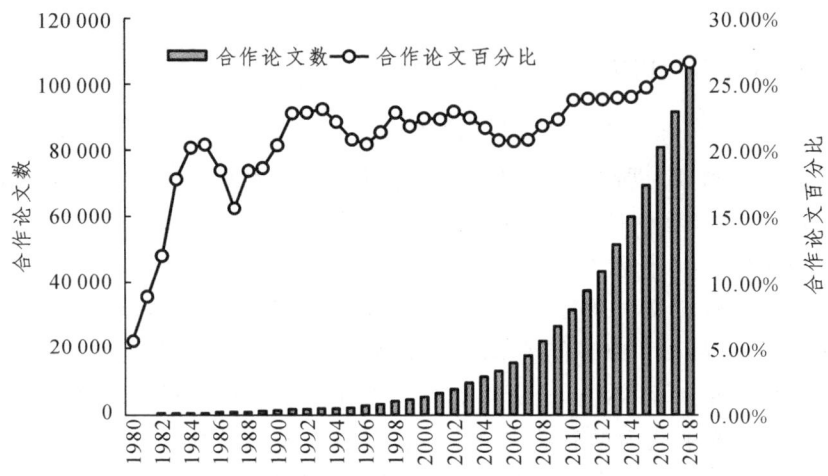

图 8-7　1980—2018 年我国学者参与国际合作论文数量及占比

从国际合作规模看，1980年中国仅与15个国家和地区合作发表论文45篇。"十一五"期间，与中国开展国际科研合作论文的就有161个国家和地区，国际科研合作规模位居全球第六。"十二五"期间，合作国家和地区增加到188个，合作规模超过法国，位居全球第四。2019年中国学者参与国际合作论文13万篇，合作伙伴涉及182个国家和地区。其中，中国代替英国和德国，成为与美国国际论文合作规模最大的国家。2009—2018年，中美共同完成国际合作论文28万篇，合作论文的CNCI值为1.62，其中高被引论文占2.7%。2019年中美合作完成的国际论文达56 000篇。如图8-8所示（气泡大小代表高被引论文占比高低），除美国之外，中国积极与英国、澳大利亚、德国、加拿大等国家合作，其中与德国合作论文CNCI最高。第二合作梯队是法国、新加坡和韩国，以及中国台湾地区。与法国合作的国际论文CNCI和高被引论文占比高于其他国家。第三合作梯队是印度、意大利、沙特阿拉伯等国家，尽管合作产出的国际论文数量不多，但是影响力最高。其中，我国与西班牙合作完成的国际论文CNCI最高，达到3.35，高被引论文占比达到7.95%，远高于中国与美国的合作。

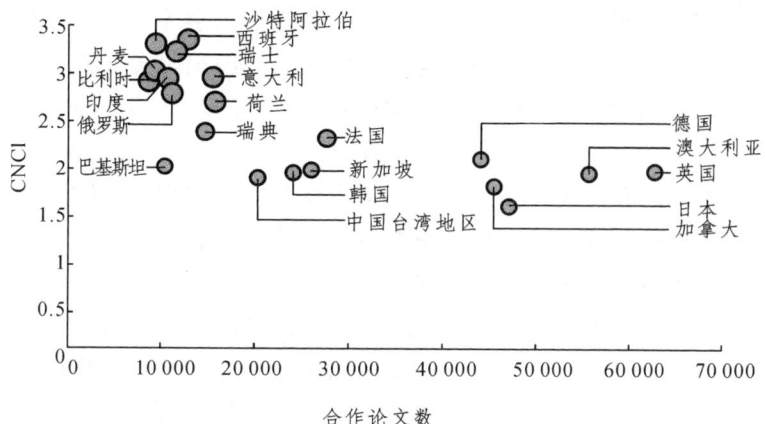

图 8-8 2009—2018 年中国学者参与国际合作论文最多的 20 个国家和地区（除美国）

从合作的主动权来看，根据《中国科技论文统计报告2021》统计，2020年中国作者为第一作者的国际合著论文共计100 155篇，占中国全部国际合著论文的69.3%，合作伙伴涉及169个国家（地区），合作伙伴排前6位的分别是：美国、英国、澳大利亚、加拿大、德国和日本。其他国家作者为第一作者、中国作者参与工作的国际合著论文为44 363篇，合作伙伴涉及190个国家（地区），合作伙伴排前6位的是：美国、英国、德国、澳大利亚、日本和加拿大。科研产出质量不断提高，"以我为主"成为国际科研合作的主流。

从国内合作主要区域看，北京、湖北、江苏等地占有主要优势。其中北京在2006—2015年期间，通过国际合作共计发表论文10万余篇，占全国论文总数的30.24%，远高于国内其他省市。2018年北京地区以第一作者身份发表的国际合作SCI论文占本地区论文的23.48%。而湖北地区的国际合作SCI论文占本地区论文的23.88%，占比最高。上海6710篇，占本地区论文的21.84%，江苏8753篇，占本地区论文的21.94%。西部地区中，陕西省4104篇，占本地区论文的20.04%。

从合作机构看，2006—2015年，中国科学院与国外机构的科研合作规模最大，约6.5万篇，被引论文质量也远高于其他科研机构。第二梯队的高校包括清华大学、北京大学、浙江大学和复旦大学等。而国际合作论文占比超过30%的高校主要有北京师范大学和北京大学。2018年高被引论文比例突出的高校有浙江大学、上海交通大学和清华大学等。这些高校是国际科研合作的主力军。1980—2018年，中科院完成的国际合作论文占全部论文的26.88%，而中国疾病预防控制中心通过国际合作完成的论文占41.46%。

从合作学科看，我国国际合作论文主要集中在化学、生物、物理、临床医学和材料科学等领域。从中国作者作为第一作者的角度看，我国国际合作论文主要集中在化学领域，共计11 316篇（见表8-11）。从占本学科论文比例看，电子、通信与自动控制最高（22.74%）。从中国作者参与角度看，临床医学（6113篇）最多，同时中国作者参与的国际合作论文中，也是占本学科论文比例最高的学科（9.34%）。综合比较看，在国际合著论文中，中国主要参与生物学领域研究。而过去十年中国和西班牙合作完成12435篇国际论文，数量不多，但是学术影响力达到全球基准值的3.5倍。与西班牙合作主要集中在物理学、化学和工程学。而从全球看，国际合著论文集中在材料科学领域发表论文最多[①]。偏好合作完成的是欧洲国家科研者，其次是美洲。

表8-11 2020年中国国际合作论文数较多的学科

中国作为第一作者			中国作为参与作者		
学科	论文数/篇	占本学科论文比例/%	学科	论文数/篇	占本学科论文比例/%
化学	11 316	16.31	临床医学	6113	9.34
生物学	10 388	17.24	生物学	5487	9.11
物理学	6817	16.12	化学	4951	7.14
临床医学	7433	11.3 6	物理学	3582	8.47
材料学	6524	17.09	材料科学	2611	6.84
电子、通信与自动控制	8009	22.74	基础医学	2522	8.11

数据来源：《中国科技论文统计报告2021》。

从国际合作的主要区域（国际组织）的规模和影响力（见表8-12）看，

---

① 杜红亮，胡蓓钰.全球科学论文产出和国际科学合作的时空演变格局分析[J].中国软科学，2015（8）.

"十二五"期间中国与OECD、欧盟和亚太地区合作规模最大,总计23万余篇,是"十一五"期间(10万余篇)的2.2倍。合作论文引文影响力值从1.4上升到1.5。十三五期间,随着"一带一路"倡议的提出,中国与131个国家和30个国际组织签署了187份合作文件。基于地理位置优势,近10年来,中国与亚洲38国完成的国际合作论文数量最多。从国别看,中国与新加坡合作完成了28 164篇国际论文,数量最多。但是,与斐济完成的国际合作论文CNCI最高,达到26.51。

表 8-12 2009—2018 年六大洲共建"一带一路"国家与我国合作的科研产出总体表现及产出量最多的三个国家的表现

	国家名称	和我国合作 Web of Science 论文数	CNC	高被引论文百分比/%	与我国合作论文占总论文产出百分比/%
亚洲	亚洲38国合作论文总体	86 622	1.87	4.08	5.19
	新加坡	28 164	1.96	4.03	22.29
	韩国	25 314	1.98	4.12	4.79
	巴基斯坦	9532	2.04	3.78	12.15
大洋洲	大洋洲9国合作论文总体	6273	2.94	6.22	6.18
	新西兰	6189	2.92	6.16	6.29
	巴布亚新几内亚	65	20.39	27.69	4.91
	斐济	54	26.51	27.78	3.33
欧洲	欧洲26国合作论文总体	42 455	2.20	4.67	2.08
	意大利	16 384	3.02	7.25	2.46
	俄罗斯	11 135	2.76	5.86	3.34
	波兰	6946	3.25	7.60	2.68
南美洲	南美洲8国合作论文总体	4141	4.29	10.65	3.65
	智利	2633	4.32	11.2 4	3.47
	厄瓜多尔	730	3.54	8.9	8.90
	秘鲁	665	8.14	19.70	6.36

续表

	国家名称	和我国合作 Web of Science 论文数	CNC	高被引论文百分比/%	与我国合作论文占总论文产出百分比/%
北美洲	北美洲 11 国合作论文总体	922	6.74	12.04	3.59
	古巴	477	3.51	7.34	5.62
	巴拿马	205	15.37	2488	5.12
	哥斯达黎加	168	10.64	24.4	2.90
非洲	非洲 39 国合作论文总体	12 869	2.66	5.85	3.26
	南非	4780	3.99	9.62	3.92
	埃及	3552	2.93	6.14	3.84
	摩洛哥	1114	4.59	11.04	6.00

从合作论文质量来看，高被引论文意味着是本学科领域高质量、影响力大的顶级文章。如图 8-9 所示，1980—2018 年中国通过参与国际合作完成的学术论文 CNCI 值长期高于全球基准值，并普遍高于国内论文的 CNCI 值。中国过去 10 年高被引论文共计 2.6 万余篇，其中通过外部合作完成的就占 50%。这表明国际科技合作有助于提升中国科研实力，带动中国积极融入全球科创网络。但是，就全球来看，如图 8-10 所示，近十年来发表高被引论文数量较多的依次是美国（65 051 篇）、中国（26 685 篇）以及英国(22 134 篇)等。但是从高被引论文占比来看，英国占比最高，达到 1.15%，其次是德国 1.05%。美国高被引论文占比仅有 0.98%。中国虽有 26 000 余篇高被引论文，但是占比仅有 0.79%。虽然在亚洲国家中，中国在科研体系中的地位不断提高，成为美国最大论文合作对象、日本第二大合作对象、韩国第三大合作对象，但还不是国际科研合作强国，国际合作论文质量有待进一步提高。

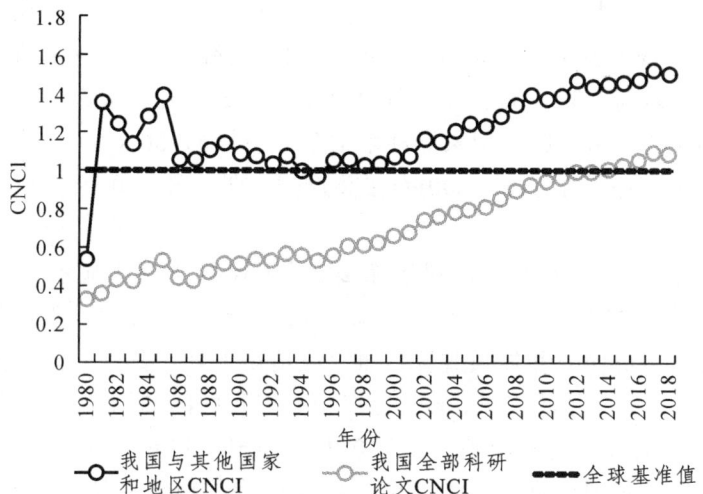

图 8-9　1980—2018 年我国论文以及参与国际合作完成论文 CNCI 表现

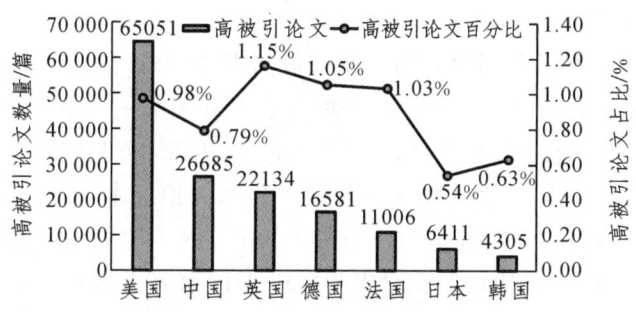

图 8-10　近 10 年世界主要国家高被引论文及占比

数据来源：Incites 数据库。

（2）专利跨国拥有水平。

从国内看，根据国家知识产权局的统计资料，2019年中国的发明、实用新型和外观设计三种专利申请量共计438万件。以外观设计为例，71万件总量中，来自外国企业在华申请量只有2万件，仅占2.8%。其中美国（4439件）、日本（3949件）和德国（3089件）是申请量前三的国家。根据国家知识产权局发布的《2019外观设计专利简要统计数据》，阿里巴巴集团控股公司（388件）、三星电子株式会社（300件）和耐克创新有限合伙公司（283

件）是国外在华外观设计专利授权量前三的企业。2019 年中国在24个共建"一带一路"国家共公开申请专利5293件。其中韩国位居所有申请目的国之首。其次是越南、新加坡、俄罗斯和南非。位居前五的国家申请公开量占中国在共建"一带一路"国家专利申请公开总量的 86.8%。华为公司、厦门幼鲸电子商务有限公司、OPPO在共建"一带一路"国家申请商标数量最多。

从国际看，《世界知识产权指标2020》（WIPI）报告显示，2020年全球专利申请为322.42万件，同比下降3%，是十年来首次下跌。其原因在于中国提高申请质量并加强监管，居民申请量下降。其中，向外国申请专利，既意味着扩张新的市场，同时也表明看好目的国的知识产权保护力度。2019 年全球居民向海外申请专利最多的是美国（23.6 万件），其次是日本（20.6 万件）。德国排第三（10.4 万件）。中国海外申请专利8.4 万件，仅是美国的 36%，排全球第四。从有效专利看，全球共计1500 万件。其中美国 310 万件是拥有数量最多的，中国 270 万件排第二，日本 210 万件排第三。但是美国有超过一半的有效专利来自国外，这个比重在日本不足 20%，而中国 2018 年发明专利中的国外授权量仅有 19.9%，国外专利在华的申请量仅占 9.6%，说明中国专利的跨国拥有水平并不高。

世界知识产权组织已经建立了完善体系，包括PCT-国际专利体系、马德里-国际商标体系、海牙-国际外观设计体系、里斯本-原产地名称国际体系和布达佩斯-微生物国际保藏体系等。其中，PCT申请是指提交一件国际专利申请，申请人可以同时在全世界 152 个国家寻求对其发明的保护，能有效节约申请成本，并获得大范围专利保护，已经成为各国向国外申请专利保护的捷径。自 PCT 体系 1978 年开始运作以来，全球各国通过该体系提交的 PCT 申请共计近 400 万件。2021 年，全球国际专利申请达到 27.59 万件，创下历史新高。其中，亚洲是国际专利申请最多的区域，占据 2021 年总申请量的 54.1%。2021 年，中国（69 540 件申请，同比增长 0.9%）仍然是 PCT 的最大用户。紧随中国之后的是美国（59 570 件申请，+1.9%）、日本（50 260 件申请，-0.6%）、韩国（20 678 件申请，+3.2%）和德国（17 322 件申请，-6.4%）。就技术领域而言，计算机技术（占总量的 9.9%）在已公布的 PCT 申请中占比最大，其次是数字通信（9%）、医疗技术（7.1%）、电气机械（6.9%）和测量（4.6%）。数据表明，中国和韩国最主要的专利申请主要集中在数字通信领域,德国集中在交通领域,日本集中在电机、电气装置与电能领域,美国主要集中在计算机技术领域。

2000 年,中国 PCT 国际专利申请量仅有 781 件。自 2002 年以来,中国 PCT 申请量每年都保持两位数的增长。2010 年申请量突破 1 万件,2021 年中国 PCT 申请量达到 6.9 万件,跃居全球第一。从申请的公司来看,中国的华为位居首位,申请专利数达到 6952 件,其次为美国高通(3931 件)、韩国三星电子(3041 件)、韩国 LG 电子(2885 件)、日本三菱电机(2673 件)。同时,国内的 OPPO、京东、平安科技、中兴、vivo、大疆、瑞声声学、华星光电、腾讯、字节跳动、小米都进入到了前 50 名。在教育机构中,加利福尼亚大学以 551 件申请排名榜首。浙江大学(306 件)位列第二,其后是麻省理工学院(227 件)、清华大学(201 件)和斯坦福大学(194 件)。上榜的前十所高校中,中国和美国各占四所,日本和新加坡各占一所。新加坡国立大学首次跻身前十名。

按照流程,PCT 申请分为国际审查阶段和国家申请阶段,只有当 PCT 申请流程进入国家阶段后,才能获得国际专利保护。因此,PCT 申请进入国家阶段的专利申请数量与 PCT 申请量的比值成为衡量一个国家 PCT 申请质量的重要指标。根据刘辉峰(2017)研究发现,尽管中国 PCT 国际申请数量多,但是能进入国家阶段的 PCT 申请量较少。2015 年我国进入国家阶段的 PCT 申请数量为 2.8 万件,仅是美国的 14%,排在全球第 5 名。① 2018 年全球共计 64.77 万件 PCT 申请进入国家阶段,其中美国(18.2 万件)和日本(13.2 万件)占 48%。中国以 3.5 万件排在美国、日本和德国之后,仅占全球的 5%。如表 8-13 所示,美国和日本提交的每一件 PCT 专利大约进入了 3 个国家,德国进入 4 个国家,而中国不足 1 个国家,意味着我国许多 PCT 专利仅仅停止在申请阶段,没有形成有效的专利成果。

表 8-13　2010—2018 年主要国家平均每件 PCT 申请进入国家的数量

年度	中国	美国	日本	德国	韩国
2010	0.65	3.29	2.87	4.02	1.42
2011	0.81	3.04	2.51	3.84	1.38

---

① 刘辉峰.从 PTC 申请和三方专利指标评价中国海外专利申请实力[J].科技和产业,2017(7).

续表

年度	中国	美国	日本	德国	韩国
2012	0.93	2.93	2.62	4.01	1.47
2013	0.87	2.87	2.78	4.39	1.55
2014	0.9	2.87	2.94	4.14	1.61
2015	0.95	3.5	2.71	3.98	1.59
2016	0.8		2.67		1.61
2017	0.72		2.68		1.65

数据来源：WIPO Statistics Database，March，2018。

2016年中国仅有5.4%的企业专利权人通过PCT途径提交专利申请。在通过PCT途径提交专利的企业专利权人中，选择进入美国、日本和德国的最多，占比分别为69.7%、32.4%和25.8%，反映我国高质量专利的跨国拥有程度明显落后于多数创新发达国家。根据国家知识产权2016年问卷调查分析，影响中国PCT未进入国家阶段的首要原因是费用高（77.2%），其次是，授权前景差（56.1%），申请周期长（48.8%）等，海外市场有限（47.4%）和对国外法律制度和程序不了解（42.9%）等也制约中国PCT申请进入国家阶段。

（3）三方专利。

三方专利是指同一个专利发明在美国（USPTO）、欧洲（EPO）和日本（JPO）专利局都提出申请。因其含金量高，三方专利成为衡量一个国家跨国拥有专利水平的重要指标。20世纪90年代初组织合作与发展组织（OECD）提出用三方专利来衡量一国发明专利的质量。据统计，2000—2010年，全球三方专利的总数从45 000件缓慢增长到49 000件。中国很少在发达国家进行专利布局。根据WIPO的数据，2011年中国持有的三方专利仅占世界的3.3%。日本、美国和德国拥有的三方专利分别中国的9倍、8.2倍和3.1倍，韩国和法国的拥有量也远高于中国。2013年美国、日本、德国的三方专利数量分别为1.42万件、1.71万件和0.56万件，而我国仅1897件。2014年全球拥有5.4万件三方专利，其中中国持有2582件，排名第五，但是拥有量仅为日本的15%、美国的17%。OECD最新数据显示，2018年中国三方专利数量5323项，占全球总量的9.3%，排在世界第三，日本和美国领先于中国。但中国人发明的 PCT 专利被外国人拥有的比例仅为 9.1%[①]。总体来说，中国三方专利拥有量仍处于较低水平。中国技术要"走出去"，打入国外市场，必须取得目标市场的专利保护。

以《中国制造 2025》十大技术领域为例，2016 年全球发明专利授权中，中美日等主要经济体涉及《中国制造 2025》十大技术领域的发明专利授权量达到 183 214 件，占全球总量的 87.5%。其中，美国以 88 086 件位居第一位，在航空航天装备、新一代信息技术、电力装备、生物医药及高性能医疗器械、高档数控机床和机器人、节能与新能源汽车等六个领域占据全球优势。中国以 54 508 件位列第二，在农机装备、新材料、海洋工程装备及高技术船舶和先进轨道交通装备等四个领域具备一定优势。日本以 40 620 件位列第三，在先进轨道交通装备、新材料、节能与新能源汽车等三个领域展现出较强实力。同时美国十分重视在中国境内进行专利布局。2018 年美国以 301 条款调查为由，对中国出口到美国的产品征高额关税，涉及的技术领域包括工业机器人、农机设备、航空航天装备等。而美国在相关领域拥有的发明专利拥有量达到 8 万件，仅次于日本，是在华发明专利拥有量第二大国。其中在航空航天装备、海洋工程装备及高技术船舶、生物医药及高性能医疗器械等三个领域，美国在所有外国在华发明专利拥有量中的占比最高，分别达到 37.1%、28.5%和 30.9%。在新一代信息技术、高档数控机床和机器人、节能与新能源汽车、农机装备和新材料等五个领域，美国占比排名第二，分别为 29.4%、17.9%、19.6%、17.1%和 19.1%。在先进轨道交通装备、电力装备等二个领域，美国占比排名第三，分别为 16.6%、20.8%。专利布局全球领先优势突显。

目前尽管中国是知识创新大国，产出数量庞大，其中国际论文数量全球第二，国际合作论文数量全球第三，PCT 专利申请总量全球排名第一，但是在发达国家布局的专利数量仅为美日的 15%左右，知识创新的质量仍有待进一步提高。中国的三方专利申请量非常低，平均每十亿美元 GDP 的三方专利申请量还不到 1 件。这个数据和欧美发达国家相比有很大的差距。中国平均每百万美元的 GDP 海外商标申请量仅 9.5 件，美国有 41.3 件，而创新强国瑞士达到 450.9 件。

---

① 黄宁.中国的科技开放落后于经济开放吗?[J]. 科技中国，2020(11).

2）资本要素开放度的国际比较

资本要素开放水平主要通过外商直接投资与对外直接投资、研发经费中外资占比以及风险投资资金开放水平等指标衡量。

（1）外商直接投资与对外直接投资。

改革开放以来，优惠政策和国内巨大市场内需不断推动我国 FDI（国际直接投资）快速发展。特别是党的十八大以来，中国经济平稳快速增长吸引外国直接投资不断增加，同时，随着企业"走出去"规模不断扩大，对外投资不断增加。根据 2003 年相关部门所发布的数据来看，我国连续 14 年实现了对外投资正增长。其中 2016 年比 2002 年提升了 72.6 倍，全球占比也从 2002 年的 0.50%提升至 2016 年的 13.5%。自 2014 年起中国成为净资本输出国。联合国贸易和发展会议（UNCTAD）《2020 年世界投资报告》显示，2019 年全球 FDI 流入金额 15 398.8 亿美元，中国吸收外商直接投资 1 412.3 亿美元，占全球 FDI 总额的 9.2%，仅次于美国（2462.2 亿美元），但是吸引总量是美国的 57%。2019 年受全球经济增速下降的拖累，全球外国直接投资流出流量 1.3 1 万亿美元，中国对外直接投资 1 369 亿美元，占全球 10.4%，排世界第二，仅次于日本。而 2002 年中国对外投资金额只有 27 亿美元，到 2019 年增长近 50 倍，年均增速高达 26%，中国已经连续 8 年位居全球对外直接投资流量前三，对世界经济增长贡献日益加大。

但是以中美为例，两国之间资本依存度并不高，远低于贸易依存度。2017 年中国对美国资本进口依存度只有 1.575%，意味着中国吸引的外资中，只有 1.575%来自美国。美国对中国资本进口依存度也不高，只有 2.2%，远低于 2017 年中美贸易额依存度 14.28%的指标。

在利用外资方面，中国与发达国家差距很大。从外国直接投资净流入量占 GDP 比重看，瑞士达到 6.9%，英国和美国也保持在 2%左右，而中国仅为 1%。

（2）研发经费中外资占比。

从研发经费来源占比看，中国已经成为全球第二大研发投入国家。2021 年全国研发经费投入总量约为 2.7 万亿元，规模仅次于美国，研发经费投入强度为 2.44%，已经超过欧美发达国家 1.96%的平均水平，达到了中等发达国家水平。尽管该水平比大多数发展中国家高,但相对于发达国家而言,却依然有不小的差距(以色列5%,韩国4.23%,美国2.79%)。从研发经费来源(见图8-11)来看,企业、政府都是世界主要国家科研经费的主要投入部门。其中,中国国内研究经费占比较高。但是英国、韩国和法国等国研究经费来源于国外经费较高。其中英国在2016年有16%的研发经费来自国外,是最高开放水平,欧盟主要国家维持在9%左右,美国5%左右。而从中国研发经费内部支出的资金来源(见表8-14、表8-15)看,2003年国外资金仅30亿元,占总金额的0.19%。2004年和2005年国外资金总额一度下降。近年来,研发经费内部支出中的国外资金虽稳步增长,但是比例仍然很低,2011年约为1.3%,这几年逐年下降,2019年仅为0.1%。从地区分布来看,东部地区研发经费内部支出的国外资金占比远高于中西部地区,区域开放水平差距较大。

表8-14 我国研究与试验发展(R&D)经费内部支出按资金来源分类

单位:亿元

年份	R&D经费内部支出	政府资金	企业资金	国外资金	其他资金
2003	1539.6	460.6	925.4	30	123.6
2004	1966.3	523.6	1291.3	25.2	126.2
2005	2450	645.4	1642.5	22.7	139.4
2006	3003.1	742.1	2073.7	48.4	138.9
2007	3710.2	913.5	2611	50	135.8
2008	4616	1088.9	3311.5	57.2	158.4
2009	5802.1	1358.3	4162.7	78.1	203
2010	7062.6	1696.3	5063.1	92.1	211
2011	8687	1883	6420	116.2	267.2
2018	19 678	3979	15 079	71	549
2019	22 143.6	4537.3	16 887.2	23.9	695.2
2020	24 393.1	4825.6	18 895	90.1	582

数据来源:国家统计局,2021年科技统计年鉴。

表 8-15　2012—2018 年我国 R&D 经费的资金来源构成

单位：%

年度	政府资金	企业资金	国外资金	其他资金
2012	21.57	74.04	0.97	3.41
2013	21.11	74.6	0.89	3.4
2014	20.25	75.42	0.83	3.5
2015	21.26	74.73	0.74	3.27
2016	20.04	76.06	0.66	3.25
2017	19.8	76.5	0.6	3.1
2018	19.1	76.5	0.4	4
2019	20.5	76.3	0.1	3.1

数据来源：中华人民共和国科学技术部，《2019年我国R&D经费支出特征分析》。

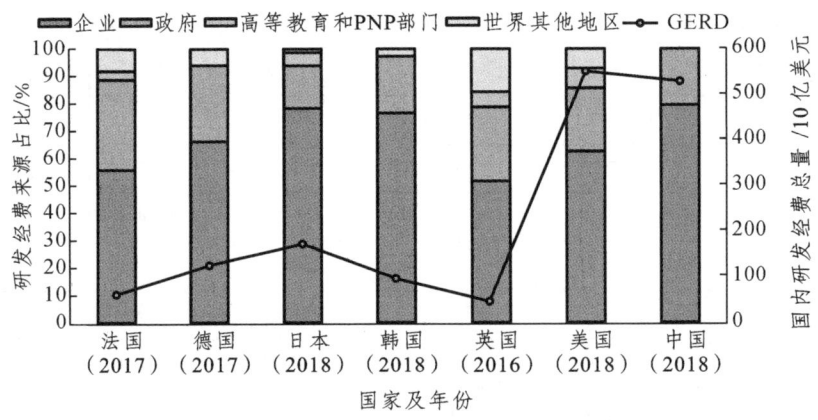

图 8-11　世界主要国家研发经费来源部门及占比

数据来源：OECD Science and Technology Indicalors，GERD：国内研发经费（Gross Domestic Expenditure on R&D）。

政府资金一直是高等学校和政府研究机构R&D经费的主要来源。2005年至今，高等学校R&D经费中政府资金占比维持在54%以上。2019年高等学校R&D经费（见图8-12）中，政府资金为1048.5亿元，企业资金为471.0

亿元，国外资金和其他资金共277.1亿元，分别占高等学校R&D经费的58.4%、26.2%和15.4%。研究机构R&D经费中政府资金比重更高，保持在80%以上。2018年达到84.9%，而国外资金仅占千分之二。

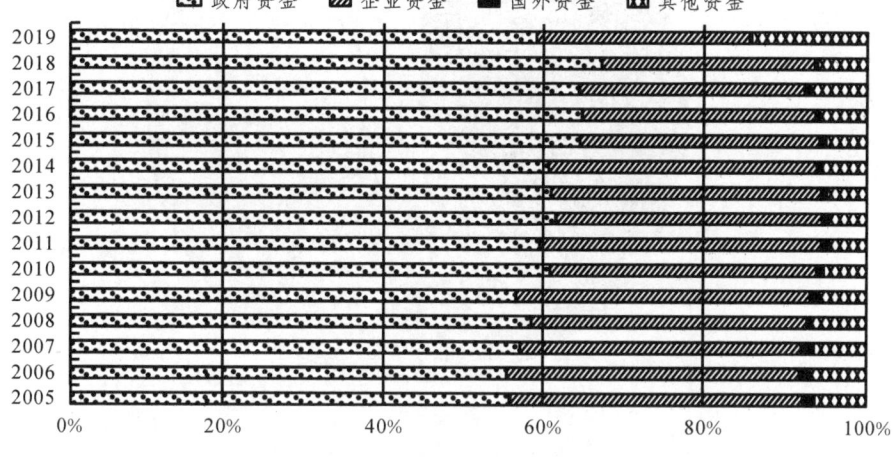

图8-12 2005—2019年我国高等学校R&D经费来源构成

数据来源：中华人民共和国科学技术部，《2019年我国高等学校R&D活动统计分析》。

（3）风险投资资金的开放水平。

中国已经成为风险投资大国。《2020中国科技金融生态年度观察》报告显示，2019年全国在营的专业化创投机构2994家，管理创业风险投资管理资本总量达到9989亿元，占GDP的1.01%。美国同期的风险投资管理资本4440亿美元。中国风险投资规模仅次于美国。但是中国风险投资资金来源中政府和国有企业资金比重较高，占31.4%（见图8-13），而国外资金比重偏低，仅为3.5%。中国风险投资领域的开放水平较低。

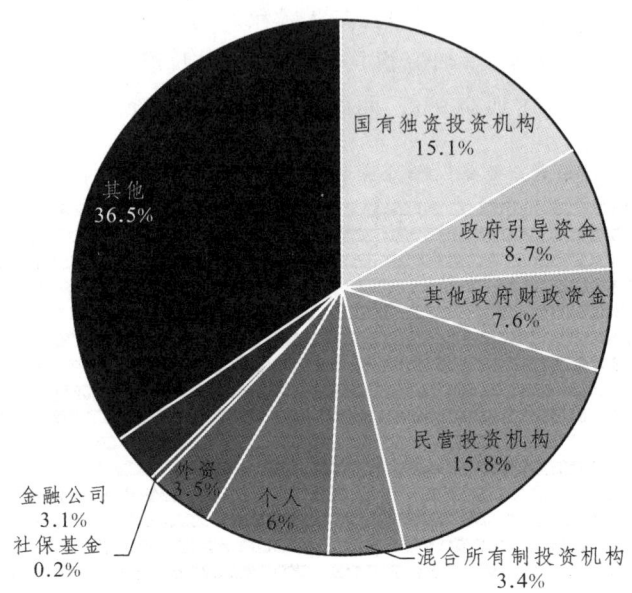

图 8-13 2019 年中国风险投资的资金来源组成

3）技术要素开放度的国际比较

（1）技术国际平衡指标。

目前，中国和世界上 150 多个国家建立了技术贸易合作伙伴关系。合作方式也由开始的引进设备和生产线转为合作研发[①]。技术贸易规模不断扩大，高技术产品出口额占制成品出口额比重远高于世界平均水平，也高于日本和美国等发达国家。我国高技术产品贸易主要以计算机与通信技术、电子技术等技术领域为主。技术贸易进出口总额不断扩大，但结构不平衡突出，技术贸易顺差主要依赖装备技术产品和高新技术产品等"硬技术"贸易，而专利转让、专有权使用、特许经营以及知识产品使用费等关键"软技术"领域仍处于逆差。2018 年 1 月，专利技术、专有技术、相关商标许可和计算机软件的进口合同金额为 137.6 亿元（约 21.8 亿美元），同比增长 61.4%，占技术进口总额的 78.2%。从贸易合作伙伴来看，高技术产品进口的来源地主要集中在东亚和东南亚地区，排名前三的分别是中国台湾

---

① 封荔.中国对外技术贸易的现状、问题与竞争力提升策略[J].对外经贸实务，2018（3）.

地区、韩国和日本。出口的主要目标市场为中国香港地区、美国和韩国，"东进西出"的进出口格局保持基本稳定。从技术引进角度看，中国技术引进的重要来源地是芬兰、日本和美国，中国从这三个国家引进的技术总量占全国总量的50%。从技术贸易总额占比看，目前中国最大的技术贸易合作伙伴是美国，中国技术贸易总额的31%来自中美两国贸易。中国参与技术贸易的主体大多为外资企业，我国本土企业在技术贸易中的参与度不高。其中外商独资企业在高新技术产品出口企业中长期维持在50%以上，而国有企业仅占7%。

OECD运用专利国际合作、研发经费国外来源占比、技术国际平衡等指标衡量创新国际化。虽然创新成果的国际化水平可以通过专利合作来体现，但是专利对于东道国和母国在合作发展中的主要作用与次要作用，很难区分。研发经费国外来源占比主要考察国内经费的结构组成，忽略了创新主体在境外研发投入的支出，而技术国际平衡（一国技术国际收入/技术国际支出）从技术国际支出和技术国际收入两个指标衡量技术贸易、商标交易以及带有技术内容的服务等开放水平，可以对创新体系国际化予以有效衡量。目前国际上测量技术跨国流动（RP）通常采用技术国际平衡指标。2012年创新强国以色列和日本的技术国际平衡指标接近4，35个OECD国家的国际技术平衡指标均值为1.35，技术外溢性十分显著。依据商务部数据测算，同年我国技术引进合同额442.7亿美元，技术输出仅293.2亿美元，国际技术平衡值仅0.66，近几年有所提升，2018年，我国国际技术平衡指标上升为0.76，但与主要发达国家仍相差甚远。

（2）知识产权跨境交易。

我国的知识产权跨境贸易强度偏低，并存在较严重的结构性失衡。根据美国国家科学基金会发布的《2018年科学工程技术指标》和WIPO数据，2016年全球知识产权跨境许可收入总规模达到2720亿美元，其中美国作为最大出口国，占全球比重为45%，欧盟次之，占24%。日本排第三，占14%。而中国作为全球第二大经济体，知识产权出口额占全球比重不足千分之五。全球高收入国家的知识产权支出和收入在其对外贸易总额中的比重均值为1.82%、1.03%，远高于中等收入和低收入国家。中国知识产权支付强度为0.7%，美国1.2%，差距不大。但是我国知识产权收入强度约为0.1%，大幅度低于美国（3%）、日本（4%），也低于低收入国家平均水平，说明中国在国际上获取知识产权收益的能力严重落后，是开放创新体系中的重大短板。

在国际市场，中国是知识产权贸易大国，是知识产权付费大国。1999—2019年，中国知识产权使用费出口额翻了74倍，进口费用翻了45倍。中国对外支付知识产权费用不断增长，从2001年的19亿美元增长到2018年的355.9亿美元，而2018年中国出口知识产权费用仅有55.6亿美元，规模相当于美国（1304亿美元）的4%，出口额仅占中国知识产权费用进口额的16%，逆差超过300亿美元，而美国同期净收入都超过800亿美元。中国对国外知识产权的依赖程度非常高，就拿版税和专利许可来说，目前，我国版税和专利许可收入出口额仅占服务出口总额的0.5%，而版税和专利许可收入进口额却占总量的6.16%。相比较发达国家而言，瑞士和美国通过版税和专利许可收入实现的出口总额占比高达17%以上。其中通信技术、高端装备制造业以及半导体行业因国际竞争激烈，技术外向依存度高，中国每年要支付巨额费用用于购买海外知识产权。如仅美国高通公司，一年从中国企业收取的专利使用费将近700亿元。就国别而言，美国、日本和德国是中国知识产权使用费逆差主要来源国。2021年我国从美国支付知识产权使用费金额高达86.4亿美元，中国是典型的知识输入型国家。美国是中国最大的知识产权使用费出口国和进口国，中国知识产权获益能力亟待提高。2018年知识产权跨境交易水平的国际比较如表8-16所示。

表8-16 2018年知识产权跨境交易水平的国际比较

指标	高收入国家	中高收入国家	中低收入国家	低收入国家	美国	日本	中国
知识产权支付在贸易总额中的占比/%	1.82	0.53	0.39	0.13	1.2	2.3	0.7
知识产权收入在贸易总额中的占比/%	1.03	0.06	0.11	0.2	3	4	0.1

资料来源：WIPO，Global Innovaion Index 2018；表内数值经半权重处理。

（3）利用国际合作进行创新的企业占比。

企业作为创新的重要主体，参与国际创新活动的水平也充分展现了技术要素开放层次。尽管中国研发强度已经与发达国家持平，2017年世界500

强企业中国有 115 家企业上榜，但是创新能力严重不足。根据 Thomson Reuters 评选的全球创新 100 强企业中，47 个为美国企业，25 个为日本企业。中国没有任何一家企业入选。国内企业创新不足，同时开展国际创新活动的能力也严重受限。国内外企业创新调查（CIS）数据显示，2008—2010 年，多数 OECD 国家开展创新合作的企业比重较高，如英国 66.3%、日本 41.6%、瑞典 38.7%、韩国 33%；而我国企业 2013—2014 年开展创新合作的指标仅 20.1%。OECD（2016）针对 G20 国家的创新研究也显示，大企业参与国际创新合作的比重在 20% 左右，中小企业 5% 左右，而中国无论是大企业还是中小企业，利用国际合作开展技术创新的水平都不高。以我国工业企业开展产品创新为例，与境外企业或机构合作开发的平均比重仅 3.3%（大企业 9.9%、中型企业 4.4%、小企业 2.3%）。长期以来我国参与技术国际贸易的主体是外商独资企业，在企业类型中长期维持在 50% 左右的比例，其次是中外合资企业，占比 27.6%，而以国有企业为代表的国内企业参与度不高，2013 年仅占总企业数的 5% 左右，2018 年上升至 7.1%。从地域看，广东和江苏是高技术产品出口大省，而海南、吉林、新疆以及内蒙古等地的交易额不足 10 亿美元。国际科技合作不均衡的特征凸显。

4）人才要素开放度的国际比较

（1）留学生规模及科研人员跨境流动。

1973 年 7 月，我国开始恢复自 1966 年以来中止的接受留学生工作，人才国际交流开始活跃。1978 年 7 月，教育部提出《关于加大选派留学生的数量的报告》，揭开了改革开放以来中国人才国际交流的序幕。1985 年我国根据《中共中央关于教育体制改革的决定》，取消自费出国留学资格审核，通过一系列制度松绑，中国海外留学进入高潮。1983 年中国自费留学人数仅有 1000 多人，到 1986 年，自费留学的人数达到 10 000 人，增长 10 倍。仅一年之隔，1987 年自费出国人数突破十万人。1992 年国家提出留学工作要坚持"支持留学、鼓励回国、来去自由"。1998 年国家允许成立自费留学中介服务机构。2003 年政府对留学手续进行了简化。在一系列政策推动下，我国出国留学人员开始逐年上升。《中国留学发展报告 2016》显示，1978—2015 年我国总出国留学人数达到 404.21 万人。目前依然有 126.43 万人处于学习状态中，另外 221.86 万人学成回国。这一数据可以看出，学生回国的人数占总人数的 80%左右。仅 2015 年一年时间，中国海外留学的人数达到 126 万人，占全球总留学生人数的 1/4，是出国留学生最多的国家。基于国家良好发展前景的预期以及逐渐国际化薪酬待遇的吸引，许多留学生学成后选择回国。2015 年留学回国人数达到 40.91 万人，同比增长 12.14%，仅低于出国留学人数增长率不足 2 个百分点，而这两个增长率之差在 2001 年是 81 个百分点。1978 年学成归国人员仅以数百人计；2009 年学成回国人员数量首次突破 10 万人，2012 年达到 27 万人，2016 年突破 40 万人，中国迎来了最大规模的留学人才回国潮。同时，随着中国经济社会健康发展，"一带一路"倡议的平稳推进，来华留学人员越来越多。2010 年教育部为实现到 2020 年我国成为亚洲最大的留学目的国的目标，出台"留学中国计划"，来华留学人数保持两位数的增长速度。习近平主席在 2014 年的全国留学工作会议上提出"统筹谋划出国留学来华留学"，首次指出来华留学与出国留学并重。目前，来华留学人数从 2004 年的 11.1 万增长到 2020 年的 52 万人。我国科研人才国际化的相关政策法规如表 8-17 所示。

表 8-17　我国科研人才国际化的相关政策法规

出台时间	文件名	出台部门
1980 年	《关于高等学校开办外国人短期中文学习班问题的通知》	教育部
1984 年	《国务院关于自费出国留学的暂行规定》	国务院
1987 年	"优秀青年教师资助计划"	教育部
1988 年	《关于招收和培养外国来华留学研究生的暂行规定》	教育部
1990 年	《关于具有大学和大学以上学历人员自费出国留学的补充规定》	教育部
1990 年	留学人员回国科研启动基金	教育部
1991 年	《高等学校聘请外国文教专家和外籍教师的规定》	教育部教外办
1994 年	国家杰出青年科学基金（支持在基础研究取得突出成绩的青年学者，吸引海外人才）	国务院
1994 年	百人计划（引进和培养高层次科技领军人才）	中科院

续表

出台时间	文件名	出台部门
1998 年	"长江学者奖励计划"（吸引和培养具有国际领先水平的学术带头人）	教育部
1999 年	《自费出国留学中介服务管理规定》	教育部及公安部等
2000 年	《高等学校接受外国留学生管理规定》	教育部
2006 年	"高等学校学科创新引智计划"（111 计划：引进国外智力，建立具有原始创新能力的学科创新引智基地）	教育部、国家外国专家局
2008 年	"海外高层次人才引进计划"	中央人才工作协调小组
2012 年	新的"长江学者奖励计划"	教育部
2020 年	《关于加快和扩大新时代教育对外开放的意见》	教育部等八部门

资料来源：根据教育部、国务院等官方网站资料汇总。

中国已经成为世界上最大的留学人口输出国以及在亚洲最为重要的留学目的国之一。尽管出口留学人数以及来国留学人数都呈现增长态势，但净流出仍然是留学人员的基本格局。1978—2019 年，各类出国留学人员累计达 656.06 万人，其中，165.62 万人正在国外进行相关阶段的学习或研究，490.44 万人已完成学业，423.17 万人在完成学业后选择回国发展，占已完成学业群体的 86.28%。国内良好的发展前景和国际化薪酬是吸引留学生回国的主要原因。逾八成留学人员学成后选择回国发展。留学回国与出国留学人数"逆差"逐渐缩小。

2019年世界跨国流动人数超过2亿人，超过七成的人流向高收入国家。尽管中国已经成为全球第三大留学目的国，但是中国的国际化教育水平不高，当前而言，我国的国际留学生占总学生的比例为0.46%。和美国（4%）相比，差距非常大。WIPO（2016）的数据显示，中国吸引高等教育入境留学生的比例仅有0.3%，不仅低于高收入国家水平（9.22%），更低于世界平均水平（5.26%），意味着中国高等院校的国际化水平不高。世界知识产权组织发表《2020年全球创新指数报告》显示，在131个经济体中，我国高等教育入境留学生占比排在101名，远落后于其他创新指标的排序。究其原因在于，来华留学生的相关问题很难得到根本性解决。其中最大的问题是来华留学生留在中国的创业工作签证政策并没有得到落实。而这一点也正是来华留学生留在中国发展的最主要的障碍之一。2020年以来，新冠肺炎疫情影响了许多学生出国留学计划。2007—2019年我国出国留学人员和学成归国人员如表8-18所示。

表8-18　2007—2019年我国出国留学人员和学成归国人员

单位：万人

	2007	2008	2009	2010	2011	2012	2013	2014	2015	2016	2017	2018	2019	2020	2021
出国留学人员	14.4	18	22.9	28.5	34	40	41.4	46	52	54	60.8	66.2	70.35	45	60.8
来华留学生				26.5	29.3	32.8	35.7	37.7	39.8	44.3	48.9	49.2	44	52	48
学成归国人员	4.4	6.9	10.8	13.5	18.6	27.3	35.4	36.5	40.9	43.3	48.1	51.9	58	77	104.9

资料来源：科技部及教育部相关网站。

（2）吸引高技术移民。

人才是创新的第一资源。实施创新驱动，其本质是创新人才的争夺。全球化智库（CCG）和西南财经大学发展研究院共同推出的《中国国际移民报告2020》指出，截至2019年，全球的国际移民达到2.72亿人，占全球人口的3.5%，是2000年全球移民人数的1.55倍。各国为吸引全球优秀人才，不断升级"引智政策"。欧盟各国放宽非欧盟科技人员在境内流动条件。日本通过降低积分标准，增设加分项，放宽签证条件，可获得永居权（积分70分以上3年，80分以上1年）等措施，要在2022年前引入2万名高层次人才。英国取消每年签证上线，推出全球人才签证、创业签证和创新者签证。美国将高技能移民比例从12%提高到57%。据Citi GPS和牛津大学2018年发布的报告《移民和经济：经济现实、社会影响和政策选择》，发达国家是吸收高技术移民的主要目的国。经合组织（OECD）总人口占世界20%，但成功引进了全球67%的高技术人才。美国是全球科技人才最大吸收国，吸引了全球三分之一的优秀人才。2010年美国拥有高技术移民

1.14亿人，占OECD总量的41%。印度和中国等发展中国家是最大的人才输出国。

中国在高技术人才引进方面起步较晚，在技术移民领域存在着多套工作统筹协调机制，涉及公安部、教育部、外交部和国务院华侨办等多部门。部分地方政府也统筹建立了厅际、市际外国人管理工作协调机制。全国上下的工作协调机制没有实现有机统一和整合。我国相继实施人才引进计划，一线城市上海、北京和广州等地为吸引人才也纷纷改革相关制度。党的十九大报告提出了人才强国的战略，2018年中国组建国家移民管理局，广聚天下英才为中国所用。"111计划"聘请国际顶尖学者，大大充实了全国82所高等学校的科研队伍。各引智基地引进的海外学术骨干中已有67人入选国家相关人才计划，推动科学创新效果显著。13批次的相关人才计划先后引进7000多人。各地引进高层次人才、留学人才5.39万人。2013年北京聘用了22 604名境外专家，持有工作签证的外籍人士达到20 896人。上海引进人才力度更大，通过合同聘用了5万多名境外专家，持就业签证者达到58 911人。这些高层次的科技人才进入中国，为我国的科技创新、文化教育、社会发展做出重大的贡献。中国拥有超过2亿的移民人口，已经成为全球国际移民新的目的地，但中国在吸引高水平人才规模和强度明显落后于创新强国。2014年美国颁发一百万余张永久居留证，是中国发放"绿卡"总量的近百倍。相关制度的滞后导致中国技术移民水平不高。2000—2013年中国的国际移民总量增长虽然超过50%，但是相关统计显示，2013年在中国居住的外籍人士仅占人口总量的0.06%，远低于发达国家和地区的平均移民水平（10.8%），低于世界平均水平（3.2%），更低于发展中国家平均水平（1.6%）[①]，可以说中国是当今世界移民水平很低的国家之一。而美国十分看重移民人群中高层次人才的引进。世界57%的移民发明者都居住在美国，美国有65万移民具有博士学位，其中中国（统计数据未含港澳台）赴美获得博士学位后5年内留美的比例高达90%，科技人才流失十分明显。进入21世纪，美国增加的拥有高等学历人群中21%的人才选择留在美国。中国开放式创新体系中人才开放度不高，其主要短板是高技术人才流失，体现在高等教育中的留学生和高技术移民水平的占比不高。

---

① 王辉耀.组建国家移民局与参与国际人才竞争[J].紫光阁，2018（4）.

5)制度要素开放度的国际比较

由于不同国家制度差异较大,缺乏公允的量化指标进行统一测量制度要素的开放水平。现有研究主要是采取定性分析和相关数据的加权分析,如熵权法。刘云、谭龙、李正风(2015)采用功效系数法对2012年相关数据进行处理,采用熵权法将预处理之后数据进行集结,通过要素、制度和功能三个维度测量创新开放度水平[①]。其中衡量要素国际化的指标有资金、技术、人才和知识。衡量制度国际化的指标有创新支持和保护政策、贸易与投资促进政策以及国际制度和规则运用。衡量体系功能的指标有知识创造、国际合作、融入全球创新网络、品牌与企业竞争力等。评价结果如表8-19所示。

表8-19 21个国家创新体系国际化水平评价结果

序号	国家	要素	制度	功能	综合
1	美国	26.7	31.1	42.2	100
2	英国	17.8	34.6	17.2	69.6
3	德国	18.2	30.5	20.7	69.4
4	瑞士	20.5	29.1	18.2	67.8
5	荷兰	19.3	33.9	14.4	67.6
6	瑞典	18.4	33.5	14.7	66.7
7	日本	16.6	26.9	21.6	65.1
8	芬兰	15	34.3	13.4	62.7
9	法国	15.6	30.7	16.3	62.6
10	加拿大	16	32.3	12.7	61
11	丹麦	12.8	32.7	12.6	58.1
12	澳大利亚	11.8	32.1	11.5	55.4
13	韩国	16.5	22.1	14.2	52.8

① 刘云,谭龙,李正风.国家创新体系国际化的理论模型及测度实证研究[J].科学学研究,2015(9).

续表

序号	国家	要素	制度	功能	综合
14	意大利	12.2	24.8	13.2	50.2
15	中国	16.3	14.7	18	49
16	墨西哥	10.7	23	6.3	40
17	南非	7.8	25.1	6.5	39.4
18	印度	9.5	17.8	8.1	35.4
19	巴西	8.6	18.2	7.4	34.2
20	俄罗斯	9.9	14.3	7.5	31.7
21	阿根廷	10	13.1	6.1	29.2

从表 8-19 相关数据来看，美国排第一，紧随其后的是英国、德国等。中国作为发展中国家，排在发达国家之后，排名第 15 位，得分虽然不及美国一半，但领先于世界其他发展中国家，排在末位的是俄罗斯和阿根廷。从要素维度层面来看，美国、瑞士和荷兰名列前三，中国排第九，而排名最后的是巴西和南非。从制度维度层面来看，排名前三的分别是英国、芬兰和荷兰。中国排名第 19 位，排名最后的是俄罗斯和阿根廷。从功能维度层面来看，排名前三的分别是美国、日本和德国，中国排在第 5 位，排在最后的则是墨西哥和阿根廷。由此可见，中国与发达国家之间的差距主要体现在制度维度。吕薇、熊宏儒等通过世界银行的《2017 营商环境报告》、世界知识产权组织（WIPO）2016 年发布的《全球创新指数报告》、世界经济论坛（WEF）发布的《2015—2016 年全球竞争力报告》、2016 年美国商会全球知识产权中心发布的《国际知识产权指数报告》等，分析了主要国家在营商环境便利性、本土竞争强度、资本市场发育强度、政府服务效率、监管质量以及知识产权保护等指标差异，可见，中国制度开放水平不高，与创新性强国差距甚远。

表 8-20 中国与主要经济体的制度开放性分值和排名情况

指标	中国	美国	日本	德国	英国	印度
营商环境便利性	64.3(78)	82.45(8)	75.53(84)	79.9(17)	82.7(7)	55.27(130)
本土竞争强度	73.5(35)	83.6(4)	88.9(1)	82.8(6)	83.7(3)	60.6(96)
资本市场发育强度	58(30)	151.2(5)	95.1(13)	44.9(37)	106.5(8)	76.1(21)
政府服务效率	48.5(49)	79.5(20)	89.6(7)	87.2(12)	83.9(14)	33.4(82)
监管质量	38.1(84)	76.2(19)	72.9(25)	86.7(13)	90.1(7)	33.6(99)
产权保护水平	4.4(51)	5.5(22)	6.2(7)	5.8(17)	6.3(3)	3.8(103)
知识产权保护力度	12.64(22)	28.61(1)	23.34(9)	27.36(3)	27.5(2)	7.05(37)

如表8-20所示，中国在制度要素开放滞后主要体现在营商环境便利性、政府监管质量和知识产权保护力度等指标。根据国际组织最新公布报告、世界银行所发表的《2020营商环境报告》，报告中的190个经济体中中国营商环境排在第31位，较之2017年度（第78位），2018年度（第46位），有了较大幅度提升，中国在企业开办、保护投资者利益方面已有较大改善。但是在纳税和小微企业信贷方面仍有较大提升空间，与新西兰、新加坡等国差距较大。世界知识产权组织发表《2020年全球创新指数报告》，在131个国家中，中国全球创新指数排在第14位。但是在"制度"要素排名中，中国排在第62名，其中监管质量指标在全球131个经济体中排102名，反映政府制定和实施具有凝聚力政策的能力以推动私营部门发展的水平亟待提高。完善的市场机制是推动全球创新资源在本国集聚、流动和扩散的基础，而中国的"市场成熟度"排第19名，"商业成熟度"排第15名，"基础设施"排第35名，远低于中国第二大经济体和第二大创新投入国的排序。中国迫切需要提升创新环境的市场化水平。《2020年全球竞争力报告》指出，基于

全球140个国家和地区在经济表现、政府效能、商业效能及基础设施四个方面的指标排名，中国从2019年的第14名滑落到2020年的第20名。全球知识产权中心（GIPC）发布2020年度《国际知识产权指数报告》，中国知识产权指数在53个经济体中排名第28位。虽然近年来中国加大了产权保护执法力度，但是知识产权侵权问题仍然存在。知识产权保护是激励创新的重要前提，没有完善的知识产权保护制度，开放式国家创新体系将难以健康运转，因而亟待完善相关法律及加大执法力度。

中国科技体制改革不断优化科技创新的制度环境，但是在政府治理、监管质量和知识产权保护力度不够，专门针对提升创新体系开放度的文件政策体系不健全。缺乏专门针对国家科技计划对外的相关法规，人才引进计划仍然是由政府制定标准和专业方向，没有彻底实现市场化。科研管理经费制度的僵化不利于激发创新人员的积极性和主动性。投融资渠道不通畅，企业走出去进行海外技术并购存在融资难问题等都需要加大改革力度。优化中国创新制度，是推动科学创新和技术创新的关键所在。

8.3.2 总体评价

中国作为世界第二大经济体，是最具创新活力的新兴经济体，但是创新要素的开放水平较低，处于中等偏低水平（见表8-21）。从知识开放、技术开放、人才开放、资本开放和制度开放五个方面20个指标进行国际比较，中国创新开放度与创新型强国差距很大，创新体系的开放水平存在一些明显短板，在知识要素开放度上，中国是知识创新成果国际化大国，国际论文数量全球第二，PCT专利申请总量全球排名第一。但是知识生产方式还相对封闭，不仅体现在中国在发达国家申请的专利数量不多，而且高质量的海外专利申请和海外商标申请也较少，知识要素开放深度不够。在技术要素开放度上，高技术贸易关键领域长期逆差，中国以知识产权跨境获得收益能力较差，同时企业参与国际创新合作水平较低，是典型的技术创新输入大国。在资本要素开放度上，中国虽然研发经费投入强度已经达到发达国家水平，但是资金来源中，企业的研发资金主要来源于企业，高校和政府科研机构的研发资金主要来源于政府资金，国外资金占比很低，不足1%的占比，远低于英国17%的水平。同时在风险投资资金来源中，国外资金也仅占3.5%，中国进一步利用外资的空间很大。在人才要素开放度上，中国目前成为世界主要留学目的地，同时出国留学回国人数增多，科研人员跨境流动从过去的净流出转变为净流入，体现出中国良好的发展前景对科研人才的吸引力日渐增加。根据马克思国际价值规律，以中国、印度为代表的发展中国家在全球高技术移民中处于不利地位，是被剥削的对象，中国赴美攻读博士学位后5年内留美的比例高达90%，印度仅有5.2%的博士拿到学位后回国发展。在制度要素开放度上，政府治理、监管质量和知识产权保护力度仍需加大工作力度，完善市场机制，提高制度开放度也有利于促进其他要素的开放水平。

表 8-21 中国开放式国家创新体系开放水平总体评价

主要维度	序号	具体指标	领先水平	中等水平	落后水平
知识开放度	1	获得三方专利数量及占比		√	
	2	专利申请/论文发表国际合作比重		√	
	3	PCT专利中含外国发明人比重			√
技术开放度	4	国际技术平衡(收入/支出)水平			√
	5	知识产权的跨境贸易强度			√
	6	高技术产品及ICT服务的贸易占比		√	
	7	利用国际合作进行创新的企业占比			√
资本开放度	8	FDI的流入和流出净值强度		√	
	9	吸引境外风险投资水平		√	
	10	研发经费的国外资金占比			√
人才开放度	11	吸引高技能移民水平			√
	12	大学的外国留学生占比			√
	13	科研人员的跨境流动水平		√	
制度开放度	14	营商便利性指数		√	
	15	本土竞争强度指数		√	
	16	资本市场发育强度指数		√	

续表

主要维度	序号	具体指标	领先水平	中等水平	落后水平
	17	政府服务效率指数			√
	18	监管质量指数			√
	19	产权保护指数			√
	20	知识产权保护指数			√

我国的创新活动存在低水平开放路径依赖。中国作为后发国家，在创新追赶路上，主要遵循"模仿、引进和消化吸收"模式，开放式创新主要以"引进来"为主内向型开放模式。中国受集权式科技管理体制的影响。一直以来，我国科技发展都存在创新资源分散，难以整合的问题。也正因为如此，我国国家创新体系的运行效率较低。《OECD创新政策评述：中国》指出，"中国国家创新系统犹如一个'群岛'，存在大量'创新孤岛'，它们之间不仅缺乏相互协同，而且更重要的是缺乏交流"。[①] 同时，科学研究国际化停留在低水平，高校和科研院所的国际创新合作自上而下的项目居多，技术合作项目较少，科研成果拥有自主权不多。跨国公司在华研发活动挤占了国内有限的创新资源，对国内企业自主创新造成很大压力，FDI的流入对国内企业的技术外溢效应并不显著，国内企业吸收能力不高，难以通过"出口中学习""交流中学习"实现技术创新。同时，主动企业"走出去"的外向型开放不仅规模有限，层次也不高。政府牵头或参加的国际大科学工程不多。针对一些全球性的重点研究项目，没有发挥应有的作用和贡献，在相关项目中，参与的广度和深度都不够，缺乏话语权。这些直接导致中国创新要素开放水平不高，尤其是制度开放滞后尤为明显。当前我国开放水平的不足，创新要素跨境流动水平不高，既不利于建设创新型国家和推动全面开放新格局，同时不利于建设以高质量发展为目标的现代化经济体系，更不利于我国"两个一百年"目标的实现。

---

① 熊鸿儒.中国创新体系的开放进程与转型挑战[J].学习与探索，2017（1）.

8.4 逆全球化与中国开放式国家创新体系

当今世界正面临百年未有之大变局，加之新冠肺炎疫情的叠加冲击，大国竞合博弈愈演愈烈，国际形势不稳定性和不确定性明显上升，经济贸易的逆全球化导致全球科技在开放与保护的较量中艰难前行。

8.4.1 逆全球化下的挑战

1) 全球面临百年未有之大变局

（1）百年未有之大变局。

自15世纪末地理大发现以来，资本主义迄今有500多年的发展历史，先后诞生了3个世界霸权国家：17世纪的荷兰，18世纪60年代至19世纪末的英国，19世纪末至今的美国。美国自从南北战争后迅速崛起，到1984年经济总量跃居全球首位，至今一百多年一直保持世界经济霸主地位。但是进入21世纪以来，全球经济中心开始向亚太地区转移，出现"东升西降"现象。发达国家经济总量在全球占比从1991年的63%下降到2018年41%。新兴市场和发展中国家经济总量在全球占比从1991年的37%上升到59%。就亚洲地区而言，在80年代中国占全球经济比重仅为1%，亚洲地区占20%。2019年中国占全球比重上升到16%，亚洲地区占全球比重上升到36%。可见，在过去40年间亚洲地区在全球经济占比上升了16个百分点，其中中国就贡献了15个百分点。世界经济力量对比发生重大变化，全球治理体系重构在即。七国集团（G7）作为传统的发达国家俱乐部逐渐退出历史舞台，而中国、俄罗斯、南非等发展中国家通过G20峰会积极参与国际治理，共同推动全球经济治理体系更加公平、合理、有效和包容。从经济力量对比调整到世界权力转移对象出现根本性变化，国际体系和国际秩序面临深度调整，世界正经历百年未有之大变局。

（2）新冠肺炎疫情的冲击。

2020年全球最大的黑天鹅事件就是新冠肺炎疫情的爆发，这是"二战"以来全球面临最大的公共卫生事件，引发了全球经济危机和政治危机。一方面，世界经济面临深度衰退。受到新冠肺炎疫情影响，2020年全球经济萎缩3.5%。其中美国经济增速为-3.5%，是74年来经济最低增速。日本下滑 4.8%，英国下滑 9.9%。发达经济体经济增速大幅下降。中国率先采取严格隔离举措，率先控制住疫情，率先复工复产，率先实现经济转正，2020年经济总量首次突破百万亿元，经济增速 2.3%，是全球主要经济体中唯一一个保持正增长的国家。另一方面新冠肺炎疫情导致工人失业，贫富差距加大，加剧了民众对政府的不满，引发了不同程度的政治危机。2020 年全球先后有 49 个国家出现大规模抗议和暴力冲突，包括美国非裔男子乔治·弗洛依德死于警察暴力执法而引发的一系列抗议事件，泰国民众游行抗议国王去德国"避疫"、白俄罗斯选举遭遇民众抗议等。

在这场全球战役中，中国统筹疫情防控与经济社会发展，在疫情大考中交上满意答卷。2020 年中国不仅在全球经济体中领跑复苏，成为全球经济增长的引擎，而且中国占美国经济总量首次突破 70%，中美经济规模差距从 2000 年 9.1 万亿美元快速缩减到 6.2 万亿美元。中国快速崛起为世界经济大国，正向高收入发达国家阶段前行。

2）逆全球化对我国建设开放式国家创新体系带来挑战

科技领域的风险不同于经济、社会、党建等领域，其自身具有前沿引领性、难以预知性和复杂性等特征。开放式国家创新体系主要研究国家创新体系的开放性问题，除了自身发展不足而受制于人的风险、科技进步引发社会道德和伦理挑战等系列内部风险外，开放式国家创新体系主要面临外部环境趋于紧张的风险。2008 年华尔街金融危机以来，全球经济艰难复苏，逆全球化思潮不断涌现。新冠肺炎疫情在全世界的大流行加剧了逆全球化浪潮。美国出于维护自身科技霸权的目的，将贸易战向科技战蔓延，对中国的科技开放从科研人才、高新技术企业、科技体制和产业政策三个层面进行打压，打击范围不断扩大，打击手段不断升级。中国开放式国家创新体系建设遇到严峻挑战。

8.4.2 开放合作是大势

从短期看，受到新冠肺炎疫情影响，许多国家提出要重塑相对独立的经济体系，逆全球化可能会持续升温。但是从长期看，从经济理论和各国经济建设经验来看，特别是中国改革开放 40 多年巨大变化来看，开放是大势所趋。正如习近平在第二届中国国际进口博览会主旨演讲中提到，"经济全球化是历史潮流。长江、尼罗河、亚马孙河、多瑙河昼夜不息、奔腾向前,尽管会出现一些回头浪,尽管会遇到很多险滩暗礁,但大江大河奔腾向前的势头是谁也阻挡不了的"。

1)全球化是大势所趋

从经济理论和世界各国发展经验来看,竞争是市场经济的灵魂,自由贸易是推动经济发展的动力。逆全球化限制了生产要素自由流动,生产者和消费者被迫在较小范围选择生产要素和消费品,不利于资源的最优配置。从全球化来看,国际分工有利于发挥各国比较优势,节约社会劳动。以产品供应商来源国为例,苹果手机一级供应商来自 11 个国家,飞机零部件一级供应商来自 21 个国家,自行车一级供应商至少来自 7 个国家。二级三级供应商更是遍布全球各地。很少有单个国家生产制造产品,分工协作成为常态。各国都将成为生产环节的一分子。尽管疫情会短暂冲击全球产业链,但是从长远来看,全球产业链布局不会逆转。从实践发展来看,21 世纪以来是全球化快速推进的 20 年。全球贸易占全球 GDP 比重从 2000 年的 38.99% 提高到 2019 年的 43.48%。中国外贸依存度(出口占 GDP 比重)从不到 10% 提高到 20%,德国外贸依存度从 25% 提高到 45%,印度外贸依存度从 3% 提高到 20%。几乎所有国家全球化程度明显提高。特别是中国,自从改革开放以来,积极融入全球市场,参与国际分工,中国经济快速发展,政治、文化、社会、生态以及国际地位等各方面得到长足发展。中国从积贫积弱的国家成为全球最具有发展活力的大国。尽管新冠肺炎疫情以来,部分国家采取了保护本国产业的逆全球化举措,但是根据 WTO 发布的《2020 年世界贸易报告》显示,WTO 成员方先后采取了 335 项货物贸易措施,其中 58% 为促进举措,42% 为限制举措。但截至 2020 年 10 月,有 39% 的限制举措被废除,贸易限制性举措在减少。这说明越是危难时机,世界各国越要抱团协作,联手对抗公共卫生危机,全球化趋势不可阻挡。

2)数字技术进步将推动世界更大范围更深程度的连接

当今世界新一轮科技革命和产业变革蓄势待发,大数据、云计算、人工智能、物联网、区块链等数字技术呈现良好发展前景。数字化技术在智慧城市、智慧社会等领域的应用拉近了城市与城市的距离,拉近了人与人的距离。特别是在疫情期间，在线教育、电子商务、远程办公、远程医疗等新兴数字产业很大程度上抵消了疫情给社会经济带来的负面影响，维护了社会生产秩序和百姓生活的正常运转。数据不同于传统生产要素，而新兴数字技术跨越了时空的限制，大幅降低了数据流通和使用成本。随着各国信息基础设施的建设，全球数据量呈指数级增长，数据的全球化属性和流动属性日益增强。数据资源扩散到经济社会领域，将给人类社会带来颠覆性巨大变革。世界经济论坛指出世界正进入"全球化4.0"，数据流动成为推动全球化的重要力量。数据流动有效支撑了商品、服务、资本、物流等其他几乎所有类型的全球化活动。数据流动降低了创新资源获取的门槛，产业组织和社会分工不断深化，众包众创、协同创新、参与式创新等新模式不断涌现。数据全球化正成为推动世界全球化新的增长引擎。中国将成为全球最大的数据资源大国。

3）跨国公司是践行全球化理念的先行者

跨国公司是21世纪全球化的重要载体。随着中国经济的快速发展，超大市场规模优势日益突出。中国人口众多，14亿人口中就有4亿中产阶层，是全球最大的单体消费市场。我国还拥有全世界最完整的工业体系和最强的产业配套能力。中国需求和供给优势明显。新冠肺炎疫情期间，美日等国提出让企业搬家，离开中国市场，但回应者甚少。企业是市场主体，追逐利润是企业生产的目的。在全球生产普遍过剩的基础上，市场在哪里，企业就在哪里。事实证明，目前美国500强企业中入驻中国的就有300多家。中国外资研发机构中，美资企业是主体。IBM、微软、通用电气等企业在中国都建立研发中心，占到大型研发机构的一半。作为全球化最大的推动主体，研发中心是跨国公司最核心的部门，关系到企业未来发展。跨国公司研发中心作为开放式国家创新体系的重要主体，基于盈利的需求将会继续推动科技全球化。因此，即使逆全球化会在短时间抬头，但是跨国公司研发中心的科技创新活动不会停止，科技全球化也不会停止。

8.4.3 中国优势

面对全球新冠肺炎疫情的冲击和复杂多变的国际经济形势，党中央提出要构建以国内大循环为主体，国内国际双循环相互促进的新发展格局。

双循环以内循环为主，但并不是不要外循环。外循环对中国同样重要。经过多年改革开放，中国继续建设开放式国家创新体系具有一定体制和机制优势。

1）我国科技对外开放平台已经搭建

经过多年努力，我国已经构建了从点到面多层次科技对外开放平台。从点来看，区域创新系统是国家创新系统的重要组成部分。区域协同创新体系通过突破发展壁垒，搭建资源共享平台，推动区域创新发展，并培育北京、上海等创新增长极，成为中国科技对外开放的窗口城市。十九届五中全会明确指出，要支持北京、上海、粤港澳大湾区形成国际科技创新中心。2022年世界知识产权组织（WIPO）发布《全球创新指数报告》，根据 PCT 专利申请人、科学出版物的作者等指标对全球 100 个科技集群进行排名。中国和美国一样有 21 个集群在榜。中国的"深圳—香港—广州科技集群"排名第二，仅次于"东京—横滨科技集群"。深圳和广州有先进制造业优势，香港有前沿科技应用的法律优势，科技集群能通过合作实现科技创新上的突破。粤港澳大湾区国际科创中心瞄准国际科技前沿，组建粤港澳联合实验室，特别是由钟南山院士担任主任的粤港澳呼吸系统传染病联合实验室，粤港澳中医药与免疫疾病研究联合实验室等在抗击疫情中发挥积极作用。组建粤港澳大湾区科技协同创新联盟，充分融通资金、技术、人才等创新要素，促进产学融合。此外，还通过促进科技成果转化，实现财政科研资金跨境流通，推动区域科技创新发展，进一步实现产业结构升级和经济高质量发展。以上海为核心的长三角是我国经济最有活力，创新能力最强，开放程度最高的区域之一，长三角区域技术市场联盟要依托上海临港新片区加快创新资源共享，联合培养技术市场人才队伍，着力打造全球跨境技术贸易中心，带动自贸区建设。北京创新资源丰富，拥有 128 个国家重点实验室，68 个国家工程技术中心，1000 多个科研院所，90 多所大学和近 3 万家国家级高新技术。北京要以国家实验室为龙头，深度参与国家战略性科学计划和科学工程，建设具有全球影响力的人工智能和生物医药创新策源地。海南自由贸易港通过开展国际互联网数据交互试点，扩大数据领域开放，培育发展数字经济。北上广等国际科创中心将成为全球科创资源的集聚地和原创性科技成果的发源地。从面来看，全国 31 个省市自治区均已建立国际科技合作基地。国际科技合作基地是推动政府间科技合作和民间科技交流合作的载体，对提高中国科技创新能力，服务创新型国家建设具有重要的支撑作用。科技部认定的国际科技合作基地从2006年的1家增长到2018年的729家，包括国际创新园、国际联合研究中心、国际技术转移中心和示范型国际科技合作基地4种类型，参与主体有高校、科研院所、高新技术企业和科技中介组织等，涵盖开放式国家创新体系的所有创新主体。这些国际科技合作基地引领本区域开展国际科技合作，并成为我国统筹利用全球科技资源，扩大科技对外影响力的中坚力量。

2）我国科技对外开放合作机制逐渐健全

改革开放以来，科技体制改革一直是我国深化改革的重点领域，科技对外开放合作机制基本形成。一是建立人才引进工作管理体制，鼓励留学，推动科研人才开放。根据全球化智库研究报告，2019—2020学年在美国国际学生人数下降1.8%，但中国出国留学人数继续保持正增长。二是加强中外合办研究机构的管理，推动办学开放。疫情暴发后，越来越多的学生选择"在地留学"。具有优质办学条件的中外合作办学机构成为留学生的热门之选。教育部也将通过适当增加部分中外合作办学机构和项目来应对疫情期间留学难问题。三是规范技术引进和出口工作，推动技术开放。2019年3月我国修订了《中华人民共和国技术进出口管理条例》，赋予了技术交易合约更大的自由度。2020年8月科技部调整发布《中国禁止出口限制出口技术目录》，将技术出口分为自由、限制和禁止三类，其中自由类技术出口实行事后合同登记备案。限制类技术进出口需要申请许可证，获得批准后方可对外进行实质性谈判，签订技术出口合同。通过规范技术进出口管理，促进科技进步和对外经济技术合作，维护国家经济安全。四是从国家战略层面设立国际科技合作专项，通过项目网络化管理，集成了40个学科500个专业方向的10 000多名专家在内的国际科技合作专项专家库，积极参与并牵头组织国际大科学、大工程计划，共同推进全人类科技进步。

3）我国坚持以完善的制度推进科技开放

随着改革开放的深入，中国对外开放的重点从商品和生产要素的开放演进到更深层次的制度开放。2018年中央经济工作会议首提"制度型开放"，实施规则开放是推动全方位对外开放的重大部署。中国不断破除体制机制障碍，致力于建设更高水平开放型经济新体制。其一，以立法推动制度开放的顶层设计。2020年《中华人民共和国外商投资法》正式实施，《中华人民共和国中外合资经营企业法》《中华人民共和国外资企业法》《中华人民共和国中外合作经营企业法》同时废止。《外商投资法》是新时代我国利用外资的基础性法律，是推进制度型开放的重要工具。它侧重促进和保护外商投资，保障内外资企业公平竞争，由原来的管理性变成现在的促进和服务性，更好地与国际规则接轨。其二，加大负面清单改革力度。从2017年以来中国连续4年压减外商投资负面清单,全国外商投资准入负面清单从2017年的63条压缩到2020年的33条，自贸试验区外商投资准入负面清单从2017年的95条压缩到2020年的30条，负面清单越短，开放力度越大。近年来我国不断加快金融业、交通运输业等服务业重点领域开放，彰显了中国以制度开放推动跨国投资，稳定全球产业链供应链，共建开放共享世界经济的决心。其三，优化营商环境。全球生产网络如何布局取决于哪一个国家能提供更具吸引力的营商环境。党的十八大以来，我国各级政府从简政放权入手，着力深化放管服改革，重点破解了审批当关、公章旅行、公文长征等难题，努力提升营商环境的市场化、法治化、国际化水平。世界银行发布《2020营商环境报告》中国名列第31位，位于发展中国家前列，也是全球营商改善环境程度最显著的经济体之一。其四，积极参与国际规则制定和修改。知识产权是经贸规则重构的核心。2020年11月15日中国同东盟十国、日本、澳大利亚和新西兰等15国共同签订了《区域全面经济伙伴关系协定》（RCEP），全球最大自贸区诞生。除了商品零关税外，中国将在自贸协定中兑现知识产权全面保护承诺，将著作权、商标、地理标志、专利、遗传资源等全部纳入保护范围。中国制度层面高水平、深层次的对外开放将引领其他成员国跟进，不仅推动区域自由贸易一体化发展，还将有效优化国际科技领域深度开放合作的制度环境，对中国建设开放式国家创新体系意义重大。

8.4.4 应对策略

科学从本质上讲是无国界的，国际科技合作有着内在必然性。无论是联手抗击新冠肺炎疫情，还是大科学基础项目研究，其成果都应世界共享，为全人类服务。封闭导致落后，开放带来发展。国际科技合作既是历史潮流,也是未来大势所趋。对外开是中国的基本国策。中国坚持开放的大门不会关闭,只会越开越大。面对新的国际形势,中国发展具有中国特色的大国外交,坚定维护国家核心利益不受损,积极参与全球治理,同时要与发达国家求同存异,以合作代替对抗,以共赢代替独占,推动形成新型国际关系。在这重大背景下中国构建开放式国家创新体系应秉承人类命运共同体理念,积极参与国际规则的制定和修改,深化不同国别不同领域科技合作,统筹安全与发展,实现科技开放与技术经济安全相统一。

1）秉承人类命运共同体理念，深化国际科技合作

开展国际科技合作需要全球各国达成人类命运共同体的共识。新冠肺炎疫情的暴发给全世界上了生动的一课,病毒是无国界。抗击新冠肺炎疫情是否成功不取决于第一个战胜的国家,而是取决于最后一个战胜的国家,这是一场全世界人民共同参与的公共卫生战役。全世界各国应联手共同抗击新冠肺炎疫情。作为世界制造业大国,中国生产的口罩占全球50%以上,是全球最大的医疗物资生产大国。中国在第一时间向全球分享全基因序列、核酸检测引物和探针序列,搭建面向全球的开放科学共享服务平台,为175个国家和地区用户提供服务,累计数据下载量超过了1.6亿次,主动向国际社会分享中国的抗疫经验。国家卫生健康委汇编的诊疗方案分享给全球180多个国家以及10多个国际和地区组织,通过远程视频的方式与100多个国家和地区举办了近30场技术交流会议,并向意大利、塞尔维亚、柬埔寨等国家派遣专家组提供医疗救助。中国为全球合作抗击疫情做出积极努力,既体现了大国担当,同时彰显了人类命运共同体理念的深远意义。新冠病毒防治的科学研究需要全人类的智慧。世界各国应秉承人类命运共同体理念,主动分享疫情防控资源,畅通医疗用品、防护设备等物资的国际配送,联手攻关大科学计划、大科学工程,加强科技交流,尽可能早日突破新冠病毒防控的科技瓶颈。

2）积极参与国际规则的制定和修改

世贸组织、世界银行、国际货币基金组织是第二次世界大战后美国主导建立的国际经济组织,成功维护了70多年来国际秩序的有效运转。但是当今美国试图利用这些组织维护霸权、打压他国。世贸组织在争端解决机制、审议机制等领域面临危机,不利于世界经济健康发展。作为成员国,

中国于2018年提交了《中国关于世贸组织改革的立场文件》，2019年提交《中国关于世贸组织改革的建议文件》，积极参与世贸组织改革工作，保障发展中国家发展权益和空间，维护多边贸易体制权威性和有效性，推动建设开放型世界经济。同时，新冠肺炎疫情催生了数字经济蓬勃发展。中国在5G技术、电子商务和移动支付等领域处于领先地位。中国应充分利用技术优势积极参与全球数字经济和数字贸易规则的制定，推动建立公正合理的国际规则和制度体系，不断增强中国在国际治理中的制度性话语权。

3）深化同世界各国科技合作

不同国家在不同科技领域具有领先优势。中国应积极主动与其他国家开展合作，求大同，存小异，以合作共赢的理念开展科技交流，取其所长，补我所短。

（1）深挖与美国科技合作空间。合作与竞争并存是中美关系的主流。目前中美对话合作机制超过150个，且双方科技资源优势互补明显，未来开展科技合作空间巨大。中国应与美国政府开展多层次沟通对话，挖掘合作共赢潜力，拓展共同利益。拜登上台后美国重新回归《巴黎协定》，中美两个大国在气候变化领域合作可能性加大。在全球尖端技术中，中国处于制造业主导地位，在39个工业领域，中国占优势的达31个。美国处于医疗行业主导地位。在49个医疗领域，美国占优势的达40个（刘英，2020）。中美开展医疗科技产业合作将造福全人类。同时，中美两国的经济总量和能源消费总量占全球四成，夯实并尽快推进能源合作具有极大的战略重要性。中美民航市场是全球最大的、最具发展潜力的国际航空运输市场之一，中美间的航权安排是中国126个双边航空运输协定中开放度最高的双边协议之一。两国航空合作，将会带动中美两国在先进制造业、高端装备业、高科技领域等科技合作。因此，结合拜登竞选纲领，未来中美双方将会在清洁能源、气候、公共卫生、金融基础设施领域、先进制造业等领域展开科技合作。

（2）深化同其他大国的科技合作。除了美国之外，中国还应积极主动加强与其他大国的正常科技交流，增强互补性，推动双方科技合作向深层次、高质量方向发展。根据各国科技优势，未来中国应加强和韩国在能源技术和产业应用领域合作。加强中国和日本在新材料、信息通信和生命科学领域合作。加强中国和欧盟在智能制造、航天航空、新材料、大科学项目以及信息网络领域合作。加强中国和加拿大在农业、生命科学和清洁技术等领域合作。

（3）重视与瑞典、荷兰、芬兰等关键小国科技合作。关键小国是指经济总量规模不大，但是在特定领域或学科具有国际领先优势的创新强国。《2020年全球创新指数》排名前十的国家除了美国、英国、德国等传统强国之外，还包括瑞士、瑞典、荷兰、丹麦、芬兰等国家，其中瑞士和瑞典排名第一、第二，超过美国。根据各国学科优势，未来中国应在电子信息，生物医药和先进制造领域加强与瑞士、瑞典、芬兰、丹麦和荷兰等技术领先国合作；在能源资源和环保领域加强与芬兰、荷兰等技术领先国合作；在新材料领域加强与爱尔兰、捷克等技术领先国合作；在空间技术领域加强与匈牙利等技术领先国合作。通过与关键小国的科技交流，提高研发及技术转移效率。

（4）深化与共建"一带一路"国家科技合作。中国大力推进与共建"一带一路"国家科技合作，已经建立了完善的人文交流渠道，与菲律宾、印尼等8个国家共建科技园区和联合实验室，与东盟、南亚、阿拉伯国家、中亚、中东欧共建5个区域技术转移平台。共建"一带一路"国家在粮食生产，医疗卫生、生态环境，基础设施建设等领域有着强烈的发展诉求。中国应深化与共建"一带一路"国家在农业科技合作，建设环境监测预警体系，开展医疗技术培训和技术援助，加强高速铁路网络建设以及数字领域新基建，构建农业丝绸之路、绿色丝绸之路、健康丝绸之路和数字丝绸之路，将"一带一路"真正变成科技合作之路和创新之路。

4）基于网络技术，探索更加柔性、更加灵活的科技合作模式

面对当前国际形势，逆全球化在短时期之内将会存续。中国建设开放式国家创新体系可以遵循不为我所有，但为我所用的原则适时调整开放合作模式。美国等发达国家科技封锁会导致国际科技人员流动受限，微观层面的开放式创新无法顺利开展。但是5G、AI、VR、云计算、大数据等技术的广泛运用，为新时期中国建设开放式国家创新体系突破时空局限提供技术支撑。国际科技人员可能无法到现场，但是通过借助大数据分析、远程办公、在线会议等多样化场景，同样达到借智借脑的目的。过去刚性的、

中长期人才交流计划也可以调整为短期的、灵活的交流方式。在国际人才交流和科技项目交流中，要鼓励企业、高校和科研中介机构等市场主体站在一线，政府等部门退居二线，避免受到欧美国家诟病。

5）统筹安全与发展，实现科技开放与技术经济安全相统一

面对中国的快速崛起，美国为维护世界霸主地位，对中国制裁从贸易战升级到金融战、科技战，国家技术经济安全问题日益凸显。技术经济安全是指一国经济利益不受内部或外部技术因素威胁的状态以及维持这种状态的能力（刘志鹏等，2018）。美国为了自身利益，综合利用各种政治、经济、军事与技术实力强行在整个市场中推行自己的原则和意志（肖耀根，2008）。新中国成立之初，由于社会制度和意识形态不同，以美国为首的西方发达国家对中国实施全面封锁。美国对中国科技打压从未停止，严重威胁我国技术经济安全。

党的十九届五中全会开启了中国第二个百年目标的新征程，中国要全面建设社会主义现代化强国。全会《建议》部署12项工作，首次将创新放在首位，科技创新被提到前所未有的高度，突出了我党坚持用创新引领中国经济社会高质量发展的决心。从新中国时期的巴统协议，冷战时期的瓦森纳协定，到中美贸易战，再到疫情期间中美科技领域部分脱钩，美国打压中国科技发展从未停止。2020年9月习近平总书记在科学家座谈会上指出，"越是面临封锁打压，越不能搞自我封闭、自我隔绝，而是要实施更加开放包容、互惠共享的国际科技合作战略"。新时期中国坚持对外开放的大门不会关上，只会越开越大。但是在充分利用国际科技资源时，中国必须借鉴其他经济体的实践经验，结合国内国际新形势，坚决维护我国技术经济安全。

（1）牢固树立总体国家安全观，引领开放式国家创新体系健康发展。发展是第一要务，而安全是发展的前提。越是开放发展，越要重视安全问题。重视国家安全是世界大国的普遍做法。美国、俄罗斯、日本等国都有相对稳定的国家安全战略。党的十八大以来，党中央高度重视国家安全问题。坚持总体国家安全观成为新时代中国特色社会主义基本方略之一。科技领域安全是国家安全的重要组成部分。面对复杂的国际形势，构建开放式国家创新体系也必须统筹安全与发展两件大事。中国将一如既往坚持对

外开放，开展国际科技合作。但是合作是有原则的。中国不会牺牲别国利益发展自己，也绝不允许他国利用技术打压中国，必须维护我国技术经济安全。国家发改委积极组织研究国家技术安全管理清单制度，加强对我国重大技术突破的保护和对外技术合作的管理，将为我国战略高新技术和重要领域核心关键技术，构筑强有力的"防火墙"。2021年1月9日商务部出台《阻断外国法律与措施不当域外适用办法》，将为在域外不当法律侵害下的我国企业提供了合法救济渠道，对于维护国家主权与安全具有关键意义。该举措对反制长臂管辖权，维护该多边贸易体制，反对单边主义、保护主义，构建开放型世界经济和全球产业链供应链稳定畅通等方面起到积极作用，彰显了我国对于维护国际经贸秩序的责任担当。

（2）出台外商投资安全审查专项法律和制度。外商投资安全审查制度是保障国家安全免受外资侵害的重要防线，通过立法来规制是国际通行的做法。美国作为世界上主要投资目的国，高度重视国家安全审查。1975年美国建立了外国投资委员会（CFIUS），专门审查外资对美国国家利益的影响。1988年《埃克森—弗洛里奥修正案》出台，授权美国总统可以有权终止或禁止任何威胁美国国家安全的外国投资，CFIUS依法执行外资安全审查，并向总统提供建议。进入21世纪，美国相继出台《外国投资与国家安全法》《关于外国人收购、兼并和接管的条例》《外国投资风险评估现代化法案》等，扩大了CFIUS的权限与审查范围，制定了强制性的备案义务，加大对外商投资安全审查力度。除美国之外，澳大利亚出台《外商投资改革法》，英国制定《国家安全和投资法》，德国、日本及时修订《对外贸易和支付法》《外汇与外贸法》。2011年我国颁布《国务院办公厅关于建立外国投资者并购境内企业安全审查制度的通知》，建立外国投资者并购境内企业安全审查制度。2015年在自由贸易试验区试点实施与负面清单管理模式相适应的外商投资安全审查措施。2021年1月18日，《外商投资安全审查办法》正式实施，提出要对涉及军工类，和关系国家安全的重要农产品、能源、基建、金融以及信息技术和关键技术领域的外商投资应积极主动申报并接受审查。但关键技术领域具体指哪些没有明确。当前，美国和欧盟密切关注来自中国的投资，并重点审查基础设施和网络信息安全等关键技术领域的投资。中国要顺应国际趋势，将部门规章制度上升到更高阶位的立法来规制安全审查，加大对尖端技术的审查力度，防止技术流失，保护国家利益不受侵害。

（3）加强对高校、科研院所和企业技术经济安全教育。高校、科研院所和企业是科技创新的主体，也是国际科技合作的主要生力军。当前，信息技术发展加速，国际科技合作领域不断扩大，科研人员跨国界流动频繁，高新技术泄密风险逐渐加大。创新主体必须牢固树立总体安全观，坚持国家利益至上，做好国家安全体系中各方面安全工作。首先，商业秘密和高新技术是我国制造企业最重要的知识产权保护形式，也是我国制造业企业"走出去"的核心无形资产。商业秘密具有无形性、可复制性等特点，一旦被公开，商业价值便会即刻消失，将严重挫伤企业的创新积极性。我国现有商业秘密保护条文分散在《反不正当竞争法》《合同法》《劳动合同法》《刑法》等多部法律法规，各法之间执法认定标准、处罚力度不一致，执行效果不佳。为深入推动创新驱动发展战略，保护企业合法利益，国家应加快制定出台商业秘密保护条例，给予企业明确指导意见。其次，国际科技合同是维护创新主体权益的法律文书。中国应借鉴欧盟做法，签署科技合同时要补充完善知识产权保护条款，保护我方合法权益。最后，高校、科研院所和高新技术企业应大力加强日常安全教育培训力度，培养科研人员的安全意识，对参加对外科技交流的涉密人员进行保密提醒。在开展国际科技交流中，创新主体既要及时掌握人员动态，把出国培训、交流和访学人员的安全记录教育形成制度化，更要时刻提高思想警惕，提高企业商业秘密保护和科技保密能力。

9 国际经验和重要启示

"他山之石，可以攻玉"。学习其他国家建设开放式国家创新体系的经验，能够让中国在建设开放式国家创新体系中少走弯路。美国和德国是西方创新型大国，其开放式创新在全球具有一定的代表性和引领性。而日本的技术模仿到自主创新之路对中国的产业技术升级有重要借鉴意义。以色列是全球公认的创新国度，资本市场和技术孵化器的培育值得中国借鉴。同时，基于特色大国外交理念，中国建设开放式国家创新体系要走自己的路，要辩证正确处理好全球化和逆全球化、自主创新和封闭式创新等关系。

9.1 国际经验

9.1.1 美国经验

美国作为世界第一大经济体，2021年经济总量超23万亿美元，占世界GDP比重达到25%左右。美国不仅是经济大国，同时也是创新大国，特别是开放式创新在全球具有引领性。美国历来重视创新，早在1980年美国《拜杜法案》就启动了大学和实验室与企业之间的科技合作。1987年政府牵头组织14家企业成立半导体制造技术联盟，共同应对当时极具技术领先优势的日本产业竞争。2009年美国总统奥巴马发布了美国历史上第一个创新战略，2014年修改后的创新战略突出了开放式创新。美国建设开放式国家创新体系的经验有以下几个方面：

第一，重视基础研究，政府不断加大对科学创新的资助力度。基础研究产生的知识是突破性创新的重要源头。美国十分重视对基础研究的投入，第二次世界大战后美国成立了国家科学基金会和国家卫生研究院，重点资助研究型大学，投入的经费预算不断增加，美国政府很快成为科学研究最大的资助者。2018年美国政府基础研究预算高达290亿美元,是中国基础研究经费的4倍左右。正是因为重视基础研究,美国迅速成为全球的科学中心,确保了美国在二战后经济和技术的全球领先地位。目前,美国仍然是基础研究领域的领头羊。2020年获得诺贝尔奖的科学家中有50%的人来自美国或曾求学在美国,包括医学、物理、化学和文学。全球最具影响力的100篇科研文章中,超过7成出自美国科学家之手。不仅如此,美国的产业界获得诺贝尔奖的也很多,贝尔实验室从20世纪至今先后产生了15名诺贝尔奖得主。

第二,降低企业家才华实现的门槛。企业家是创新的灵魂人物,企业家的职能就是创新。创新需要资金、技术、工具、机遇等,这些是企业家才华实现的门槛。美国政府不断降低企业家才华实现的门槛,鼓励全民创新。为培育企业的初设,美国出台初创企业计划,要求联邦政府和美国国会、美国企业界共同推动初创企业成立。2012年美国国会通过了乔布斯法案,财政部、小企业局以及各地州政府积极出台推动初创企业成立的配套政策,包括税收减免、风投基金的成立以及众筹规制等。这些政策为美国中小企业非公开融资和股权众筹保驾护航。美国政府通过培育企业,为市场提供源源不断的创新主体。

第三,为开放式创新培养和争夺创新人才。人是创新的主体,受教育程度直接影响创新的质量。通常情况下,国家的教育水平与其科技实力呈正相关。从19世纪70年代开始,美国用了大约不到半个世纪的时间完成了对英国经济和科学技术的成功追赶,成为当前世界上的技术领跑者。这种追赶还充分体现在教育水平的追赶上。19世纪初期,美国人均受教育年限只有英国的87%,到21世纪初就已经达到了英国的91.2%。同时,美国非常重视高等教育,世界大学前100强,美国大学就有50所。1970年美国高等教育的普及率就达到49%,而同时期的法国、英国和日本只有10%左右。到1995年美国高等教育普及率达到81%,同时期法国、英国和日本不足一半。美国成为世界上率先进入高等教育大众化的国家。除了培养本国人才外,美国还在全球开展科技合作,争夺全球创新人才。从第二次世界大战开始美国就利用移民签证吸引国外优秀科研人才。美国先后多次修改移民法,指出不论国籍和年龄,只要在学术上有突出成就的就可以优先加入美国国籍。2006年美国全面改革移民制度,实施宽松的绿卡政策,随后高学历移民名额不断提高。目前美国每年引进的工程师和科学家移民至少 8 万人，是世界上人才引进最大的受益国。在美国每年至少 60%的博士学位获得者选择留在美国工作[①]。来自全世界各行业的精英，为美国开放式国家创新体系的建设提供智力支持，也为美国创造了丰硕的创新成果。20 世纪上半叶自然科学领域的诺奖只颁给 18 名美国人，但是到了 20 世纪下半叶和 21 世纪初，先后有 212 名美国科学家获得诺奖，包括 31 位原籍海外的美国科学家。

第四，加强数字基础设施建设，为开放式国家创新体系打造硬环境。创新主体进行创新活动需要良好的环境予以保障。既包括政策法制、创新文化等软环境，也包括道路交通、通信类基础设施等硬环境。美国非常注重基础设施的建设，历史上的大运河、跨北美大陆铁路、州际公路和机场等重要交通基础设施至今仍在运转。上届美国总统特朗普非常重视对基础设施的建设，重点打造包括交通、电力和宽带在内的乡村基建等。当前，以互联网为代表的技术已经渗透到创新的每个环节，数据的收集、存储、分析和传输越来越便捷，知识和信息传播的速度进一步加快，创新的效率不断提高，开放式创新离不开互联网技术的支持。网络基础设施建设和互联互通越来越重要，良好的互联网网络成为建设开放式国家创新体系的基础。美国政府一直非常重视信息基础设施的建设。20 世纪 80 年代初期，美国副总统戈尔就建议建立全国性的"信息高速公路"。克林顿政府大力实施信息基础设施建设。1993 年美国公布"国家信息基础设施行动计划"，引领世界进入数字时代。2018 年，美国推出《重建基础设施立法纲要》，提出要大力发展无人机、自动驾驶等数字基建，促进美国新兴产业发展，实现制造业回流。

9.1.2 日本经验

"二战"后日本经济遭受重创，为节省研发时间，尽快缩短与西方国家差距，日本采取技术引进消化吸收再创新模式，很快实现经济高速增长，并一度成为世界第二大经济体，至今在全球经济格局中仍扮演重要角色。

---

① 苏敬勤, 刘建华, 姜照华. 国家创新体系国际化的模型与测算：中美比较[M]. 北京：科学出版社，2014.

第一，政府在开放式国家创新体系中扮演重要角色。日本政府通过出台法律法规、制定规划和经济资助等多种方式促进国家层面的开放式创新。日本政府先后出台《科学技术基本法》《国立大学法人法》《日本学术会议法》《独立行政法人通则法》《私立大学研究设备国家补助相关法律》《民间学术研究机构助成法》《产学官联盟关系诸法》等一系列法律法规，倡导高校等学术机构独立创新。1995年日本通过《科学技术基本法》后，从1996年实施每五年一度的"科学技术基本计划"。每一期的科学技术基本计划积极推动科学技术创新国际化。从派遣人员到国外学习，到开展国际科技合作交流，再到发挥日本在解决亚洲共同问题的积极作用，开拓科技外交等，这些举措致力于不断提升日本在全球创新网络中的地位。日本政府根据不同合作对象，制定不同的国际科技合作计划，建立了多层次的国际科技合作关系。与美国、新加坡等发达国家签订战略国际合作研究计划，重点合作研究生物科学、环境保护、海洋科学等学科领域。与发展中国家签订可持续发展科研合作计划，主要是基于发展中国家需要，帮助发展中国家提升独立研究能力。与东亚地区签订电子—东亚科技创新联合研究计划，旨在实现东亚地区的科技创新和经济稳健发展。建立亚洲科技门户计划，旨在促进东亚国家学术交流和研究人员的流动。为加强技术引进，促进国内产业结构升级，日本通产省对符合条件的项目予以技术引进经费资助。近年来，日本研发经费规模保持在1700亿美元以上，占GDP比重3%以上，是世界上研发经费投入强度最高的国家之一。

第二，完善的科技中介服务体系，助力官产学合作。科技中介服务机构是创新活动的润滑剂，能有效连接高校、企业和政府等主体，实现产学研有效合作。日本政府先后出台《一般社团法人和一般财团法人法》《公益法人认定法》等相关法律优化中介机构、民间社团的发展环境。目前日本有500多家从事官产学合作的民间机构，以学术论坛、行业技术展会等方式为企业、高校和政府搭建学术交流平台，推动产业技术创新。同时大量的中介机构为科技创新提供金融、决策咨询和人才培训服务。大阪科学技术中心打造在线咨询服务平台，为会员企业提供咨询服务。部分财团类组织设立专项科技服务基金，为企业创新提供财力支撑。许多大学也纷纷设立专利中介部门、创业中心和知识产权部门，加强与企业和政府的合作，实现创新成果产业化。

第三，注重技术的引进消化吸收再创新。第二次世界大战后，为尽快恢复国民经济，减少与西方国家科技上的差距，日本选择直接从欧美引进先进成熟的技术用于本国生产，这种模仿创新型战略被誉为是"站在巨人的肩膀上前进"。一方面，日本在工业最新技术方面直接越过基础研究环节，从国外引进先进生产技术，经过消化吸收再创新，逐步实现国产化，这有效节省了研发时间，降低了创新失败的风险。"二战"后日本根据本国实情，选择重点发展资本密集型和技术密集型产业，先后重点扶持钢铁产业、汽车和石化产业、信息技术产业等。为促进这些产业发展，日本从20世纪50年代到80年代进行多产业全方位的技术引进，从专利、技术到生产流水线，共计25 000多项，引进的规模超过世界上任何一个国家。再通过对相关技术的引进消化吸收再创新，日本在20世纪80年代基本实现赶超。为鼓励引进技术，日本通产省根据《引进技术补助》条款，对符合产业政策的技术引进项目予以经费补助，最高可达总额的50%，并提高优先贷款服务。另一方面，在引进的基础上，根据市场需求，对引进的技术进行重新整合，消化吸收再创新，并通过市场的反馈机制，不断改进。这种"反刍式"创新非常注重生产一线对技术的反馈，将生产线直接作为创新实验室。在生产线上对于引进的技术边利用边改造，直到生产出迎合最新市场需求的产品，日本制造业技术水平迅速得到提高。日本这种模仿式创新被称为"干中学"的创新。由于日本引进的技术中，80%~90%来自美国[①]，美国工程院院长罗伯特·怀特感叹，"美国大概是世界上最伟大的创新国家，但我们却没有能力获得这些科学发明的好处"。为促进引进技术的消化吸收，日本政府大力投资后续研究。根据通产省数据，20世纪50年代至60年代二十年间日本花费60亿美元引进技术，但是消化和再开发等后续费用却高达500亿美元，引进消化的比例高达1∶8。注意到基础研究的不足所带来的弊端，日本政府经过物质积累和"反刍式"创新经验的积累，从20世纪80年代中期开始，日本开始逐步转向自主创新模式。为强化基础研究，日本政府于1995年出台《科学技术基本法》，通过法律的形式确保对基础研究资金投入，并对从事基础研究的创新主体提供税收、金融方

---

① 杨礼胜，张昭，魏锴，等.日本战后技术引进经验及对我国的借鉴与启示[J]. 农业科技管理，2011（4）.

面的优惠政策，鼓励创新主体加大基础研究。日本开始走自主创新之路。

9.1.3 德国经验

作为欧洲老牌资本主义国家，德国是高度发达的现代化工业国家，经济总量位居全球第四。从世界科技发展史看，德国占有重要地位。"二战"前德国是世界的科技中心，爱因斯坦、居里夫人是举世闻名的科学家，近现代很多科技成果都来自德国。强大的创新实力助推高技术商品出口，"德国制造"享誉全球，也被誉为全球的"出口冠军"。目前德国是世界第一大机械设备出口国，75%的机械产品销往国外。在机械设备32个产品分类中，德国在16个领域保持世界出口第一的成绩。正是依靠强大的高技术产品出口业绩，德国率先从华尔街金融危机的阴影中走出来。德国是创新大国，科研人才总量居世界前列。2015年德国每百万居民的全球专利拥有数量达到371件，远远高于美国（200件）和中国（37件）。2017年德国全社会研发投入强度（研发投入占GDP比重)达到3.02%，首次实现《欧盟2020战略》确定3%的目标。通过新一轮的高技术战略，德国将在2025年实现研发投入强度3.5%的目标，进一步稳固德国研究和创新世界强国地位。2018年德国弗劳恩霍夫系统与创新研究所联手欧洲经济研究中心对全球35个发达工业国和准工业国的创新能力进行分析排名，德国位列第4，位居新加坡、瑞士和比利时之后，仍是最具有创新力的国家。《2020年欧洲创新记分牌》对欧盟27个成员国的创新绩效进行测评，德国排在第7名，位居领先创新国家之列。

第一，注重包容性式创新发展。包容性发展要求在促进经济增长时，兼顾可持续和均衡协调，确保机会平等和公平参与，让经济发展成果惠及所有不同群体。开放式国家创新体系的建设不仅需要各要素主体均衡发展，同时各地区也要均衡发展。德国在实施创新中非常注重对中小企业和落后地区的带动发展。在德国，奔驰、宝马、西门子为代表的大型企业是出口的"显性冠军"。中小企业为大企业做配套服务，提供幕后支撑，充当"隐形冠军"。在德国99%的企业属于中小企业范畴，这些中小企业提供了74%的就业岗位，91%的员工培训任务，创造了42%的营业收入，被誉为国民经济的脊梁骨。德国政府非常注重中小企业的技术发展，先后出台《中小企业组织原则》《促进小型高技术企业创新风险投资计划》《支持中型企业和研究机构合作计划》《反垄断法》《关于提高中小企业的新行动纲领》《中小企业促进法》等，为中小企业发展保驾护航。2008 年德国联邦经济部将相关中小企业创新资助政策进行重新整合，推出中小企业核心创新计划(ZIM)，专门为开发新产品、改进新工艺等创新活动提供资金，不断提高中小企业的创新能力和竞争力。2009—2011 年三年间，德国中小企业通过 ZIM 计划先后获得 7.7 亿欧元资助，其中超过一半的资金流入小型企业。2015 年改版后的 ZIM 计划新增了鼓励跨国创新合作，申报 ZIM 项目，如果有国外合作伙伴参加的企业将获得额外奖励。中小企业成为德国开展创新活动的生力军。包容式创新发展还体现在区域均衡发展上。德国统一后，东德和西德地区经济发展水平差距悬殊。为了实现区域协调发展，德国联邦政府通过立法形式增强对东德地区的财力支付。扶持区域发展资金中 6/7 用于东德地区，仅有 1/7 用于西德地区。德国政府还通过实施"FUTOUR 计划""欧洲复兴创新 ERP 计划"等，在东德地区建立创新中心，培育具有国际竞争力的创新产业集群，鼓励东德地区科研机构面向市场需求开展研发项目。这些措施有效促进了区域协调发展。

第二，创新不仅仅是技术创新，更包括社会创新，要求创新致力于经济社会健康持续发展。德国作为在欧洲具有影响力的国家，必须担负起欧盟经济火车头的责任，其高技术战略是以需求和应用为导向，以致力于提升民众生活质量和经济社会可持续发展。围绕提升生活质量和经济繁荣发展的目标，德国在 2006 年就制定了高技术战略，之后多次修订，2014 年发布了《新高技术战略创新德国》，明确指出德国的创新不仅仅是技术创新，更要求创新必须服务于经济社会的发展。2018 年德国政府发布《高技术战略 2025》（HTS 2025）再次提出要以"为人研究和创新"为主题，将创新目标定位于国家可持续发展和为人民提高生活质量。下一步科学研究重点将包括健康、护理、气候保护以及零排放智能交通等与百姓生活息息相关的六个方面。为应对经济社会发展的需要，德国通过二元制培育人才。德国 60%学生会在中学毕业后接受职业教育，保障员工具有较高的操作技能。这种将学校教育和企业教育相结合的二元制教育体制能快速提升了员工的实践操作能力，使德国制造能够有效迎合市场需求，满足社会发展的需要。

第三，人才开放度高。德国充分运用全球智力资源建设本国创新体系。

德国马普学会是政府资助的全国性学术机构。为广泛吸纳国际人才，马普学会会长职务取消了德国国籍限制。目前学会的 80 个研究所 250 名所级领导职务中，就有 60 名非德国国籍的科学家担任。学会还吸纳了 10%的外籍雇员。学会高端人才中有 1/3 博士和 2/3 的博士后均是外籍人士。这些国际性人才为马普学会取得高质量的创新成果贡献才智。德国还不断改进人才引进政策，提高科研人员的待遇，注重培养青年学者。德国洪堡基金会每两年一次，嘉奖为学科建设做出突出贡献的非德国青年科学家，这些获奖人士将会获得德国联邦教育与研究部提供的 165 万欧元研究经费，资助其团队开展独立运行的前沿性研究[①]。1925 年成立的德意志学术交流中心是全球规模最大的资助学生、国际学术交流的独立的学术机构。学术交流中心在全球设立驻外机构，先后资助了 150 多万的国内外学者，涵盖科学、研究、语言、教育和艺术等学科领域。德国 81 所大学和 130 所应用技术类学校共同组成德国大学校长会议机构，与美国、澳洲等地区大学建立学术合作机制。

第四，在国际科技合作中，根据国别采取差异化合作战略。德国在开展国际科技合作中，会根据不同国别、研究特长制定不同的合作计划。北美和西欧的基础研究较发达，德国通过德国研究联合会（DFG）研究计划对这些国家开放科学设施，并允许外资机构和个人申请参与德国的科学研究。2017 年作为德国最大的基础研究促进机构，DFG 投入 32 亿欧元，资助了 32 500 个研究项目，其中力度最大的是生命科学、自然科学和工程科学，分别占到经费的 35%、22%和 19.8%。对于亚洲等发展中国家，德国主要通过联邦教育与研究部科研计划重点资助应用科学领域的科技合作，包括健康医学、通信技术、新能源等，2010 年联邦教育与研究部的应用科学领域的海外资助经费占到 62%。近年来，中国科技实力不断增强，德国开始注重与中国的科技合作。2015 年德国政府发布了《中国战略 2015—2020》，专门加强与中国在教育和科研领域开展合作，提出要在德国形成广泛的中国能力。2018 年德国发布《认识中国，了解中国——德国扩大中国能力的

---

① 黄日茜，李振兴．张婧婧．德国国际科技合作机制研究及启示[J].中国科学基金，2016（3）．

切入点》的研究报告，联邦教育与研究部与外交部等一起共同致力于提升德国各界的中国能力。

9.1.4 以色列经验

以色列国土面积不足 1.5 万平方公里，人口 800 多万人，却是世界最典型的创新型国家。以色列只有占全球 0.2%的人口，却产生了 162 位诺贝尔奖获得者，占诺奖总数的 20%，以色列企业在纳斯达克上市的数目超过欧洲所有公司的总和，科技产业贡献超过 90%，人均 GDP 超过 4 万美元。作为世界第二大科技中心，以色列多项指标位居世界前列：研发经费占 GDP 比重为 5%，世界第一。吸纳约 20 亿美元的风险资本，人均风险投资额是美国的 2.5 倍，欧洲的 30 倍，中国的 80 倍，印度的 350 倍，居全球第一[1]。每 1 万名雇员中有 140 位科技人员或工程师，平均每 1844 个以色列人中就有一个是创业者。人均科学家和工程师数量均世界第一。根据 2020 世界知识产权组织（WIPO）全球创新指数报告，以色列在全球 131 个经济体中创新能力排名第十三。

第一，以色列的科技创新开放度很高。1/3 国际科学论文是由本国科学家和其他国家科学家共同合作完成。1/3 基础研究计划的项目经费来自国外。以色列鼓励本国高校和科研院所与国外机构开展合作，合作伙伴可以参加以色列的科技计划。以色列政府通过双边或多边合作协议，在科技前沿领域的研发项目上与其他国家同担风险、共享收益。目前以色列与美国、欧盟、中国、俄罗斯、日本、印度等国家及地区都保持着长期的科研合作关系。

第二，政府积极培育风险投资基金，并通过免税吸引外国风险资金的进入。从 20 世纪 60 年代开始，以色列就加大了对 R&D 的支持力度。以色列的研发(R&D)资金主要来源于政府直接资助和风险资金，政府的研发投入则主要集中于生物技术和纳米技术等应用研究领域。而风险资金主要用于促进科技成果产业化。为借鉴中小企业融资难问题，以色列政府秉承"共担风险、让利于人、甘当配角、合同管理、及时退出"的原则，培育风险投资基金。1993 年以色列政府实施 YOZMA 计划，专门扶持中小创新型

---

[1] Jarunee Wonglimpiyarat.Government policities towards Israel's hign-tech powerhouse[J]. Technovation, 2016(16): 52-53, 18-27.

企业发展。政府出资1亿美元作为初始基金培育市场。待市场成熟后，政府收回所有资金，退出市场。同时为鼓励国外资本的进入，以色列政府规定，对投资在以色列风险资金公司的外国资本，予以免税。这些政策极大吸引了境外资本。1997年外国投资者占以色列风险投资募集资金的比重只有41%，2010年这个指标就上升到70%[①]。2010年至2019年以色列高科技企业累计融资金额达391亿美元，成为全球公认的高科技创新及风险投资的热土。

第三，通过技术孵化器计划促进科技创新。以色列政府每年出资3000万美元扶持各地孵化器。一个孵化器负责10个左右处于研发阶段的公司。进入孵化器的公司，权益要划分50%归创业者和投资者，10%归员工，20%归后来进入孵化器的公司，20%归孵化器。孵化期为两年。在此期间，孵化器可以参与公司重大事件的决策。目前，以色列共有24个技术孵化器，每年培育60~70家初创企业。孵化器为初创期的企业提供了资金、管理和营销方面的支持，有效促进了科技创新。至今超过900家初创企业自"毕业"后成功引入了私人投资。

9.2 重要启示

针对目前中国开放式国家创新体系的开放水平测度，以及主要国家建设开放式国家创新体系的经验，中国建设开放式国家创新体系应正确处理以下几个问题：

9.2.1 正确认识全球化和逆全球化的关系

无论是从经济理论，还是从各国历史经验来看，全球化将是大势所趋。当前逆全球化浪潮是全球化历史长河中偶尔出现的回头浪，但大江大河奔腾向前趋势是无法阻挡的。因此，中国仍要保持继续开放和创新的大国定力。新时期国际格局发生深刻变革，中国推动构建以合作共赢为核心的新型国际关系，建设开放式国家创新体系要秉承人类命运共同体理念，积极牵头和参与国际大科学计划和大工程方案，积极参与国际规则的制定和修

---

① 李诗林.以色列风险投资产业发展经验及借鉴[J].区域与全球发展，2018（4）.

改，提升中国在国际治理中的话语权，要与不同国家深化互利合作，通过实际行动助力全球化，体现中国的大国担当。

9.2.2 正确认识自主创新和封闭式创新的关系

从创新开放的必要性看，正确认识自主创新和封闭式创新的关系。自主创新是我国建设创新型国家的重要途径。历史教训证明，关键技术是买不来的。当前中国关键领域核心技术"卡脖子"问题仍然突出。根据中国工程院报告，中国在"四基"领域（关键基础材料、核心基础零部件、先进基础工艺和产业技术基础）对外依存度50%以上。集成电路领域中，高端芯片高度依赖国际市场，近年来每年进口总额超过石油。人工智能领域中，传感器80%依赖进口，传感器芯片90%依赖进口。130多种基础材料领域中32%为空白，52%依赖进口。高端装备领域中高端数控机床和数控系统80%以上依赖进口，这将严重威胁到中国产业链和供应链的安全和发展。大国重器必须掌握在自己手里。要通过自力更生，倒逼自主创新能力的提升。新时期我国必须发挥新型举国体制的优势，集中力量协同攻关，培育创新主体核心技术的自主研发能力。但是自主创新并不是要封闭创新，提升我国自主创新能力更需要借鉴国外创新资源，建立开放式国家创新体系，提升我国综合国力和国际竞争力。美国、日本、德国和以色列之所以成为创新强国，开放是最重要的经验启示。自主创新要求自主的主体是中国公民或者内资企业，在创新过程中要坚持以我为主的原则，主导创新活动并拥有创新成果及相应的权利价值。但创新成果的取得主要依靠自身实力还是借助国外力量，需要辩证看待。依靠自身实力不等于不借助外力。任何国家不可能在创新资源配置、经济发展，产业结构等方面都具有绝对优势，必须通过与其他国家建立开放合作关系，优势互补，实现提高本国创新能力，片面强调封闭式提高自主程度是不可取的。

9.2.3 正确认识"走出去"和"引进来"的关系

从创新开放的路径看，正确认识"走出去"和"引进来"的关系。美国、德国、日本和以色列都非常注重利用国外创新资源推动国家创新体系建设。"引进来"和"走出去"都是创新开放的途径，两者并行不悖。根据中国创新开放历程看，早期主要以"引进来"为主，包括资本、技术和经验等。随着国内经济快速发展，企业"走出去"步伐加快，特别是对共建"一带一路"国家，积极开展国际产能合作，设立海外研发中心。从提高创新开放的深度来看，中国应学习美国，积极吸引高端创新要素流入，包括创新人才和尖端技术等，提升"引进来"的质量和效率。中国要鼓励企业按照国际规则参与并购国外创新型企业和研发机构，提升海外知识产权运营能力。

9.2.4 正确认识局部开放和全面开放的关系

从创新开放的地域看，正确认识局部开放和全面开放的关系。德国包容式创新告诉我们，要充分调动系统内每个创新主体的积极性，实现区域协调发展。改革开放以来，中国先后设立5大经济特区，14个沿海港口城市，从"珠三角""长三角"到"闽东南"和开辟经济开发区，再到开放沿江、沿边和内陆中心城市，有力推动中国积极融入世界经济。党的十八大以来，西部地区获得进一步发展，但在创新开放力度上还需要进一步加大。我国西部地区拥有全国国土面积的72%，全国人口的27%。但经济总量只占全国的两成左右，对外贸易以及吸纳外商投资都只占全国的7%左右，享受开放的红利十分有限。西部地区12个省市拥有的国际科技合作基地仅占全国的21%，西藏自治区仅有1家国合基地，创新开放度不高。2013年以来，中国提出"一带一路"倡议，将西部地区从后发位置转为开放前沿，形成陆海内外联动、东西双向互济的全面开放新格局。中国开放式国家创新体系的建设必须注重对西部地区创新开放能力的提升，实现均衡式发展。

9.2.5 正确认识科学创新和技术创新的关系

从创新开放的项目阶段看，正确认识科学创新和技术创新的关系。日本建设创新国家的经验告诉我们，技术模仿是快速缩短与发达国家技术差距的重要手段，但是自主创新才是建设创新型国家的根本途径。20世纪80年代后日本通过财富和创新经验的积累，开始走自主创新之路，不断加大对基础研究的力度。重视基础研究、重视科学创新是建设开放式国家创新体系必须坚持的原则。马克思强调科学创新是基础。2019年我国基础研究经费占研发经费总量比例首次突破6%左右，远远低于美国等发达国家

15%~20%的占比。目前中国国际科技合作项目也主要集中在技术创新性项目（包括应用研究、试验发展和产业化开发），基础研究项目较少。2015年411个国际科技合作项目中，技术创新型项目占72%，而基础研究型项目仅占28%，专项经费投入仅占20%。中国要建设创新型国家，要瞄准世界科技前沿，强化基础研究，实现前瞻性基础研究、引领性原创成果重大突破。中国要加大科学创新开放力度，加大对国合专项中基础研究的扶持力度，放开国家科技计划，引入尖端人才和创新团队参与我国科学创新，积极主动参与国际大科学研究。只有提升科学创新的实力，中国的技术创新才有基石。

9.2.6 正确认识制造业开放和服务业开放的关系

从创新开放的产业来看，正确认识制造业开放和服务业开放的关系。马克思强调群众是创新的主体。创新应该为群众服务。德国的技术创新也致力于提升民众生活质量，促进经济社会协调发展。中国开放式国家创新体系的建设也应致力于满足人民群众日益增长的美好生活需要。改革开放以来，中国率先开放的是制造业领域，同时也是发展较快，竞争力较强的领域。2012年以来，随着中国产业结构不断优化，第三产业在国民经济中占比不断提升，已经成为推动经济增长的主要引擎，中国产业结构呈现"三二一"格局。服务业也成为外国企业想投资的产业。中国主动扩大开放，除了涉及国家安全的航空、军工等领域不能对外开放，在制造业，金融业，教育业，文化业和医疗业等领域开放程度还得进一步加强。同时逐渐降低外资进入育儿养老、贸易物流和电子商务等服务业的门槛，加大开放力度，既可以让世界其他国家享受中国高速发展的红利，同时也能满足国内老百姓对美好生活的需求。

9.2.7 正确认识向发达国家开放和向发展中国家开放的关系

从创新开放的对象看，正确认识向发达国家开放和向发展中国家开放的关系。德国和日本根据不同的国家制定不同的国际科技合作计划，中国也应正确区分与发达国家和发展中国家合作的重点。既要引进发达国家先进技术，也要积极向发展中国家进行技术扩散。另外我国也不断加大和发展中国家的贸易往来。2020年我国对共建"一带一路"国家的进出口额已经达到9.37万亿元，占同期外贸总额的30%左右，我国对共建"一带一路"国家的直接投资同比增长18%，占同期总投资额的16%。当前，中国产能充足、资本充裕、基础设施建设技术领先优势凸显，通过人才培养和对外投资等方式加大对周边发展中国家的技术输出，既能有效拉动中国经济的外循环，同时能有效提升中国的国际地位，增强国际影响力。

9.2.8 正确认识完善国内创新环境与进一步扩大创新开放的关系

从创新开放的制度环境看，正确认识完善国内创新环境与进一步扩大创新开放的关系。创新强国都非常注重国内创新环境的优化，以吸引境外创新资源进入。就当前而言，我国整体创新层次不高主要是因为制度开放不够，与发达国家差距较大。要构建开放式国家创新体系，一方面要积极完善国内营商环境，提高投资者保护力度，调整国内法律法规，增强我国创新政策和国际创新规则之间的协调性，为创新要素"引进来"和"走出去"创造良好环境。另一方面，国际规则变动和周边国家法制不健全，契约意识薄弱，导致企业"走出去"困难重重。中国要通过大科学国际合作、"一带一路"倡议等平台，积极主动参与国际事务，提升中国在国际科技合作中的话语权，并切实保护好中国企业在境外的创新利益。

10 主要结论与政策建议

根据以上研究结果，本章将对世界各国建设开放式国家创新体系的规律和共性进行总结，得出主要结论。同时针对当前中国开放式国家创新体系存在的问题，提出对策建议。

10.1 主要结论

第一，开放式创新是全球创新的重要趋势，国家层面的开放式创新是开放式国家创新体系。构建开放式国家创新体系成为提升各国创新竞争力的必然选择，是全球经济增长的驱动力，作为对马克思发展观的继承和创新，也是中国推动经济高质量发展，实现"两个一百年"目标的重要保障。

第二，开放式国家创新体系是指在全球化背景下一个国家或地区通过创新资源全球化配置建立起来的全面而开放的创新体系，这个体系由政府主导，社会共同参与，科技和经济各部门、公共与私有机构之间相互作用，对内要提升国家创新能力，对外要积极融入全球创新网络，是一个复杂的体系。

第三，构建开放式国家创新体系可以从科学创新、技术创新和制度创新三个维度进行。科学创新是基石，技术创新是关键，制度创新是保障，三者缺一不可。科学创新主要通过高校、科研院所科学研究国际化实现，技术创新主要通过企业研发国际化实现，制度创新主要通过健全科技创新制度体系来实现。

第四，一国经济地位与创新地位相辅相成。随着国家在国际上经济地位的提升，创新地位也不断提高。日本和韩国在国际创新网络中地位与本国经济崛起相呼应。中国作为世界第二大经济体，创新开放水平不高制约了我国国际竞争力的提升。

第五，发达国家依靠本土强大的科技创新实力，主要采取以创新驱动开放的演化路径，通过自主创新来构建本国开放式国家创新体系。发展中国家由于本国科技发展滞后，主要采取以开放驱动创新的演化路径，通过技术引进构建本国开放式国家创新体系，等到国家综合实力增强，创新能力提升后，逐步转向自主创新方式。在全球化背景下，中国从技术引进方式转变为自主创新方式遵循了国际上开放式国家创新体系的发展规律，同时体现出中国在国际创新舞台上的自主意识不断增强。自主创新不等于封闭式创新，随着科技快速发展，研究经费投入越来越大，研发难度越来越高，任何一个国家不可能在每个领域具有绝对优势，必须与其他国家互通有无，取长补短。中国应借助于全球化，推动企业在境外设立或并购相关研发中心，跨境并购技术以及参与国际大科学研究，利用全球资源提升我国的创新能力。

第六，全球化是难以阻挡的历史趋势。当前对外开放格局是由资本主义开创并由资本主义生产方式主导，全球化具有双重作用。融入全球创新体系是发展中国家实现现代化的必要条件。在国际合作创新舞台上，发展中国家必须坚持自我原则，以我为主，研发关键技术，掌握控制权和主动权，确保本国核心技术、专利、著作权等不被侵占，形成本国知识产权。在国际科技合作中，要更多以专利所有人身份而不是发明人身份，参与创新国际化，享受对创新成果的占有、处置和分配等权益。

第七，新形势下中国构建开放式国家创新体系应牢固树立总体国家安全观，统筹安全与发展，秉承人类命运共同体理念，通过探索柔性的合作模式，深化不同国别不同领域科技合作，加强对高校、科研院所和企业技术经济安全教育，实现科技开放与技术经济安全相统一。

10.2 政策建议

当前中国要抓住我国经济地位上升的历史机遇，加快构建开放式国家创新体系，不断提高全球配置创新资源能力，实现高层次创新和高水平开放的深度融合。

1）提高科学创新开放水平

针对科学创新的低水平开放,加快建设创新主体与全球创新网络之间的连接通道,提升高校、科研院所等整合全球创新要素的能力。

首先,人才是关键。一方面,围绕重大产业布局,根据"高精尖缺"导向,大力引进国外顶尖科学家和科研团队,探索建立长效人才国际交流机制。注重发挥引进人才对本土科研人才的带动作用,培养一批世界一流的科技领军人才、青年才俊和高水平的创新团队。另一方面,打破一切影响"用好、吸引、培养"人才的体制机制束缚,加快出台技术移民的规划纲要,明确技术移民事业的总体布局和顶层设计。学习美国等留学大国办学经验,通过中外合作办学、联合培养等多种形式,拓宽人才培养渠道。推动《外国人在中国工作管理条例》立法进程,改革个税、户籍制度,适当降低绿卡的申请门槛。建立系统完善的外国人出入境、就业等方面的政策体系,支持和鼓励在华留学生和回国留学生在中国创新创业,健全高端外国人才服务政策体系,把中国建设成为全球最有吸引力的人才库和引力场。学习新加坡经验,大胆启用外国专家参与科技部门和教育部门等政府决策咨询。逆全球化形势下,中国应积极开展柔性、灵活的人才引进机制,通过5G、AI、VR等数字技术,丰富远程办公、网络会议等办公场景解决国际人才流动空间受限的难题,实现不为我所有,但为我所用的人才机制。

其次,把科学创新摆在更加突出位置,夯实开放式国家创新体系的基石。推动《关于全面加强基础科学研究的若干意见》落地,推进基础研究项目、基地、人才、标准等方面全面提升,提高基础研究国际化水平。政府要就加大对基础研究的科研投入,积极推动高校和科研院所积极参与国际科研项目,对标世界科技前沿,依托国际科技合作基地,布局重大国际大科学研究和大工程计划。改变停留在学习交流层面,提高实质性参与度。鼓励境外高水平大学和科研组织在中国设立研发中心,支持鼓励中国高校在境外设立科研机构,与境外高校联合办学。支持人才和团队建设,促进学科均衡协调发展。争夺全球智力资源,尝试放开科研机构负责人的国籍限制,并开展科研机构一定比例的外籍专家岗位聘用试点。

最后,重视巴斯德象限的科学研究,加大对应用引发的基础研究力度。根据日本、德国经验,要让创新服务社会,致力于提升民众生活质量。大科学工程是对一国科研实力和科研资源的双重考验,是体现各国科技实力的重要标志,同时也是全球科研合作共同攻克全球人类发展面临的现实难题。新时期中国要发挥大国责任,加大对国际大科学工程的研究力度,积极引导国内科研机构参与和引领国际大科学研究计划,提高中国解决重大全球化问题的治理能力,提升国际地位。

2)提高技术创新开放水平

企业研发国际化是双向的,既包括跨国公司在我国设立研发中心,也包括中国企业走出去,在其他国家设立研发中心。针对当前我国技术创新的开放存在低水平路径依赖的问题,既要提升本土企业引进消化吸收能力,也要畅通企业走出去通道。核心技术是核心竞争力的精髓,提高综合国力的关键在于提高企业自主创新能力。

首先,大力完善国内技术创新的宏观环境,吸引更多跨国公司将研发总部设在中国,鼓励外资企业在华大规模研发投资。跨国公司选址海外研发中心注重对当地经济发展水平、科技创新环境、知识产权保护力度等指标的考量。要大力完善与跨国公司研发投资有关的法律法规体系。学习以色列经验,改革跨境资本的管理制度,不断提高中国风险资金开放水平,扩大我国研发投入的资金来源渠道。多渠道促进跨国公司研发机构在华聚集,鼓励和扶持跨国公司在华研发投资。同时鼓励跨国公司在华开展研发活动时,采取与当地科研机构或企业合作的方式,增强技术外溢效应。推行负面清单制度,加大市场开放,引进外商投资。落实好《外商投资法》。鼓励本土企业参与跨国公司的科研合作,共同承担政府的科技项目。可在科技发达国家设立促进R&D投资宣传中心,为外国研究机构提供咨询服务,吸引外资到中国设立研发中心。不断提高本土企业引进消化吸收能力,实现引进来的技术和创新成果的有效利用,促进跨国公司先进技术和管理经验在中国扩散。

其次,增强创新要素与外部的联动性,鼓励本土企业走出去,建立海外研发中心,实施跨国并购,加入国际产业技术创新联盟。简化企业海外技术并购和设立研发中心的审查流程,便利企业快速获得国际先进技术。放松对境外人员在国内开展科技成果转化等创新创业活动的结汇限制。鼓励行业协会和专业机构为企业"走出去"提供咨询服务。鼓励企业熟悉国际公司法、并购制度，充分了解对外研发投资的当地政策。按照国际规则积极参与技术并购，实行与国际接轨的薪酬制度，吸引更多优秀的科研人才。提高企业海外知识产权运营的效率，实现创新效益。与国外先进同行建立联盟关系，积极主动参与研发，及时了解行业技术创新相关信息，实现技术升级和产业发展。支持国内龙头企业参与国际产业技术创新联盟和国际研发平台，提升在相关学科领域的国际科技地位。

最后，健全海外知识产权援助机制，加强对本土企业在海外设立研发中心和跨国并购中涉及海外知识产权保护，为企业处理产权国际纠纷提供咨询、协调和救助工作。在当前逆全球化浪潮中，美国推行单边主义和霸权主义，多次以侵犯知识产权为由对中国高科技企业实施制裁。中国坚持开放大门不会关上，鼓励中外企业开展正常的科技交流，既要保护好在华外资企业的合法知识产权，更要呼吁外国政府加强对中国企业知识产权的保护。要用好《阻断外国法律与措施不当域外适用办法》，为在域外不当法律侵害下的我国企业提供了合法救济渠道，维护国家主权与安全。及时更新海外知识产权纠纷信息资料，完善预警系统，为涉案企业提供帮助。企业"走出去"既要积极主动在海外布局知识产权，及时申报专利和发明等，更要最大限度地充分了解海外知识产权相关法律，规避侵犯他人产权，保护自己的核心技术。在国际贸易中，还要学会利用国际规则，善用知识产权坚决维护好自己利益。

3）提高制度创新开放水平

针对制度要素开放的不足，加大改革力度，优化中国创新制度环境，激发创新活力。

首先，深化科技体制改革，营造良好的创新生态和政策环境，鼓励科技创新对外开放。鼓励科研院所"走出去"，加大国际交流力度。提高科研人员待遇，缩小与发达国家差距，减少人才外流。同时加大社会主义市场经济体制改革力度。一方面，政府主动下放部分权利，将创新的主动权交给企业，通过"大众创业，万众创新"实现产业结构升级，转换经济增长动能。另一方面，优化营商环境、畅通投融资渠道等，为建设开放式国家创新体系营造良好创新生态环境。

其次，有序推动国家科技计划对外开放。"凡重大改革必须于法有据"。加快出台针对国家科技计划对外开放的相关法规，明确参与主体的准入条件、经费使用以及科研成果使用规定。除了涉及国家安全和敏感技术外，可以进一步提高国家科技计划开放水平，允许国外专家和研究机构申报和评估国家科研项目，吸引国外优秀科研工作人员投入中国科研项目的建设中。借鉴美国等发达国家经验，国家科技计划中应重点开放基础研究领域。973计划等基础研究类国家计划，可以适当提高对外开放的力度。

再次，加强国内创新政策与国际规则的协调性，积极主动参与国际规则的制定和修订。为与国际通行做法接轨，减少不必要的摩擦，政府可将科技创新环节的直接补贴改为税收奖励。加大对高校和科研院所等研发资金投入，减少对企业产业化环节的补贴，避免政府直接干预技术创新，为企业"引进来"和"走出去"创造良好环境。同时，整合国家知识产权局、国家标准委员会和教育部等部门职能，及时追踪国际规则变化，并对市场发布，提高创新主体应对国际市场风险的应变能力。在以我为主的前提下，鼓励国外科学家和龙头企业参与我国国内产业技术标准的制定，推进与国际标准体系的对接。争取掌握国际标准的话语权，抢占新兴技术领域的制高点。

最后，从长远看，全球化仍是大势所趋。科学从本质上讲是无国界的，无论是联手抗击新冠肺炎疫情，还是大科学基础项目研究，其成果都应世界共享，为全人类服务，国际科技合作具有必然性。对外开是中国的基本国策。中国坚持开放的大门不会关闭，只会越开越大。新形势下中国建设开放式国家创新体系要在中国特色大国外交理念下有序开展。一方面，中国要走和平发展的道路，实行亲诚惠容的外交方针，推动形成相互尊重、公平正义、合作共赢的新型国际关系。构建开放式国家创新体系要秉持开放包容、求同存异精神，尊重合作双方彼此核心利益和重大关切，开展互利合作。另一方面，中国要建立多层次的国际科技合作关系，中国要与发达国家求同存异，以合作代替对抗，以共赢代替独占，探索柔性科技合作模式。同时也要承担大国责任，主动向发展中国家提供技术援助，促进世界共同发展。中国还要在坚持继续扩大开放和创新中秉承人类命运共同体理念，善用G20、"一带一路"、亚投行等国际组织宏观协调机制，积极参与国际规则的修改和制定，引领全球治理良性变革，体现大国担当。

4）促进科学创新、技术创新和制度创新融合发展

马克思主义构建了一种全面创新观,从科学创新、技术创新再到制度创新是一个辩证统一的创新系统,三者缺一不可,相辅相成。科学创新是基础,为技术创新提供理论源泉。技术创新是关键,是人类社会财富的源泉,是经济增长的巨大动力。制度创新是保障,为科技创新创造良好的创新环境,三者良好互动。

一方面,理顺高校科研院所、企业和政府在创新体系中的定位,建设官产学一体化的科技创新合作模式。在开放式国家创新体系中,创新主体既包括科技部、教育部、中科院等为代表的官方或半官方的合作主体,也包括企业、高校、研发机构以及民间组织等民间合作主体,要理顺他们在创新链条中的定位,促进三大创新活动融合发展。在创新产业链中,高校和科研院所是科学创新的主体。企业是技术创新的主体,是科技成果产业化的承担者。政府是创新制度的制定者和维护者。建设官产学一体化的科技创新合作模式首先需要从国家层面制定官产学合作创新的科技战略,并出台相配套的人才、创新服务机构、知识产权等政策。科技战略要根据科技发展的动态实时调整合作重点,确保发挥引领和指导作用。其次,政府应加大对创新机制改革力度,破除创新要素流通不畅,通过制定一些重大研究计划打破高校、机构和企业之间界限,建设跨部门、跨机构、跨学科的研究团队,实现高校科研院所、企业和政府三大创新主体以及科技中介服务组织的协调运转。最后,运用好国际科技合作专项这个平台,深入开展"项目—基地—人才"一体化。"项目—基地—人才"一体化是政府以国际科技合作专项为平台,以市场需求为导向,通过科研项目,连接企业和高校等研究机构,推动人才培养和研究基地的建设,是巴斯德象限的科学研究国际化的重要载体。它有效连接了三大创新主体,融合三大创新活动,以应用基础研究为对象,满足经济社会发展对科技的需求。政府应以国际科技合作专项为抓手,积极开展学术交流、人才交流学习、合作办学、共建研发中心等,实现科学创新、技术创新和制度创新的深度融合。

另一方面,加大对科技企业孵化器、教育培训、金融扶持、信息服务、成果转化等科技中介机构和创新服务体系的培育。科技服务业已经成为一个国家科技发达的重要标志。开放式创新体系的有序运转离不开创新服务

机构的桥梁和纽带作用。中国科技服务业起步晚，近年来，国务院先后发布《关于加快科技服务业发展的若干意见》《国家科技服务业统计分类》等政策，强化科技服务对科技创新和经济发展的支撑作用。我国应借鉴日本和以色列经验，充分发挥政府的作用，以财政支持和税收优惠等政策推动科技中介机构和创新服务平台建设。探索以政府采购服务、加大对国家科技成果转化基金的投入等方式增加科技中介机构的融资渠道。科技服务业是知识密集型产业，对人才的要求较高，政府应积极支持高校调整专业设置，依托行业协会开展"订单式"人才培训，建设一支专业化队伍。同时鼓励科技企业孵化器、科技创新服务中心、技术转移机构、评估咨询机构、大学科技园以及高新技术产业开发区等通过"走出去"和"引进来"相结合的方式，不断提高国际化水平。创新服务体系是一个上下游关联度很高的系统，金融扶持、信息服务、咨询评估、科技孵化器、技术转移，任何一个环节出了问题，都会导致科技创新的夭折。建议建立动态网络工作协调机制，定期召开会议，形成常态化的、规范化的联络制度，及时排查问题，为科技创新的对外开放提供良好服务。

参考文献

一、中文著作

[1]马克思，恩格斯.马克思恩格斯选集（第1~3卷）[M].北京：人民出版社，1995.

[2]马克思，恩格斯.马克思恩格斯文集（第1卷、第2卷、第5卷、第8卷）[M].北京：人民出版社，2009.

[3]马克思，恩格斯.马克思恩格斯全集（第1卷）[M].北京：人民出版社，1956.

[4]马克思，恩格斯.马克思恩格斯全集（第23卷）[M].北京：人民出版社，1972.

[5]马克思，恩格斯.马克思恩格斯全集（第25卷、第26卷）[M].北京：人民出版社，1974.

[6]马克思，恩格斯.马克思恩格斯全集（第42卷）[M].北京：人民出版社，1979.

[7]马克思，恩格斯.马克思恩格斯全集（第46卷）[M].北京：人民出版社，1980.

[8]马克思，恩格斯.马克思恩格斯全集（第47卷）[M].北京：人民出版社，1979.

[9]马克思.资本论[M].北京：人民出版社，2004.

[10]中共中央文献研究室.毛泽东文集（第7卷）[M].北京：人民出版社，1999.

[11]中共中央文献研究室.邓小平文选（第2卷）[M].北京：人民出版社，1994.

[12]廖盖隆.新中国编年史（1949—1989）[M].北京：人民出版社，1989.

[13]刘武生.周恩来在建设年代（1949—1965年）[M].北京：人民出版社，2008.

[14]习近平.习近平谈治国理政[M].北京：外文出版社，2014.

[15]中共中央文献研究室.江泽民文选（第 2 卷）[M].北京：人民出版社，2006.

[16]中共中央文献研究室.胡锦涛文选（第 1~3 卷）[M].北京：人民出版社，2016.

[17]青木昌彦.比较制度分析[M].上海：上海远东出版社，2001.

[18]林毅夫.关于制度变迁的经济学理论[M].上海：上海三联书店，1994.

[19]道格拉斯·C. 诺斯.经济史中的结构与变迁[M].陈郁，罗华平，等，译.上海：上海三联书店，1994.

[20]道格拉斯·C. 诺斯.制度、制度变迁与经济绩效[M].上海：三联书店，1994.

[21]多西.技术进步与经济理论[M].北京：经济科学出版社，1992.

[22]俞可平.全球化时代的"马克思主义"：九十年代国外马克思主义新论选编[M].北京：中央编译出版社，1998.

[23]亚当·斯密.国富论(下)[M].郭大力，王亚南，译.上海：上海三联书店，2009.

[24]约瑟夫·熊彼特.经济发展理论[M].邹建平，译.北京：中国画报出版社，2012.

[25]约瑟夫·熊比特.资本主义、社会主义和民主主义[M].北京：商务印书馆，1979.

[26]凡勃论.有闲阶级论[M].北京：商务印书馆，1964.

[27]康芒斯.制度经济学[M].北京：商务印书馆，1962.

[28]舒尔茨.财产权利与制度变迁[M].上海：上海三联书店，1994.

[29]弗里德里希·李斯特.政治经济学的国民体系[M].北京：商务印书馆，1997.

[30]贝塔朗菲.一般系统论[M].北京：社会科学文献出版社，1987.

[31]阿尔文·托夫勒.第三次浪潮[M].黄明坚，译.北京：中信出版社，2006.

[32]陈劲.国家技术发展系统初探[M].北京：科学出版社，2000.

[33]张凤，何传启.国家创新体系—第二次现代化的发动机[M].北京：高等教育出版社，1999.

[34]吴敬琏.发展中国高新技术产业：制度重于技术[M].北京：中国发展出版社，2002.

[35]彼得·德鲁克.创新与企业家精神[M].蔡文燕,译.北京:机械工业出版社,2009.

[36]陈钰芬,陈劲.开放式创新:机理与模式[M].北京:科学出版社,2008.

[37]贾根良.创新与演化经济学研究[M].上海:上海人民出版社,2015.

[38]崔新健.外资研发中心的现状及政策建议[M].北京:人民出版社,2011.

[39]吴贵生.技术创新管理[M].北京:清华大学出版社,2001.

[40]王春法.主要发达国家国家创新体系的历史演变与发展趋势[M].北京:经济科学出版社,2003.

[41]蒋永穆.中国农业支持体系论[M].成都:四川出版社,2000.

[42]王春法.国家创新体系与东亚经济增长的前景[M].北京:中国社会科学出版社,2003.

[43]袁庆明.技术创新的制度结构分析[M].北京:经济管理出版社,2003.

[44]王大州.技术创新与制度结构[M].沈阳:东北大学出版社,2001.

[45]许庆瑞.研究、发展与技术创新管理[M].北京:高等教育出版社,2000.

[46]沈小峰,胡岗,姜璐.耗散结构理论[M].上海:上海人民出版社,1987.

[47]李正风,曾国屏.中国创新系统研究——技术、制度与知识[M].济南:山东教育出版社,1999.

[48]颜泽贤.耗散结构与系统演化[M].福州:福建人民出版社,1987.

[49]叶金国.技术创新系统自组织论[M].北京:中国社会科学出版社,2006.

[50]张占斌.国家战略——建设创新型国家[M].上海:上海远东出版社,2006.

[51]李正风,曾国屏.走向跨国创新系统:创新系统理论与欧盟的实践[M].济南:山东教育出版社,1997.

[52]国家科委,加拿大国际发展研究中心.十年改革:中国科技政策[M].北京:科学技术出版社,1998.

[53]黄保强.创新概论[M].上海:复旦大学出版社,2004.

[54]李正风,胡钰.建设创新型国家——面向未来的重大抉择[M].北京:人民出版社,2007.

[55]路甬祥.创新与未来:面向知识经济时代的国家创新体系[M].北京:科学出版社,1998.

[56]颜晓峰.知识创新:实践的诠释[M].北京:国防大学出版社,2004.

[57]曹山河.关于创新的哲学研究[M].海口：海南出版社，2005.

[58]徐则荣.创新理论大师熊彼特经济思想研究[M].北京：首都经济贸易大学出版社，2006.

[59]陈劲.创新型国家建设——理论读本与实践发展[M].北京：科学出版社，2009.

[60]王小兰，赵弘.提升民营企业科技企业创新力[M].北京：社会科学文献出版社，2005.

[61]高建.中国企业技术创新分析[M].北京：清华大学出版社，1997．

[62]邱立成.跨国公司研究与开发的国际化[M].北京：经济科学出版社，2001.

[63]傅家骥.技术创新学[M].北京：清华大学出版社，1998.

[64]国家教育部科学技术司.高等学校科技统计资料汇编[M].北京：高等教育出版社，2008.

[65]高奇.中国教育史研究[M].上海：华东师范大学出版社，1994.

[66]贾根良.演化经济学——经济学革命的策源地[M].太原：山西出版社，2004.

[67]程光泉.全球化理论谱系[M].长沙：湖南人民出版社，2002.

[68][美]杰弗里·弗里登.20世纪全球资本主义的兴衰[M].杨宇光，等，译.上海：上海人民出版社，2009.

[69]冯之俊.国家创新系统的理论与政策[M].北京：经济科学出版社，1999.

[70]张柏春，等.苏联技术向中国的转移（1949—1966）[M].济南：山东教育出版社，2004.

[71]国际科技合作政策和战略研究课题组.国际科技合作政策与战略[M].北京：科学出版社，2009.

[72]张先恩.国际科学技术奖概况专著[M].北京：科学出版社，2009.

[73]亨利·埃茨科威兹.三螺旋[M].周春彦，译.北京：东方出版社，2005.

[74]李金亮，沈奎.创新与政府[M].广州：广东经济出版社有限公司，2010.

[75]陈强.主要发达国家的国际科技合作研究[M].北京：清华大学出版社，2015.

[76]吕薇.建设创新型国家的30年创新体系演进[M].北京：中国发展出版社，2008.

[77]吕薇，马名杰，熊鸿儒.全球化背景下的开放创新体系建设[M].北京：中国发展出版社，2017.

[78]万君康.创新经济学[M].北京：知识产权出版社，2013.

[79]国家创新体系发展报告编写组.国家创新体系发展报告 2014 [M].北京：科学技术文献出版社，2016.

[80]苏敬勤，刘建华，姜照华.国家创新体系国际化的模型与测算：中美比较[M].北京：科学出版社，2014.

[81]包心鉴.政府治理创新与当代中国政治发展[M].北京：人民出版社，2014.

[82]胡志坚，等.国家创新系统：理论分析与国际比较[M].北京：社会科学文献出版社，2000.

[83]李安方.跨国公司 R&D 全球化——理论、效应与中国的对策研究[M].北京：人民出版社，2004.

[84]刘云.跨国公司技术创新研发国际化的组织模式及影响[M].北京：科学出版社，2007.

[85]齐建国.技术创新 – 国家系统的改革与重组[M].北京：社会科学文献出版社，1995.

[86]柳御林.21 世纪的中国技术创新体系[M].北京：北京大学出版社，2000.

[87]许晓峰.技术经济学[M].北京：中国发展出版社，1999.

[88]国家统计局.中国高技术产业统计年鉴 2016[M].北京：中国统计出版社，2016.

[89]陈宝明，吴家喜.全面创新：创新驱动的战略路径[M].北京：科学技术文献出版社，2016.

二、中文期刊与报纸

[1]陈强，常旭华，李建昌.主要发达国家和地区的科技计划开放及其启示[J].经济社会体制比较，2013(2).

[2]李玉虹.技术创新与制度创新互动关系的理论[J].经济科学，2001(2).

[3]马俊峰.马克思世界历史理论的方法论意义[J].中国社会科学，2013(6).

[4]吕世荣.马克思经济全球化思想的哲学阐释逻辑[J].中国社会科学，2015(4).

[5]汪澄清.马克思与熊彼特创新思想之比较[J].马克思主义与现实，2001(3).

[6]代明，殷仪金，戴谢尔.创新理论：1912—2012——纪念熊彼特《经济发展理论》首版100周年[J].经济学动态，2012(4).

[7]贾根良.为什么要纪念李斯特经济学传入中国90周年[J].学习与探索，2015(1).

[8]颜鹏飞，汤正仁.新熊彼特理论述评[J].当代财经，2009(7).

[9]杨成长.马克思制度经济学与西方新制度经济学[J].经济学家，1997(5).

[10]崔义中，马建军.马克思主义与制度经济学[J].经济问题，2007(4).

[11]陈广仁.科学创新的涵义[J].西北师大学报，2003(5).

[12]方杰，方海茹.李斯特国家主义理念思辨——纪念李斯特经济理论引入中国90周年[J].河北经贸大学学报，2016(5).

[13]何颖.马克思的世界历史理论[J].马克思主义研究，2003(2).

[14]王永贵.马克思恩格斯全球化思想的当代阐释[J].江汉论坛，2010(3).

[15]章忠民."逆全球化"背景下何以彰显中国化马克思主义的世界意义[J].文化软实力，2017(4).

[16]刘劲杨.知识创新、技术创新与制度创新概念的再界定[J].科学学与科学技术管理，2002(5).

[17]孟卫东，佟林杰.我国三螺旋创新理论研究综述[J].燕山大学学报，2013(12).

[18]王莹.五大发展理念：马克思主义发展观的中国实践与创新[J].淮海工学院学报，2016(8).

[19]刘云，叶选挺，杨芳娟，等.中国国家创新体系国际化政策概念、分类及演进特征[J].管理世界，2014(12).

[20]崔新健.中国利用外资30年：历程、成效与挑战[J].经济与管理研究，2009(1).

[21]陈东林.20世纪50—70年代中国的对外经济引进[J].上海行政学院学报，2004(11).

[22]崔新健，郭子枫，常燕.开放式国家创新体系及其发展路径[J].经济社会体制比较，2014(5).

[23]周立群，刘根节.由封闭式创新向开放式创新的转变[J].经济学家，2012(6).

[24]傅利平.国家创新体系的结构演化及其功能分析[J].自然辩证法研究，2002(6).

[25]王展硕，谢伟.中国企业研发国际化研究的综述与展望[J].研究与发展管理，2017(12).

[26]袁雄.论国家创新体系之制度创新[J].当代财经，2004(4).

[27]薛澜，沈群红.科技全球化及其对中国科技发展的政策涵义[J].世界经济，2001(10).

[28]江小涓.理解科技全球化——资源重组、优势集成和自主创新能力的提升[J].管理世界，2004(6).

[29]叶昕，邹珊刚.跨国企业的知识流及其管理[J].外国经济与管理，2002(12).

[30]元利兴，宣国良.跨国公司全球R&D活动中的知识流动机制研究[J].科技进步与对策，2003(9).

[31]刘云，郑永和，张琳.科学基金国际合作战略提升的需求分析与对策[J].科学学研究，2002(6).

[32]高茜，徐蕾.跨国公司网络组织结构与知识流动过程分析[J].经济问题探索，2004(11).

[33]李建民.知识产权争端与我国科技自主创新能力培育[J].当代经济研究，2007(11).

[34]刘凤朝，徐茜，韩姝颖，等.全球创新资源的分布特征与空间差异——基于OECD数据的分析[J].研究与开发管理，2011(1).

[35]龚唯平.马克思对外开放理论的三个层次[J].学术研究，1993(5).

[36]凌学忠，吴贵生，李纪珍.国家开放创新体系构成要素与国家绩效间关系的实证研究[J]，技术经济，2016(4).

[37]崔新健，章东明.国家创新系统的开放性研究[J].中国科技论坛，2016(6).

[38]张红.知识要素的流动性特征及其资本化的启示[J].经济论坛，2016(8).

[39]李平，陈红花，刘元名.开放式创新模式下创新开放度实证研究[J].中国科技论坛，2014(1).

[40]王元地，刘凤朝.国家创新体系国际化实现模式与中国路径[J].科学学研究，2013(1).

[41]孙玉涛，苏敬勤.G7国家创新体系国际化模式演化及对中国启示[J].科学

学研究，2012(4).

[42]冯根尧.区域创新体系的运行机制及构成要素分析[J].广西社会科学，2006(7).

[43]刘云等.国家创新体系国际化的理论模型及测度实证研究[J].科学学研究，2015(9).

[44]刘红玉，彭福扬.马克思的科学创新思想及其启示[J].长沙理工大学学报，2013(9).

[45]程志波，王彦雨，李正风.科学创新能力的演进路径与评价维度[J].山东科技大学学报，2011(1).

[46]魏达志.我国开展国际科技合作的总体状况与发展趋势——兼论沪杭甬开展国际科技合作的启示及借鉴[J].科技管理研究，2005(5).

[47]张换兆.关于深化和扩大我国科技计划开放的思考[J].高科技与产业化，2011(3).

[48]余新丽.研究型大学国际合作论文的现状与趋势分析[J].复旦教育论坛，2014(12).

[49]徐顽强，熊小刚，李华君.当代国际科技奖的发展、改革与启示[J].科技管理研究，2010(2).

[50]王允贵.利用外商投资中"以市场换技术"剖析[J].国际贸易问题，1996(9).

[51]李津.跨国公司在华研发的原因、影响及对策探析[J].特区经济，2010(5).

[52]王允贵.跨国公司的垄断优势及其对东道国的产业控制[J].管理世界，1998(3).

[53]杨志勇，杨建永，郜志雄.跨国公司在华研发中心的新变化[J].对外经贸实务，2014(12).

[54]刘云，等.新时期国家自然科学基金国际合作的战略思考[J].中国基础科学，2005(6).

[55]彭程.开放式创新模式选择与首次创新绩效关系研究[J].科技进步与对策，2015(17).

[56]刘立，李正风，刘云.国家创新体系国际化的一个研究框架：功能-阶段模型[J].河海大学学报，2010(9).

[57]夏梦婕.国家创新体系国际化研究文献述评[J].经济研究导刊，2012(34).

[58]戴建军.深化国家科技计划对外开放，加强合作创新[J].发展研究，2014(1).

[59]刘建华，苏敬勤，姜照华.基于网络结构—要素行为—创新绩效视角的国家创新体系国际化水平评价[J].管理学报，2015(3).

[60]程如烟.浅析我国科技国际化的现状与问题[J].全球科技经济瞭望，2013(12).

[61]郑长江，谢富纪.我国国家创新系统国际化面临的问题与对策研究[J].科技进步与对策，2011(1).

[62]张俊芳，雷家骕.国家创新体系研究：理论与政策并行[J].科研管理，2009(4).

[63]凌学忠，杨若鑫，李纪珍.国家开放创新体系：文献综述[J].创新与创业管理，2016(10).

[64]杜红亮，胡蓓钰.全球科学论文产出和国际科学合作的时空演变格局分析[J].中国软科学，2015(2).

[65]刘辉锋.从PCT申请和三方专利指标评价中国海外专利申请实力[J].科技与产业，2017(7).

[66]郭永正.我国科学研究国际化的结构与态势[J].科学学研究，2007(10).

[67]孙键，陈奎，刘云.我国参与国际大科学研究计划的现状及对策[J].中国科学基金，2009(3).

[68]李院平.马克思恩格斯视野中的开放思想及其现实启示[J].内蒙古大学学报，2017(6).

[69]宋宇.马克思经济学与西方经济学的创新理论比较[J].经济纵横，2009(4).

[70]顾海良.新发展理念的新时代政治经济学意义[J].经济研究，2017(11).

[71]崔新健，柴庆春，王生辉.基于国家创新体系的外资研发中心研究框架[J].中国科技论坛，2007(2).

[72]顾宁.冷战年代中苏教育交流的启示[J].世界历史，2004(4).

[73]曾德明，彭盾.基于耗散结构理论的国家创新体系国际化研究[J].科学管理研究，2009(3).

[74]陈奎宁."新三论"的启示——谈耗散结构、协同论和突变论[J].科技导报，1987(10).

[75]封荔.中国对外技术贸易的现状、问题与竞争力提升策略[J].对外经贸实务，2018(3).

[76]徐桂华，魏倩.制度经济学三大流派的比较与评析[J].经济经纬，2004(6).

[77]费利群.马克思世界市场理论的全球化思想及其当代价值[J].经济纵横，2010(7).

[78]赵景峰.马克思的世界市场理论对经济全球化研究的指导意义[J].毛泽东邓小平理论研究，2004(3).

[79]杨圣明，王茜.马克思世界市场理论及其现实意义——兼论"逆全球化"思潮的谬误[J].经济研究，2018(6).

[80]李建民，邓如辛.论马克思的世界市场理论[J].经济纵横，2000(5).

[81]薛晓光，宋旭超.国家创新体系文献述评[J].产业经济评论，2016(9).

[82]魏宏森.现代系统论的产生与发展[J].哲学研究，1982(5).

[83]路·冯·贝塔朗菲.普通系统论的历史和现状[J].国外社会科学，1978(2).

[84]魏宏森.钱学森对系统论的创新——系统科学通向马克思主义哲学的桥梁[J].辽东学院学报，2010(6).

[85]周柏翔.区域创新体系的结构模式及运行机制研究[J].中国软科学，2007(3).

[86]孙庆文，魏伟，申佳，等.价值哲学视角下的国家创新体系运行机制[J].天津大学学报，2017(7).

[87]夏先良.如何构建开放型科技创新体制体系[J].学术前沿，2007(3).

[88]王佩连.建国初期中国共产党学习活动的历史考察[J].党史研究与教学，2011(3).

[89]张小倩.关于科研院所国际合作的思考[J].中国核工业，2016(2).

[90]国务院发展研究中心"增强我国自主创新能力的体制、机制和政策研究"课题组.我国创新体系的特点分析[J].财经界，2007(3).

[91]李源潮.中国也有一个可以追求的梦[J].国际人才交流，2012(1).

[92]徐秀军.全球化 vs 逆全球化：砥砺前行的全球经济[J].环球，2017(26).

[93]付鞍安.西方国际贸易理论比较与综述——兼论对我国比较优势的再认识[J].桂海论丛，2006(4).

[94]胡大立.基于耗散结构论的产业集群形成及演进机理研究[J].当代财经，2008(10).

[95]赵丽，谢安邦.国际合作办学的趋势及对策措施[J].全球教育展望，2006(7).

[96]孙明.浅论国家创新系统理论[J].合肥工业大学学报(社会科学版)，2001(6).

[97]王景玉.马克思创新理论及其现实意义[J].观察与思考，2017(5).

[98]贾根良.新李斯特主义：替代新自由主义全球化的新学说[J].学习与探索，2012(3).

[99]于晓媛，陈柳钦.产业集群、技术创新和技术创新扩散[J].山西财经大学学报，2007(12).

[100]刘大椿，刘劲扬.创新是科学发展的保证[J].江西师范大学学报，2002(12).

[101]杜玉平.创造性资产理论与中国企业国际化研发(R&D)模式[J].战略决策研究，2012(1).

[102]徐涛.引进FDI与中国技术进步[J].世界经济，2003(11).

[103]罗劲松，王义高.重大技术突破与市场规模发展的规律[J].湖南行政学院学报，2008(1).

[104]王晓明.社会资本理论发展演化的探析[J].生产力研究，2005(6).

[105]宓红.从小规模技术理论看浙江民营企业对外直接投资的优势[J].亚太经济，2003(9).

[106]王谦，孙远.中国企业国际化的进入模式研究——基于获取创造性资产的角度[J].经济论坛，2010(12).

[107]鲁桐，李朝明.温州民营企业国际化[J].世界经济，2003(6).

[108]邱景，张永安.企业国际化测度方法的比较及其适应性分析[J].企业经济，2009(6).

[109]可星，石少卿，甘天成.开放式创新环境中企业标识演化的理论分析[J].科研管理，2018(3).

[110]张宇.马克思主义的全球化理论及其从经典到现代的发展[J].政治经济学评论，2004(11).

[111]冯新舟.经济全球化新形势与中国的战略选择[J].经济问题，2018(2).

[112]郭清飞.对"跨越卡夫丁峡谷"理论的发展性再思考[J].马克思主义哲学论丛，2018(5).

[113]叶东晖，宣国良.竞争优势理论综述[J].经济问题探索，2001(6).

[114]唐甜，何建洪.我国企业研发国际化路径选择[J].合作经济与科技，2016(6).

[115]王玉莹.新常态下中国对外直接投资的机遇与挑战[J].现代商贸工业，2017(11).

[116]黄奇帆."一带一路"塑造了我国对外开放的新特征[J].大陆桥视野，2018(6).

[117]权衡.经济全球化的实践困境与"一带一路"建设的新引擎[J].世界经济研究，2017(12).

[118]吕薇.新时代中国创新驱动发展战略论纲[J].改革，2018(2).

[119]冯华，黄晨.创新引领发展和支撑现代化经济体系建设的作用分析[J].国家行政学院学报，2017(12).

[120]姜艳萍.高校在国家创新体系中的地位与使命[J].中国电子教育，2007(9).

[121]傅耀.基于组织视角的技术创新[J].贵州社会科学，2007(5).

[122]王辉耀.组建国家移民局与参与国际人才竞争[J].紫光阁，2018(4).

[123]宋宇.马克思经济学与西方经济学的创新理论比较[J].经济纵横，2009(4).

[124]吴光武，张媛，丁亮，等.低油价下石油企业协同创新发展探讨[J].北方经贸，2016(6).

[125]徐芳，张换兆.开放创新的新趋势、新特点及我国的策略[J].全球科技经济瞭望，2016(11).

[126]刘云，常青.我国大科学研究国际合作的现状分析与政策建议[J].中国软科学，2000(9).

[127]赵彤，李承宏，腾福星.国家创新体系的社会运行机制研究[J].自然辩证法通讯，2002(6).

[128]谢富纪.长三角都市圈创新体系的运行机制研究[J].中国浦东干部学院学报，2010(3).

[129]石磊，钱易.国际推行清洁生产的发展趋势[J].中国人口、资源与环境，2002(1).

[130]马琳，吴金希.全球创新网络相关理论回顾及研究前瞻[J].自然辩证法研究，2011(1).

[131]王国兴.美国创新战略及其对中美关系的影响[J].国际展望，2011(9).

[132]司月芳，陈思雨，Ingo Liefner，等.中资企业研发国际化研究——基于华为WIPO专利分析[J].地理研究，2016(10).

[133]廖春.论跨国公司研发的国际化趋势[J].国际贸易问题，2003(11).

[134]潘秋玥，杨洋，魏江，等.中国企业创新国际化的三种模式[J].清华管理评论，2017(8).

[135]吕萍，杨震宁，王以华.我国高新技术企业研发国际化的发展与现状[J].中国软科学，2008(4).

[136]朱桂龙，张艺，陈凯华.产学研合作国际研究的演化[J].科学学研究，2015(11).

[137]龚键，黄鲁成.R&D国际化的国内外研究评述[J].研究与发展管理，2003(10).

[138]阳银娟，陈劲.开放式创新中市场导向对创新绩效的影响研究[J].科研管理，2015(3).

[139]王吉斌，曾德明，王业静.建立开放式产业创新体系，强化自主创新能力[J].湘潭大学学报，2012，36(5)：40-43.

[140]陈宝明.在开放合作中提升创新能力[N].经济日报，2013-11-27.

[141]靳晓明.以更大力度推动科技的对外开放[N].学习时报，2013-09-30.

[142] 推进国际科技合作与大科学计划，提升我国科技创新发展领跑实力——全国政协"国际科技合作与大科学计划"双周协商座谈会发言摘登[N].人民政协报，2016-08-22.

[143]金辉.中国亟待优化人才制度[N].经济参考报，2018-06-13.

[144]何芬兰.全产业链加速中企国际化布局[N].国际商报，2016-12-07.

[145]吕薇，马名杰.构建开放创新体系的思路与政策重点[N].中国经济时报，2018-05-08.

[146]张炜，巩键，陈璧辉.欧洲国家的开放式创新政策实践及其经验启示[J].自然辩证法研究，2013(3).

[147]储节旺，李善圆.开放式创新的影响因素及路径选择研究[J].理论与探索，2015(4).

[148]闫春，蔡宁.创新开放度对开放式创新绩效的作用机理[J].科研管理，2014(3).

[149]周丽娟.探索国际技术转移与经济全球化的互动机制[J].科技与管理，2005(3).

[150]胡珑瑛，唐志新.国际技术转移行为的合作博弈模型研究[J].哈尔滨工业大学学报，2000(4).

[151]龚新宇，吴宏.TRIPs约束下的国际技术转移[J].国际经贸探索，2003(1).

[152]刘云，王硕.跨国公司技术创新与技术转移模式初探[J].预测，2004(2).

[153]李平，随洪光.国际技术扩散双方的行为策略比较：关于行为时机和技术选择的博弈分析[J].世界经济研究，2006(8).

[154]许卫华，王锋正.国内外创新开放度研究述评[J].科技和产业，2015(3)

[155]陈钰芬，陈劲.开放度对企业技术创新绩效的影响[J].科学学研究，2008(4).

[156]陈红花，臧树伟，罗小根.互联网+背景下企业创新开放度影响因素实证研究[J].科技进步与决策，2017(11).

[157]贾根良，白玲.创新全球化及其对发展中国家科技政策的挑战[J].经济理论与经济管理，2003(5).

[158]刘智强，曾伏娥.技术创新全球化趋势及其对国家创新系统边界的影响[J].研究与发展管理，2006(2).

[159]王黎萤，陈劲，杨幽红.技术标准战略、知识产权战略与技术创新协同发展关系研究[J].中国软科学，2004(12).

[160]陈劲，吴波.开放式创新下企业开放度与外部关键资源获取[J].科研管理，2012(9).

[161]李平，陈红花.基于技术创新能力的创新开放度研究[J].商业研究，2015(1).

[162]宗永建.国外对华技术战略及对策分析[J].经济师，2004(12).

[163]毛蕴诗，袁静.跨国公司对华直接投资策略：趋势与特点[J].管理世界，2005(9).

[164]祝影，曹盛.中国省域外资研发与自主创新的耦合协调发展研究[J].经济地理，2015(10).

[165]祝影，孙锐，翟峰.外资研发如何影响自主创新?——基于外资研发溢出路径的模型与实证[J].科研管理，2016(12).

[166]武学超.开放式创新2.0范式的理论阐释——内涵特质、实现模式及大学向度[J].自然辨证法研究,2016(9).

[167]陈柳钦.技术创新、技术融合和产业融合[J].江南大学学报,2007(10).

[168]丁厚德.产学研合作是建设国家创新体系的基本国策[J].清华大学学报,1998(3).

[169]钟书华.我国国家创新系统的演化趋势[J].中国高新区,2011(3).

[170]方新.知识经济中的国家创新系统[J].中国科技论坛,1997(4).

[171]李京文.创新是知识经济的灵魂[J].中国软科学,1999(12).

[172]高良谋,马文甲.开放式创新:内涵、框架与中国情境[J].管理世界,2014(6).

[173]戚文海.乌克兰国家创新体系的经济学分析[J].俄罗斯中亚东欧研究,2010(2).

[174]彭正龙,王海花,王晓灵.开放式创新与封闭式创新的比较研究——基于资源共享度[J].研究与发展管理,2011(4).

[175]张永成,郝冬冬,王希.国外开放式创新理论研究11年:回顾、评述与展望[J].科学学与科学技术管理,2005(3).

[176]王圆圆,周明,袁泽沛.封闭式创新与开放式创新:原则比较与案例分析[J].当代经济管理,2008(11).

[177]何郁冰.国内外开放式创新研究动态与展望[J].科学学与科学技术管理,2015(3).

[178]葛秋萍.开放式创新的国内外研究现状及展望[J].科研管理,2011(5).

[179]黄烨菁.培育国家创新体系企业主体过程中的开放因素[J].社会科学2008(8).

[180]陈琦.大国国家创新体系的基本要素及框架[J].大国经济研究,2011(9).

[181]程建国.厘清"自主创新"的几个关系[J].中国国情国力,2009(9).

[182]周立群,陈晓东.我国企业经营者的演变轨迹与职业企业家队伍的培育[J].南开学报,2000(5).

[183]冯新舟,何自力.马克思主义国家理论的创新与发展[J].山西大学学报(哲学社会科学版),2010(5).

[184]赵峰,魏成龙.创新扩散、创新群集机理分析及应用[J].中国工业经济,2004(12).

[185]易瑾超,吴瑾,曹雯.创新国际化对中国通信设备制造业创新能力提升的影响[J].北京理工大学学报,2015(5).

[186]黄鲁成.宏观区域创新体系的理论模式研究[J].中国软科学,2002(1).

[187]韩民春,徐姗.中国获得国际技术外溢的渠道——国际贸易、FDI还是信息技术[J].国际贸易问题,2009(4).

[188]张建清,魏伟.国际金融危机对我国各地区出口贸易的影响分析——基于贸易结构的视角[J].国际贸易问题,2011(2).

[189]蒋仁爱,蔡虹,李璐,等.国际性技术外溢与中国经济增长的政策仿真研究[J].中国软科学,2012(9).

[190]陈衍泰.中国企业海外投资态势与布局差异性分析[J].技术经济与管理研究,2011(6).

[191]韩振海,李国平.国家创新系统理论的演变评述[J].科学管理研究,2004(2).

[192]李涛.国家创新系统理论的演变评述[J].新丝路,2016(8).

[193]苗向荣.论国家创新系统的理论演变[J].人民论坛,2013(5).

[194]何郁冰.国内外开放式创新研究动态与展望[J].科学学与科学技术管理,2015(3).

[195]唐未兵,傅元海,王展祥.技术创新、技术引进与经济增长方式转变[J].经济研究,2014(7).

[196]蔡小静,吕晓赞,周萍.政府资助国际合作效果的国别和学科差异研究[J].科技管理研究,2020(5).

[197]葛敏,刘丽.科技全球化背景下中国高被引论文国际合作特征分析[J].情报探索,2020(1).

[198]翟通,李文兰.基于ESI高被引论文的国际合作研究[J].情报探索,2018(11).

[199]杨丽花,王跃生.建设更高水平开放型经济新体制的时代需求与取向观察[J].改革,2020(3).

[200]陈淑梅.如何实现前沿科技领域开放与安全相统一[J].人民论坛·学术前沿,2020(19).

[201]许善达.改革开放四十年,我国科技开放创新与自主创新的经验[J].经济导刊,2019(5).

[202]蔡翠红.大变局时代的技术霸权与"超级权力"悖论[J].人民论坛·学术前沿，2019(14).

[203]黎昭权.美国国家经济安全审查制度的争议与对策[J].人民论坛·学术前沿，2019(19).

[204]黄宁.中国的科技开放落后于经济开放吗?[J].科技中国，2020(11).

[205]段利民.开放困境：创新独占与创新开放度关系实证研究[J].科技和产业，2020(11).

[206]赵英红.马克思世界历史视阈下的中国现代化道路研究[J].理论建设，2020（4）.

[207]王巍.历史唯物主义的核心要义[N].学习时报，2014-02-24.

[208]于沛.唯物史观：坚定理想信念的基石[N].人民日报，2013-04-11.

[209]高其文.历史唯物主义何以体现唯物主义和辩证法——重读历史唯物主义基本原理的思考[J].湖北文理学院学报，2012(9).

[210]尹汉宁.唯物史观是马克思主义科学性的基石[J].世界社会主义研究，2018(5).

[211]程旖婕，刘云.中国创新体系国际化的知识流动模式研究[J].研究与发展管理，2018(5).

[212]张利飞，符优，虞红春.技术引进还是合作研发？——两种研发国际化模式的比较研究[J].科学学研究，2020(4).

[213]陈玉萍，高强，谢家平.研发国际化与企业创新绩效：吸收能力的调节作用[J].上海对外经贸大学学报，2020(11).

[214]周艳，赵黎明.典型国家的创新体系比较研究[J].天津大学学报（社会科学版），2020(6).

[215]邓雨亭，李黎明.面向国家创新体系的专利保护强度影响因素研究[J].科学学研究，2020(11).

[216]史本叶，王晓娟.探索建设中国特色自由贸易港——理论解析、经验借鉴与制度体系构建[J].北京大学学报（哲学社会科学版），2019(4).

[217]樊春良.对外开放和国际合作是如何帮助中国科学进步的[J].科学学与科学技术管理，2018(9).

[218] Richard Freeman.自然科学、社会科学与经济高质量发展——基于含有"中国因素"的科技与社会科学文献的研究[J].上海经济研究，2018(10).

[219] 楠溪.筑起技术经济安全"防火墙"[N].人民日报，2019-06-09.

[220] 易锐，夏清华.开放式创新的理论基点，研究维度与未来研究展望[J].湘潭大学学报，2015(2).

[221] 杨若鑫.国家创新系统的全球化与全球创新系统[J].中国会议，2015(4).

[222] 廖中举，程华，陈士慧.国家创新体系研究进展与述评[J].技术经济与管理研究，2019(4).

[223] 谢泗薪，薛求知.中国企业全球学习战略的脉络与机理——基于国际化双向路径的视角[J].复旦学报，2004(3).

[224] 郑玮.国际化对开放式创新的影响——来自中国制造业上市公司的经验证据[J].国际贸易问题，2020(10).

[225] 李云健，张振刚，李莉，等.管理者认知、开放式创新与企业成长——两职合一的调节作用[J].科技进步与对策，2020(7).

[226] 蒋樟生.开放式创新对制造业企业研发投入的影响——政府补助与市场竞争的调节作用[J].科学进步与对策，2020(7).

[227] 杨震宁，赵红.中国企业的开放式创新：制度环境、"竞合"关系与创新绩效[J].管理世界，2020(2).

[228] 朱育晓，任光凌.近十年中国与"一带一路"沿线国家科研合作论文分析[J].大学图书情报学刊，2019(6).

[229] 王跃生，林雪芬.中美经贸摩擦的五个层次[J].中国流通经济，2020(1).

[230] 盛斌，黎峰.逆全球化：思潮、原因与反思[J].中国经济问题，2020(2).

[231] 赵梅.逆全球化背景下美国的战略选择[J].东北亚学刊，2020(6).

[232] 郭周明，李姣，邹浩.逆全球化背景下国际经贸治理困境及中国路径选择[J].国际经贸探索，2020(2).

[233] 马佳妮.逆全球化浪潮下全球留学生教育的特征、挑战与趋势[J].教育研究，2020(10).

[234] 陶涛.后危机时代全球化的新特征与新趋势[J].新视野，2017（6）.

[235] 王跃生，马相东.经济全球化新趋势与开放型世界经济建设[J].中国特色社会主义研究，2020(3).

[236]戴长征.全球治理中全球化与逆全球化的较量[J].国家治理，2002(6).

[237]刘元春.后疫情时代的全球化重塑[J].中国服饰，2020(12).

[238]刘海军,王峰明.经济全球化进程中的中国角色及其历史依据[J].思想理论教育导刊，2020(10).

[239]赵刚.加大科技对外开放，在全球范围内整合创新资源[N].科技日报，2019-02-18.

[240]高俊光,陈劲,孙雪薇.创新开放度对新创小企业创新绩效影响研究[J].科学学研究，2019(4).

[241]王锋正,孙玥,赵宇霞.全球价值链嵌入、开放式创新与资源型产业升级[J].科学学研究，2020(9).

[242]赵理文.制度、体制、机制的区分及其对改革开放的方法论意义[J].中共中央党校学报，2009(5).

[243]石丹.开放式创新下的知识产权法律挑战及其应对[J].科技与法律，2019(3).

[244]蔡双立,徐珊珊,许思宁.开放式创新与知识产权保护：悖论情景下的战略决策逻辑与模式匹配[J].现代财经(天津财经大学学报)，2020(3).

[245]刘志鹏,代涛,李晓轩,等.技术经济安全的概念与内涵——从新兴学科建设的视角[J].科学学研究，2018(3).

[246]刘彦君,张鑫,陆桂军,等.美国对中国科技创新研判的历史变迁与未来走向——基于《美国中国经济安全审查委员会(USCC)年报》的分析[J].情报杂志，2020(7).

[247]任孝平,杨云,李子愚,等.我国科技创新政策中国际合作政策要素分析与研究[J].全球科技经济瞭望，2020(12).

[248]崔新健,王臻.疫情防控国际科技合作的内容、方式及策略[J].国际经济合作，2020(6).

[249]张洁,卢彦崑,张旭,等.高校国际科技合作基地运行管理与对策研究——基于2006—2019年文本与数据的分析[J].中国高校科技，2020(12).

[250]梁一新.美国对华高技术封锁：影响与应对[J].国际贸易，2018(12).

[251]马名杰,戴建军,熊鸿儒,等.全球科技创新趋势的研判与应对[N].经济日报，2021-01-22.

[252]许培源，程钦良.国际科技合作赋能"一带一路"建设[N].中国社会科学报，2020-11-04.

[253]张瑾，杨彩霞，万劲波.全球科技治理格局下的开放创新体系建设[J].科技导报，2020(5).

[254]苏光明.新冠疫情引发的变化对我国国际科技合作的影响[J].全球科技经济瞭望，2020(3).

[255]肖耀根.知识产权保护下的技术霸权及其防范[J].特区经济，2008(8).

[256]曹建如.欧盟科技合作项目中知识产权的保护和利用[J].全球科技经济瞭望，2013(5).

[257]石海林，曾德超.中国与"关键小国"国际科技合作现状及对策研究[J].科技智囊，2021(1).

[258]董静然，顾泽平.美欧外资安全审查法律制度新发展与中国之应对[J].国际商务研究，2020(5).

[259]张茉楠.跨境数据流动：全球态势与中国对策[J].开放导报，2020(2).

[260]张仁开.贸易战背景下美国对华技术封锁与我国的应对策略[J].科技中国，2019(8).

三、报告与论文

[1]王跃然.马克思主义创新理论与实践研究[D].哈尔滨：哈尔滨师范大学，2017.

[2]刘红玉.马克思的创新思想研究[D].长沙：湖南大学，2011.

[3]崔泽田.马克思创新思想及其当代发展研究[D].沈阳：东北大学，2012.

[4]富丽明.经济全球化理论研究[D].沈阳：辽宁大学，2016.

[5]赵昱.创新资源国际流动格局、过程及对中国自主创新的影响[D].上海：华东师范大学，2014.

[6]韩洁芳.高等学校科技国际化研究[D].大连：大连理工大学，2016.

[7]何爽.国家创新系统国际化研究[D].上海：上海交通大学，2011.

[8]丁玲.中美大学国际化实践及发展趋势研究[D].武汉：华中科技大学，2012.

[9]高杰.中国农业产业化经营组织演进论[D].成都：四川大学，2013.

[10]李文国.基于经济发展方式转变的中国国家创新体系构建研究[D].沈

阳：辽宁大学，2010.

[11]周晓迪.中国企业海外研发区位选择及组织模式研究[D].武汉：武汉大学，2012.

[12]姚登权.全球化与民族文化[D].上海：复旦大学，2004.

[13]高思.马克思恩格斯经济全球化思想研究[D].沈阳：辽宁大学，2020.

[14]中国科技网.筑梦七十载,奋进科研路——从全球学术文献数据看中国科研发展[R].2019.

四、英文文献

[1]Chesbrough H W.Open Innovation：the new imperative for creating and profiting from Technology[M].Cambridge：Harvard Business School Press，2003.

[2]Nelson R R.National innovation systems：a comparative analysis[M].New York：Oxford University Press，1993.

[3]Dunning J H.Multinational enterprises and the globalization of innovatory capacity[J].Research Policy，1994，23(1)：67-88.

[4] Niosi J，Bellon B.The global interdependence of national innovation systems：evidence，limits，and implications[J].Technology in Society，1994，16(2)：173-197.

[5]Freeman C.Japan：A new national system of innovation[M]//Dosi G.Freema C，Nelson R，et al.Technical Change and Economic Theory.London：Burns & Oates，1988.

[6]Bartholomew S.Nationalsystems of biotechnology innovation：complex interdependence in the global system[J].Journal of International Business Studies，1997，28(2)：241-266.

[7]Archibugi D，Michie J.Technological globalization of national systems of innovation[M]//Paganetto L，Phelps E S.Finance，Research，Education and Growth.London：Palgrave Macmillan U.K.，2003.

[8]Liu X, White S.Comparing innovation systems：a framework and application to China's transitional context[J].Research Policy，2001，30(7)：1091-1114.

[9]OECD.Open innovation in a global perspective-what do existing data tell us? Statistical analysis of science, technology and industry[R].STI Working.

[10]Niosi J, Saviotti P, Bellon B, et al.National systems of innovation: in search of a workable concept[J].Technology in Society, 1993, 15(2): 207-227.

[11]Spencer J W. Firms knowledge-sharing strategies in the global innovation system: empirical evidence from the flat panel display industry[J]. Strategic Management Journal 2003, 24: 217-233.

[12]Carlsson, B.Internationalization of innovation systems: a survey of the literature[C].Paper Presented at the Conference in Honour of Keith Pavitt "What do we know about innovation?".SPRU.Brigthon: University of Sussex, 2003.

[13]Santonen T, J Kaivo-Oja, M Antikainen.National open innovation systems(NOIS): defining a Solid reward model for NOIS[J]. International Journal of Innovation and Regional Development, 2007, 3(1): 12-25.

[14] White House, A strategy for american innovation: securing our economic growth and prosperity, February 2011.

[15] White House, A strategy for american innovation: driving towards Sustainable Growth and Quality, September 2009.

[16] William D Nordhaus.Schumpeterian profits in the American economy: theory and measurement, NBER Working Paper, Yale University, 2004.

[17] America creating opportunities to meaningfully promote excellence in technology, education, and science(COMPETES) Act, August 9, 2007.

[18]America creating opportunities to meaningfully promote excellence in technology, education, and science(COMPETES) Reauthorization Act of 2010, January 4, 2011.

[19]Child J, Rodrigues B S.The internationalization of Chinese firms: a case for theoretical extension?[J].Management and Organization Review, 2005, 1(3): 381-410.

[20]FanP. Innovation, globalization, andcatch-upoflatecomers: cases of Chinese telecom firms[J].Environment and Planning A, 2011, 43(4): 830-849.

[21]Vernon R.International investment and international trade in the product cycle[J].Quarterly Journal of Economies, 1996, 80(2): 190-207.

[22]Pavitt K, Patel P.Global corporations and national systems of innovation: Who dominates whom? [M].//Archibugi D, Howells J, Michie J.Innovation Policy in a Global Economy.Cambridge: Cambridge University Press, 1999: 94-119.

[23]Donald H Dalton, Manuel G.Serapio.Globalizing industrial research and development U.S. Department of Commerce[J].Technology Administration Office of Technology Policy, 1999.

[24]Porter M E, Stern S.National innovative capacity[M]. //World Economic Forum.The Global Competitiveness Report 2001-2002.Oxford:Oxford University Press, 2002.

[25]Laura B, Giovanni P.Innovation and spillovers in regions: evidence from European patent data[J].European Economic Review, 2003, 47(4): 687-710.

[26]Chesbrough H,Schwartz K.Innovating business models with co-developm ent partnerships[J].Research Technology Management, 2007, 50 (1): 55-59.

[27]Asakawa K.Organizational tension in international R&D management: the case of Japanese firms[J].Research Policy, 2001, 30(5): 735-757.

[28]Jan Faber, Anneloes Barbara Hesen.Innovation capabilities of European nations cross-national analyses of patents and sales of product innovatio ns[J].Research Policy, 2004(33): 193-207.

[29]Hariolf Grupp, Mary Ellen Mogee.Indicators for national science and technology policy: how robust are composite indicators[J].Research policy, 2004(33): 1373-1384.

[30]Etzkowitz H, Zhou C.Regional innovation initiator: the entrepreneurial university in various triple helix models[C].Singapore Triple Helix VI Conference, 2007.

[31]Grupp H, Schubert T.Review and new evidence on composite innovation indicators for evaluating national performance[J].Research Policy, 2010, 39(1): 67-78.

[32]Teixeira A, Mota L.A bibliometric portrait of the evolution, scientific roots and influence of the literature on university-industry links[J]. Scientometrics, 2012, 93(3): 719-743.

[33]Balzat M, Hanusch H. Recent trends in the research on vational innovation systems[J].Journal of Evolutionary Economics, 2004, 2(14): 197-210.

[34]Dahlander L, Gann D M.How open is innovation?[J].Research Policy, 2010, 39(6): 699-709.

[35]Grupp H, Schubert T.Review and new evidence on composite innovation indicators for evaluating national performance[J].Research Policy, 2010, 39(1): 67-78.

[36]Chesbrough H, Vanhaverbeke W, West J.New frontiers in open innovation [M].Oxford: Oxford University Press, 2014.

[37]Enkel E, Gassmann O.Driving open innovation in the front end[Z]. EURAM, 2007.

[38]Suarez-Villa L.Invention, inventive learning, and innovative capacity[J]. Behavioral Science, 1990, 35(35): 290-310.

[39]Furman J L, Porter M E, Stern S.The determinants of national innovative capacity[J].Research Policy, 2002, 31(6): 899-933.

[40]Malerba F. How innovation differs across sectors and industries[M].//The Oxford Handbook of Innovation.Oxford:Oxford University Press, 2005.

[41]Hu M C, Mathews J A.National innovative capacity in East Asia[J]. Research Policy, 2005, 34(9): 1322-1349.

[42]Malerba,Orsenigo.Schumpeterian patterns of innovation are technology-specific[J].Research Policy, 1996(25): 451-478.

[43]Johanson J, Mattsson L-G.Internationalization in industrial systems: a network approach[M].//Forsgren M, Holm U, Johanson J.Knowledge, networks and power: The uppsala school of international business.New York: Palgrave Macmillan, 2015.

[44]J Sylvan Katz.Indicators for complex innovation systems[J].Research policy, 2006(35): 893-909.

[45]Patel P, Pavitt K.National innovation systems: why they are important, and how they might be measured and compared[J].Economics of Innovation & New Technology, 1994, 3(3): 77-95.

[46]Johanson J, Vahlne J-E.The uppsala internationalization process model revisited: from liability of foreignness to liability of outsidership[J].Journal of International Business Studies, 2009, 40(9): 1411-1431.

[47]Serapio M G, Dalton D H .Globalization of industries R&D: an examination of foreign direct investment in R&D the United States[J]. Research Policy, 1999, 28(2-3): 30-316.

[48]Tennenhouse D.Intel's open collaborative model of industry-university research[J].Research Technology Management, 2004, 47(4): 19-26.

[49]John Cantwell.Technological innovation and multinational corporations[J]. Blackwell Publications, 1995.

[50] Laura B, Giovanni P.Innovation and spillovers in regions: evidence from European patent data[J]. European Economic Review, 2003, 47(4): 687-710.

[51]J Sigurdson.The Internationalization of R&D: an interpretation of forces and responses[M].//J Sigurdsonled. Measuring the dynamics of technological change.Printer Publishers, 1990.

[52]Arnoud De Meyer.Management of International R&D[M].//Technology management and international business: internationalization of R&D and technology.John Wiley & Sons, 1992.

[53]Donald H Dalton, Manuel G Serapio.Globalizing industrial research and development U.S. department of commerce[J].Technology Administration Office of Technology Policy, 1999.

[54]Chris Freeman.Continental, national and sub-national innovation systems-complementarity and economic growth[J].Research Policy, 2002(31): 191-211.

[55]Klossek A, Linke B M, Nippa M.Chinese enterprises in Germany: Establishment modes and strategies to mitigate the liability of foreignness[J].Journal of World Business, 2012, 47(1): 35-44.

[56]Katila R, Ahuja G.Something old, something new: a longitudinal study of search behavior and new product performance[J].Academy of Management Journal, 2002(45): 1183-1194.

[57]Laursen K, Salter A.Open for innovation: the role of openness in explaining innovation performance among U.K. manufacturing firms[J]. Strategic Management Journal, 2006, 27(2): 131-150.

[58] Si Y.The development of outward FDI regulation and the internationalization of Chinese firms[J].Journal of Contemporary China, 2014, 23(8): 804-821.

[59]Grupp H, Schubert T.Review and new evidence on composite innovation indicators for evaluating national performance[J].Research Policy, 2010, 39(1): 67-78.

[60]Calvert J, Patel P.University-industry research collaborations in the UK: bibliometric trends[J].Science and Public Policy, 2003, 30(2): 85-96.

[61]Abramo G, et al.University-industry collaboration in Italy: a bibliometric examination[J].Technovation, 2009, (29): 498-507.

[62]Nasierowski W, Arcelus F J.On the efficiency of national innovation systems[J].Socio-Economic Planning Sciences, 2003, 37(2): 215-234.

[63]Balzat M.An economic analysis of innovation: extending the concept of national innovation systems[M].London: Edward Elgar, 2006.

[64]Patel P, Pavitt K.Large firms in the production of the worlds technology-an important case of non-globalization[J].Journal of International Business Studies, 1991(1): 1-21.

[65]Carayol N.Objectives, agreements and matching in science-industry collaborations: reassembling the pieces of the puzzle[J].Research Policy, 2003, 32(6): 887-908.

[66]Kuemmerie W. Building effective R&D capabilities abroad[J].Harvard Business Review, 1997, Jan-Feb: 70-71.

[67]Belloc F. Corporate governance and innovation: a survey[J].Journal of Economic Surveys, 2011(10): 1-35.

[68]Minin D A, Zhang Y.An exploratory study on international R&D strategies of Chinese companies in Europe[J].Review of Policy Research, 2010, 27(4): 433-455.

[69]Chesbrough H, Crowther A K.Beyond high-tech: early adopters of open innovation in other industries[J].R&D Management, 2006, 36(36): 229-236.

[70]Niosi J, Bellon B. The globalization of national lnnovation systems[M]. New York: New York Printer, 1996.

[71]Lundvall B A. National systems of innovation: towards a theory of innovation and interactive learning [M].London: London Printer, 1992.

[72] Pavlinek P.The internationalization of corporate R&D and the automotive industry R&D of East-Central Europe[J].Economic Geography, 2014, 88(3): 279-310.

[73] Douglas North, Robert Thomas. The rise of the western world: an economic history[M].Cambirdge: Cambirdge University Press,1973; Charles Jones.Was an indusirtal revolution inevitable? Economic Growth over the very long run[J]. Advances in Macroeconomic, 2001, 1(2).

[74] Almirall E, Casadesus-Masanell R. Open versus closed innovation: a model of discovery and divergence [J]. The Academy of Management Review, 2010, 35(1): 27-47.

[75] West J, Gallagher S.Challenges of open innovation: the paradox of firm investment in open-source software[J].R&D Management 2006, 36(3): 319-331.

[76] Enkel E, Gassmann O.Chesbrough H. Open R&D and open innovation: exploring the phenomenoni [J].R&D Management, 2009, 39(4)311-316.

[77] Lichtenthaler U, Erns H.Technology licensing strategies: the interaction of process and content characteristics[J].Strategic Organization, 2009, 7(2): 183-221.

[78] Chesbrough H, Vanhaverbekew W, West J.Open innovation: researching a new paradigm[M].Oxford: Oxford University Press, 2006.

[79] Gassmann O.Editorial Opening up the innovation process: towards an agenda[J].R&D Management, 2006, 36(3): 223-228.

[80] Bigby D, Zook C.Open-market innovation[J].Harvard Business Review, 2002(10): 80-89.

[81] Sapienza H, Parhankangas A, Autio E.Knowledge relatedness and postspin-off growth [J].Journal of Business Venturing, 2004, 19(6): 809-829.

[82] Gambardella A, Giuri P, Luzzi A.The market for patents in Europe[J]. Research Policy, 2007, 36(8): 1163-1183.

[83] Ulrich Lichtenthaler.Open Innovation—past research,existing controversy and future trends[J].Academy of Management Perspectives, 2011（2）: 75-93.

[84] Cozzens S E, Catalan P.Global Systems of innovation: water supply and sanitation in developing countries[C].The VI Globelics Conference, Mexico City, 2008(9): 22-24.

[85]Archibugi D, Howells Jeremy, Michie J.Innovation system in a global economy[J].Technology Analysis&Strategic Management, 1999, 11(4): 527-539.

[86]Fabio Dercolea, Uif Dieckmann, Michael Obersteiner, et ol. Adaptive-dynamics and technological change[J].Technovation, 2007 (11): 1-14.

[87]Stiglitz Joseph. Globalization and its discontents revisited: antiglobalizati in the era of trump[M].New York: W.W. Norton & Company, 2018.

[88]Wolfgang K H Panofsky. Assessing the cost vs. benefit Of U.S.-Chinese scientific cooperation[J]. Arms Control Today, 1999, 29(3).

[89]Selina Marguerite Stead. Using systems thinking and open innovation to strengthen aquaculture policy for the United Nations Sustainable Development Goals[J]. Journal of Fish Biology, 2019, 94(6).

[90] Despoina Filiou. A new perspective on open innovation: established and new technology firms in UK bioâpharmaceuticals[J]. R&D Management, 2021, 51(1).